财政与金融概论

（第四版）

孙文基　魏晓锋　主　编
苏广山　茆晓颖　副主编

经济管理出版社

图书在版编目（CIP）数据

财政与金融概论（第四版）/孙文基，魏晓锋主编．—北京：经济管理出版社，2009.3

ISBN 978－7－5096－0575－2

Ⅰ．财…　Ⅱ．①孙…②魏…　Ⅲ．财政金融—高等学校—教材　Ⅳ．F8

中国版本图书馆 CIP 数据核字（2009）第 019771 号

出版发行：经济管理出版社

北京市海淀区北蜂窝 8 号中雅大厦 11 层

电话：（010）51915602　　邮编：100038

印刷：北京虎彩文化传播有限公司　　经销：新华书店

组稿编辑：谭　伟　　责任编辑：张　马

技术编辑：杨国强　　责任校对：郭　佳

787mm×1092mm/16　　21 印张　　473 千字

2009 年 4 月第 2 版　　2009 年 4 月第 4 次印刷

定价：36.00 元

书号：ISBN 978－7－5096－0575－2

前　言

《财政与金融概论》是财经类专业必修的专业基础理论课，它包括《财政学》与《货币银行学》的主要内容，而这两门课又是国家教委所确定的财经类专业核心课程。因此，这一课程在财经专业教学中具有非常重要的地位。

随着社会主义市场体制的不断完善，财政与金融作为国家实现宏观调控的两大工具也必然随之变化。近年来，为了完善公共财政体制，部门预算、国库集中收付制度改革相继进行，政府采购、财政体制改革不断完善；在金融领域，利率市场化步伐日益加快，汇率形成机制的改革令世界瞩目。可以说，我国财政与金融的理论与实践已经发生了巨大变化，因而需要反映此种变化的教材以总结经验，指导实践。本书就是适应这种需要而编著的，具有以下几个明显的特点：(1) 覆盖面广，其内容包括了财政与金融的主要理论与实务。(2) 内容新颖，其内容主要反映了财政金融领域自建立社会主义市场经济体制以来的最新理论成果与实践。(3) 理论联系实际，规范分析与实证分析相结合。(4) 论述深入浅出、条理清楚，便于学习和掌握。

本书编写大纲由孙文基和魏晓锋设计，参加编写的作者及分工如下：孙文基（第一章、第八章、第十章、第十一章、第十五章），苏广山（第五章、第十四章），茆晓颖（第四章、第七章），陈忠（第八章），杨青（第九章），王继刚（第二章、第三章）、魏晓锋（第六章、第十六章），居民（第十二章、第十三章）。全书由孙文基总纂定稿。

在本书的写作过程中，我们吸收了一些专家、学者很有价值的观点，或直接引用了一些资料，恕不一一列出，在此表示我们最诚挚的感谢。

由于作者水平有限，书中肯定有不少缺点和错误，恳请读者批评指正。

作者

2008 年 12 月于苏州

目　　录

上　篇

第一章　财政概述 …… 3

第一节　什么是财政 …… 3
第二节　什么是财政学 …… 11
第三节　市场失灵与财政职能 …… 16

第二章　财政收入 …… 25

第一节　财政收入概述 …… 25
第二节　财政收入的分类与形式 …… 26
第三节　财政收入的规模 …… 28

第三章　税收概论 …… 31

第一节　税收概述 …… 31
第二节　税收制度 …… 43
第三节　税制结构 …… 49
第四节　现行主要税种 …… 55

第四章　财政支出 …… 69

第一节　财政支出规模 …… 69
第二节　财政支出结构 …… 75
第三节　购买性支出 …… 77
第四节　转移性支出 …… 98
第五节　政府采购 …… 104
第六节　财政支出效益 …… 108

第五章　政府预算 …… 113

第一节　政府预算概述 …… 113
第二节　政府预算的编制、执行和政府决算 …… 120

第三节　部门预算 …… 128
第四节　财政赤字 …… 132

第六章　公债 …… 139

第一节　公债概述 …… 139
第二节　公债制度 …… 143
第三节　公债流通市场 …… 147
第四节　公债规模 …… 149

第七章　财政管理体制 …… 155

第一节　财政管理体制概述 …… 155
第二节　财政管理体制的演变 …… 161
第三节　分税制 …… 168

下　篇

第八章　金融概述 …… 177

第一节　金融的定义 …… 177
第二节　金融简史 …… 178
第三节　现代金融的特征、作用和范围 …… 179

第九章　货币和货币流通 …… 182

第一节　货币和货币制度 …… 182
第二节　货币流通 …… 189
第三节　货币需求与供给 …… 190
第四节　通货膨胀和通货紧缩 …… 198

第十章　信用 …… 210

第一节　信用概述 …… 210
第二节　信用体系 …… 212
第三节　信用工具 …… 216

第十一章　利息和利率 …… 223

第一节　利息的本质 …… 223
第二节　利息与利率 …… 226
第三节　利率的决定 …… 229
第四节　利率的作用 …… 230

第五节　利率管理体制 …… 232

第十二章　金融体系 …… 236

第一节　金融体系概述 …… 236
第二节　中央银行 …… 241
第三节　商业银行 …… 248
第四节　政策性银行 …… 263
第五节　外资金融机构 …… 266

第十三章　金融市场 …… 269

第一节　金融市场概述 …… 269
第二节　货币市场 …… 272
第三节　资本市场 …… 275
第四节　外汇与黄金市场 …… 282

第十四章　金融监管 …… 285

第一节　金融监管概述 …… 285
第二节　金融监管模式 …… 287
第三节　金融创新与金融监管 …… 291

第十五章　国际金融 …… 294

第一节　国际收支 …… 294
第二节　外汇与汇率 …… 300
第三节　国际货币体系 …… 311

第十六章　财政政策与货币政策 …… 315

第一节　财政政策 …… 315
第二节　货币政策 …… 319
第三节　财政政策与货币政策的协调 …… 324

上 篇

第一章　财政概述

第一节　什么是财政

一、财政现象

在现实经济生活中，社会中的每个人几乎都与财政有着各种各样的联系，通过各种方式、各种渠道与财政“打交道”。

在我国，几乎所有的大型发电站、钢铁厂、煤矿、油田等国有大中型企业都是由政府出资兴建的。这些企业为国民经济提供了大量电力、能源、原材料等必要的产品，为整个国民经济的发展、人民群众物质文化生活水平的提高奠定了雄厚的物质基础。

在许多国家中，遍布全国的铁路、公路网、桥梁，城镇的供水、排水、煤气，农村的大型水利工程、灌溉系统以及其他大型公共工程等社会生产和生活基础设施，也大多数都是由政府财政投资兴建的。

因此，在现代社会中，我们每一个居民——无论是作为政府公职人员，还是企业的职员、教师、工人、农民、军人，都应当对财政有个起码的了解。

二、财政一词的来历

从人类社会发展史考察，财政是个古老的经济范畴。在我国，财政活动古已有之。但财政一词在我国的使用则是近代的事，属外来语。我国古代虽然没有财政这个名词，但却有属于财政范畴或接近财政范畴的术语，比如，我国古代文献《周礼·天官·大宰》中就曾有过类似的术语。该文献中说“乘其财用之出入”这句话，“乘”就是计算的意思，“财用”指货物或货币，“出入”指财政收入与支出。除此之外，如“国用”、“国计”、“邦计”、“理财”、“度支”、“计政”等都不同程度地表达了这个意思。诚然，同现代术语相比，上述各种用语没有比较全面、恰当地概括财政的含义和当时的财政活动。

现代术语财政一词的英文词通常是 Finance。据考证，Finance 一词在公元 13～15 世纪起源于拉丁语 Finis，意思为货币支付，表示当时一切货币关系的总和。后来，随着社会、经济文化的发展，Finis 一词又演变为 Finare，有支付款项、裁定款项等含义。16 世纪末期，法国政治家布丹在其所著的《共和国六讲》一书中，使用了财政一词，并将它由拉丁文的 Finare 改为 Finance，专指公共收入和公共理财活动。到了 18 世纪，英国著名经济学家亚当·斯密发表了他的代表作《国富论》，其中的第五篇专门论述财政问题，提出了 Finance 这个术语。到了 19 世纪，Finance 专指国家及公共团体的理财。

日本在 1868 年“明治维新”后，实行所谓“门户开放”政策，自然科学与社会科学有了较大发展。关于财政，它们采用了法国的 Finance 这个词，在翻译和使用时，吸收了我国汉字所固有的“财”与“政”这两个字，将它们合并起来创建了财政这个词。同时，日本在 1882 年的官方文件《财政议》中第一次使用了财政这个词。

在我国，最早使用财政这个词的时间是 1898 年（清光绪二十四年），在戊戌变法“明定国事”诏书中，有“改革财政，实行国家预算”的条文，是官方使用财政一词的开始。1903 年（清光绪二十九年）清政府还设立了财政处，各省设立各种财政官，如正、副财政监理官等等。

三、财政的定义

我国社会主义财政学说伴随着新中国的诞生而产生，并随着社会主义事业的发展而得到不断的深入和完善。经过 50 余年的关于财政概念的探讨和争论，形成如下几种代表性的定义：

（1）财政是国家为了满足实现其职能的物质需要，并以其为主体，强制地、无偿地参与社会产品分配的分配活动及其所形成的分配关系——“国家分配论”。

（2）财政是一种物质关系即经济关系，是随着社会生产的不断发展，在剩余产品出现以后逐渐形成的社会对剩余产品的分配过程——“剩余产品论”。

（3）财政是社会为满足社会公共需要而进行的分配活动，在国家存在的情况下，这种分配活动表现为以国家为主体的分配活动——“社会公共需要论”。

上述各种定义具有以下共同点：

（1）就现代财政而言，大多数定义都同意财政是一种国家（政府）行为；

（2）财政是一个分配范畴；

（3）财政活动是社会再生产活动的一个有机组成部分。

抛开学术界对财政所下的种种定义不说，在现实经济生活中，我们所能观察到的财政活动一般具有以下特点：它是由政府所从事的一种经济活动；财政活动主要表现为政府安排资金用于各项政府活动和其他有关经济活动，通过征税、发行公债等手段组织收入供政府及其有关部门使用；上述种种财政活动都是在政府统一安排和组织下进行的，即具有社会集中性的特点；政府从事这种活动的目的，是为了满足社会公共需要。

结合上述观察所得到的结果，对照学术界对财政所下的定义，我们给出下列财政定义：财政是政府为满足社会公共需要，以政府为主体对一部分社会产品进行的集中性分配，是社会经济活动的一个特殊的有机组成部分，也是政府进行宏观调控的一个重要手段。

理解财政这一概念，要把握以下几个基本点：

1. 财政分配的主体是政府

什么是政府？政府与国家的关系是什么？这是自政府产生以来，人们一直在探索的问题。

《圣经》中把国王和政府看作是保护居民利益、公正仲裁的组织。

17 世纪的英国政治学者约翰·洛克认为，政府是权利交换的产物。他在其著作《政府论》中指出，在国家出现以前，人类处于自然状态，是自由平等的，但处于自然状态下的自然权利经常受到他人侵犯，为保证享有这些权利，人们相互订立契约建立国家，授予统治者一定的权力，同时放弃了在自然状态下的权利。

18 世纪法国思想家卢梭提出了社会契约论，他认为：政府是人们通过社会契约方式，在完全平等的基础上自愿结合起来的社会组织，法律就是一种契约方式。政府的根本作用就是保护个人的天赋权利——自由、生命和财产。

在现实生活中，有些人将国家与政府归为同一个概念，这是一种误解。现代政治学认为，国家与政府是两个互为联系的概念。国家是由居民、政府和领土组成的有机体，而政府仅是组成国家的三大要素之一。

政府与国家的关系是：

（1）国家是一个有机体，它是由相互联系着、又不断运动着的居民、政府和领土构成的整体。

首先，政府与居民的关系是不断变化的。这种关系，既表现为政府不断地为居民提供各种服务，并通过法律、秩序等确立自己的统治地位，也表现为政府通过权力扩张或收缩来适应经济发展要求。居民从事着生产活动，并通过缴税和遵守法律制度与政府发生着各种关系。

其次，无论是政府，还是居民，都必须在一定的土地上生存，而国家的领土是不断变化的。

（2）国家是由三个要素构成的。

居民——包括种族在内的广义居民，它是指在一国居住，且在该国领土有住所，居住时间达到一定标准的本国公民、外国公民和无国籍人士。居民是一个社会的主体，正是居民间的各种利益关系和冲突，才会产生代表不同居民利益的政党和社会团体，从而产生政治。正是因为居民的经济和社会活动，才存在那些个人无力解决的问题，从而产生公共利益与公共需要，并进而产生政府这一行政组织。

政府——有小概念和大概念之分。小概念的政府是指公共行政管理机关，如我国法律中规定的中央政府和地方政府。大概念的政府是指由一定阶级占统治地位的公共事务管理机关，它不仅指各级行政机关，而且包括立法机关、各级司法机关，以及附属事业单位。

领土——包括领空、领土、领海和海洋底土在内的广义上的领土。

另外，国家要生存和发展，就必须要进行管理，协调各要素之间的关系，这一工作是由政府来承担的。

政府是财政分配的主宰者。这就是说，财政分配的目的、分配的方向、分配的范围、分配的结构、分配的规模、分配的时间等，都是由政府决定的。

2. 财政分配的目的是满足社会公共需要

（1）社会公共需要的含义。社会公共需要是指社会安全、秩序、公民基本权利和经济发展的社会条件等方面的需要。

（2）特征。社会公共需要同个人需要是不同的，也是同独立核算的企业和非国家预算拨款的组织和团体的个别需要相区别的。与其相对比，社会公共需要具有如下特征：

A. 范围不同。社会公共需要是就社会总体而言的。

B. 对象不同。为满足社会公共需要提供的产品和劳务，具有“不可分割性”，即它是向所有社会公众提供的，而不是向某个人或集团提供的。

C. “效用的不排他性”。为满足社会公共需要所提供的产品和劳务，可由社会成员共同享用，某人或某集团对这种产品的享用并不排斥其他成员或集团的享用。

D. 无偿性。社会成员享用为满足社会公共需要的物品和劳务时，无需付出任何代价或只需付少量的费用。

E. 来源不同。满足社会公共需要的物质来源只能是剩余劳动、剩余产品或剩余价值。

（3）社会公共需要的范围。自古以来，很多思想家都从国家职能的角度涉及社会公共需要的范围问题。马克思曾说，在亚洲有史以来，国家一般只有三个政府部门：财政部门、军事部门、公共工程部门。古典经济学家亚当·斯密认为政府活动范围为：防务、司法裁判、公共工程。

根据我国的情况，我们把我国的社会公共需要概括为如下几点：

A. 维护国家政权和政府机关正常运转的需要，如国防、外交、公安司法、行政管理。

B. 与收入再分配紧密联系在一起的社会服务需要，包括为教育、卫生保健、社会福利、基础科学研究提供经费。

C. 与政府调控经济职责有关的基础设施和非竞争性基础产业建设的需要，如铁路、航空、公路。

3. 财政分配的对象是一部分社会产品

财政属于分配，它所分配的对象只能是部分社会产品，为了保证社会生产的正常进行，它不能分配全部社会产品，而只能是一部分社会产品。至于其多少，主要取决于社会经济发展水平、收入分配政策和政府需要等多种因素。

4. 财政分配是一种集中性分配

财政是政府进行资源配置的重要手段，与市场进行资源配置相比，财政分配是由政府从国家全局出发，为满足社会公共需要，统一集中进行的资源分配。

5. 财政是政府进行宏观调控的一个重要手段

财政分配是政府调节物质利益的重要手段，财政支出是社会总需求的一个重要组成部分，财政手段是政府可以直接操纵的政策工具。因此，财政是政府进行宏观调控的重要手段。

四、财政的产生与发展

（一）财政的产生

财政产生的条件是什么，学术界有不同的意见，目前，主要有国家分配论和社会公共需要论两大观点。

从国家分配论出发，财政产生的条件有两个：一是剩余产品的出现；二是国家的产生。

显而易见，决定财政产生的基础是社会经济条件，即生产力和生产关系发展的结果。但剩余产品的出现仅为财政产生提供了某种可能，而国家的出现才使财政的产生成为现实。因为国家一经产生，就需要从社会产品中占有一定的份额，用于维持国家的存在并实现其职能的需要。如果仅有剩余产品而没有国家，财政是不会存在的，可见国家的出现是财政得以产生的重要前提。只有具备上述两个条件，财政分配才会从一般社会产品分配中分离出来并发展成为一个独立的范畴。

从社会公共需要论出发，财政产生的条件是为了满足社会公共需要。

（二）财政的发展

（1）财政分配范畴的发展。从财政分配范畴来考察，财政经历了一个从简单到复杂的发展过程。

徭役和赋税形成于奴隶社会，是最早的财政范畴，反映国家财政处于低级发展阶段。

封建社会后期，随着国家政权的加强，财政支出不断增加，捐税收入已不能满足日益增长的国家支出的需要，封建国家开始向教会、商人或高利贷者借款。到封建社会末期，财政亏空越来越大，封建国家便日益依赖于向新兴资产阶级发行债券，以满足自身统治的需要，于是国债这个财政范畴便发展起来。新兴资产阶级在财政上支持和帮助封建国家的同时，在政治上同封建君主展开了斗争，积极要求参与征税、借债等活动，以维护本阶级的经济利益和争取各种社会管理实权。在这个过程中，一个新的财政范畴——政府预算随之萌芽。17 世纪末，英国就规定：国家财政收支报告须经议会同意之后方可执行。这表明，政府预算是新兴资产阶级围绕财政分配和地主阶级进行斗争的重要工具。

到了资本主义社会，由于商品经济的高度发展，整个社会的分配利用了货币，财政分配关系随之货币化，一些新的财政范畴如赤字财政、财政发行、通货膨胀等也相应出现。在财政收支不能平衡、发行公债不能弥补财政亏空时，国家就用增发纸币的办法直接取得财政收入，而财政发行必导致通货膨胀。

（2）财政分配形式的发展。从财政参与社会产品的分配形式来考察，财政发展经历了力役、实物和货币三种形态。

力役形态是指国家通过直接占有劳动力并驱使其劳动来实现对社会产品的占有和支配。这是以超经济的人身依附关系为前提的一种分配形式，在奴隶社会表现得最为充分。奴隶社会的国王直接抽调奴隶，征集平民修建宫殿、陵墓或其他工作（如戍守边关），以满足其自身的需要。

实物形态是指国家通过法律这一手段，以实物形式强制地占有和支配一定的社会产品，这是以自然经济为前提的一种分配形式。在封建社会，地主阶级虽然占有土地等主要生产资料，但不完全占有生产劳动者，劳动者获得相对的独立和自由，生产组织结构趋于分散化。这时，国家靠直接占有劳动而实现财政收入已不可能，而只能凭借政治强权按土地数量、人口、户数课征田赋和口赋，即“有田则有租、有家则有调、有身则有庸”。

货币形态是指国家采用价值形式参与部分社会产品的分配，这是以商品经济为前提的一种分配方式。在封建社会，尽管商品经济有了一定发展，但占统治地位的是自然经济。因此，封建国家财政收入主要采用实物形式。随着商品经济的壮大和价值形式的演进，财政分配的货币化程度不断提高，并逐步由实物形式过渡到价值形式。资本主义社会是商品经济高度发达的社会，等价交换是社会通用的原则，货币征服了一切领域，因而资本主义国家的财政收支全部采用价值形式。社会主义经济是在资本主义基础上建立起来的，商品和货币不仅不会消亡，而且要为发展社会主义经济服务。因此，社会主义财政采用价值形式分配将会长期存在下去。

（3）财政分配管理的发展。从财政分配管理方面去研究，国家财政管理经历了一个从不完备到比较完备的发展过程。

在奴隶社会，国家财政收支同王室收支混而不分，一方面，王室费用是国家财政开支的重要组成部分；另一方面，王室土地收入又是国家财政收入的重要来源。这表明：奴隶制国家对奴隶的剥削和奴隶主对奴隶的剥削没有截然的界限，结果导致奴隶主对奴隶的剥削加深，从而使阶级矛盾激化，加速了奴隶制的崩溃。

封建社会经历了领主经济和地主经济两个阶段。在领主经济阶段，每一个封建领主在其领域内有政治和经济上的全部权力，领主庄园实际上是独立王国，领主不仅拥有军政大权，而且独立地规定税收和铸造货币。在此阶段，封建国家的财政很不统一，实际上是分散的封建领主财政。当封建经济由领主经济发展到地主经济阶段后，封建割据逐渐发展为中央集权，形成了封建统一的政治格局，这时，分散的封建领主财政也逐渐为封建集权国家的财政所代替。随着集权化国家财政的形成，国王个人收支与国家财政收支分开，在形式上，国家和王室财政分别设置机构和人员进行管理，特别是到了封建社会末期，新兴资产阶级参加议会，对国家财政收支进行监督，进一步促进了这种分离。

在资本主义社会，财政管理有了比较完备的形式，不仅国家财政和统治者个人收支以法定形式分开，而且实行中央和地方多环节管理的财政，取消了包税制和贵族、僧侣的特权。同时，国家财政制度也日益健全。

五、我国财政的转型

改革开放特别是1994年财税体制改革以来，我们一直在探索和构建适应社会主义市场经济体制的财政模式，在这期间尽管没有明确提出建立公共财政的目标模式，但我们已经在财政“公共化”实践中进行了很多探索与突破。1998年全国财政工作会议第一次明确提出了建设公共财政的要求；党的十五届五中全会通过的《建议》，进一步明确将建立公共财政初步框架作为“十五”时期财政改革的重要目标。至此，我们已在理论与实践两方面就公共财政改革目标达成共识。

公共财政是适应市场经济发展客观要求的一种比较普遍的财政形态，即政府财政将按社会公共需要的原则来确定其职能和开支。

“公共财政”的含义要比字面解释更深刻，它还会带来如下巨大的变化：

（一）财政收入来自公共

在计划经济时期，我国财政收入主要来自政府自己的收入。以1970年为例，我国财政收入为663亿元，其中“企业收入”，也就是政府投资办的国有、集体企业上交收入为379亿元，占57.2%；“各项税收”为281亿元，占42.4%。那时的国有或集体企业都是政府出钱办的，完全政企不分，缴税缴利是一回事，所以当年99%的财政收入是政府“自己”挣的，可以说是名副其实的“政府财政”。

现在就不同了。以2007年税收收入为例，国有和集体经济单位占税收收入的20.8%，包括股份制企业、私营企业、外商投资企业等在内的多种所有制企业以及其他来源的缴纳，占了79.2%，并且，来自后一方面份额的增长势头越来越强劲[①]。

（二）财政支出用于公共

过去政府的钱都是政府自己的，政府挣钱自己花。财政支出首先考虑能否带来更多的收入，于是什么赚钱就投向什么，几十万个企业都是政府出钱建，名曰“建设财政”。为了管理这些企业，政府还养了大批的人，弄得许多地方靠缺乏效益的企业缴来的收入光养人还不够，成了“吃饭财政”，做其他的事更力不从心。

财政收入转而靠公共性的税收以后，再用“别人”的钱去办为“自己”挣钱的事就说不过去了，来自社会的财政收入应当用于社会的公共需要即“办众人之事”。主要用于科学技术和教育、维护社会治安和经济秩序、社会保障、赈灾救贫、环境保护、基础设施建设、资源保护。

以2006年为例，列在基本建设支出项下的比重数字，已经由1978年的40.2%下降至11.33%。相比之下，面向全社会的社会保障支出（包括养老保险基金补贴、国有企业下岗职工基本生活保障补助、城市居民最低生活保障补助、抚恤和社会福利救济费）、文教科学卫生事业费支出和政策性补贴支出等所占的份额，分别上升至11.25%、18.69%和3.58%[②]。

公共财政概念的确立正式表明了财政职能的变化，财政不再为赚钱而支出，更多地是为满足公共需要而支出，财政支出的“公共性”将更加明显。

（三）政府职能转向公共

公共财政所体现的财政职能的转变，实际上是政府职能的转变。在市场经济条件下，政府的职能应转向那些市场体制无法解决的问题，如公共安全、社会秩序、基础设施、科技教育、社会保障、经济稳定、环境保护等。政府在这些领域发挥职能所需的财力由财政来提供，政府职能的转换必然带来财政职能的改变。随着政府职能的转换，财政公共性日趋明显。

（四）社会意识的变化

公共财政的确立意味着社会公众意识的变化，主要体现在以下几个方面：

（1）既然税收来自社会公众，收多少税与政府执行多少公共职能、满足多少公共需要有关，那么政府该收什么税，收多少税，就得有个说法，有个规矩，不能想收多少就收多少，想怎么收就怎么收。

（2）既然政府的财政是由国民的税收组成的，不是政府自己挣的，缴了税的国民就有权要求政府为自己提供良好、高效的服务，提供好的工作环境和生活环境。

（3）既然政府履行公共职能花的是纳税人依法向政府缴的税，这个钱怎么花就得有个规则、依据，纳税人有权知道这钱用在哪，用得是否合理。

六、公共财政的特点

与建设性财政相比，我国公共财政具有以下特点：

---

① 高培勇：《中国财政经济理论前沿》（5），社会科学文献出版社，2008年版，第31页。

② 高培勇：《中国财政经济理论前沿》（5），社会科学文献出版社，2008年版，第33页。

（一）理财的公共性

理财的公共性主要体现在以下两方面：

（1）财政活动的公共性。在市场经济体制下，财政部门没有自身的利益可言，财政资金只能用于公共用途，决不允许任何个人打着公共财政的旗号为自己谋福利。

（2）财政资金的公共性。财政资金属于公共财产。因此，其取得和使用必须按法定程序，各种收支统一纳入预算管理。

（二）政府理财的非盈利性

政府理财的非盈利性主要表现在财政资金的非资本性和财政活动的非经营性两个方面。

（1）财政资金的非资本性。资金可分为资本性资金和非资本性资金两类，两者的区别在于资金是否具有增值性。在市场经济条件下，由于社会存在多种经济成分。因此，与建设性财政不同，发展经济的任务不再依靠国有经济，而是通过建立公平竞争机制，由各种经济成分的共同发展来实现，这就要求政府必须站在公平的立场上考虑问题。相应地，财政资金就不再具有增值的内在机制。因而公共财政资金必然是一种非盈利性资金。

（2）财政活动的非经营性。经营性就是指以盈利为目的的活动，在公共财政的条件下，财政活动的目的是为了满足公共需要，因此，财政的收支活动所考虑的不再是利润，而完全以社会利益为出发点。

（三）政府理财的强制性和补偿性

公共财政的强制性主要是指政府通过强制方式来取得财政收入，它主要表现在占财政收入绝大部分的税收上。

补偿性是指个人通过纳税减少的自身利益将从享得更多的公共服务中得到补偿。

（四）规范性

规范性是指以法理财，而不是以行政或长官意志理财。就总体而言，这些制度规范至少要包括以下三点：

（1）以法制为基础。这是指财政收入的方式和数量以及财政支出的去向和规模，必须建立在法制的基础上。

（2）全部收支进预算。政府预算不仅是政府的年度收支计划，还是财政收支活动接受人民代表大会和全社会成员监督的重要途径。由此推演，政府的收入与支出，必须全部置于各级人民代表大会和全体社会成员的监督之下，不允许有不受监督、游离于预算之外的政府收支。

（3）财政税务部门总揽政府收支。所有政府收支归口于财政税务部门管理，而不让各个政府职能部门分别向自己服务或管理的对象直接收钱，然后自己花钱，这是因为政府部门之间是有职责分工的。之所以要专门设置一个财政部门管理政府收支，其根本初衷就在于割断政府部门的行政、执法同其他服务或管理对象之间在“钱”上的直接联系，不让政府部门的行政、执法行为偏离既有法律和政策的轨道，从根本上消除“以权谋钱、以权换钱”等腐败行为的发生，使政府部门能在一个规范的制度环境下，以规范的行为履行它的职能。

第二节　什么是财政学

一、财政学是经济学一个特殊分支

财政学与经济学有着密切的联系，前者是后者一个重要分支，后者是前者的理论基础。经济学为经济研究提供基本的理论方法，而经济学的各个分支则是在这一基础上，着重从某一侧面来加深对经济的认识。

正是由于财政学和经济学这一关系，因此要很好地了解什么是财政学，必须很好地理解经济学，只有搞清楚什么是经济学，并在此基础上弄清财政学与经济学之间的具体关系，才能搞清楚什么是财政学。

二、经济学研究的基本要素

经过长时期的发展，经济学研究的内容和方法已大大丰富。总的来看，经济学是这样一门学问：它研究人们如何借助于经济制度，最大限度地利用稀缺资源来最好地达到配置效率与分配公平两大经济目标。或者，更通俗一点地说，经济学就是一门权衡之学，它考察的是人们在社会活动中得多少、失多少，以及如何尽可能地多得少失。用经济学的术语说，就是“成本—收益”计量。这构成了经济学作为一门社会科学的独特视角和分析方法，并以此为基础，将经济学与其他社会科学区别开来。

经济学研究的基本要素包括经济人、经济制度、经济决策、经济目标与经济结果和经济评价五个方面。

（一）经济人

经济活动是一种社会活动，是一种有人参与的活动，经济活动的起因、目标和结果都和人有关。因此，研究经济活动首先要解决的问题是把握住经济活动中人的行为有无规律可循。从亚当·斯密开始，经济学研究就以经济人假设作为研究经济活动的起点。所谓经济人，即人在从事经济活动时总是追求自身利益的最大化，具体地说，就是消费者追求效用最大化，生产者追求利润最大化，生产要素所有者追求收入最大化，政府官员追求选票最大化……

经济人这个名词由帕累托最初引进了经济学，此后经济人假设便不断受到各种各样的挑战，其中最主要的挑战来自以下几个方面：

1. 马斯洛的挑战

亚当·斯密的经济人是把人抽象为利己主义、追求个人利益最大化的化身，否定了个人作为社会存在的其他一些特征，认为人的一切行为都表现为趋利避害，谋求自身利益最大化。

1943 年，美国心理学家马斯洛提出了著名的需要层次理论。他把人类需要区分为基本生理需要，即衣食住行、繁衍后代等；安全需要，即免于天灾人祸、未来有保障；社交需要，即信任、友谊、归属感与爱；尊重需要，即自尊与受人尊重，以及自我实现的需要，即实现个人理想与抱负5个层次。从而否定了传统的经济人假设把经济利益作为人的唯一需要的观点，有些人会帮助他人、积极行善，希望别人对自己的工作、人品和才能给予较高的评价，使经济人假设向现实迈进一大步，从而提高了对现实的解释能力。

根据需要层次理论，我们就不难解释为什么利他行为会在少数人和少数场合中出现。由于人们具有受人尊重和自我实现的需要，而利他行为可以满足这样的需要，因此人们就会产生不同程度的利他主义行为。而这种利他行为是一种特殊的自利行为，是为了满足自己的某种需要。

2. 来自西蒙的挑战

经济人假设最强有力的挑战来自西蒙的有限理性说。经济人最大化假设是以完全理性为条件的，这种理性假定决策者总是用敏锐的目光，对面前的一切都深思熟虑。他不仅明白自己当前面临的选择范围，而且对未来的选择余地也了如指掌。他知道可能选择的策略所导致的后果，起码也能给未来的可能状态确定一个联合概率分布。他协调了或者说权衡了一切互有冲突的局部价值，并把它们综合到单一的效用函数之中，按照对它们的偏好来排列所有可能状态的优劣顺序。由于具备了完全理性，经济能够找到实现目标的所有备选方案，预见这些方案的实施后果，并依据某种价值标准在这些方案中做出最佳选择。但在有限理性学说看来，由于环境的不确定性和复杂性、信息的不完全性，以及人类认识的有限性，不可能把所有的价值考虑到单一的综合性效用函数中。了解所有备选方案及其实施效果实际上是办不到的，因此，决策过程中人们寻求的并非最优解，而是满意解。

其实，有限理性说只是修正了最大化的约束条件，而不是最大化行为本身。斯密的经济人假设中没有考虑交易费用，既然经济人是理性的，能够轻而易举地得到完全的信息，从而能掌握一切又不受任何条件的约束，自然能够寻得最优方案。然而现实世界是存在交易费用的，于是，在斯密看来是最优的选择，在西蒙看来则得不偿失。

有限理性说的贡献在于使经济人置身于交易成本为正的现实世界中。从决策过程看，经济人仍然是追求最优解的，只是这个最优解是指在约束条件下的最优解。

3. 威廉姆森的机会主义

在古典和新古典经济学中承袭亚当·斯密的经济人假设，即认为人追求自我利益的最大化，其动机是强烈的，并且光明正大的，他没有损人之心，因而不说谎、不欺骗，并信守诺言。这样，经济人之间的竞争便只需由惯例和伦理来调节，而不由契约和法律来控制。这与完全理性假设是一致的：由于人具有完全理性，能够把握现在和未来，以说谎、欺骗来谋取私利的行为都无从得逞。而威廉姆森则接受了西蒙的有限理性假设，他认为经济人的自利行为常常走到机会主义一面，也就是说，经济中的人都自利，不但自利，只要能够利己，就不惜去损别人。他会借助于不正当的手段谋取自身利益，其逐利动机强烈而复杂，他会随机应变、投机取巧，有目的、有策略地运用信息，按个人目标对信息加以筛选和扭曲，如说谎、欺骗等，并会违背对未来的承诺。

显然，机会主义倾向假设实际上是对追求自身利益最大化假设的重要补充，使其更加接近现实。相比之下，亚当·斯密的经济人没有损人之心，所以主观为自我能达成客观为大家；而威廉姆森的经济人只要能够利己，就不惜损人，只要有可能，他就会表现出机会主义的行为，从而主观为自我未来能达成客观为大家的效果。

4. 诺斯的理论

诺斯在《制度、制度变迁与经济绩效》一书中指出："人类行为比经济学家模型中的个人效用函数所包含的内容更为复杂，许多情况不仅是一种财富最大化行为，而是利他和自我施加的约束，它们会根本改变人们实际做出选择的结果。"他认为，新古典经济学不能解释人的利他行为，为了解释制度的稳定与变迁，需要超越个人主义的"成本—收益"计算原则，把诸如利他主义、意识形态和自愿负担约束等其他非财富最大化行为引入到预期效用函数，从而建立了更加复杂的、更加接近现实的经济人假设。

诺斯强调意识形态是决定个人观念转化行为的道德和伦理的信仰体系，它对人的行为具有强有力的约束，它通过提供给人们一种世界观而使行为决策更为经济。如果每个人相信私人家庭"神圣不可侵犯"，那么，可以在室内无人而不闭户的情况下不用担心房屋里的财物会被盗。如果一个美丽的乡村被认为是"公共品"，个人就不会随便扔抛杂物。

诺斯强调意识形态对经济人的约束作用，可见他是承认有限理性假设的，即经济人只能在特定的制度环境约束中最大化自己的效用；同时他也承认机会主义假设，但他认为特定的意识形态对经济人机会主义具有淡化作用，人类的利他行为和克服了"搭便车"的大集团行为就来源于意识形态的影响。当然，意识形态最终目的也是为了特定利益，是带有利益目的的，意识形态的作用也是为了使收益最大化①。

（二）经济制度

人们的社会活动除了像鲁宾逊这样的特殊例子外，一般说来都要涉及人与人之间的关系。在人类社会发展中，通过长时期的实践，逐渐形成了一些行之有效的为社会中绝大多数人所遵循的处理人与人之间关系的规则，这就是制度。

人类社会的各种制度，有的是以成文形式表现出来，如经常所见的各种法律、规章等等，但也有一些制度则并不一定见诸于文字，而是通过长时期的约定俗成为人们所共同遵守。

经济制度旨在处理经济活动中人与人之间及人与物之间的关系，以便更好地组织和协调经济发展，促进效率，实现公平。经济制度事实上是人们在处理经济问题时所借助的工具，人们通过这一工具可以更好地应付纷繁复杂的经济事务。因此，我们也可以把经济制度称之为"经济制度工具"。

从纵向看，人类社会的经济制度可以分为原始社会经济制度、奴隶社会经济制度、封建社会经济制度、资本主义经济制度和社会主义经济制度。从横向看，又可分为市场制度、政府制度、企业制度、家庭制度等。

经济制度的作用有配置和分配。配置指的是人们如何将资源合理地配置到人们所需的不同的产品和服务之上，以使人们取得最大的效用，它描述的是经济中人与物之间的关系。分配则是指对生产出来的产品和服务如何在不同的个人之间实行较为合理的分配，做到既促进效率的提高，又保证分配的公平。任何经济制度都有配置与分配的作用，只是不同的经济制度所产生的配置与分配的结果不同罢了。

（三）经济决策

人的经济活动具有明确的目标，但是由个人利益的经济动机所支配的经济活动要受到

① 伍卫：《制度经济学》，机械工业出版社，2003 年版，第 18～19 页。

经济制度的制约。因此，在现实经济生活中，每个人为了实现自己的最大利益，都将根据不同的经济制度做出自己的决策。

众多个人的决策通过一定的集体决策机制的汇总又会形成某些公共决策，当公共决策的范围大到整个国家的时候，这一经济决策就成为国家（政府）的经济决策。

（四）经济目标与经济结果

经济学研究所要达到的目标是以全体人民的经济利益为着眼点的，这同样是经济学研究的前提。经济学研究想要使人类社会的经济活动达到的目标是效率与公平。

效率与公平相统一的目标是人们的追求，但由于主客观条件的限制，现实中能够达到的经济结果往往与人们所设想的目标之间有一定的差距。

（五）经济评价

从经济人出发，借助于经济制度，人们将做出各种经济决策，并在实践中实现这些决策，最后产生一个与原先的设想或多或少有些偏差的结果，这就完成了一个经济活动过程。如何对于现实中已经发生的这样的过程的合意性进行判断即进行经济评价是经济研究的一个重要方面。

经济评价的内容主要包括经济结果是否合意：如果经济结果是合意的话，其原因是什么；如果经济结果是不合意的话，其原因又是什么，应如何改进以提高经济的合意性。

三、什么是财政学

如上所述，经济制度是用来处理经济问题的，政府制度是经济制度的一个重要内容，是处理经济问题的一个重要途径。那么为什么在某些情况下需要运用政府制度而非其他经济制度来处理经济问题呢？一个合乎逻辑的答案理应是政府制度在处理这些问题时较其他经济制度有比较优势。接着的问题是，到底在哪些情况下需要由政府制度而不是其他经济制度来处理经济问题呢？在处理这些问题时财政制度的运行情形究竟如何呢？是否有着不同的可备选方案呢？还有，当某些经济问题需要混合地运用政府制度和其他经济制度去共同处理的时候，它们之间究竟应该如何分工协作呢？这就是现代财政学所要研究的问题。

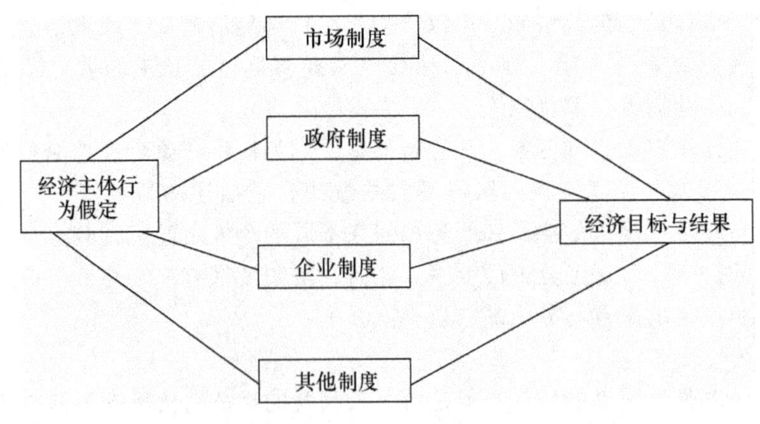

图1-1　经济行为、制度和结果

从图 1－1 可知，财政学研究的主要路径是经济主体行为假定→政府制度→经济目标与结果。但是，财政学研究的不仅仅限于上述路径，因为，为了证明在特定情况下上述路径是必要的，就有必要将在相同情况下走其他路径可能发生的情况与之比较，以证明采用政府制度的必要性。财政学是经济学的一个分支，它在经济人行为假定、经济决策的产生、经济目标的确定、经济结果的分析以及对经济过程的评价上所遵循的完全是与经济学研究相一致的原则。财政学家通过对政府制度运行的具体研究，力图使政府制度更能符合全民利益最大化的经济目标。财政学家对政府制度的研究在相当程度上是通过对政府收支的考察来实现的。因为政府的收支活动在相当程度上反映了政府制度运行的客观过程，政府的支出体现了政府制度的作用方向，政府的收入反映了政府制度的运行成本，通过对它们的综合考察，就能够在相当程度上把握政府制度运行的性质和效应。

综上所述，财政学是研究人们如何借助于政府制度，最大限度地利用稀缺资源来最好地达到效率与公平两大经济目标的学问。

四、财政学的研究方法

财政学是一门内容丰富并相互联系、综合性很强的科学。对财政学的研究必须采用如下方法：

（一）实证分析与规范分析相结合

所谓实证分析，就是用事物的本来面目描述事物，说明研究对象“是什么”，它着重刻画经济现象的来龙去脉，概括出若干可以通过经验证明正确或不正确的结论。实证分析法运用于财政分析就是要按照财政活动的原貌，勾勒出财政取得收入到安排支出的过程及其产生和可能产生的影响。

规范分析要回答的问题是“应当是什么”，即确定若干准则，并据以判断所研究的对象目前所具有的状态是否符合这些准则，如果存在偏离，应当如何调整。规范分析运用于财政学，就是要根据社会主义经济是市场经济这一前提，并根据平等与效率这两大基本社会准则，来判断目前的财政制度是否与上述前提和准则相一致，并探讨财政制度的改革问题。

（二）定量分析与定性分析相结合

财政关系由量变到一定程度就会引起质变。因而只有研究了量，才能对质有确切的把握。由于财政是社会再生产和国民经济系统的分配环节，财政分配关系的运行必须服从国民经济运行的发展目标。社会主义财政分配关系必须促进经济以较快的速度协调发展，激励经济效益不断提高。因此，财政学不仅要研究财政分配形式和财政分配规律，还要研究它们之间的数量关系，讨论这些比例和形式对经济发展目标的影响和效应。

（三）静态分析与动态分析相结合

由于决定财政分配关系的经济条件和与之相关的政治条件是发展变化的，各种财政关系也必然发展变化，因而财政学研究和揭示的各种财政范畴也应反映历史上不断变化的经济规律，符合历史上经济关系的发展过程。这就需要把静态分析和动态分析结合起来。

第三节 市场失灵与财政职能

一、市场失灵

（一）市场机制实现经济效率的环境

经济理论已经证明市场机制能实现交换的最优、生产的最优和生产与交换的最优，但是最优条件的实现，需要一个特定的环境。这些特定环境包括：

1. 所有市场是完全竞争的

在没有政府的经济中，如果市场要高效率地运行，必须是完全竞争。在此条件下，每一市场都有很多卖者和买者，不能由哪一方控制被交换的商品和服务的价格。所有买卖双方都是价格的接受者，而不是价格的决定者。在这种市场中，价格是由供求关系这种非人为因素决定的。

如果某一个人或少数人控制了需求或供给，这个市场就变为垄断市场，垄断必然导致资源配置低效和社会福利损失。

2. 所有行业的成本是递增的

竞争的存在意味着经济中每一个行业的成本是递增的。成本递增意味着随着生产的扩大，在某一产出水平上，单位成本开始上升。如果成本不是递增的，某种商品的第一个生产者就会发现，随着其生产规模的扩大，成本将持续下降。结果，在第一个企业之后，没有哪一个企业的生产效率比得上第一个企业。在这种情况下，这种商品的生产者只能有一家，这意味着缺乏完全竞争。成本递减或不变的情况可谓自然垄断。这种垄断之所以被称为“自然的”，是因为垄断者无须凭借自身力量去打败竞争对手，它的行业特点就使其成本不断下降。

3. 商品和服务都是内在化的

要使市场机制发挥理想作用，商品和服务的内在化是其必需条件。对生产者而言，内在化是指生产者生产某一种商品和服务的成本都由生产者本人承担，不给其他人带来损失或好处；对消费者而言，内在化是指消费者通过购买取得商品和服务所产生的好处由消费者本人承担。

不具有内在化的商品和服务具有外溢效应。当存在外溢效应时，它们的利益或成本会外溢到第三方。此时，需求曲线不包含全部支付意愿，供给曲线不包含全部成本，市场价格信号将是错误的，错误的价格信号必导致错误的资源配置，造成浪费和低效。

4. 不存在公共产品

从最简单的定义来看，公共产品是指具有非竞争性和非排斥性的物品和服务。公共产品的效益全部外溢，只要某个人得到这种物品和劳务，每个人都能等量地得到，典型的例子是国防和灯塔。如果某种物品和服务是公共产品，市场机制便不会提供这种物品和服务。

5. 充分的信息

如果市场体系是有效运行的，买卖双方必须对物品的所有用途及其特征有全面的了解，生产者清楚地知道消费者在何时何地需要何种数量的某种商品和服务，消费者也清楚地知道生产者在何时何地以何种价格出售某种数量的商品和服务。有这种信息，生产和销售才会实现；没有这种信息，生产和销售就不会实现，资源配置就不能达到最优。

6. 完全的流动性

如果资源是完全流动的，它们会对价格做出反应，消费者和生产者的决策将随着可观察的市场信号的变化而改变，唯有如此，价格的变化才会导致资源配置的最优。

（二）市场失灵

1. 市场失灵的概念

市场实现经济效率需要一定的环境，在现实市场中，上述环境不全部存在，这就产生市场失灵。所谓市场失灵，是指依靠市场机制的运转无法达到社会福利的最佳状态。它有两层含义：一是在某种场合，市场机制不能最为有效地配置社会经济资源；二是市场对于目的不在于效率或效益而在于谋求社会目标的事件无能为力。

2. 市场失灵的原因

（1）外部效应的存在。在现实经济中，经常会发生这样的现象，即某人或某家企业的活动给他人或其他企业造成了不利或有利的影响，但他并没有因此提供补偿或取得报酬，这种现象就是外部性。前者一般称为外部不经济或负外部效应，后者一般称为外部经济或外部正效应。

外部效应的存在影响到资源的有效配置。当存在外部正效应时，由于产生外部正效应的一方并没有得到相应的经济补偿，个人或企业在进行决策时主要根据私人边际收益和私人边际成本进行的，没有考虑同时外溢到其他各方的边际收益。既然人们不能得到某一活动的全部收益，其结果是这一活动的水平不能达到最佳水平，资源配置不能达到最优。

当存在外部负效应时，个人或企业从事某一活动时并没有考虑对其他人带来的成本，在根据私人边际成本等于私人边际收益这一法则进行决策时，必将导致过度从事这一活动，同样导致资源配置不能达到最佳水平。

假设某企业生产纸，给社会造成的外部负效应用 MD 表示，其企业的决策根据私人边际成本（MPC）和私人边际收益（MPB）决定，该企业利润最大化的产量为 MPC 等于 MPB。从社会角度看，最有效率的产量应是边际社会成本（MSC）等于边际收益（MSB），社会边际成本等于 MPC 和 MD 之和即 MSC，由于没有外部正效应，$MPB = MSB$。

由图 1 – 2 可知，企业使其利润最大化的产量为 T，从社会角度看，效率要求的生产量为 Q，外部负效应使现实产量多于效率产量，资源配置不能达到最优。

（2）市场不能提供公共产品。

A. 公共产品的特征。公共产品具有如下两个特征：一是非竞争性，二是非排斥性。非竞争性是指当一个人消费某种产品和服务时，并不对其他人同时消费这种产品和服务构成任何影响，或者换一个说法，当无限多的人消费某一种产品或服务时，他们当中的每一个人并不比仅有一个人消费该产品或服务时的效用递减。非排斥性是指无法阻止人们对于某一项产品和服务的消费，或者说要阻止人们对于某一项产品或服务的消费所要花费的成本是无限的，在经济上是不可行的。

B. 公共产品的分类。

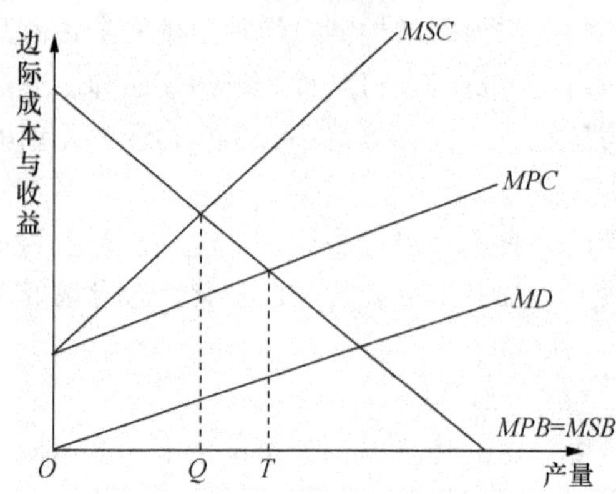

图 1-2 外部负效应与资源配置

a. 按公共品的性质划分，公共品可分为纯公共品和准公共品。纯公共品是同时具有非竞争性和非排他性的物品和劳务，比如国防、法律、治安、制度安排等。准公共品是具备两个特征之一的物品和服务。如果准公共品的排他性比较突出，这种准共用品可称之为排他性共用品（excludable public goods），即具有排他性的非竞争性物品，如有线电视节目，比较适合私人企业来生产。如果准共用品的竞争性比较明显，这种准共用品可称之为拥挤性共用品（congestible public goods），即在没有太多的使用者时具有非竞争性，但在消费者的人数太多时额外消费者的边际成本上升（或给其他消费者带来成本）的物品。桥梁、高速公路等就是拥挤性共用品的很好例子。如果在使用者人数相对较少时就出现拥挤现象的拥挤性共用品，有时也称为俱乐部物品（club goods），像高尔夫球场、游泳馆等。

b. 按公共产品的共用地域划分，可分为全球性共用品、全国性共用品、区域性共用品和地方性共用品。全球性共用品是指多国公民能同时享用的共用品，其收益外溢到其他国家，比如大气层的保护。全国性共用品是指一国公民都能毫无额外成本地享用的共用品，如国防、法律制度等。区域性共用品是指某一地区的居民能够享用的共用品，如“三峡工程”的建成将使整个长江流域特别是靠近三峡的几个省区受益。地方性共用品是指某一地方（如城镇、街道）的居民可以享用的共用品，如街灯使附近的居民受益最大。

C. 市场为什么不能提供公共产品。正因为公共产品的上述特点，市场无法防止分文不付的人得到这种产品，不能解决“免费搭车”问题，故市场便不能提供这种产品。但公共产品却是社会经济发展所需要的，这就产生了市场失灵。

（3）垄断。当一个企业可以通过减少其所出售的物品的供给量，从而使物品出售的价格高于该种物品的边际生产成本时，就发生了所谓“垄断”。垄断者实现利润最大化的方法是将其产量定在边际收益（*MPB*）等于其私人边际成本上。

如图 1-3 所示，对垄断性物品的需求曲线代表着其社会边际收益。假定垄断性物品的私人边际成本代表着生产最后一个单位所使用的生产要素的价值，即代表着社会边际成本，那么，该垄断企业的产量将是 Q_m。Q_m 是 A 点所决定的产量，而在 A 点上，*MPB*（*MR*）= *MSC*。在这样的产量水平上，其价格为 P_m。P_m 正是这种产量水平上的社会边际收益 *MSB*。由于垄断者的边际收益低于该物品的价格，生产的社会边际成本也会低于该物

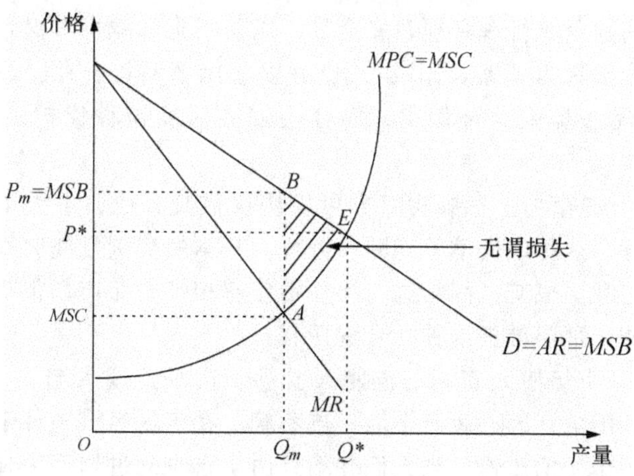

图 1-3 垄断与无谓损失

品的价格。因此，在这样的产量水平上，$P=MSB>MSC$。而只要 $MSB>MSC$，资源配置的效率就不会实现。在图 1-3 中，三角形阴影面积 *ABE* 代表着因垄断所造成的净效益损失即无谓损失。不难看出，如果能通过政府部门的干预，强迫垄断者增加产量，使其价格降至同社会边际成本相等的水平，即按照 *E* 点所决定的产量水平，将产量增至 Q^*，从而使得 $MSC=MSB$，便可以因此获得 *ABE* 的净收益，所以，政府有责任通过法律和经济手段保护有效竞争，排除垄断对资源有效配置的扭曲。

此外，在垄断经营条件下，由于企业没有外在的竞争压力，所以会使整个企业组织从高层决策者到最低操作层改变行为准则，即由追求利润最大化转变为低风险、舒适、享受原则。企业长期如此发展，会缺乏改进生产技术、减少成本的动力，造成产品质次价高、品种单一、服务水平低下，从而使企业产品成本高于相应产量规模的最低成本。这就是所谓的“资源运用的非效率”。

（4）信息失灵。市场机制的运行达到效率的要求需要充分的信息，然而，现实的市场并不具备这一条件。生产者因不知道消费者究竟需要什么样的产品、需要多少产品，往往使所生产的产品与消费者的需要不相适应或所生产的产品大于或小于需求；消费者也会在信息失灵的情况下因不识货而受骗上当，或不了解市场行情而支付较高的价格。在信息失灵的情况下，市场竞争会出现盲目性，导致资源配置的低效。

（5）对非市场性目标无能为力。一个社会除了市场性目标外，还有非市场性目标。市场对这些非市场性目标是无能为力的，因而导致市场失灵。在市场经济条件下，非市场性目标主要有：

A. 多种消费偏好。市场机制也可提供警察式的保护，甚至是公正的。但是社会成员更需要公共警察，认为他们比私人警察更公正可取，这就需要由社会提供警察服务。

B. 保护个人免受他人的侵害。在市场经济条件下，有些人出于经济目的，滥用人力（如使用童工和给予劳动者低工资），这是对人权和他人利益的一种侵犯，是一种经济上的浪费，而市场对此是无能为力的，需要政府制定童工法和最低工资法对此进行规范。

C. 防止个人自我损毁。大量例子表明，成人也需要政府保护，如禁止吸食海洛因和其他毒品，规定在高速公路行车必须系安全带，以防吸毒和减少车祸死亡。

政府的这种干预被称为“家长作风”，也许多管闲事不符合社会成员的价值判断。但毋庸置疑的是市场无法提供这种保护，而社会发展需要这种保护，我们便可认为市场失灵。

D. 社会责任感。在市场上，买卖双方可以协议成交，社会不予干涉。但如果这种行为与社会责任感相悖，这种成交就不能顺利进行。基本的实例是战时军事性服务，一国公民不能按市场价格与敌国成交，因为这与社会责任感相悖，而市场很难阻止这种行为的产生，需要政府建立相应部门维护这种社会责任感。

E. 同情与怜悯。市场使人获利，也使人受惩，市场造成人与人之间收入分配不公，市场是非常严厉和残酷的，因而政府不能一点不管。在市场经济条件下，人们收入的差别主要来源于是否有一个好的工作，当人们并不是由于自身的过错而丢掉工作时，此人就不应承担这种不幸的全部负担；即使由于其自身的过错，他的家庭中的其他成员也不应承担这种不幸。而市场是不能解决这些收入分配不公问题的，这时市场便失灵了。

（6）市场不能解决经济稳定问题。经济发展的历史已经证明，市场机制的自发调节往往会造成社会总供求的波动，从而出现经济过热或经济衰退，其原因如下：

A. 价格刚性的制约。完全竞争的市场假定价格是有弹性的，会随供求关系的变化而变化。这样，在总需求大于总供给时，会通过价格上涨抑制需求、刺激供给；而在总需求小于总供给时，则会通过价格下降来扩张需求、减少供给，从而实现社会总供给的均衡。但是，价格是有刚性的，价格不能随时进行调整以保证市场处于“出清”状态，从而造成经济波动。

B. 主观心理规律的作用。凯恩斯用三条心理规律，即边际消费倾向递减规律、资本边际效率递减规律及货币灵活偏好规律解释了需求不足的原因，从而导致经济衰退。

C. 由投资乘数和加速系数的交互作用，使经济运行出现繁荣和衰退的频繁交替。根据这一理论，收入或需求的增加或减少会在投资乘数和加速系数的作用下使经济出现周期性的波动。

从上述影响社会总供求不均衡的原因可知，影响社会总供求不均衡的原因是复杂的，虽然有些原因与市场机制无必然联系，但如果仅靠市场机制的自发调节，社会总供求的均衡是难以实现的。

二、财政职能

所谓财政职能，是指在一定的经济条件下，财政本身固有的功能。它是由客观经济条件决定的，而非财政概念决定的：经济条件不同，财政职能也不同。

在市场经济条件下，资源配置应主要通过市场机制来进行。如上所述，市场机制并非万能的，它也会出现失灵，市场失灵的领域恰恰就是财政发挥作用的领域。根据上述对市场失灵的认识，在市场经济条件下，财政的职能是资源配置、收入分配和经济稳定。

（一）资源配置职能

1. 什么是资源配置职能

通过财政收支活动及相应财政政策的制定、调整与实施，实现对社会现有人力、物力、财力等社会资源的结构与流向进行调整与选择。政府通过财政资源配置职能的运用，可以达到合理配置社会资源、实现资源结构合理化、经济与社会效益最大化等政策目标。

正确理解资源配置职能的含义，必须首先弄清楚资源一词的含义。经济学所采用的资源一词的含义与社会上一般所说资源一词的含义有所不同。社会上一般所说的资源通常是指自然资源，经济学上所说的资源通常是指用来生产商品和服务的投入物即生产要素。资源配置职能中资源的含义是在经济学意义上使用资源一词的。

2. 资源配置职能的内容

（1）调节资源在不同地区之间的配置。在我国，地区之间经济发展不平衡是客观现实，其原因不仅在于历史的、地理的和自然条件等方面的差异，而且还在于市场机制导致资源往往向经济发达地区单向流动，从而使落后地区更落后，发达地区更发达，产生所谓的“马太效应”。这种结果不利于我国经济长期均衡的发展，还会带来社会问题。因此，必须通过财政分配与财政体制等手段，实现资源在不同地区之间的均衡配置，达到地区之间经济均衡发展。

（2）调节资源在不同产业部门之间的配置。资源在不同部门之间的配置状态如何，直接关系到产业结构是否合理及其合理化程度。财政可通过调整政府预算支出中的投资结构，增加薄弱产业的投资；也可通过制定、调整财政政策和投资政策，来引导和协调社会资源流动与分配，进而达到调节资源配置结构的目的，实现产业结构的合理化。

（3）调节社会资源在政府和非政府部门之间的配置。政府部门是指分配与使用财政资金的部门，凡不在这个范围之内，均被称为非政府部门。资源在政府部门和非政府部门之间合理配置的标准是资源在政府部门和非政府部门所产生的边际收益相等。财政要根据这个要求，调整资源在政府部门和非政府部门之间的配置，便是财政资源配置职能的一个重要内容。

（4）在政府部门内部的配置。要合理配置资源，不仅要求在各地区之间、各产业之间、政府部门和非政府部门之间合理配置资源，还要求在政府部门内部合理配置资源。在政府部门内部合理配置资源，直接表现在财政支出结构方面。根据经济学的理论，政府部门内部资源合理配置的标准是财政资金在各部门之间边际收益相等。为此，财政必须合理安排财政支出投向，优化财政支出结构。

财政发挥资源配置职能的主要工具是支出和税收，通过征税和财政支出，以满足公共需要，对产业结构、地区结构进行调控。

（二）收入分配职能

1. 什么是收入分配职能

所谓财政的收入分配职能，是指政府对市场活动产生的收入分配进行调整，通过收入转移或税收政策改变市场初次分配的结果，其目标是实现社会所认可的收入分配的公平状态。

一般说来，收入分配差距的大小可以作为收入分配公平与否的测量尺度。但需要注意的是，对公平的理解受人们价值判断的左右。而价值判断在不同社会、不同时期、不同地点，甚至在所有这些情况下的不同的人，都会有不同的价值判断。

2. 如何衡量收入分配的公平程度

分析收入分配差别或公平与否，最常用的技术是洛伦兹曲线。如图 1－4 所示，如果收入分配绝对公平，即每个人得到同等数额的收入，洛伦兹曲线将是一条呈 45°角的直线，此线被称为绝对公平分配曲线。如果收入分配绝对不公平，即某一个人得到全部收入，则洛伦兹曲线将与正方形的底边和右边重合。任何实际的收入分配都位于这两个极端之间的一条线上，此线越接近绝对公平分配曲线，收入分配越公平。

如果要测定收入分配不公的程度，可用基尼系数来表示，基尼系数等于实际收入分配曲线与对角线之间的面积除以对角线以下的总面积，即基尼系数等于 $A/(A+B)$。根据国际经验，如果基尼系数在 0.2 以下，收入分配高度公平；如果在 0.2～0.3，收入分配相对公平；如果在 0.3～0.4，收入分配相对合理；如果在 0.4 以上，收入分配差距偏大。

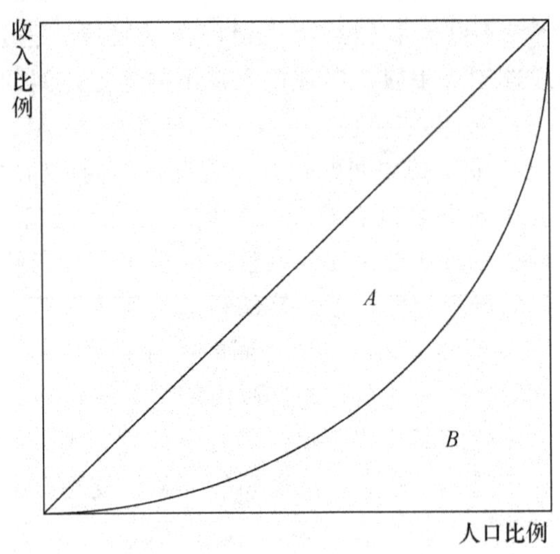

图 1－4　洛伦兹曲线

3. 收入分配差距的原因及对策

从理论上讲，收入分配差距的原因有以下五种因素：一是受教育训练机会的不同；二是天赋能力的差异；三是人们拥有财产的不同；四是人们操纵市场的能力不同；五是其他偶然因素的影响，如疾病、事故和其他不幸等。上述因素所造成的不公平一般都属于机会不公平。

因此，在讨论财政收入分配职能时，必须分清机会公平与结果公平。机会公平，简单地说就是每个人都以同样的机会开始生活、获得收入；结果公平是指人们在不同的机会或同等的机会中取得可支配收入大体相等。一般而言，财政支出政策适合于解决机会公平问题，而税收政策更有利于促进结果公平。

（三）经济稳定职能

1. 什么是经济稳定职能

所谓经济稳定职能，是通过财政政策的制定、实施和调整，以使整个社会保持较好的发展状态，以至于达到充分就业、物价稳定、经济增长和国际收支平衡等政策目标，我们将财政所具有的这种功能称之为经济稳定职能。

如果进行简单划分，财政的资源配置职能属于财政在微观经济领域里应当发挥的作用，收入分配职能是财政在中观领域中发挥的作用，而经济稳定职能则是财政在宏观经济领域中发挥的作用。这三种职能依次越来越远离市场机制，这说明市场机制在这三个不同领域中的作用递减，财政职能的效力递增。

2. 经济稳定职能的内容

经济稳定职能的主要内容包括两方面：一是调节社会总需求，实现供求总量的大体平衡；二是调节社会供求结构，实现社会供求结构合理。

3. 如何执行财政的经济稳定职能

财政经济稳定职能的基本逻辑是：

（1）如果存在非自愿性失业，政府就通过扩张性的财政政策即通过增加支出和减税来提高需求水平，使经济达到充分就业。

（2）如果存在通货膨胀，政府就采取减少收入或增加支出的紧缩性财政政策，防止经济过热。

（3）如果经济已经实现了充分就业和物价稳定，政府就采取中性财政政策，保持原有的政策格局。

我们可用简单的凯恩斯国民收入决定模型说明财政的经济稳定职能。图 1－5 中，横轴代表国民收入，纵轴代表总需求，从 O 点出发的线代表总供给。如果社会总需求水平为 D，与总供给曲线交于 E，E 点所决定的国民收入正是充分就业的国民收入水平 Y_f。如果社会总需求曲线为 D_1，与总供给曲线交于 C 点，C 点所决定的国民收入水平为 Y_1，社会将出现失业现象。AC 的距离表示总需求不足的部分，称之为通货紧缩缺口，政府可采取减税、增加支出等措施消除该缺口。如果社会总需求曲线为 D_2，与总供给曲线交于 B 点，所决定的国民收入水平为 Y_2，此时物价上涨，BB' 的距离表示总需求过剩的部分，称之为通货膨胀缺口，政府可采取增税、减支等措施消除该缺口。

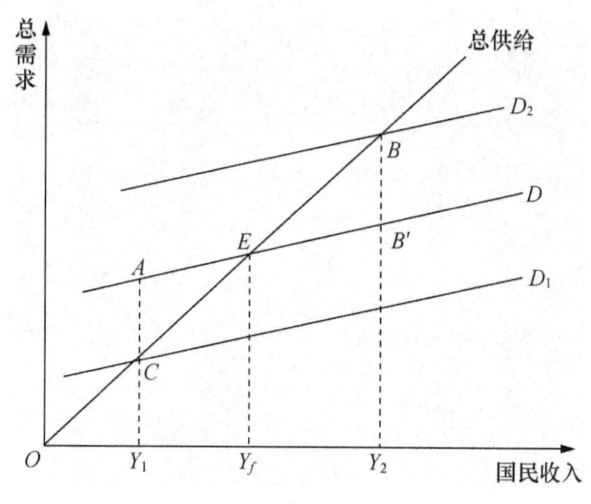

图 1－5　国民收入决定模型

三、我国财政职能的理论演变

我国学术界对财政职能的研究大体可分为三个阶段，即计划经济时期、有计划商品经济时期和社会主义市场经济时期①。

20 世纪 70 年代末以前，我国实行高度集中的计划管理体制。在这种体制下，财政是计划体制的体现，是政府集中分配全国资源的工具，全国主要财力集中在财政手中，然后由财政分配到各地方、各行业和企业及个人手中。因此，传统财政理论把这种分配职能称为“最基本的、首要的职能”。正是由于在高度集中统一的计划经济体制下，财政不仅同国营企业的再生产过程联系在一起，通过国家与企业之间的缴拨款活动，对企业生产经营的耗费和成果进行计算和监督，而且还通过掌握固定资产投资的资金来源来控制投资，通过财政资金的拨付来检查固定资产再生产的进度和效果，于是从分配职能中就派生出监督职能。

20 世纪 80 年代初，我国开始经济管理体制改革，进入有计划商品经济时期。以家庭联产承包责任制为特征的农村经济体制改革，改变了“公社化”的经济组织形式。经济改革很快从农村走向城市，而城市经济体制改革的突破口是财税体制改革。随着“利改税”的实施，改变了国家与国营企业的纯收入分配方式，形成了新的国家、企业、个人三者之间的分配关系。在这种情况下，如何在保证国家实现职能的前提下，给企业、个人留下足够的纯收入以调动各方的积极性成为一个重要问题。这就需要政府制定合理的税收政策和支出政策。我们认为这是当时理论界确认财政还具有调节职能的一个合理原因。在这一时期，我国财政学界在财政具有分配、调节和监督三大职能上达成了共识。

1992 年，中国共产党第十四次代表大会确定了我国经济体制改革的目标模式，即实行社会主义市场经济体制。这种从计划经济向市场经济体制的转变意味着经济资源配置的主要机制在市场，市场机制在政府的宏观调控下发挥基础性资源配置作用，面对这种新的资源配置机制和新的经济体制，我国财政学界开展了财政职能大讨论，最终的结论是：在社会主义市场经济体制下，财政具有资源配置、收入分配和经济稳定三大职能。

① 刘溶仓：《中国财政理论前沿》（1），中国财政经济出版社，1999 年版，第 141 页。

第二章　财政收入

第一节　财政收入概述

一、财政收入的含义

财政收入作为财政分配的第一阶段，是指在一个财政年度内，政府为满足社会公共需要，凭借政治权力和经济权力通过一定渠道和形式占有的由政府集中掌握的社会产品，在货币经济条件下，这种社会产品表现为一定数量的货币资金。

二、财政收入的功能

财政收入是政府财政活动的重要组成部分，其功能主要体现在以下几方面：

（一）财政收入是财政支出的前提条件

在财政资金循环中，包括“财政收入——财政支出”这样两个相互连接的阶段，财政收入是财政资金循环的起点和前提，财政支出是财政资金循环的终点和归宿。只有取得财政收入，政府才能安排财政支出，只有实现财政支出，财政收入的目的才能实现。由此可见，财政收入是财政支出的前提和条件，也是政府诸项职能得以实现的前提条件。

（二）财政收入是政府实施宏观调控的重要手段

政府的宏观调控主要是通过财政政策和货币政策来进行的，而财政收入政策是财政政策的重要组成部分。通过财政收入政策，可以起到保持经济稳定、优化资源配置和调节收入分配的作用。

（三）财政收入是政府理财的重要环节

政府财政活动包括创造收入源泉、获取财政收入和进行财政支出三个环节，财政收入不仅属于取得财政收入的环节，同时也对公共收入源泉环节产生重大影响。财政收入政策设计得好，就可能实现取财而不伤财的良性循环，促进经济发展；若设计得不好，违背了效率原则和公平原则，则变为单纯的敛财，就会造成生产停滞或倒退、工商业凋敝的严重后果，甚至引发社会动荡和政府垮台。

三、财政收入的特点

（一）公共性

公共性是财政收入区别于私人收入的最主要特征。公共权力源于社会的共同需要，财政收入作为公共权力在经济方面的体现，同样源于社会的共同需要。历史上，专制君主凭借个人财产获得经营收入和特权收入，使财政脱离社会公众的约束和控制，着重服务于君主个人而不是为社会提供公共服务。随着经济的发展、社会的进步，财政收支活动都具有公共性，即财政收支均是为满足社会公共需要。

（二）强制性

由于财政收入的获得主要是以公共权力为依托，而公共权力的主要特征就是强制性，所以财政收入也有强制性。财政收入的强制性，是相对于私人收入的获得与使用具有充分意义上的私人自由与自愿的性质而言的。由于公共产品具有非排他性和非竞争性，导致公共产品供给不足，政府必须强制性地获得财政收入，才有可能满足供给公共产品的需要并履行政府的其他职能。如果在财政收入获取过程中执行所谓的自愿原则，政府的职能就无法实现，人们的公共需要无法得到满足。

（三）规范性

财政收入自产生之日起就受到一定的制度约束，它的收取和使用不是随意的，而是以一定的法律法规和规章制度为依据的。这些法律法规和规章制度对于财政收入的种类、征收对象、征收手续、征收规模和使用方向等都有明确的规定，因此，财政收入具有规范性。

（四）稳定性

由于财政收入具有强制性和规范性，因此，财政收入具有稳定性。虽然由于经济现象的复杂性和多变性，信息的不确定性以及人的有限理性，财政收入在结构上会有所变化、在数量上会有所波动，严重时甚至会导致政府的瘫痪，但从根本上来说，财政收入的来源与数量都是相当稳定的。

第二节　财政收入的分类与形式

一、财政收入的分类

财政收入的分类就是按照财政收入的内在性质和相互联系，对财政收入所进行的科学、系统的划分和归并。对财政收入进行分类，可以帮助我们了解和分析财政收入的结构及其变化趋势，研究影响财政收入的因素，并以此为基础制定相应的组织收入政策，正确处理组织财政收入过程中的各种利益关系。

（一）按财政收入形式分

按财政收入形式分类，通常将财政收入分为税收和其他收入两大类。这种分类的好处是突出了财政收入中的主体收入，即国家凭借政治权力占有的税收。

其他收入主要包括非税收入、社会保障基金收入等。

（二）按财政收入来源分

按财政收入来源分类，包括两种不同的标准：一是以财政收入来源中的所有制结构为标准，将财政收入分为国有经济收入、集体经济收入、中外合营经济收入、私营经济收入、个体经济收入等。二是以财政收入来源中的部门结构为标准，将财政收入分为工业部门收入和农业部门收入、轻工业部门收入和重工业部门收入、生产部门收入和流通部门收入；第一产业部门收入、第二产业部门收入和第三产业部门收入等。

（三）按照财政收入有无连续性和稳定性分

按照财政收入有无连续性和稳定性分类，将财政收入分为经常性收入和临时性收入。经常性收入是政府每个财政年度都能够连续、稳定、经常地取得的收入，是财政收入的主体。临时性收入是政府非连续、不规则地取得的收入，是财政收入的辅助部分。前者主要包括税收收入、公共收费收入、国有资产收入；后者主要包括公债收入、捐赠收入。

（四）按收入取得的依据分

按收入取得的依据分类，将财政收入分为一般财政收入和国有资产经营收入。一般财政收入是政府为提供公共产品，凭借政治权力参与社会产品价值分配所取得的收入。国有资产经营收入是政府依据国有资产所有权参与国有资产收益分配所取得的财政收入。

（五）按财政收入的行政归属分

按财政收入的行政归属分类，将财政收入分为中央财政收入和地方财政收入。中央财政收入是指根据财政管理体制的规定，由中央政府筹集和使用的收入；地方财政收入是根据财政管理体制的规定，由地方政府筹集和使用的收入。

二、我国目前财政收入的形式

财政收入的形式是政府取得财政收入的具体方式，即政府用什么方式取得财政收入。经济发展水平不同、政府职能不同，财政收入形式也不同。

2005 年 12 月 27 日，国务院正式批准了政府收支分类改革方案，对我国财政收入进行了重新分类。按收入的来源和性质，将我国财政收入分为税收收入、社会保险基金收入、非税收入、贷款转贷回收本金收入、债务收入，收入分为类、款、项、目四级。

（一）税收收入

在纯粹的市场经济中，政府不拥有任何生产要素，必须向个人和私人企业索取它所需要的资源。在当代混合经济中，政府通过税收立法获取所需要的资源。正是由于以法律的形式规范政府的征税行为和公民的纳税行为，所以税收这种收入形式具有鲜明的特性和规范的制度。从各国情况看，税收是征收面最广、最稳定可靠的财政收入形式，也是财政收入最主要的形式。

（二）社会保险基金收入

社会保险基金收入是国家法律、法规规定的各种社会保险基金的保险费收入。

（三）非税收入

非税收入是指各级国家机关、事业单位、社会团体以及其他组织，依据有关法律、行政法规和相关规定，履行管理职能、行使国有资产或者国有资源所有权、提供特定服务或者以政府名义征收或者收取的税收以外的财政性资金。我国目前的非税收入项目主要包括：

1. 政府性基金收入

是各级政府及其所属部门根据法律、行政法规以及中共中央、国务院有关文件规定，向公民、法人和其他组织无偿征收的具有专项用途的财政资金，主要包括基金、资金和专项收费。

2. 专项收入

是国家为特定事业或建设项目需要征收的财政收入，它主要包括排污费收入、水资源费收入、教育费附加收入、矿产资源补偿费收入等。

3. 彩票资金收入

是彩票机构上缴财政部门的彩票公益金和发行费收入。

4. 行政事业性收费

是指依据法律、行政法规、国务院有关规定、国务院财政部门会同价格主管部门共同发布的规章或者规定以及省、自治区、直辖市的地方性法规、政府规章或者规定，省、自治区、直辖市人民政府财政部门会同价格主管部门共同发布的规定所收取的各项收费收入。主要分为公安行政事业性收费收入、法院行政事业性收费收入、司法行政事业性收费收入、工商行政事业性收费收入、商贸行政事业性收费收入、财政行政事业性收费收入、海关行政事业性收费收入等。

5. 罚没收入

是指执法机关依法收缴的罚款（罚金）、没收款、赃款、没收物资、赃物的变价收入。

6. 国有资本经营收入

是指经营和使用国有财产取得的收入。

7. 国有资源（资产）有偿使用收入

是指有偿转让国有资源（资产）使用权而取得的收入。

（四）贷款转贷回收本金收入

是指国内外贷款回收本金的收入及国内外转贷回收本金的收入。

（五）债务收入

是指国家凭借其信用，采取有借有还的、还本付息的信用形式，通过发行政府债券，从国内外取得的收入。

第三节 财政收入的规模

一、财政收入规模的含义

财政收入的规模，是指财政收入的总水平，通常用绝对数额，如财政收入总额，或用相对数额，如财政收入占国民生产总值、国内生产总值、国民收入的比重来表示。财政收入的规模是衡量一国财力的重要指标，它表明了该国政府在社会经济生活中作用的大小。无论哪个国家都把保证财政收入的持续稳定增长作为政府的主要财政目标。

二、最优财政收入规模

财政理论界在关于财政收入规模的认识上存在着三种不同的观点：一是最优财政收入

规模是指最小化的财政收入规模；二是最优财政收入规模是指最能体现财政收入分配制度要求的财政收入规模；三是最优财政收入规模是实现“以收定支”与“以支定收”财政分配原则相适应的财政收入规模，这是一种建立在财政收支相互决定理论思想上的观点，在当今财政理论界占主流地位①。

上述财政收入规模最小化即为最优的观点，其实是一种“大社会、小财政”的提法，它表达了一种对膨胀性财政规模担忧的思想，而实践中的小财政却未必处于规模最优状态，财政收入规模过大或过小的衡量标准，决定于一个国家一定时期的社会公共需求；合乎财政分配制度要求的财政收入规模即为最优财政收入规模的观点也不一定正确，如果财政收入分配制度选择不合理，越能体现该制度要求的财政收入规模越不合理；财政收支适应状态的财政收入规模最优的观点，“以支定收”与“以收定支”相结合的观点，只是强调了财政收支在总量上的对称性，如果财政收支适应性建立在行政效率低下的状态下，论题就不成立了。如何重新界定财政收入最优规模呢？有学者认为：最优财政收入规模应该是实现社会投资、社会资源利用效率、社会福利最大化目标，正确处理公共部门和私人部门经济关系，并处于经济社会均衡状态下的财政收入规模。

三、影响财政收入规模的因素

财政收入规模既要考虑满足政府支出的需要，又要保证经济持续、健康、稳定的发展。财政收入过大或者过小，都会产生不利影响。财政收入规模过大，政府集中的社会财力过多，就会降低个人与企业的消费水平，限制企业生产能力的提高，从而影响经济效率；财政收入规模过小，就不能满足社会对公共产品的需求，也将降低经济效率。因此，财政收入规模必须适当，要与国民经济发展规模、速度以及公众需求相适应。

从世界各国情况看，决定公共收入规模的因素是：

（一）经济发展水平

经济发展水平对财政收入规模的影响是最为基础的。经济发展水平反映一个国家社会产品的丰富程度和经济效益的高低。经济发展水平高，社会产品丰富，国内生产总值或国民收入就越多。一般而言，国内生产总值或国民收入多，则该国的财政收入总额较大，占国内生产总值或国民收入的比重也较高。

从世界各国的实际情况看，发达国家的财政收入规模，无论在绝对数还是相对数方面，均高于发展中国家。如1986年，中央政府经常收入占国民生产总值的比重，低收入国家平均为15.4%，中等收入国家平均为24.0%，美国、法国、意大利、加拿大等西方主要发达国家的平均值则高达40%左右，而我国“八五”期间的财政收入占国民生产总值的比重还不到12%。上述资料表明：经济决定财政，经济不发达则财源绝不可能丰裕。因此，增加财政收入的前提是发展经济。

（二）生产技术水平

它内含于经济发展水平之中，也是影响财政收入规模的重要因素，较高的经济发展水平往往是以较高的生产技术水平为支柱的。所以，分析技术进步对财政收入规模的影响，

① 邓晓兰：《财政学》，西安交通大学出版社，2007年版，第169页。

也就是研究经济发展水平对财政收入规模影响的深化。简单地说，生产技术水平是指生产中采用先进技术的程度，又可称之为技术进步，它对财政收入规模的制约可从两个方面分析：一是技术进步可加快生产速度，提高生产质量，技术进步速度越快，社会产品和国民生产总值的增加越快，财政收入的增长就有充分的财源；二是技术进步必然带来物耗比例降低，经济效益提高，剩余产品价值所占的比例扩大，从而增加财政收入。由此看来，促进技术进步，提高经济效益，是增加财政收入的首要途径。

（三）经济体制

在社会经济发展水平一定的情况下，经济体制是决定财政收入规模的重要因素。在计划经济体制下，政府通过计划手段对资源进行配置，市场机制的作用受到抑制，绝大部分的资源配置以及社会财富的分配权力都高度集中在政府手中，财政收入的规模当然就大。在市场经济条件下，资源配置主要由市场进行，政府主要通过经济政策和法律手段间接地影响资源配置和收入的再分配，财政收入的规模自然要小。

（四）传统与习俗

以瑞典、挪威等国为代表的北欧“福利国家”，具有将社会保障作为立国之本的传统，社会保障支出占国民收入的45%以上。为了取得所需的资金，这些国家往往对个人和企业课以重税，因此，财政收入的规模相对较大。而奉行自由市场经济制度的国家，习惯上将税率保持在一个相对较低的水平上，以激励人们的生产活动和投资活动，有时为了刺激经济的发展甚至采用减税的政策，因此，财政收入的相对规模较小。

（五）价格

由于财政收入是用一定时点的现价计算的货币收入，所以，由于价格变动引起的 GDP 分配必然影响财政收入增减。价格分配对财政收入的影响主要取决于两个因素，一是通货膨胀，二是财政收入制度。特别当通货膨胀率高于财政收入增长时，将会导致财政收入名义增长而实际负增长的问题。在实行以累进所得税为主体税制的国家，由于纳税人所适用的税率会出现“档次爬升”，即随着通货膨胀率的上涨，名义收入增长，适用税率档次升高，财政收入将有所增长，因此通货膨胀对财政收入的影响较小。而在大部分发展中国家，由于实行的是以比例税率的间接税为主体的税收制度，税收收入的增长率与通货膨胀率较为接近，财政收入的实际增长将大大低于名义增长。因而在这种税制结构下，通货膨胀对财政收入的影响较大。

（六）政府的职能范围

在自由资本主义时期，政府担任的是“守夜人”的角色，主要职责就是提供国防、兴建公共工程和制定并执行法律，职能范围相对较狭小，因此财政收入的规模也较小。20 世纪 30 年代世界经济危机爆发后，政府开始肩负起调控宏观经济、提供社会保障、保持经济稳定等越来越多的职责，职能范围在不断扩大，这就要求与之相匹配的财政收入规模相应增大。

第三章　税收概论

第一节　税收概述

一、税收的概念和特征

（一）税收词源及其旧称、别称

税收这个词最早见之于中国文字记载，并有历史典籍可查的是《春秋》所记鲁宣公十五年的“初税亩”，这是公元前594年的事。“税”字由“禾”与“兑”组成，“禾”为谷物，“兑”有送达的意思。在中国古代，“税”字的本意，就是社会成员将以土地为基础的农产品上缴给国家。

在中国历史上，税收有各种各样的名称。除“税”这个词外，还称作赋、租、捐、调、课、算、庸、粮、钱、钞、估，等等。在不同的历史时期，税有不同的名称，虽各有其一定特点，或特定的内容，但它们之间往往混用或连用。中国历史上，此种混用或连用最多的词是“赋税”、“租税”、“捐税”，也是税收通用的旧称或别称。

1. 赋税

我国历史上最早的税征自土地上生产的产品，用作国家一般经费，而赋专指军赋或兵赋，包括君主对臣民征发的军役和军用品，所以赋字从“武”。春秋后期，军赋逐渐以田亩征收，并逐渐演变为税的通称，常称为“赋税”。

2. 租税

租是建立在王田制基础理论的称谓。“溥天之下，莫非王土。”百姓种了国王的土地，便要向国王缴租，实质上还是税。汉武帝时征收的渔税，称作“海租”；元朝时征收的房地产税，称为“房地产租”。租与税两字连用，成为一切课税的总称。例如唐朝大诗人杜甫在《兵车行》中写道：“县官急索租，租税从何出?”该租税就泛指一切课税。我国台湾地区现在的各种文件和出版物中，对一切课税仍叫做“租税”。

3. 捐税

“捐”字的本来含义是自愿捐助的意思，不带强制性。清代后期，因财政拮据而开捐例，使捐成为一种普遍的、经常的、强制征收的形式，逐渐成为税名。例如，房捐、亩捐、花捐等。后来，捐与税两字连用，成为一切课税的总称。

（二）税收的概念

虽然税收有悠久的历史，文献中也早就出现，但是税收究竟为何物，却并不容易说清楚。如何定义税收是一个复杂的问题。不同国家、不同时期的学者有不同的定义。

亚当·斯密在《国富论》中说："公共资本和土地，即君主或国家持有的两项大收入来源，既不宜用以支付也不够支付一个大的文明国家的必要费用，那么，这必要费用的大部分就必须取决于这种或那种税收，换言之，人民需要拿出自己的一部分私人的收入，给君主或国家，作为一笔公共收入。"也就是说，亚当·斯密把税收定义为人民给君主或国家缴纳的收入。

孟德斯鸠在《论法的精神》中，将税收定义为："公民所付出的自己财产的一部分，以确保他所剩余的财产的安全或快乐地享用这些财产。"

德国财政学家海因里森在其所著的《财政学》中说："税收并不是市民对政府的回报，而是政府根据一般市民义务，按照一般的标准向市民的课征。"

美国财政学家塞里格曼在其《租税论》中指出："赋税是政府对于人民的一种强制征收，用于支付谋取公共利益的费用，其中并不包含是否给予特别利益的关系。"

英国的《新大英百科全书》对税收的定义是："在现代经济中，税收是国家收入的重要来源。"税收是强制和固定的征收，它通常被认为是对政府财政收入的捐献，用以满足政府开支的需要，而并不表明是为了某一特定的目的。税收是无偿的，它不是通过交换来取得。这一直与政府的其他收入大不相同，如出售公共财产和发行债券等等。税收总是为了全体纳税人的福利而征收，每一个纳税人在不受任何利益支配的情况下承担了纳税义务。

《美国经济学辞典》则认为："税收是居民个人、公共机构和团体向政府强制转让的货币（偶尔也采取实物或劳务的形式）。它征收的对象是财产、收入或资本收益，也可以来自附加价格或大宗畅销货。"

我国学者刘剑文在其《财政税收法》中说："税收，是指国家为了实现其职能的需要，按照法律规定，以国家政权体现者的身份，强制地向纳税人征取货币或实物形成的特定分配关系。"①

根据国内外的研究成果，我们将税收定义为：税收是政府为满足社会公共需要，凭借政治权力，按照法律所规定的标准和程序，强制地、无偿地参与剩余产品分配而取得财政收入的基本形式，体现着政府与纳税人之间一种特殊的分配关系，是政府实施宏观调控的重要手段。

上述概念可从以下几方面理解：

1. 税收是国家取得财政收入的基本形式

在任何社会形态下，国家的存在并履行其职能都离不开一定的物质基础，而国家本身具有非生产性，其自身并不能生产物质财富以满足自己的需要。为了满足社会公共需要，古今中外的政府曾采用过税收、公债、财政发行、国有企业利润上缴等多种形式取得所需的物质资料，但是这些财政收入形式中，产生最早、运用最普遍、筹集财政资金最为有效的收入形式则首推税收。税收始终是各国政府财政收入的最重要来源。因此，马克思称捐税体现着国家在经济上的存在，税收是喂养政府的奶娘。从我国目前情况看，我国税收收

① 王福重：《财政学》，机械工业出版社，2007 年版，第 135 页。

入占财政收入的80%以上，在国家财政收入中占据绝对主导地位。

2. 政府征税凭借的是政治权力

税收是一种强制性的、无偿的财政收入。在现代社会中，政府可以凭借两种权力来取得财政收入，即财产权力和政治权力。与经济领域中凭借财产所有权进行的利润分配、利息分配不同，也与财政领域中凭借生产资料所有权进行的利润上缴不同，税收凭借的是政治权力。

3. 政府征税的目的是为了满足社会公共需要

税收是一种以政府为主体的收入形式和分配活动。在税收分配活动中，政府是征税主体，经济单位和个人是纳税主体，但两者并非处于一种完全平等的位置，而是一种权利与义务的关系。政府可以通过一定的法律程序宣布税收是全体国民的一项义务，可以事先明确谁是纳税人、缴什么税、缴多少税、如何缴纳，从而形成一种强制性的缴纳关系，之所以能如此，皆源于征税的目的主要是为了满足社会公共需要。

4. 税收必须借助法律形式来进行

政府为行使职能和满足社会公共需要，凭借公共权力，强制地向经济单位和个人征税以取得财政收入，但这种收入的取得必须在一定的法律规范之内进行，征税主体既不可多征，纳税主体也不可少缴，双方的权利义务关系通过税法来规范、约束和调整。税法以一个国家的宪法为依据，调整国家与社会成员在征纳税上的权利义务关系，维护社会经济秩序和纳税秩序，保障国家利益和纳税人的正当、合法权益。税收只有通过法律形式，才能使统治阶级各个成员在纳税（利益）上得到统一，并通过政府使每个纳税人接受。所以，税收这种财政收入形式自产生以来，就与法律有密切联系。

5. 税收的形式特征

税收是国家凭借公共权力参与社会产品分配取得财政收入的主要形式，与其他收入形式比较具有强制性、无偿性和固定性的特征，或称税收的"三性"。税收的"三性"，是税收区别于其他财政收入的形式特征，是税收本质属性的外在表现。

（1）强制性。税收的强制性是指政府征税凭借的是政府的公共权力，以税法为依据强制地向纳税人征收。纳税人必须依法纳税，违者应受法律制裁。

（2）无偿性。税收的无偿性，是指国家征税后，从纳税人手中取得的税款即为国家所有，不需要直接向纳税人支付任何代价和报酬；更不需要把税款直接归还给纳税人，而是用于满足社会公共需要。

（3）固定性。税收的固定性是指政府在征税之前，就必须将应开征的税种、每种税的课税对象、纳税人、税率、征纳方法及违章处罚等用法律的形式明确地规定下来，使征纳双方共同遵守。

6. 税收体现着一种特定的分配关系

税收把一部分社会产品或国民收入强制地归国家所有。国家征税的多少，不仅涉及国家与纳税人之间的关系，而且会引起各纳税人在社会产品中所占比例的变化。所以，税收是对社会产品进行分配的重要手段，体现特定的分配关系。

7. 税收是政府实施宏观调控的重要手段

税收是影响总供给与总需求的一个重要变量，税收负担的变化影响着总供给与总需求，是国家对经济进行调控的一个重要手段。

二、税收的职能

税收职能是指税收作为一种分配范畴所固有的职责与功能，反映了税收在分配过程中所具有的基本属性。税收具有财政收入职能、收入分配职能和宏观调控三大职能。

（一）财政收入职能

税收的财政收入职能，是指税收具有从纳税人手中，按照一定原则和标准，强制取得收入，用以满足社会公共需要的功能。简单地说，税收具有筹资职能。

从世界大多数国家看，税收是财政收入的主要形式，在财政收入中占据主要地位。之所以如此，是因为税收在筹集财政收入时，具有其自身的特点。

1. 来源的广泛性

税收征收的依据是政府的政治权力，从而使税收具有广泛的来源。相对而言，利润上缴由于是以财产权为依据的，要受到所有权的制约，故来源是有限的。

2. 形成的稳定性

税收的稳定性是由以下因素决定的。首先，税收来源广泛，使不确定因素对税收的影响可以相互抵消，“东方不亮西方亮，黑了南方有北方”。其次，税收是按法定标准征收的，只要有稳定的税基，就会有稳定的收入。最后，税收具有强制性，以法律作后盾，从而保证税收收入的实现。

3. 获得的持续性

只要人们一刻不停止消费，社会生产就一刻也不能停止。正因为社会再生产是不断进行的，而税收就是以社会所生产的产品价值作为税源的，故政府能持续地获得税收。

税收在筹集收入的过程中，既要为政府提供足够的资金以满足社会公共需要，同时也要适度合理征收，以有利于社会经济的发展。

（二）收入分配职能

税收的收入分配职能，是指税收所具有的、影响社会成员收入分配格局的功能，其目标是社会分配的公平。

在现代市场经济条件下，对个人收入直接征收的所得税，对个人收入间接征收的流转税，以及具有专款专用性质的社会保障税等，都会对个人收入产生影响。

对个人收入征税，减少个人可支配收入，可使国民收入分配更加合理。个人所得税对收入分配的影响主要取决于是否实行累进税率、累进的程度以及征管效率的高低。一个高度累进的、征管效率高的个人所得税比累进程度低的、偷税普遍的个人所得税使社会分配更加公平。

流转税是对商品流转额和非商品流转额所征收的税，即对人们所消费的商品和劳务所征收的税。当我们对不同商品和劳务实行不同税率时，税收就具有了调节收入分配的功能。如对非生活必需品、奢侈品等征重税，对生活必需品实行低税或免税，就可起到调节收入分配的作用。

社会保障税是对个人和企业征收，专款用于医疗保险、失业救济、退休养老等社会保障事业的税收。对个人收入征收社会保障税，直接减少个人收入。但对个人收入结构，即对个人之间收入差异的影响，则取决于社会保障税制的设计。如果以个人综合所得为课税对象，按比例征收，社会保障税对个人收入分配不产生影响；如果采用累进税率，则社会保障税有助于收入分配的公平；如果以个人工资、薪金所得为征税对象，按比例征收，并设定征税上限，社会保障税就会扩大收入分配差距。从实际征收情况看，各国社会保障税基本上是按上述最后一种情况征收的，因此，社会保障税对收入分配的调节作用甚微。但是，如果考虑到社会保障税在支出时更多地用于低收入者，那么也可以把社会保障税看作一个具有调节个人收入分配效果的税种。

（三）宏观调控职能

税收的宏观调控职能，是指税收所具有的，通过一定的税收政策和制度，影响社会经济运行，促进社会经济稳定发展的功能。

总需求和总供给的平衡，是宏观经济平衡的主要内容，也是税收宏观调控职能的调控的目的。在总需求和总供给的关系中，随着“供给会自动创造需求”的古典经济学的终结，人们普遍认为不平衡是绝对的，平衡是相对的。不平衡主要分为两种情况：一是总供给大于总需求，二是总供给小于总需求。如果总供给大于总需求，将会导致经济萎缩；总需求大于总供给，将会引起物价上涨、通货膨胀。

1. 税收影响总需求

税收是影响总需求的一个重要因素，税收的变化会影响投资和消费，从而影响总需求。正是由于这种关系，政府可以根据经济情况的变化，制定相应的税收政策，通过征税和减税控制社会总需求；也可通过累进所得税等事先的制度安排使税收具有自动稳定器作用，通过税收收入的相反变化对经济进行逆向调节。

2. 税收影响总供给

在总需求和总供给的关系中，如果出现总供给和总需求的不平衡，既可以通过控制需求来取得经济平衡，也可以通过扩大或缩小供给来实现平衡。在大多数情况下，税收对总供给的调节发生在供给不足时期。

税收增加供给的政策主要通过减税政策实现。因为，从供给角度去分析，流转税是影响企业成本的一个重要变量，降低流转税有利于降低企业的生产成本，从而有助于扩大企业的产出；降低企业所得税有利于提高企业盈利水平，增强企业扩大再生产的能力。总之，降税能刺激生产、扩大投资，从而有助于总供给和总需求的平衡。

三、税收负担

（一）什么是税收负担

税收负担是指纳税人因履行纳税义务而承受的一种经济负担。税收负担是国家税收政策的核心。

税收负担，从绝对额考察，它是指纳税人应支付给国家的税款额；从相对额考察，它是指税收负担率，即纳税人的应纳税额与其计税依据价值的比率，这个比率通常被用来比较各类纳税人或各类课税对象的税收负担水平的高低，因而是国家研究制定和调整税收政策的重要依据。任何一项税收政策首先要考虑的，就是税收负担的高低。定低了，会影响国家财政收入；定高了，又会挫伤纳税人的投资、劳动积极性，妨碍社会生产力的提高。

一般说来，税收负担水平的确定既要考虑政府的财政需要，又要考虑纳税人的实际负担力。

（二）税收负担与经济增长

税收负担是影响经济增长的一个重要因素，税收负担过高影响投资与消费，影响人们的劳动投入，自然对经济增长有不利影响。

前世界银行工业部顾问基思·马思顿对税收与经济增长之间的关系进行了分析。他选择了21个国家作为样本，按经济发展的不同水平分成10组，在每组中有一个高税负国和低税负国。通过比较分析，揭示了宏观税与经济增长的基本关系：低税负国的人均GDP增长率大于高税负国。税收与经济增长之间的变量关系为：税收每增长一个百分点，经济增长率下降0.36个百分点。也就是说，宏观税负与经济增长负相关，高税收是以牺牲经济增长作为代价的[①]。

（三）衡量税收负担的指标体系

税收负担是高还是低，是通过对比来说明的。如果仅仅是一个纳税数量，而没有对比关系，则很难科学地进行税收负担高低的比较。因此，需要设计相对指标计量税收负担。人们一般从宏观和微观两个角度设计税收负担指标。

1. 衡量宏观税收负担的指标

宏观税收负担是一定时期内（通常是一年）国家税收收入总额，在整个国民经济体系中所占的比重。这实际上是从全社会的角度来考核税收负担，从而可以综合反映一个国家或地区的税收负担总体情况。

宏观税负是一个国家的总体税负水平，一般通过一定时期政府税收收入占同期GDP的比重来反映。

一般说来，一国政府收入的主体是税收。在西方国家，由于在政府收入中预算外收入和非税收入的来源很少，政府税收收入占国内生产总值的比重基本上反映了政府对当年国内生产总值的集中程度。而我国政府部门收入来源比较复杂，决定了我国宏观税负内在含义与界定范围具有特殊性。在目前国内的研究中，把宏观税负分为小口径、中口径和大口径三种。小口径的宏观税负是指税收收入占同期GDP的比重；中口径的宏观税负是指财政收入占同期GDP的比重；大口径的宏观税负是指政府全部收入占同期GDP的比重，其中政府全部收入不仅包括预算内财政收入，还包括了预算外收入、社会保障基金收入，以及各级政府及其部门以各种名义向企业和个人收取的没有纳入预算内和预算外管理的制度外收入等。

从我国的情况看，由于我国目前政府收入形式还不够规范，除税收收入外，还有大量的非税收入，如大量的收费、集资、罚款等。这部分虽然不是正式的税收，但仍然是中国公民和企业必须面对的缴纳负担。因此，大口径的宏观税负比较客观地反映了我国的宏观税负水平。

2. 衡量微观税收负担状况的指标

微观税收负担是纳税人个体的税收负担，它是相对于宏观税负而言的。从两者的关系

① 袁振宇：《税收经济学》，中国人民大学出版社，1995年版，第57页。

看，只有确定合理的宏观税负，才有可能实现微观上的合理负担。但前者仅是后者的必要条件，要实现微观税收负担的合理还必须实行合理的负担政策，做出合理的制度安排。从纳税主体看，微观税收负担主要分为个人税收负担与企业税收负担。

（1）个人税收负担。对于个人税收负担可用以下两个指标衡量：

A. 个人税收负担率。

个人税收负担率是指个人所缴纳的税收占同期收入总额的比率，是衡量个人税收负担的基本指标。用公式表示为：

$$个人税收负担率 = \frac{个人缴纳的税收总额}{个人收入总额} \times 100\%$$

B. 个人边际税收负担率。

个人边际税收负担率是指个人每单位新增收入中所增加的税负，动态地反映了个人税收负担水平，用公式表示为：

$$个人边际税收负担率 = \frac{本期个人实际缴纳税收总额 - 上期个人实际缴纳税收总额}{本期个人收入 - 上期个人收入} \times 100\%$$

（2）企业税收负担率。企业的税收负担考察的是企业作为纳税主体时的税收负担情况。在中国现阶段，企业是缴纳税收的主体。因此，对企业税收负担的考察是微观税收负担分析的主要内容。对于企业的税收负担，我们一般用以下两个指标来衡量：

A. 企业所得负担率。企业所得负担率是指企业在一定时期内所缴纳的所得税与所实现的企业利润之比，主要反映企业利润的负担情况，用公式表示为：

$$企业所得负担率 = \frac{企业缴纳的所得税}{企业利润} \times 100\%$$

在企业所得负担率中，企业缴纳的所得税是企业实际缴纳的所得税总额。企业的利润则有两种情况：一是企业的账面利润，即当年实现的利润或所得，这时计算出的企业负担率是企业所得税的名义负担率；二是以应税利润计算，应税利润一般不包括企业实现的账面利润中的免税部分，如弥补以前年度的亏损及税法规定的其他免税项目。因此，根据应税利润计算出的企业所得负担率是实际负担率。

B. 企业综合负担率。企业综合负担率是企业缴纳的全部税收占企业利税总额的比，以公式表示为：

$$企业综合负担率 = \frac{税收总额}{利税总额} \times 100\%$$

在这个指标中，企业缴纳的税收不仅包括所得税，也包括流转税、财产行为税等所有税收。但由于流转税可能存在转嫁问题，故很难考察企业综合负担率准确数字，这是这一指标的不科学之处。

（四）影响税收负担的因素

由于税收负担必须考虑需要和可能两方面的情况，因此，一个国家在制定税收政策、确定宏观税收负担时，必须综合考虑国家的总体经济发展水平，并根据不同的经济调控需要来制定税收负担政策。一般来看，影响税收负担水平的主要因素有：

1. 社会经济发展水平

一个国家的社会经济发展总体水平，可以通过国民生产总值和人均国民生产总值这两个综合指标来反映。国家的国民生产总值越大，总体负担能力越高。特别是人均国民生产总值，最能反映国民的税收负担能力。一般而言，在人均国民生产总值比较高的国家，社会经济的税负承受力较强。世界银行的调查资料也表明，人均国民生产总值较高的国家，其税收负担率也较高，人均国民生产总值较低的国家，其税收负担率也较低。

我国人均国民生产总值比较低，属于发展中国家。国家通过税收能够积累多少资金，社会总体税收负担应如何确定，不取决于人们的主观愿望，也不能只考虑国家的需要，必须首先考虑社会经济体系和纳税人承受能力。只有税收负担适应本国经济发展水平和纳税人的承受能力，税收才能在取得所需的财政收入的同时，刺激经济增长，同时提高社会未来的税负承受力。如果税收负担超出了经济发展水平，势必会阻碍社会经济的发展。

2. 国家的宏观经济政策

任何国家为了发展经济，必须综合运用各种经济、法律以及行政手段，来强化宏观调控体系。国家会根据不同的经济情况，而采取不同的税收负担政策。如在经济发展速度过快过热时，需要适当提高社会总体税负，以使国家集中较多的收入，减少企业和个人的收入存量，抑制需求的膨胀，使之与社会供给总量相适应。在经济紧缩时，就要实行减税政策，以增加人们收入，从而增加社会需求，促进经济回升。此外，还要根据经济情况的发展变化，在征收中实行某些必要的倾斜政策和区别对待办法，以利于优化经济结构和资源配置。

3. 税收征收管理能力

由于税收是由国家无偿征收的，税收征纳矛盾比较突出。因此，一个国家的税收征收管理能力，有时也对税收负担的确定有较大的影响。一些国家的税收征收管理能力强，在制定税收负担政策时，就可以根据社会经济发展的需要来确定，而不必考虑能否将税收征上来。而在一些税收征管能力较差的国家，可选择的税种有限，勉强开征一些税种，也很难保证税收收入，想提高税收负担也较困难。

（五）税收负担的类型

从世界范围看，根据税收负担轻重，大致可把税收负担分为重税负型、中等税负型和轻税负型三类。

1. 重税负型

该类型国家的国内生产总值的税负率一般在35%以上。大多数经济发达国家，特别是西欧、北欧国家属于重税负类型。税负较高的国家有瑞典、丹麦、比利时、挪威、荷兰等国，税收占GDP的比重甚至达到50%。这些国家之所以税收负担高，是由于这些国家的社会保障水平高造成的。另外，这些国家较高的经济发展水平又为高负担提供了可能。但是，高税收负担已经影响了人们的工作意愿、储蓄意愿和投资的积极性，使经济增长速度放缓。目前，这些国家正进行针对高福利和高税收负担的改革。

2. 中等税负型

该类型的国家的税负一般在20%～30%之间，世界上大多数国家属于此种类型。

3. 轻税负型

该类型国家的国内生产总值的税负率在20%以下，大多在15%左右，有的不到10%。从目前看，轻税负国家有三种类型。第一种属于实行低税模式的避税港。第二种属于经济落后国家，低GDP使国家不能增加税收。第三种靠非税收收入为主要来源的资源国，如中东的石油输出国。

（六）我国近年来宏观税收负担的考察

表 3-1 2000～2006 年我国宏观税负情况[①] 单位：亿元，%

年度	GDP	税收收入	财政收入	政府收入	小口径	中口径	大口径
2000	99214.6	12581.5	13395.2	23723.9	12.68	13.50	23.91
2001	109655.2	15301.4	16386.0	27980.9	13.95	14.94	25.52
2002	120332.7	17636.5	18093.6	31897.9	14.66	15.71	26.51
2003	135822.8	20017.3	21715.3	36214.6	14.74	15.99	26.66
2004	159878.3	24165.7	26396.5	42869.9	15.12	16.51	26.81
2005	183867.9	28778.5	31649.3	51326.4	15.65	17.21	27.91
2006	210871.0	34809.7	38760.2	61246.6	16.51	18.38	29.04

注：政府收入 = 预算内收入 + 预算外收入 + 制度外收入 + 企业亏损补贴 + 社会保障基金收入 + 制度外收入。

从表 3-1 可知，2000 年以来，我国宏观税负水平持续上升，税负总水平偏高。

四、税收弹性

（一）什么是税收弹性

弹性是西方经济学的一个重要概念，它反映的是两个存在函数关系的经济变量中，由一个变量的变化所引起的另一个变量变化的程度。

税收弹性是指税收收入对经济增长的反映程度，一般表示为税收收入的变化率和 GDP 的变化率之比。用公式表示为：

$$E_t = \frac{\Delta T/T}{\Delta Y/Y}$$

式中，T 代表税收，ΔT 代表税收增量，Y 代表 GDP，ΔY 代表 GDP 增量。

根据弹性理论，可得出如下结论：$E_t = 0$ 时为税收无弹性，说明税收收入对经济增长没有反应；$E_t = 1$ 时为单一弹性，说明税收收入与经济增长呈同一幅度变化；$E_t = \infty$ 时为无穷弹性，说明经济增长的一个微小变化就会引起税收收入的无穷大变化；$E_t > 1$ 时，为税收富于弹性；$E_t < 1$ 时，为税收缺乏弹性，说明税收收入的增长幅度小于经济增长的幅度，表现为税收收入在 GDP 中的比例下降。在实践中，税收无弹性和弹性无穷大的情况一般不会发生，弹性为 1 的情况也很少见。在绝大多数情况下，税收弹性为大于 1 或小于 1。

（二）如何确定税收弹性

在一国财政收入主要依赖税收的情况下，为保证财政收入正常增长，便于政府履行各种职能的需要，税制应当使税收具有良好的弹性。一般说来，税收应当使税收弹性大于 1，以保证国家财政收入能与 GDP 同步增加，而无需经过频繁调整税基和开征新的税种来增

① 张强：《税负的痛苦与幸福》，《财政与税务》，2008 年第 11 期，第 76 页。

加收入。但是，税收弹性也不是越大越好，税收弹性过高，有可能伤及税本，阻碍经济发展。

（三）我国的税收弹性

1. 近几年来我国税收弹性情况

表 3－2 1998～2007 年我国税收弹性

年份	1998	1999	2000	2001	2002	2003	2004	2005	2006	2007
税收弹性	2.02	2.95	2.49	2.77	2.22	1.15	1.40	1.70	1.65	2.75

资料来源：根据国家统计局及国家税务总局网站统计计算而得，按现值计算。

从表 3－2 可知，我国的税收弹性较高，需要采取措施进行纠正。

2. 如何看待我国近几年税收弹性的增长

税收弹性变化往往是受宏观经济政策、经济增长、税制及征管水平等综合因素共同作用的结果。

（1）经济增长在税收增长的诸多因素中占据主导地位。经济增长促进税收增长主要体现在以下几个方面：一是我国 GDP 的总量不断提高，可供分配的“蛋糕”越来越大，即扩大了税源，促进了税收增长。1996～2006 年的 11 年间，GDP 总量增长了 1.96 倍。二是经济结构的优化调整。经济结构对税收增长的影响主要是由于产业结构、所有制结构和国民收入分配结构的调整，导致税源结构和税收收入的改变。因此，经济结构的优化能够促进税收增长。1994 年税制改革以来，第二、三产业的比重逐步提高，第二、三产业占 GDP 比重由 1994 的 80.2% 上升到 2006 年的 88.3%。随着产业结构的升级，即第一、二、三产业比重的变动，致使可税 GDP 的比重不断提高。同时，所有制改革也在深入，国有企业效益和非公有制企业效益不断提高，为税收增长做出了很大的贡献。

展望未来，我国经济增长在 2020 年前的重要战略机遇期，保持 7%～8% 的增长速度为税收增长打下了基础。此外，经济增长对税收增长的影响不单纯是经济总量的扩张，还包括产业结构优化、所有制结构调整、区域经济发展水平、经济效益变动、进出口规模的改变、货币化程度加深等。这使得在一定时期内，税收增长对经济增长的弹性有可能大于 1。

（2）税收管理的加强对税收增长起到了重要作用。长期以来，由于主客观方面的原因，我国存在大量的税收流失现象，近几年来通过强化税收征管，加大打击走私力度，堵塞税收流失漏洞，促进了税收收入的增加。税收执法手段明显增强，2001～2006 年，税务机关依法采取税收保全措施的有 240246 户，涉及金额 170.6 亿元；依法为缴纳税款的纳税户解除保全措施的有 200466 户，金额 94.4 亿元；依法采取税收强制执行措施的有 10170 户，通过金融机构扣缴或者以拍卖财产抵缴税款和滞纳金 153.6 亿元。征管的质量也明显提高，2005 年纳税申报率达到 97.5%，申报税款当期入库率达到 98.2%，欠税大幅度下降。加大对税收违法行为的打击力度，“十五”期间检查纳税人 847 万户，查补收入 1890 亿元。目前，国内学者专家和世界银行、国际货币基金组织部分专家认为我国税收收入实际征收率只达到潜在税收能力的 70%～80%，税收征管的空间仍然很大。

（3）政策性增长促进税收增长的作用不可小觑。主要是“费改税”和以前出台的各种优惠政策到期、恢复征税从而带来了税收增长。如1994年实行增值税改革时，确定一个优惠措施，即企业已经入库的商品存货可以抵扣进项税，平均每年抵扣约200亿元。随着时间的推移，可以抵扣的存货不断减少，到1999年几乎没有可以抵扣的库存了。又如三资企业超税负返还和校办企业优惠政策到期，以及打击走私带来关税增加等，这些政策性因素都会带来税收的增长。据测算，2001年费改税等政策性、一次性因素增加了大量税收，约为700亿元，约占总增收额的30%。

目前，虽然导致税收超常增长的主要是管理性增长因素和政策性增长因素，但我们应该看到，随着税收管理制度的不断完善，管理性增长的空间会越来越小。同时，随着税制逐步完善并趋于稳定状态，政策性增长的作用也会越来越有限。因此，从构建长远的税收增长机制，促进税收与经济增长协调发展来看，税收增长的重任最终还是由经济增长来承担。

五、税收原则

税收原则又称税收政策原则或税制原则。它是制定税收政策、设计税收制度的指导思想，也是评价税收政策好坏、鉴别税制优劣的标准。因此，税收原则是税收理论的重要内容。从目前来看，理论界一致认为的税收原则是财政原则、公平原则和效率原则。

（一）财政原则

1. 什么是财政原则

财政原则的基本含义是一国税收制度的建立和变革，都必须有利于保证政府财政收入，亦即保证政府各方面支出的需要。

2. 财政原则的基本要求

（1）充足性，即通过征税获得的收入能充分满足一定时期财政支出的需要。为此，就要选择合理的税制结构模式，尤其要把税源充裕而收入可靠的税种作为主体税种。

（2）弹性，即税收收入能满足财政支出不断增长的需要。尤其需要指出的是，税收的财政原则并非是说政府筹集的税收收入越多越好，而是说税收收入应达到合理的规模，为满足社会公共需要提供足够的资金。

（二）公平原则

1. 什么是公平原则

公平是人类追求的一个美好目标，然而不同利益的群体、不同的收入阶层、不同的国家甚至一个国家不同的历史时期对公平的理解是不同的。

从税的角度看，公平是指纳税负担同纳税人的纳税能力相同，它包括纵向公平和横向公平两个方面。所谓纵向公平，是指具有不同纳税能力的纳税人必须得到不同的税收待遇，即对具有不同纳税能力的人征不同的税；所谓横向公平，是指对具有同等纳税能力的人给予相同的税收待遇，征税后，纳税人之间的生活水平或收入水平比率不发生变化。

2. 税负公平的标准

税负公平是就纳税能力而言的，那么，如何衡量纳税能力呢？从目前国内外的税收理论与实践看，主要有以下三种观点：

（1）机会原则。机会原则要求以纳税人获利机会的多少来分担税收，获利机会相同的人缴纳相同的税，获利机会多的人多纳税，获利机会少的人少纳税。而纳税人获利机会的多少是由其拥有的经济资源（包括人力资源、财力资源和自然资源）决定的。

持这种观点的学者认为，按照纳税人拥有经济资源多少课税不仅符合公平原则，还有利于经济资源的合理利用，减少资源浪费。其政策主张是：对人力资源课征人才税，以有利于人尽其才，减少劳动力的浪费，促进人才合理流动；对财力资源课征资金税，以避免资金的积压浪费，提高资金的使用效益；对自然资源课征资源税，以促进自然资源的有效利用。

但是，就其整体而言，机会原则在实践中的可行性较差。这是因为纳税人获利机会的多少除了受自己所控制的经济资源的影响外，还受其他主客观因素的影响，如纳税主体对经济机会的把握能力、气候等因素的影响。但在某些特定情况下，运用机会原则确定税负存在一定的科学性和可行性。如许多国家对开采石油、矿山等自然资源获得的级差收入开征的资源税和对土地级差收益征收的有关税收，就是根据机会原则来确定的。

（2）受益原则。受益原则要求按纳税人从政府公共支出中获得的受益程度大小分担税收。

这种观点的理论依据是：政府之所以向纳税人课税，是因为纳税人从政府所提供的公共产品中获得了利益。因此，税负在纳税人之间的分担只能以纳税人的受益为依据，受益多者多负担，受益少者少负担，受益相同者负担相同的税。

从表面看，受益原则似乎有一定合理性，但在实践中，按照受益原则来分摊税收负担还存在许多问题：第一，纳税人从政府提供的公共物品中的受益程度和受益大小难以确定。第二，受益原则在转移支付方面无法贯彻和体现公平原则。从实践上看，低收入者等社会弱势群体往往需要政府进行补助，他们从政府的补助中得到的利益远远超过富人，如果按受益原则让他们多缴税，而富人因没有受益而不缴税，这显然有悖于常理。

虽然从总体上讲，受益原则不具有普遍意义，但就个别税种而言，按照受益原则征税还是可行的和必要的。例如，社会保障税、车船使用税及对汽油消费征税。

（3）负担能力原则。负担能力原则要求按照纳税人的负担能力来分担税收。而衡量纳税人负担能力的标准有收入或所得、支出、财产三种标准。

一般认为，收入或所得能够反映纳税人的负担能力，收入或所得的增加能显著提高纳税人的负担能力；同时，收入或所得的增加意味着支出能力的增加和财富的增加。

主张以支出作为衡量纳税负担能力的理由是：支出虽来源于收入，但它并不包括收入中用于储蓄的部分。而对收入征税存在对收入重复征税的缺点，即不仅对构成储蓄部分的收入征税，而且对储蓄利息又征一道税，因此，对收入征税不符合公平原则。另外，从鼓励节俭的角度看，对支出课税，有利于鼓励储蓄，加速资本形成，促进经济发展。

财产是衡量纳税人负担能力的又一依据，这是因为财产的增加意味着纳税人收入的增加或隐含收入的增加。

从世界各国情况看，考虑到征管等因素，一般都选收入或所得作为衡量纳税人负担能力的依据。

（三）效率原则

1. 什么是效率原则

税收效率原则就是使因征税所导致的经济损失最小，它包括行政效率和经济效率两个方面。

2. 行政效率

所谓行政效率是指税制在保证政策贯彻执行、完成任务的前提下，使征收费用降到最低程度。征收费用包括征税费用和纳税费用两个方面。征税费用是指税务部门在征税过程中所发生的各种费用，包括税务机关的房屋建筑、设备购置和日常办公所需的费用、税务人员的工资福利支出等。纳税费用是纳税人依法办理纳税义务所发生的费用，包括纳税人为完成纳税申报所花费的时间和交通费，纳税人雇用税务顾问、会计师所花费的费用。要提高税收的行政效率，一方面应采用先进的征管手段，节约征管方面的人力、物力和财力；另一方面，应简化税制，使纳税人容易理解和掌握，从而减少纳税费用。

3. 经济效率

所谓经济效率是指因税收征纳活动所导致的市场资源配置效率损失最小，这是效率原则的最高要求。除个别税种外，大多数税种都会对市场资源配置产生某种影响，并导致某种程度的效率损失。税收导致市场资源配置损失主要表现在：由于税收导向的结果，使市场中的经济行为主体（企业、个人）的经济行为偏离市场配置的客观要求，从而造成效率损失。例如，对个人所得征税，使个人作出减少工作时间的决策，从而减少劳动供给；再如，政府对某个高风险行业征税，加大了该行业的风险，使市场对该行业的资本供应减少。这些都属于因为税收的存在所导致的市场资源配置效率的损失。在现实经济生活中，对市场资源配置效率不产生负面影响的税很少，而政府只有开征许多税才能取得足够的财政收入，因而客观上要求政府首先在税制设计上尽可能减少此负面影响，减少税收所导致的效率损失。

第二节 税收制度

一、什么是税收制度

税收制度也称税收法律制度，是国家以法律形式规定的各种税收和征收管理的法律、法规、规章的统称，税收制度不仅是征税机关的工作章程和法律依据，也是纳税人履行纳税义务的法定准则。

二、税收制度的组成

税收制度由税制要素组成。税制要素一般有：纳税人、征税对象、税率、纳税环节、纳税地点、纳税期限、减税免税。其中：纳税人、征税对象和税率是税制的基本要素。这些被法律赋予不同内容的税制要素的有机整体，就形成一个一个的税种。因此，税制要素既构成一个一个税种，又是组成税收制度的基本元素。

（一）纳税人

纳税人是纳税义务人的简称，指税法规定的直接负有纳税义务的单位和个人，也称纳税主体。从民法角度看，纳税人分为自然人和法人，前者即居民个人，后者是依法成立并能独立享受法定权利和承担法定义务的社会组织，如企业、社团等。每种税都要规定各自的纳税人。例如，增值税的纳税人是在我国境内销售货物、提供应税劳务，以及进口货物的单位和个人。《宪法》第56条规定，公民有依照法律纳税的义务。不论是自然人还是法人，凡发生应税行为、取得应税收入的，都必须依照税法规定履行纳税义务，否则，要承担法律责任。

与纳税人既有联系又相互区别的一个税收概念是“负税人”。负税人是税款的实际承担者或负担税款的经济主体；而纳税人只是负担税款的法律主体。在纳税人缴纳的税款无法转嫁时，纳税人同时又是负税人；当纳税人能够把所纳税款转嫁给他人负担时，纳税人和负税人则属于不同的主体。税法一般只规定纳税人，而不规定负税人。

纳税人一般是应纳税款的缴纳者，但在某些特殊场合，纳税人并不直接向税务机关缴纳税款，而是由代扣代缴人代为缴纳。所谓代扣代缴人，即税法规定有义务从持有的纳税人收入中扣除其应纳税额并代为缴纳的企业、单位或个人。例如，对于未在我国境内设立机构的外国公司、企业来源于我国的股息、利息、红利、特许权使用费等所得，税法规定以收入的取得者为纳税义务人，以支付收入的单位为扣缴义务人；又如，个人所得税实行源泉控制征收方法，以向个人支付收入的单位为扣缴义务人。确定代扣代缴义务人，有利于加强税收的源泉控管，简化征收手续。

（二）征税对象

征税对象是征税所指向的客体，表明对什么东西征税。征税对象可以是商品、货物、所得、财产，也可以是资源、行为等。每一种税都有特定的征税对象。例如，印花税的征税对象是纳税人书立、领受的应税凭证；消费税的征税对象是在中国境内生产、委托加工和进口税法列举的应税消费品。因此，课税对象实质上规定了不同税种的征税领域，凡属于课税对象范围的，就应征税；不属于课税对象范围的，就不征税。从这个意义上说，课税对象是一种税区别于其他税的主要标志。

在讨论征税对象时，必须考虑与之相关的下列概念：

1. 税目

税目是征税对象的具体项目，体现某一税种具体的征税范围和广度。确定税目对于那些征税范围较广、征税项目较为复杂的税种，其作用是重要的：一是可以明确征税对象的征免界限，凡列入税目的，就要征税；反之，则不征税。二是便于依据不同项目设计差别税率，体现国家政策。

税目可分为两类：一类是列举性税目，它是采用一一列举应税商品、经营项目的方法所规定的税目，必要时还可以在税目下面进一步划分若干子目。这种方法主要适用于那些税源较大、征免界限清楚的征税对象。如消费税就是采用这种方法设计税目的。另一类是概括性税目，即采用概括应税商品或经营项目的大类所规定的税目。这种方法主要适用于应税项目的品种、类别复杂、征税界限不易划清的征税对象。营业税就是按这种方法来设计行业征税项目的。

2. 税基

税基的概念比较复杂，主要包括两方面的含义：一是指被征税的项目或经济活动，即税收的经济基础，通常分为三大类，即收入（所得）、消费和财富，与征税对象的含义是一致的；二是指计算税额的基础或依据，简称计税依据，通常在计算税额时使用，人们一般将税基看作计税依据。

征税对象和计税依据有着密切关联，前者是从质的方面对征税的规定，解决对什么征税的问题；后者是从量的方面对征税的规定，解决税款如何计量的问题。有些税的征税对象和计税依据是一致的，如企业所得税的征税对象和计税依据同是应税所得额；有些税的征税对象和计税依据又不尽相同，如消费税的征税对象是应税消费品，计税依据则是应税消费品的销售收入或销售数量。

计税依据分为两类：一类是计税金额，如销售额、营业额、增值额、所得额、收益额等，这些是从价税的计税依据；另一类为计税数量，其具体计量标准有重量、数量、体积、容积等，它们是从量税的计税依据。

3. 税源

税源是税收收入的来源，即各种税收收入的最终出处。根据马克思主义的经济学理论，税源归根到底是物质生产部门劳动者所创造的国民收入。

（三）税率

税率，即应征税额与征税对象或计税依据的比例，是计算税额的尺度。在税基为一定量的情况下，税率高低与政府征税的数量和纳税人的负担水平成正比。由于税率是衡量税收负担的主要标志，也是体现政府税收政策的重要手段，所以，它是税收制度的中心环节。税率一般可以分为三类，即比例税率、累进税率和定额税率。

比例税率，是指不论征税对象数额大小，均采用相同百分比征收的税率。比例税率运用广泛，通常用于商品劳务税，也可用于所得税、财产税、行为税等。其主要特点是，对同类征税对象实行等比负担，有利于鼓励规模经营和平等竞争，是体现国家经济政策的重要工具。而且，比例税率计算简便，符合效率原则。

比例税率可分为统一比例税率和差别比例税率。差别比例税率又分为产品差别比例税率、行业差别比例税率、地区差别比例税率和幅度比例税率等。

累进税率，是指随着征税对象的数额增大，征收比例也随之提高的税率。具体讲，它是把征税对象按数额大小划分为若干个等级部分，不同等级适用由低到高的不同税率。征税对象的数额愈大，适用税率愈高。累进税率主要应用于所得课税，也可用于对财产、收益的征税。其特点是：按纳税能力确定税收负担，收入多的多征，收入少的少征，是政府调节收入、分配财富，体现税收负担均衡的手段。累进税率又可进一步分为全额累进税率和超额累进税率。

全额累进税率，是指对征税对象的全部数额，都按其所适用等级的百分比计算应纳税额的累进税率。这种累进税率的特点：一是纳税人的全部应税对象虽按累进原则确定负担，但在具体计算税额时，相当于按比例税率计税；二是当征税对象处于两个级距的临界点时，税收负担会呈现出“跳跃式”增减变化，甚至出现税额增量大于征税对象增量的不合理情况。我国在20世纪50年代初，曾对私营工商企业征收过全额累进所得税。1980年后已不再采用这种税率形式。

超额累进税率，即以征税对象数额超过上一级的部分为基础，对征税对象的不同等级部分，分别按照不同百分比计算税额的累进税率。其主要特点：一是实行分级或分段计税，同一征税对象可能适用几个等级的税率；二是实行超额计税，仅对征税对象数额中超过上一级的部分，按较高税率计税，避免了全额累进税率在两个级距临界点处，征税对象的负担剧增剧减的缺陷；三是在具体计算税额时，不必采用分级分率计算的烦琐方法，而是代之以较为简化的“速算法”，即对全部征税对象首先按全额累进方法确定适用税率，并计算出税额，然后再从该税额中减去与税率同级的速算扣除数（技术参数），并求得实际的应纳税额。计算公式为：

应纳税额 = 征税对象的数额 × 适用税率 - 速算扣除数

速算扣除数 = 按全额累进税率计算的税额 - 按超额累进税率计算的税额

超额累进税率也可以采取“超率累进”形式。我国现行土地增值税采用超率累进税率。

定额税率，亦称固定税额或单位税额，是按征税对象计量单位直接规定应征税额，而不采用百分比形式的税率，它适用于从量计征的税种。定额税率的计量单位可以是自然单位，如煤炭按吨计税、汽车按辆计税、凭证按件计税；也可以是复合单位，如电力按千瓦计税、天然气按千立方米计税。它们的具体税额形式如：元/吨、元/辆、元/件、元/千瓦、元/千立方米。

定额税率的主要特点是：税额只是随计税单位数量的变化而变化，不受征税对象价格变化的影响，税收收入相对稳定，且计算征收较为简便，但有时也存在着税收负担水平与纳税能力相脱节的缺陷。目前，我国实际运用的定额税率有以下四种：地区差别税额、幅度税额、分级分类税额和统一定额税率。

除了比例税率、累进税率和定额税率三种类型之外，税率还可以采取税收加征的特殊形式。税收加征有加成和加倍两种。所谓加成征收，是在依率计征税额的基础上，对应纳税额再加征一定成数的税款，一成即10%，加成征收的幅度一般规定在一至十成之间；加倍征收，即对应纳税额加征一定倍数的税额，一倍即100%，我国税法规定最高可加征至应纳税额的五倍。

加成、加倍征收既可以是比例加征，也可以是累进加征。如果加成或加倍征收比例随征税对象数额的增大而提高，则属于累进加征。个人所得税对劳务报酬一次性收入畸高的，采取的就是累进加成征收的方法。在实际计算应纳税额时，可以将加征的成数或倍数与正税税率合并，组成整体税率，以简化计算程序。其计算公式为：

应纳税额 = 应纳税收入额 × 整体税率 - 速算扣除数

整体税率 = 正税税率 × （1 + 加征率）

显然，加成或加倍征税是税率的一种延伸，是加重征税对象负担的一种形式。它主要用于调节那些正常税率调节不到的高收入，以及对某些纳税主体的经营行为或项目，体现限制政策。

（四）纳税环节

纳税环节是征税对象在商品流转过程中应当征税的环节，有广义和狭义之分。广义的纳税环节指征税对象在社会再生产过程中应当课税的分布点。狭义的纳税环节是指一个商品从生产到消费，其间税法规定要予征税的环节。一般地说，工业品要经过工业产制、商品批发和商品零售，农产品要经过农产品生产、商业采购、商业批发和商品零售等环节。如何合理地设置纳税环节，确定征税点，对于科学设计税制结构，加速资金周转，促进商品流通和保证政府及时取得财政收入，都有着积极作用。

（五）纳税地点

纳税地点是税法规定纳税人缴纳税款的地点。由于不同税种的纳税环节不同，各个纳税人的生产经营方式也不尽一致。因此，税法本着方便征纳、有利于税款源泉控管的原则，通常要在各税种中明确规定纳税人的具体纳税地点。主要有以下五种形式：

1. 就地纳税

由纳税人向所在地的主管税务机关申报纳税。我国大多数纳税人及其征税对象采取就地纳税方式。

2. 营业行为所在地纳税

纳税人离开主管税务机关管辖的所在地，到外地从事经营活动，如设置分支机构、直接从事自产产品的零售业务、非工业企业委托外地企业加工产品等，其应纳税额应当向营业行为所在地的税务机关缴纳。

3. 外地经营纳税

这是对固定工商业户到外地销售货物的纳税地点的规定。这类纳税户到外地销售货物时，凡持有主管税务机关开具的外销证明的，回所在地纳税；凡未办理外销证明的，其应纳税额应向销售地税务机关缴纳。

4. 汇总缴库

纳税人按行业汇总在国家金库所在地纳税。如我国铁路运营、民航运输、邮电通信企业的所得税，分别由铁道部、民航总局、邮电部于北京汇总缴纳。

5. 口岸纳税

这是进出口关税的一种常见纳税方式。税法规定，关税的纳税人，除采取集中纳税方式之外，其应纳的进出口关税都应向进出口口岸的海关机关缴纳。

（六）纳税期限

纳税期限是指纳税人发生纳税义务后，税法规定其向税务机关缴纳税款的期限。及时地按期纳税反映了税收固定性的客观要求，纳税期限的形式和长短是根据纳税人的生产经营规模、各个税种的不同特点，以及应税项目的不同情况确定的。分为两种形式：一种是按期纳税，即以纳税人发生纳税义务的一定时间作为纳税期限。例如，我国增值税、消费税规定为1天、3天、5天、10天、15天或1个月为一个纳税期。另一种是按次纳税，即以纳税人发生纳税义务的次数作为纳税期限。例如，我国的农业特产税、对个人分次取得的某些收入征收的个人所得税，以及耕地占用税等，都规定在发生纳税义务后按次缴纳。

由于纳税人对纳税期限内取得的应税收入需要进行计算和办理纳税手续。因此，广义的纳税期限还应包括纳税期限届满后的税款缴库期。例如，增值税和消费税除以一个月为一纳税期的在期满后10天内报缴税款外，其余的均在纳税期满后5日内报缴税款。

（七）减税免税

减税免税是政府对某些纳税人或征税对象给予减轻或免除税收负担的优惠措施。减税，即对应征税额少征收一部分税款；免税，即对应征税额全部予以免征。减免税之所以成为一个税制要素，是因为政府需要用减免税手段来体现国家政策，照顾一部分纳税人的纳税困难。因此，减免税是税收的统一性、严肃性与灵活性、适应性相结合的具体体现。

减免税可分为以下三大类：

（1）法定减免，是在税收基本法规中列举的减免税项目。

（2）特定减免，指征税机关依据法律、法规授权做出专案规定的减免税项目。

（3）临时减免，是为了照顾纳税人生产经营和生活的特殊困难，由主管征税机关按照税法和税收管理权限规定，临时批准给予的减免税。

此外，在一些税种中还规定有起征点和免征额两种税收优惠形式。所谓起征点，即税法规定对征税对象开始征税的数额。课税对象的数额未达到起征点的，不征税；达到或超过起征点的，应就征税对象全额依率计征。例如，我国增值税、营业税等都规定了起征点制度。所谓免征额，即税法规定征税对象总额中免于征税的数额。免征额部分一律不征税，仅就超过免征额的部分依率计税。例如，现行个人所得税就设立了免征额制度。起征点和免征额虽然都属于税收优惠照顾措施，但两者优惠政策的重心不同。其中，前者体现税收的重点照顾政策，后者体现税收的普遍优惠政策。

（八）违章处理

违章处理是指当纳税人发生违反税法行为时，应给予相应的惩处。违章处理体现了税收的强制性和严肃性。

1. 违反税法行为的类型

（1）违反税务管理规定。对于纳税人来说，如有下述行为均为违反税务管理规定：

A. 未按规定的期限申报办理税务登记、变更或注销登记；

B. 未按规定设置、保管账簿或保管记账凭证和有关资料；

C. 未按规定将财务、会计制度或财务、会计处理办法报送税务机关备案，等等。

对于扣缴义务人，如有下述行为也属违反税务管理规定：

A. 未按规定设置、保管代扣代缴、代收代缴税款账簿或者保管代扣代缴、代收代缴税款记账凭证及有关资料；

B. 未按规定期限向税务机关报送代扣代缴、代收代缴税款报告表的，等等。

（2）偷税。偷税是指纳税人采取伪造、变造、隐匿、擅自销毁账簿、记账凭证，在账簿上多列支出或者不列、少列收入，或者进行虚假的纳税申报的手段，不缴或者少缴应纳税款的行为。

（3）欠税。欠税是指纳税人欠缴应纳税款，以及采取转移或隐匿财产的手段，致使税务机关无法追缴欠缴的税款的行为。

（4）骗税。骗税是指企事业单位采取对所生产或经营的商品假报出口等欺骗手段，骗取国家出口退税款的行为。

（5）抗税。抗税是指纳税人以暴力、威胁方法拒不缴纳税款的行为。

2. 违章处理的方式

（1）责令限期改正。对于违反税务管理规定者，税务机关应令其作出书面检查，并责令其限期纠正。

（2）补缴税款。对于偷税、欠税、骗税、抗税者，税务机关令其限期照章补缴所偷、所欠、所骗、所抗的税款。

（3）加收滞纳金。对于未按规定期限纳税者，税务机关对其从滞纳税款之日起，按日加收滞纳税款一定比例的滞纳金，目前滞纳金率为万分之五。

（4）罚款。对于违反税务管理规定、偷税、欠税、骗税、抗税者，视情节轻重，处以定额罚金，或按税款课以 5 倍以下罚款。

（5）保全措施。主要包括：

A. 商品、货物扣押：对未取得营业执照从事经营的纳税人，由税务机关核定其应纳税额，责令缴纳。不缴纳的，税务机关可扣押其价值相当于应纳税款的商品、货物。

B. 纳税保证金：对未领取营业执照从事工程承包或者提供劳务的单位和个人，税务机关可以令其提供纳税保证金。如逾期未结清税款的，以保证金抵缴税款。

C. 纳税担保：税务机关有根据认为从事生产、经营的纳税人有逃避纳税义务行为的，可以在纳税期之前，责令限期缴纳应纳税款。在限期内发现纳税人有明显的转移、隐匿其应纳税的商品、货物以及其他财产或者应纳税收入的迹象的，税务机关可责令纳税人提供纳税担保。作为纳税担保人，应是有担保能力的公民、法人或其他经济组织，国家机关不得作纳税担保人。

D. 税收保全措施：如果纳税人不能提供纳税担保，税务机关可采取税收保全措施。

（6）强制执行措施。纳税人在税务机关采取税收保全措施后，限期期满仍未能缴纳税款的，税务机关可采取如下强制执行措施：一是书面通知其开户银行或者其他金融机构从其存款中扣缴税款；二是扣押、查封、拍卖其价值相当于应纳税款的商品、货物或其他财产，以拍卖所得抵缴税款。

（7）追究刑事责任。纳税人因偷税、欠税、骗税、抗税，情节严重构成犯罪的，可处以拘役或有期徒刑，情节特别恶劣，影响极坏的，还可从重从严处罚。

第三节 税制结构

一、税种分类

就某一个具体国家来说，依照不同的标准，可以对税收进行不同的分类。但从国际的角度来说，为便于税收的国际比较，有必要采用一个大体一致的标准对各国的税收加以适当的分类。经合组织年度财政统计手册把成员国征收的税收划分为以下六大类：

（1）所得税，包括对所得、利润和资本利得的课税；

（2）社会保险税，包括对雇员、雇主以及自营人员的课税；

（3）薪金及人员税；

（4）财产税，包括对不动产、财富、遗产和赠与的课税；

（5）商品与劳务税，包括货物税、销售税、增值税、消费税，也包括对进出口课征的关税；

（6）其他税。

我国一般将税种作以下分类：

（一）直接税与间接税

以税负能否转嫁为标志可以把税收分为直接税和间接税两类。凡由纳税人自己承担税负，不发生转嫁关系的税称为直接税，如所得税和财产税。凡纳税人可将税负转嫁于他人，发生转嫁关系，由他人负担的税称为间接税，如商品税。

直接税与间接税的划分最早由18世纪法国重农学派代表人物F. 魁奈提出。魁奈认为只有农业能够生产“纯产品”，因此只有征于土地的税是直接税，其他税都是间接税。19世纪，英国经济学家J. S. 穆勒又提出以租税立法者预期税负能否转嫁为标志来划分直接税和间接税，凡立法者预期税负不能转嫁的税称为直接税；反之，则称为间接税。以后，西方经济学家又提出过多种直接税与间接税划分标志。划分直接税和间接税的意义主要在于帮助分析税负运动及其税收负担。

（二）依据课税对象的性质不同，可以把税收分成五大类

（1）商品劳务课税，指对纳税人产制或流通的商品以及收取的劳务费收入的课税。如我国现行征收的增值税、消费税、营业税、关税等，都属于商品劳务的课税。

（2）资源课税，是指对开发和利用的自然资源课征的税收。包括对矿产资源、土地资源和盐资源的课税等。

（3）所得课税，是指对纳税人的所得额或利润额课征的税收。如我国开征的个人所得税和企业所得税等，都属于所得课税。

（4）财产税，是指对纳税人的各种财产，包括动产和不动产课征的税收。财产课税的税源，不是财产本身的价值，而是财产的收益或财产所有人的收入，如房产税、财产转移增值税等，都属于财产课税。

（5）行为课税，是指对特定行为出于特定目的而征收的税收。征收特定行为税的目的，不在于增加财政收入，而在于实现政府的特定目的，落实政府的有关政策。

（三）中央税与地方税

依课税权的主体不同，可以把税种分为中央税和地方税两大类。由中央政府所课征的税收为中央税，亦称国税；由地方政府所课征的税收为地方税。中央税的收入归中央财政支配；地方税的收入归地方财政支配。在一国之内，中央税与地方税可能出现对同一课税品或同一税源课征，产生重复征税之弊。现代西方国家，都努力采取相应的措施避免重复征税。主要方法包括：按税源划分课税权；按税种划分课税权；以中央征收的国税为主，地方依国税附加；采取税收抵免等。

在我国，根据税收在各级政府间的分配不同，把税收划分成三大类：中央税、地方税、中央与地方共享税。税收收入归属中央财政的，称为中央税；税收收入归属地方财政的，称为地方税；税收收入由中央与地方按一定比例分享的，称为中央与地方共享税。中央税是中央财政的固定收入来源，中央税一般具有税源大宗、征收普遍的特点。地方税是地方财政的

固定收入来源，具有税源小且分散的特点。中央与地方共享税是中央财政与地方财政的辅助收入来源。

（四）从价税和从量税

按税收的计税依据标准划分，可分为从价税和从量税。从价税是以课税对象的价值或价格为计税依据，计算应征税额的税收，又称从价计征。从量税是以课税对象的数量、重量、面积、容积、体积等为计税依据，计算应征税额的税收，又称从量计征。

从价税和从量税各具特色，应根据具体情况加以选择使用。从价税以价格为依据，其税额可随商品价格变化而变化，从而与国民经济的发展密切相连，有利于税收稳定持续增长。从量税不依价格的变化而变化，但它具有计税简便的特点。我国现行税制中，同时采用了从价税与从量税，但以从价税为主。

（五）价内税和价外税

按税收与价格关系划分，可分为价内税和价外税。价内税是指税收在价格之内，是价格的组成部分。在计算税收时，必须以含税价为计税依据。价外税是指税收在价格之外，是价格的附加。在计算税收时，必须以不含税价为计税依据。

二、税制结构

（一）什么是税制结构

税制结构是指一个国家根据本国的经济条件、经济政策和财政要求，分主次设置若干相互协调、相互补充的税种所组成的税制总体格局。

现代国家一般都实行复合税制，开征多种税种。在复合税制下，税种之间如何协调，主体税种与辅助税种之间如何配合，直接关系到国家收入的多少，直接影响到税收杠杆作用的充分发挥。因此，选择税制的最优结构，是现代税收理论研究的重要课题，也是税制建设的核心。

（二）税制结构模式

1. 什么是税制结构模式

税制结构模式是指由主体税特征所决定的税制结构类型。在一个国家的税制体系中，各类税收在税制体系中的地位有主次之分；而在一个国家的大类税收中，各个税种在大类税收中的地位也有主次之别。因此，在组织财政收入和调节经济方面处于主要地位，发挥主要作用的主体税种则成为区别不同税制结构类型的主要标志。

2. 主体税种的形成

为了说明主体税种的形成，有必要了解一下课税点分布图。图 3－1 是美国经济学家马斯格雷夫在二部门经济循环的基础上勾画出的课税点分布图。

在图 3－1 中，家庭向企业供应各种生产要素，并从企业取得收入，从而形成家庭的收入①。家庭收入一般用于两个方面：一部分用于家庭消费②，通过在消费品市场上购买商品和劳务，形成消费品企业的销售收入④；另一部分则成为家庭储蓄③，家庭储蓄通过资本市场成为投资⑤，投资支出又通过资本市场形成生产资本品企业的销售收入⑥。企业获得销售收入⑦之后，要扣除采购支出⑧，再计提折旧⑨，从而形成收入型增值额⑩。企业计提工资总额⑪，就形成利润总额⑫。工资总额和利润总额通过生产要素市场，形成劳

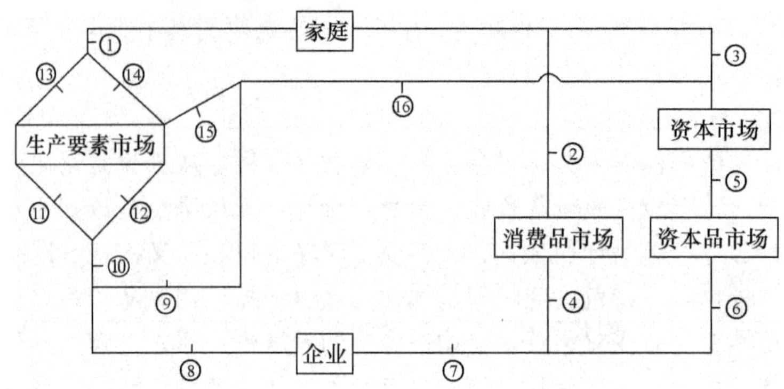

图 3－1 二部门经济循环的课税点分布图

动者所得的工资⑬，股票持有者所获得的股息、红利及土地所有者获得的地租⑭。除此之外，企业保留一部分利润，形成未分配利润⑮，它与折旧共同构成厂商储蓄，再与家庭储蓄一起进入资本市场。经济循环就是这样周而复始地进行的。

政府通常会选择某些环节课税，从而形成课税点。在图 3－1 中，①是对家庭收入的课税点，如个人所得税；②是对消费支出的课税点，如消费税的课征；⑦是对企业销售收入的课征点，如销售税、营业税的课征；⑩是对收入型增值税的课征点，如增值税课征；⑪是对企业工资总额的课征点，如社会保障税的课征；⑫是对利润的课征点，如企业所得税的课征。

由于财产是以往年度积累的收入，不属于当年的收入，所以不能在图 3－1 中反映出来。

从各国的情况看，各国都实行复合税制，都对上述课征点征税，只是在税收收入总额中，各个税所起的作用不同、地位不同而已，这些不同形成了不同的主体税、构成了不同的税制结构模式。

3. 税制结构模式的种类

由主体税特征所决定的税制结构大体可归纳为以下三种类型：

（1）以商品劳务税为主体的税制结构模式。以商品劳务税为主体的税制结构模式，是指在整个税制体系中，以商品劳务税作为主体税，占最大比重，并起到主导作用。根据资料统计，绝大多数发展中国家、少数经济发达国家实行这种税制结构模式。以商品劳务税为主体的税制结构模式就其内部主体税特征而言，还可以进一步分为以下两种类型：

A. 以一般商品税为主体。也就是对全部商品和劳务，在产制、批发、零售及劳务服务等各个环节实行普遍征税，一般商品税具有普遍征收、收入稳定、调节中性的特点。一般商品税在课税对象确定上，既可以对收入全额征税，也可以对增值额征税。前者称为周转税，虽征收简便易行，但重复课税，不利于专业化协作；后者称为增值税，可避免重复征税，但对核算有较高要求。

B. 以选择性商品税为主体。也就是对部分商品和劳务，在产制、批发、零售及劳务的某些环节选择性征税。选择性商品税具有个别征收、收入较少、特定调节的特点。选择性商品税既可以选择在产制环节征收，也可以选择在零售环节征税。

（2）以收益所得税为主体的税制结构模式。以收益所得税为主体的税制结构模式，是指在整个税制体系中，以收益所得税作为主体税，占最大比重，并起主导作用。根据资料统计，绝大多数经济发达国家、少数发展中国家实行这种税制结构模式。以收益所得税为主体的税制结构模式就其内部主体税特征而言，还可以进一步分为以下三种类型：

A. 以个人所得税为主体。也就是把对个人收益所得课征的所得税作为主体税。以个人所得税为主体税一般是在经济比较发达国家，个人收入水平较高，收入差异较大，需要运用个人所得税来稳定财政收入，促进个人收入的公平分配。

B. 以企业所得税为主体。也就是把对企业课征的企业所得税或法人所得税作为主体税。在经济比较发达，又实行公有制经济的国家，在由间接税制向直接税制转换的过程中，有可能选择以企业所得税而不是个人所得税为主体税。

C. 以社会保险税为主体。也就是把对个人和企业共同征收的社会保险税作为主体税。如果把社会保险税列为收益所得税（因为是以个人工资收入为计税依据，由企业和个人共同承担），在一些福利经济国家，为实现社会福利经济政策，税制结构已经由个人所得税为主体转向社会保险税为主体。

（3）商品劳务税和收益所得税双主体的税制结构模式。双主体的税制结构模式，是指在整个税制体系中，商品劳务税和收益所得税占有相近的比重，在财政收入和调节经济方面共同起着主导作用。一般来说，在由商品劳务税为主体向收益所得税为主体的转换过程中，或者在由收益所得税为主体向发展增值税，扩大商品劳务税的过程中，都会形成双主体的税制结构模式。双主体的税制结构模式虽然是一种现实的税制结构模式，但从发展角度分析，只是一种转换时期的过渡模式，将被商品劳务税为主体的税制结构模式或收益所得税为主体的税制结构模式所替代。

（三）决定税制结构模式的因素

1. 经济条件

（1）经济发展水平。经济发展水平是决定一国税制结构的重要因素，它制约着税收收入总量。经济发展水平的重要标志是人均 GDP，它直接制约着税收收入占 GDP 的比重，从而制约着税种的选择和配置，最终对一个国家选择何种税种起制约作用。

发展中国家人均 GDP 低，人民仅能维持基本生活，个人所得很少，这就决定了其不可能普遍开征个人所得税，并把这个税种作为主要收入来源，只能实行以商品劳务税为主体税的税收制度。发达国家因人均 GDP 高，个人收入也高，因此发达国家可以实行累进的个人所得税，并把它作为主体税。

（2）经济形态与经济运行机制。经济形态与经济运行机制对税制共同发挥制约作用。一般而言，经济形态不同，经济运行机制也不同，税制结构也会因之有差异。

在封建社会，自然经济占主导地位，商品经济不发达，故封建国家大多实行以土地为征税对象的田赋和以人头为征税对象的人头税为主的税制结构。

在资本主义自由竞争时期，商品经济有了很大发展，以商品生产和流通为征税对象的流转税比重逐渐上升，并成为主体税。当资本主义进入垄断阶段后，一方面商品经济高度发展；另一方面，社会经济日益加深，严重的经济危机周期性地发生。资本主义国家为了保持总供给和总需求的大体平衡，便于对经济进行逆经济周期的调节，相继实行累进所得税，并以之作为主体税。

（3）国民经济结构。国民经济结构主要包括产业结构、分配结构等多方面的内容。

首先，产业结构对税制结构有制约作用。随着科学技术的进步，生产社会化的不断发展，产业结构日趋复杂，由于各种产业特点不同，它们创造、实现国民收入和参与国民收入分配方法也不同，要能够有效组织收入并调节经济运行，必须建立与之相适应的税制结构。

其次，国民收入分配结构对税种分布、税率高低和税基的大小起制约作用。以我国目前为例，企业创造的收入主要集中在生产、销售环节，故对企业生产、销售环节征收的增值税是我国的主体税。

2. 社会政治条件

税收作为一种分配关系对不同阶级和阶层的利益产生重要的影响。某一税种的确立和税收结构的选择往往受不同利益集团的驱使，因而是不同阶级和阶层进行博弈和利益平衡的过程。从政治上看，税制结构是一个非常敏感的问题，所以，社会政治条件对税制结构的形成产生直接影响，可以说税制结构是在一定经济条件下，不同利益集团力量对比和利益平衡的结果。

从历史上看，政治因素对税制结构的发展产生直接的影响。比如，在由直接税向间接税的发展过程中，政治因素起到了不可忽视的作用。新兴资产阶级在夺取政权后，推行消费税等间接税以替代古老的直接税以削弱封建势力，打击贵族和地主，随着间接税的推广，不仅奢侈品要征税，而且社会必需品也要征税，从而在政治上引起了广大劳动人民的强烈不满和反对。由于间接税导致的社会必需品价格上涨，导致了 19 世纪早期的欧洲许多国家的抗税斗争和 1848 年的欧洲革命。因此，日益突出的阶级矛盾和不断扩大的贫富差距，对现代直接税的产生起到了重要推动作用。在政治斗争的压力下，许多资本主义国家逐渐推行了所得税，形成了以现代直接税为主的税制结构。在法国，资产阶级夺取政权时就宣布永远不征收所得税，虽然由于财政困难也开征了所得税，但由于政府长期依赖反对所得税利益集团的支持，法国所得税在整个税收中的地位远不如其他国家重要。而是致力于克服传统间接税的弊端，并对其进行改良，终于在 1954 年形成了增值税制度。

3. 税收政策目标

调节经济是税收的一项重要职能，而不同税种对经济的调节程度、调节范围和领域并不相同，所以在不同的税收政策目标条件下，就会选择不同的税种，进行不同的组合，从而形成不同的税制结构。总体来看，政府宏观经济的目标是公平收入分配、稳定经济、充分就业、国际收支平衡。归纳起来，都是为了实现公平与效率。政府对公平与效率的不同选择对税收结构有不同的要求。比如，公平收入分配、稳定经济需要更多地发挥累进的个人所得税的作用，因为这一税收对收入分配的调节力度比流转税大，累进税率所形成的累进税制更有助于经济稳定。就资源配置来说，流转税的效率更高一点，但在收入分配和经济稳定方面存在严重不足。

此外，税收征管能力也对税制结构产生一定影响。一般来说，流转税征收管理较为简单,而所得税，尤其是个人所得税管理起来较为复杂。但从总体上看，征管能力对税收结构的影响只是技术上的问题，是短期的、次要的。税收结构主要受上述三种因素的影响。

（四）我国税制结构的发展方向

从新中国成立以来，我国的税收结构受经济发展水平低、征管水平低等因素的影响，我国以流转税为主体的税收结构没有多大的变化。改革开放后，随着 1982 年开始的两步利改税、1994 年的税制改革，使所得税在税收结构中的地位提高，形成了流转税和所得税双主体的税收结构。当然，双主体的税收结构并不是说所得税和流转税占有相同的比重或具有同样的地位，在我国目前条件下，流转税的主体地位更加突出一些，所得税的主体地位相对较弱。

但随着社会主义市场经济的发展和各种条件的变化，我国的税收结构也应发生相应变化。理论界对此有不同的意见。有人认为，我国要搞市场经济，所以应当推行西方国家实行的以所得税为主体的税制结构；有人认为，由于我国是发展中国家，所以在相当长的时间里应当首先实行以流转税为主体的税制结构；有人认为，流转税和所得税各有利弊，应取长补短，使两者有效地结合起来，不能偏废任何一方。

我们认为税制结构的选择应从公平与效率两方面去考虑。我国目前收入分配不公的问题已比较突出，所得税在我国税收中的地位要日益提高，直至成为主体税已是社会经济发展的必然要求。但同时也应该看到，我国的经济要达到世界最发达国家的水平还需要很长的时间，在此期间应当注重发挥流转税在效率方面的积极作用，我国要对流转税进行不断完善，从而形成所得税和流转税并存的税收结构。应当强调的是，随着我国经济的进一步发展，经济达到比较发达程度、效率得到解决后，需要实行以所得税为主体的税制结构。

根据上述思路，十六届三中全会通过的《中共中央关于完善社会主义市场经济体制若干问题的决定》中根据我国现行税制结构存在的问题明确了税制结构改革的思路，即“分步实施税收制度改革。按照简税制、宽税基、低税率、严征管的原则，稳步推进税收改革。改革出口退税制度。增值税由生产型改为消费型，将设备投资纳入增值税抵扣范围。完善消费税，适当扩大税基。改革个人所得税，实行综合和分类相结合的个人所得税制。实施城镇建设税费改革，条件具备时对不动产开征统一规范的物业税，相应取消有关收费。在统一税政的前提下，赋予地方适当的税政管理权。创造条件逐步实行城乡税制的统一”。

第四节 现行主要税种

按课税对象性质的不同，我国目前的税种主要分为商品劳务税、所得税、资源税、特定目的税和财产与行为税五类，主要包括增值税、消费税、营业税、关税、企业所得税、个人所得税、资源税、城镇土地使用税、固定资产投资方向调节税、城市维护建设税、土地增值税、车辆购置税、耕地占用税、烟叶税、房产税、车船税、印花税、契税、屠宰税、船舶吨税 20 个税种。本书主要介绍增值税、消费税、营业税、关税、企业所得税五大主要税种。

一、增值税

（一）什么是增值税

增值税是以商品和劳务为课税对象，以其销售额为计税依据，并实行已征税款抵扣制度的一种流转税。

（二）增值税的类型

1. 按扣税依据的不同，可分为会计法增值税和发票法增值税

会计法增值税，又称为账簿法增值税，是指以会计资料为依据计算增值额并计算增值税应纳税额的增值税，根据计算增值额方法的不同，会计法增值税又可分为加法和减法。在这种方法中，购买商品取得的增值税专用发票是会计核算的原始凭证，但不是计算增值税应纳税额的根据。

发票法增值税是以增值税专用发票为依据确定进项税额和销项税额，并计算应纳增值税税额的增值税。

2. 按扣税范围的不同，可分为生产型增值税、消费型增值税和收入型增值税

生产型增值税，不允许扣除固定资产进项税额，只能扣除属于非固定资产的那部分生产资料的进项税额。这种类型的税基相当于工资、租金、利息、利润和折旧之和。从总体上看，它与 GNP 的统计口径一致，所以称为生产型增值税，又称为国民生产总值型增值税。此类型增值税的基本特征是税基较宽，易于取得财政收入。但由于税基中含有折旧，因而存在重复课税问题。

消费型增值税，允许将固定资产所含进项税额在购入时一次性地从销项税额中扣除。实行这种增值税，就整个社会来说，实际上是对全部生产资料都不征收增值税，增值税的征收对象仅限于消费资料，所以被称为消费型增值税。我国从 2009 年 1 月 1 日起普遍实行消费型增值税。

收入型增值税，对固定资产进项税额，在固定资产购入时不允许一次全部扣除，而是根据固定资产的使用年限，每期扣除固定资产折旧部分所含的进项税额。实行这种类型的增值税，就整个社会来说，征税对象相当于国民收入，所以被称为收入型增值税。

（三）增值税的纳税人

根据 2008 年 11 月 5 日国务院第三十四次常务会议修订通过的《中华人民共和国增值税暂行条例》的规定，增值税的纳税人是指在我国境内销售货物或者提供加工、修理修配劳务以及进口货物的单位和个人。

由于我国目前的增值税实行凭增值税专用发票抵扣税款的制度，因此要求增值税的纳税人会计核算健全，并且能够准确核算销项税额、进项税额和应纳税额。为了严格增值税的征收管理，我国按照国际惯例，把增值税纳税人分为一般纳税人和小规模纳税人。增值税一般纳税人，是指年销售额在规定标准（从事货物生产或提供应税劳务为主，并兼营货物批发或零售的纳税人，年应征增值税销售额在 100 万元；从事货物批发或零售的纳税人，年应税销售额在 180 万元）以上，或者会计核算健全并经税务机关认定，享有税款抵扣和使用专用发票等权限的增值税纳税人。小规模纳税人，是指年销售额在规定标准以下且会计核算不健全（不健全是指不能正确计算增值税的进项税额、销项税额和应纳税额）

的增值税纳税人。另外，商业企业的销售额在规定标准以下，不管会计核算是否健全，一律认定为小规模纳税人。

（四）增值税的征收范围

增值税的征收范围为销售货物、进口货物和提供加工、修理修配劳务。

所谓货物，是指除不动产之外的有形动产，包括电力、热力和气体。

加工是指受托加工货物，即委托方提供原料及主要材料，受托方按照委托方的要求制造货物并收取加工费的业务。修理修配，是指受托方对损伤和丧失功能的货物进行修配，使其恢复原状和功能的业务。此外，增值税的征收范围还包括：

1. 视同销售货物的行为

企业、单位和个人的下列行为，应视同销售货物：将货物交付他人代销；销售代销货物；设有两个机构并实行统一核算的纳税人，将货物从一个机构移送其他机构用于销售，但相关机构设在同一县、市的除外；将自己生产或者销售的货物用于非应税项目以及集体福利或者个人消费；将自产、委托加工或者购买的货物作为投资，提供给其他企业、单位或者个体经营者，分配给股东、投资者以及无偿赠送他人。

2. 混合销售行为

销售行为同时涉及货物和非应税劳务的行为，称为混合销售行为。从事货物生产、批发或零售的企业、企业性单位及个体经营者的混合销售行为，均视为销售货物，应当按照其全部销售收入征收增值税。其他企业单位、个人的混合销售行为均视为销售非应税劳务，不征收增值税，而应按照营业税的规定征税。

3. 兼营行为

兼营行为，是指纳税人在生产经营活动中，既存在属于增值税范围的销售货物或提供应税劳务的行为，又存在不属于增值税征收范围的提供非应税劳务的行为，但销售货物或应税劳务和销售非应税劳务不同时发生在同一个购买者身上。纳税人兼营非应税劳务的，应当分别核算货物、应税劳务的销售额和非应税劳务的营业额。如果纳税人不分别核算或者不能准确核算其销售额的，主管税务机关将要求纳税人将其货物与应税劳务及非应税劳务一并缴纳增值税，并且非应税劳务适用税率从高。

（五）税率和征收率

根据中性和简化原则，我国的增值税对一般纳税人采取基本税率（17%）加一档低税率（13%）的模式，并对出口货物按照国际通行做法实行零税率；另外对小规模纳税人实行3%的征收率。为便于理解，增值税税率和征收率如表3－3所示。

表3－3 增值税税率（征收率）表

税率（征收率）	类别	具体适用范围
13%	货物	1. 粮食、食用植物油 2. 自来水、暖气、冷气、热水、煤气、石油液化气、天然气、沼气、居民用煤炭制品 3. 图书、报纸、杂志 4. 饲料、化肥、农药、农机、农膜 5. 国务院规定的其他货物

续表

税率（征收率）	类别	具体适用范围
17%	1. 货物 2. 劳务	所有货物 加工、修理修配劳务
0%	出口货物	所有出口货物（国务院另有规定除外）
3%		小规模纳税人销售货物或者提供应税劳务

（六）增值税的计算方法

目前，我国增值税的计算方法可分为一般计算法、简易计算法和进口货物计算法，如表3－4所示。

表3－4　增值税的计算方法

方　法	计算公式	适用范围
一般计算法	应纳税额＝当期销项税额－当期进项税额	一般纳税人销售货物和应税劳务
简易计算法	应纳税额＝销售额×税率	1. 小规模纳税人销售货物和应税劳务 2. 一般纳税人销售特定货物
进口货物计算法	应纳税额＝组成计税价格×税率	进口货物

1. 销售额的确定

除进口货物外，无论是增值税一般纳税人还是小规模纳税人，在计算增值税应纳税额时必须先计算销售额。

根据我国增值税暂行条例的规定，销售额是纳税人销售货物或提供应税劳务向购买方收取的全部价款和价外费用，但不包括向购买方收取的增值税。如果销售额含有增值税，须按照相应的增值税税率或征收率换算为不含税销售额。

2. 一般纳税人增值税计算方法

除另有规定外，一般纳税人应纳增值税的计算公式是：

应纳税额＝当期销项税额－当期进项税额

如果纳税人当期销项税额小于进项税额不足抵扣时，其不足部分可以结转下期继续抵扣。

所谓销项税额，是指纳税人销售货物或应税劳务，按照销售额和税法规定的税率计算并向购买方收取的增值税税额。销项税额的计算公式是：

销项税额＝销售额×税率

所谓进项税额，是指纳税人购进货物或接受应税劳务所支付或者负担的增值税税额。根据税法规定，下列进项税额准予从销项税额中抵扣：

（1）从销售方取得的增值税专用发票上注明的增值税额。

（2）从海关取得的海关进口增值税专用缴款书上注明的增值税额。

（3）购进农产品，除取得增值税专用发票或者海关进口增值税专用缴款书外，按照农产品收购发票或者销售发票上注明的农产品买价和13%的扣除率计算的进项税额。

（4）购进或者销售货物以及在生产经营过程中支付运输费用的，按照运输费用结算单据上注明的运输费用金额和7%的扣除率计算的进项税额。

准予抵扣的项目和扣除率的调整，由国务院决定。

根据税法规定，下列项目的进项税额不得从销项税额中抵扣：

（1）用于非增值税应税项目、免征增值税项目、集体福利或者个人消费的购进货物或者应税劳务；

（2）非正常损失的购进货物及相关的应税劳务；

（3）非正常损失的在产品、产成品所耗用的购进货物或者应税劳务；

（4）国务院财政、税务主管部门规定的纳税人自用消费品；

（5）以上第（1）项至第（4）项规定的货物的运输费用和销售免税货物的运输费用；

（6）纳税人购进货物或者应税劳务，取得的增值税扣税凭证不符合法律、行政法规或者国务院税务主管部门有关规定的，其进项税额不得从销项税额中抵扣。

在计算增值税税额时，当期是一个非常重要的概念。所谓当期是指税务机关依照税法规定对纳税人确定的纳税期限。只有在纳税期限内实际发生的销项税额、进项税额，才是法定的当期销项或进项税额。当期销项税额应根据法定纳税义务发生时间确定。当期进项税额的规定如下：

（1）增值税一般纳税人申请抵扣的防伪税控系统开具的增值税专用发票，必须自该专用发票开具之日起90日内到税务机关认证，否则不予抵扣进项税额。

（2）增值税一般纳税人进口货物，取得的2004年2月1日以后开具的海关完税凭证，应当在开具之日起90天后的第一个纳税申报期结束以前向主管税务机关申报抵扣，逾期不得抵扣进项税额。

3. 简易计算法

根据税法规定，增值税小规模纳税人、一般纳税人销售特定货物按简易办法计算增值税，其计算公式是：

$$应纳税额 = 销售额 \times 税率$$

4. 进口货物的计算方法

纳税人进口货物，按照组成计税价格和税法规定的税率计算应纳税额，不得抵扣任何税额。组成计税价格和应纳税额的计算公式为：

$$组成计税价格 = 关税的完税价格 + 关税 + 消费税$$

$$应纳税额 = 组成计税价格 \times 税率$$

需要指出的是，进口货物增值税的组成计税价格中包括已纳关税税额；如果进口货物属于消费税应税消费品，其组成计税价格中还要包括已纳消费税税额。前述不得抵扣任何税额，是指在计算进口环节应纳增值税时，不得抵扣发生在我国境外的各种税金。

二、消费税

（一）什么是消费税

消费税是以特定消费品为课税对象所征收的一种税。在对货物普遍征收增值税的基础上，选择少数消费品再征收一道消费税，目的是为了调节产品结构，引导消费方向，保证国家财政收入。

（二）消费税的纳税人

消费税的纳税人包括在中国境内生产、委托加工和进口应税消费品的单位和个人。

（三）消费税的征收范围

征收消费税有着重大的经济和财政意义。能否合理选择消费品的征税范围，关系着消费税制的成败。我国选择应税消费品的指导思想是：立足于中国的经济发展及国家的消费政策和产业政策；充分考虑人民群众的消费水平和消费结构；保证国家财政收入的稳定增长，以及借鉴国外征收消费税的成功经验和国际通行做法。根据这样的指导思想，现行消费税选择了 14 大类应税消费品。

（四）消费税的税率

消费税的税率实行差别比例税率和差别固定税额。对啤酒、黄酒、成品油采用从量定额的征税方法；对卷烟、白酒采用从价定率和从量定额相结合的复合征税方法；对其他应税消费品采用从价定率的征税方法。

为建立完善的成品油价格形成机制和规范的交通税费制度，促进节能减排和结构调整，公平负担，依法筹措交通基础设施维护和建设资金，国务院决定实施成品油价格和税费改革。关于成品油税费改革的主要内容是提高成品油消费税单位税额，不再新设立燃油税，利用现有税制、征收方式和征管手段，实现成品油税费改革相关工作的有效衔接。具体见表 3－5。

表 3－5　消费税税目税率（税额标准）表

税　　目	税率（税额标准）
一、烟	
1. 卷烟	
（1）甲类卷烟	45% 加 0.003 元/支
（2）乙类卷烟	30% 加 0.003 元/支
2. 雪茄烟	25%
3. 烟丝	30%
二、酒及酒精	
1. 白酒	20% 加 0.5 元/500 克（或者 500 毫升）
2. 黄酒	240 元/吨
3. 啤酒	
（1）甲类啤酒	250 元/吨
（2）乙类啤酒	220 元/吨
4. 其他酒	10%
5. 酒精	5%
三、化妆品	30%
四、贵重首饰和珠宝玉石	
1. 金银首饰、铂金首饰和钻石及钻石饰品	5%
2. 其他贵重首饰和珠宝玉石	10%

续表

税目	税率（税额标准）
五、鞭炮、焰火	15%
六、成品油①	
1. 汽油	
（1）无铅汽油	1.0元/升
（2）含铅汽油	1.4元/升
2. 柴油	0.8元/升
3. 航空煤油	0.8元/升
4. 石脑油	1.0元/升
5. 溶剂油	1.0元/升
6. 润滑油	1.0元/升
7. 燃料油	0.8元/升
七、汽车轮胎	3%
八、摩托车	
1. 气缸容量（排气量，下同）在250毫升（含250毫升）以下的	3%
2. 气缸容量在250毫升以上的	10%
九、小汽车	
1. 乘用车	
（1）气缸容量（排气量，下同）在1.0升（含1.0升）以下的	1%
（2）气缸容量在1.0升以上至1.5升（含1.5升）的	3%
（3）气缸容量在1.5升以上至2.0升（含2.0升）的	5%
（4）气缸容量在2.0升以上至2.5升（含2.5升）的	9%
（5）气缸容量在2.5升以上至3.0升（含3.0升）的	12%
（6）气缸容量在3.0升以上至4.0升（含4.0升）的	25%
（7）气缸容量在4.0升以上的	40%
2. 中轻型商用客车	5%
十、高尔夫球及球具	10%
十一、高档手表	20%
十二、游艇	10%
十三、木制一次性筷子	5%
十四、实木地板	5%

（五）消费税的纳税环节

根据消费税暂行条例的规定，消费税的纳税环节分别为：

（1）纳税人生产的应税消费品，于纳税人销售时纳税。

① 根据国家关于燃油税改革的规定，成品油消费税税额包含燃油税税额，汽油燃油税每升0.8元，柴油每升0.7元。

（2）纳税人自产自用的应税消费品，用于连续生产应税消费品的，不纳税；用于其他方面的，于移送使用时纳税。

（3）委托加工的应税消费品，除受托方为个人外，由受托方在向委托方交货时代收代缴税款。委托加工的应税消费品，委托方用于连续生产应税消费品的，所纳税款准予按规定抵扣。

（4）进口的应税消费品，于报关进口时纳税。

（六）消费税的计算

消费税的计算方法分为如下三种：

1. 从价计征

实行从价计征的，消费税的计税依据为应税消费品的销售额。

应纳税额的计算公式为：从价计征的应纳消费税税额 = 应税销售额 × 比例税率

如果销售额包含增值税在内，应将含增值税的销售额换算为不含增值税税款的销售额。其计算公式为：

应税消费品的销售额 = 含增值税的销售额 ÷ （1 + 增值税税率或征收率）

纳税人进口应税消费品，按照组成计税价格和规定的税率计算应纳税额。组成计税价格的计算公式如下：

组成计税价格 = （关税完税价格 + 关税） ÷ （1 − 消费税税率）

2. 从量计征

实行从量计征的，消费税的计税依据为应税消费品的销售数量。销售数量是指纳税人生产、加工和进口应税消费品的数量。

消费税应纳税额的计算公式为：

从量定额计征的应纳消费税税额 = 销售数量 × 定额税率

3. 复合计征

采用复合计税方法的，将以上两个计算公式结合使用即可。应纳税额计算公式：

复合计征的应纳税额 = 销售数量 × 定额税率 + 应税销售额 × 比例税率

三、营业税

（一）什么是营业税

营业税是对在我国境内提供应税劳务、转让无形资产或销售不动产所取得的收入为课税对象所征收的一种税。

（二）营业税的征税范围

营业税的征税范围是指在中华人民共和国境内提供的应税劳务、转让的无形资产和销售的不动产。应税劳务是指属于交通运输业、建筑业、金融保险业、邮电通信业、文化体育业、娱乐业、服务业税目征收范围的劳务。

（三）营业税的纳税人

在中华人民共和国境内提供应税劳务、转让无形资产或者销售不动产的单位和个人，为营业税的纳税义务人。

为了方便税款的征收管理，防止税收流失，对不经常发生的应税行为或时效性较强的应税行为，营业税实行代扣代缴的方式进行征收。负有代扣代缴营业税义务的单位和个人必须依法扣缴税款。

（四）营业税的税率

营业税实行差别比例税率和幅度比例税率。营业税的税目、税率，依照《营业税税目税率表》执行。税目、税率的调整，由国务院决定。纳税人经营娱乐业具体适用的税率，由省、自治区、直辖市人民政府在本条例规定的幅度内决定。

表 3－6　营业税税目税率表

税　　　　目	税率（%）
一、交通运输业	3
二、建筑业	3
三、金融保险业	5
四、邮电通信业	3
五、文化体育业	3
六、娱乐业	5～20
七、服务业	5
八、转让无形资产	5
九、销售不动产	5

（五）营业税的计算

营业税的计税依据是纳税人提供应税劳务的营业额、转让无形资产的转让额或者销售不动产的销售额，统称为营业额。应纳税额的计算公式为：

应纳税额＝营业额×税率

四、关税

（一）什么是关税

关税是主权国家根据其政治、经济需要，由设置在边境、沿海口岸或境内的水、陆、空国际交往通道的海关机关依据国家规定，对进出国境（或关境）的货物和物品征收的一种税。上述的国境和关境是两个既有联系，又不完全相同的概念。国境是指一个主权国家行使行政权力的领域范围，而关境是指一个主权国家行使关税权力的领域范围。一般情况下，国境和关境是一致的。但是，当存在自由港、自由区以及关税同盟国家在成员之间免征关税的情况下，国境和关境就不一致，前者国境大于关境，后者关境大于国境。

对进出口商品征收关税有多种目的，但主要是增加财政收入和保护国内经济。

（二）关税的纳税人

进口货物的收货人、出口货物的发货人、进出境物品的所有人，是关税的纳税义务人。进出口货物的收、发货人是依法取得对外贸易经营权，并进口或者出口货物的法人或者其他社会团体。进出境物品的所有人包括该物品的所有人和推定为所有人的人。一般情况下，对于携带进境的物品，推定其携带人为所有人；对分离运输的行李，推定相应的进出境旅客为所有人；对以邮递方式进境的物品，推定其收件人为所有人；以邮递或其他运输方式出境的物品，推定其寄件人或托运人为所有人。

（三）关税的征税对象

关税的征税对象是准许进出境的货物和物品。货物是指贸易性商品；物品指入境旅客随身携带的行李物品、个人邮递物品、各种运输工具上的服务人员携带进口的自用物品、馈赠物品以及其他方式进境的个人物品。

（四）关税的进出口税则

1. 进出口税则概况

进出口税则是一国政府根据国家关税政策和经济政策，通过一定的立法程序制定公布实施的进出口货物和物品应税的关税税率表。进出口税则以税率表为主体，通常还包括实施税则的法令、使用税则的有关说明和附录等。《中华人民共和国海关进出口税则》是我国海关凭以征收关税的法律依据，也是我国关税政策的具体体现。我国现行税则包括《中华人民共和国进出口关税条例》、《税率适用说明》、《中华人民共和国海关进口税则》、《中华人民共和国海关出口税则》及《进口商品从量税、复合税、滑准税税目税率表》、《进口商品关税配额税目税率表》、《进口商品税则暂定税率表》、《出口商品税则暂定税率表》、《非全税目信息技术产品税率表》等附录。

税率表作为税则主体，包括税则商品分类目录和税率栏两大部分。税则商品分类目录是把种类繁多的商品加以综合，按照其不同特点分门别类简化成数量有限的商品类目，分别编号按序排列，称为税则号列，并逐号列出该号中应列入的商品名称。商品分类的原则即归类规则，包括归类总规则和各类、章、目的具体注释。税率栏是按商品分类目录逐项订出的税率栏目。我国现行进口税则为四栏税率，出口税则为一栏税率。按税则商品分类目录体系划分，新中国成立以来，我国分别于 1951 年、1985 年、1992 年、2004 年先后实施了四部进出口税则，进出口商品都采用同一税则目录分类。

2. 税则归类

税则归类，就是按照税则的规定，将每项具体进出口商品按其特性在税则中找出其最适合的某一个税号，即“对号入座”，以便确定其适用的税率，计算关税税额。税则归类错误会导致关税的多征或少征，影响关税作用的发挥。因此，税则归类关系到关税政策的正确贯彻。

3. 进口关税税率

（1）税率设置与适用。我国加入 WTO 之后，为履行我国在加入 WTO 关税减让谈判中承诺的有关义务，享有 WTO 成员应有的权利，自 2002 年 1 月 1 日起，我国进口税则设有最惠国税率、协定税率、特惠税率、普通税率共四栏税率。最惠国税率适用于原产于与我国共同适用最惠国待遇条款的 WTO 成员国或地区的进口货物，或原产于与我国签订有相互给予最惠国待遇条款的双边贸易协定的国家或地区进口的货物，以及原产于我国境内的进口货物；协定税率适用于原产于我国参加的含有关税优惠条款的区域性贸易协定有关缔约方的进口货物，目前对原产于韩国、斯里兰卡和孟加拉 3 个曼谷协定成员的 739 个税目进口商品实行协定税率（即曼谷协定税率）；特惠税率适用于原产于与我国签订有特殊优惠关税协定的国家或地区的进口货物，目前对原产于孟加拉的 18 个税目进口商品实行特惠税率（即曼谷协定特惠税率）；普通税率适用于原产于上述国家或地区以外的其他国家或地区的进口货物。按照普通税率征税的进口货物，经国务院关税税则委员会特别批准，可以适用最惠国税率。适用最惠国税率、协定税率、特惠税率的国家或者地区名单，由国务院关税税则委员会决定。

（2）税率水平与结构。近年来，为了适应对外贸易经济合作的发展，我国的进口关税税率水平逐步降低，算术平均税率已经从1992年的43.2%降至1994年的35.9%、1996年的23.0%、1997年的17.0%，1999年以后继续逐步降低，从2007年1月1日起降至9.8%。

（3）进口关税税率形式。我国对进口商品基本上都实行从价税。从1997年7月1日起，我国对部分产品实行从量税、复合税和滑准税。从量税是以进口商品的重量、长度、容积、面积等计量单位为计税依据。复合税是对某种进口商品同时使用从价和从量计征的一种计征关税的方法。滑准税是一种关税税率随进口商品价格由高到低而由低至高设置计征关税的方法。

4. 出口关税税率

我国出口税则为一栏税率，即出口税率。国家仅对少数资源性产品及易于竞相杀价、盲目进口、需要规范出口秩序的半制成品征收出口关税。1992年对47种商品计征出口关税，税率为20%～40%。现行税则对36种商品计征出口关税。

（五）特别关税

特别关税包括报复性关税、反倾销税、反补贴税、保障性关税。征收特别关税的货物、适用国别、税率、期限和征收办法，由国务院关税税则委员会决定，海关总署负责实施。

1. 报复性关税

任何国家或者地区对其进口的原产于我国的货物征收歧视性关税或者给予其他歧视性待遇的，我国对原产于该国家或者地区的进口货物征收报复性关税。

2. 反倾销税与反补贴税

在激烈的市场竞争中，倾销和补贴行为在国际贸易中时常发生，且有愈演愈烈之势，其危害是使用不公平手段抢占市场份额，抑制我国相关产业的发展。为保护我国产业，根据《中华人民共和国反倾销条例》和《中华人民共和国反补贴条例》规定，进口产品经初裁确定倾销或者补贴成立，并由此对国内产业造成损害的，可以采取临时反倾销或反补贴措施，实施期限为自决定公告规定实施之日起，不超过4个月。采取临时反补贴措施在特殊情形下，可以延长至9个月。经终裁确定倾销或者补贴成立，并由此对国内产业造成损害的，可以征收反倾销税或反补贴税，征收期限一般不超过5年，但经复审确定终止征收反倾销税或反补贴税，有可能导致倾销或补贴以及损害的继续或再度发生的，征收期限可以适当延长。反倾销税和反补贴税的纳税人为倾销或补贴产品的进口经营者。采取以上措施，由商务部提出建议，国务院关税税则委员会根据商务部的建议做出决定，由商务部予以公告。采取临时反补贴措施要求提供现金保证金、保函或者其他形式的担保，由商务部做出决定并予以公告。海关自公告规定实施之日起执行。

3. 保障性关税

当某类商品进口量剧增，对我国相关产业带来巨大威胁或损害时，按照WTO有关规则，可以启动一般保障措施，即在与有实质利益的国家或地区进行磋商后，在一定时期内提高该项商品的进口关税或采取数量限制措施，以保护国内相关产业不受损害。根据《中华人民共和国保障措施条例》规定，有明确证据表明进口产品数量增加，在不采取临时保障措施将对国内产业造成难以补救的损害的紧急情况下，可以做出初裁决定，并采取临时保障措施。临时保障措施采取提高关税的形式。终裁决定确定进口产品数量增加，并由此对国内产业造成损害的，可以采取保障措施。保障措施可以提高关税、数量限制等形式，针对正在进口的产品实施，不区分产品来源国家或地区。其中采取提高关税形式的，由商务部提出建议，国务院关税税则委员会根据建议做出决定，由商务部予以公告。

（六）关税的计算

根据所采用税率的不同，关税应纳税额计算的方法也不同。

1. 从价税应纳税额的计算

关税税额＝应税进（出）口货物数量×单位完税价格×关税税率

我国《海关法》规定，进出口货物的完税价格，由海关以该货物的成交价格为基础审查确定。进口货物的完税价格包括货物的货价、货物运抵我国境内输入地点起卸前的运输及其相关费用、保险费。出口货物的销售价格如果包括离境口岸至境外口岸之间的运输、保险费的，该运费、保险费应当扣除。

2. 从量税应纳税额的计算

关税税额＝应税进（出）口货物数量×单位货物税额

3. 复合税应纳税额的计算

关税税额＝应税进（出）口货物数量×单位货物税额＋应税进（出）口货物数量×单位完税价格×关税税率

4. 滑准税应纳税额的计算

关税税额＝应税进（出）口货物数量×单位完税价格×滑准税税率

五、企业所得税

（一）什么是企业所得税

企业所得税是对我国境内的企业和其他取得收入的组织的生产经营所得和其他所得征收的一种税。

（二）企业所得税的纳税人

企业所得税的纳税人是指在中华人民共和国境内的企业和其他取得收入的组织，具体分为居民企业和非居民企业。居民企业，是指依法在中国境内成立，或者依照外国（地区）法律成立但实际管理机构在中国境内的企业。非居民企业，是指依照外国（地区）法律成立且实际管理机构不在中国境内，但在中国境内设立机构、场所的，或者在中国境内未设立机构、场所，但有来源于中国境内所得的企业。凡依照中国法律、行政法规成立的个人独资企业和合伙企业，不缴纳企业所得税。

（三）企业所得税的征税对象

企业所得税的征税对象为企业所得，包括销售货物所得、提供劳务所得、转让财产所得、股息红利等权益性投资所得、利息所得、租金所得、特许权使用费所得、接受捐赠所得和其他所得。

居民企业应当就其来源于中国境内、境外的所得缴纳企业所得税。非居民企业在中国境内设立机构、场所的，应当就其所设机构、场所取得的来源于中国境内的所得，以及发生在中国境外但与其所设机构、场所有实际联系的所得，缴纳企业所得税。非居民企业在中国境内未设立机构、场所的，或者虽设立机构、场所但取得的所得与其所设机构、场所没有实际联系的，应当就其来源于中国境内的所得缴纳企业所得税。

（四）企业所得税的税率

企业所得税实行比例税率。现行规定为：

1. 基本税率为25%

适用于居民企业和在中国境内设有机构、场所且所得与机构、场所有关联的非居民企业。

2. 预提所得税税率20%

适用于在中国境内未设立机构、场所的，或者虽设立机构、场所但取得的所得与其所设机构、场所没有实际联系的非居民企业。但实际征税时实行10%的优惠税率。

（五）企业所得税的计税依据

企业所得税的计税依据是企业的应纳税所得额。所谓应纳税所得额，是指纳税人每一纳税年度的收入总额，减除不征税收入、免税收入、各项扣除以及允许弥补的以前年度亏损后的余额。

企业的收入总额是指以货币形式和非货币形式从各种来源取得的收入。包括销售货物收入、提供劳务收入、转让财产收入、股息、红利等权益性投资收益、利息收入、租金收入、特许权使用费收入、接受捐赠收入和其他收入。

收入总额中的下列收入为不征税收入：

（1）财政拨款；

（2）依法收取并纳入财政管理的行政事业性收费、政府性基金；

（3）国务院规定的其他不征税收入。

企业的下列收入为免税收入：

（1）国债利息收入；

（2）符合条件的居民企业之间的股息、红利等权益性投资收益；

（3）在中国境内设立机构、场所的非居民企业从居民企业取得与该机构、场所有实际联系的股息、红利等权益性投资收益；

（4）符合条件的非营利组织的收入。

企业实际发生的与取得收入有关的、合理的支出，包括成本、费用、税金、损失和其他支出，准予在计算应纳税所得额时扣除。真实、合法和合理是纳税人经营活动中发生支出可以税前扣除的主要条件和基本原则。这里的成本，是指企业在生产经营活动中发生的销售成本、销货成本、业务支出以及其他耗费。费用，是指企业在生产经营活动中发生的销售费用、管理费用和财务费用，已经计入成本的有关费用除外。税金，是指企业发生的除企业所得税和允许抵扣的增值税以外的各项税金及其附加。损失，是指企业在生产经营活动中发生的固定资产和存货的盘亏、毁损、报废损失，转让财产损失，呆账损失，坏账损失，自然灾害等不可抗力因素造成的损失以及其他损失。企业发生的损失，减除责任人赔偿和保险赔款后的余额，依照国务院财政、税务主管部门的规定扣除。企业已经作为损失处理的资产，在以后纳税年度又全部收回或者部分收回时，应当计入当期收入。其他支出，是指除成本、费用、税金、损失外，企业在生产经营活动中发生的有关的、合理的支出。

在计算应纳税所得额时，企业财务、会计处理办法与税收法律、行政法规的规定不一致的，应当依照税收法律、行政法规的规定计算。

（六）企业所得税税额的计算

企业所得税应纳税额的计算公式为：

企业应纳所得税税额 = 应纳税所得额 × 比例税率

第四章　财政支出

第一节　财政支出规模

一、财政支出的含义

财政支出作为财政分配的第二阶段，是政府将筹集到的财政收入有计划地分配和使用到履行政府职能的各个方面的支出。

财政支出是以政府为主体所进行的一种资金分配活动，体现了政府对资源的使用，它反映了政府为了实现其职能和满足社会的公共需要所需要的费用数额。

二、财政支出的规模

（一）财政支出规模的含义及衡量指标

财政支出规模，是指在一定时期内（预算年度）政府通过财政渠道安排和使用财政资金的绝对数量及相对比率，即财政支出的绝对量和相对量，它反映了政府参与分配的状况，体现了政府的职能和政府的活动范围，是研究和确定财政分配规模的重要指标。

衡量财政支出规模的指标有两种：一是绝对量指标，二是相对量指标。作为绝对量指标是指一国在一定时期内（通常为一个财政年度）财政支出的货币价值总额。如我国1998年财政支出总额10798.2亿元就是一个绝对量指标，也称绝对规模。这一指标能直观地、具体地反映一定时期内政府财政支出的规模，是国家政府部门编制财政预算和控制财政支出规模的重要指标之一。

所谓相对规模是指一国在一定时期内财政支出占国民生产总值或国内生产总值的比率。按我国现行的国民经济核算体系，财政支出的相对规模主要是指财政支出占国内生产总值的比重。如我国1998年财政支出总量为10798.2亿元，GDP为78345.2亿元，因此1998年我国财政支出的相对规模为13.8%。采用相对量指标来衡量财政支出的规模，最大的好处是可以进行比较分析，既可以进行横向比较（与同期不同国家之间的比较），也可以进行纵向比较（与一国不同时期的比较），能较好地反映一国财政支出对经济影响的程度。

这两种指标反映的财政支出规模可能是一致的，即财政支出的绝对规模和相对规模都呈不断扩大的趋势，如许多西方国家的情况。但也会出现矛盾，通常是一方面财政支出绝对规模不断扩大，同时另一方面财政支出相对规模却在不断缩小，如我国在改革开放后至1996年的情况。

(二)财政支出规模的变化趋势及其原因分析

1. 财政支出规模的变化趋势

财政支出的规模不断扩大是一种历史现象和发展趋势，几乎世界各国无一例外。如在1950～1980年的31年间，美国财政支出由426亿美元增加到6018亿美元，增加了13倍；英国财政支出由32.79亿英镑增加到863.95亿英镑，增加了25倍；法国财政支出由247亿法国法郎增加到11129亿法国法郎，增加了44倍；日本财政支出由1950年的6000亿日元增加到1979年的306920亿日元，增加了50倍；中国财政支出由1991年的3386.62亿元增加到2002年22012亿元，增加了5.5倍。这里不排除有通货膨胀的因素，但即使剔除通货膨胀因素，财政支出绝对规模的不断扩大仍是一个不可改变的事实。

从财政支出相对规模的变化趋势看，西方的市场经济国家也是呈现不断扩大的趋势。以1954年的指数为100计算，1954～1980年，主要的工业化国家财政支出占国内生产总值比率上升幅度均超过了20%，其中意大利和德国分别上升了59.6%和52.4%，日本也上升了42.2%；在发展中国家，以1979年为基数，到1988年财政支出占国内生产总值的比率平均增长了27.5%，其中巴西增长了69.1%，菲律宾增长了33.6%，印度增长了28.8%。

但我国情况有些特殊，在计划经济体制时期，财政支出的绝对规模和相对规模都呈上升趋势。但是经济体制改革后的一段时期，财政支出占国内生产总值的比重出现了下降的趋势，出现了与其他国家相反的趋势；1996年后，这一现状发生改变，财政支出的相对规模开始增加。具体见表4-1。

表4-1 1991～2006年我国财政支出规模

年份	财政支出总额（亿元）	国内生产总值（亿元）	财政支出占GDP比重（%）
1991	3386.62	21781.5	15.55
1992	3742.2	26923.5	13.90
1993	4642.3	35333.9	13.14
1994	5792.62	48197.9	12.02
1995	6823.72	60793.7	11.22
1996	7937.55	71176.6	11.15
1997	9233.56	78973.0	11.69
1998	10798.18	84402.3	12.80
1999	13187.67	89677.1	14.70
2000	15886.50	99214.6	16.01
2001	18902.58	109655.2	17.24
2002	22053.15	120332.7	17.88
2003	24649.95	135822.8	18.15
2004	28486.89	159878.3	17.82
2005	33930.28	183217.4	18.52
2006	40422.73	211923.5	19.07

资料来源：《中国财政年鉴（2007）》、《中国统计年鉴（2008）》。为便于可比，表中GDP为当年价格。

2. 财政支出规模增长的原因

(1) 前人的研究简介。

A. 瓦格纳公共支出不断上升的规律。19世纪德国经济学家瓦格纳考察和研究了英国工业化革命以来西方诸国经济与财政所发生的新变化，提出了公共支出不断上升的规律，被称为“瓦格纳法则”。瓦格纳关于公共支出增长的含义究竟是指公共支出在GNP中的份额上升，还是指它的绝对增长，这一点至今还不清楚。马斯格雷夫认为，将瓦格纳法则理解为公共部门的相对增长。

瓦格纳结论的基础是经验性的。他对19世纪的许多欧洲国家，再加美国与日本的公共部门增长情况作了考察，从政治因素与经济因素两个方面找到了公共支出对GNP上升的原因。从政治因素看，公共支出的相对增长被认为是国家活动规模扩大的结果。从经济因素看，公共支出的相对增加是由以下三个原因共同促成的。

工业化。工业化及其发展使得市场关系日益复杂化，从而要求政府建立司法与行政制度来调节和规范。

城市化。城市化是工业化的必然结果，城市化会产生拥挤，并引起外部化问题，从而要求政府干预。

需求收入弹性。工业化与城市化导致人们收入水平的提高。随着人们收入水平的提高，人们对教育、娱乐、文化、保健与福利服务的需求随之提高。于是，政府对这些公共品和准公共品的供给也将随之增加，从而引起公共支出的增加超过GNP增长的比率。

B. 皮科克（Peacock）和怀斯曼（Wiseman）的分析。在瓦格纳分析的基础上，英国经济学家皮科克和怀斯曼两位经济学家根据他们对1890～1955年间英国的公共部门成长情况的研究，指出财政支出不断扩大是以一种梯度渐进的方式增长的。并且提出了导致财政支出梯度增长的内在因素和外在因素。他们认为，在正常情况下，财政支出呈现一种渐进的上升趋势，但在战争、重大灾害情况发生时，财政支出会急剧上升，而后财政支出会有所下降，但一般不会回到原来的水平，呈现出一种进二退一的梯度渐进增长，如图4－1所示。

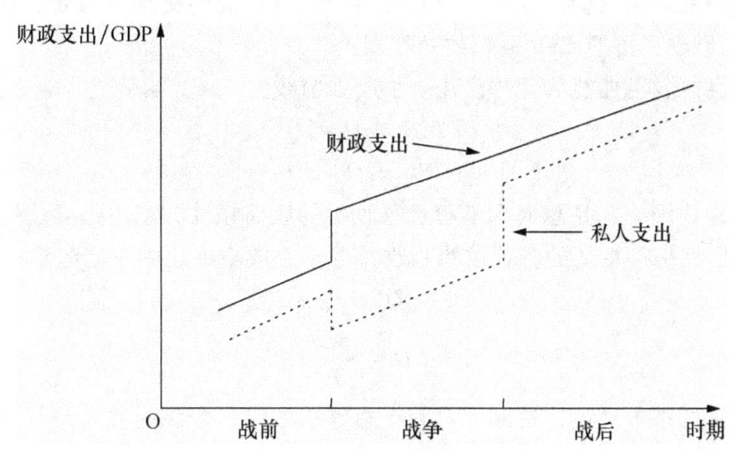

图4－1　公共支出增长的形态

皮科克和怀斯曼认为，导致公共支出增长的内在因素是人们“可容忍的税收水平”的提高。在正常年份，人们可容忍的税收水平比较稳定，公共支出不可能有较大幅度的上升，但随着经济的增长，即使税率不变，税收也会自动增加，相应地公共支出也会上升。当社会发生战争和自然灾害时，人们可容忍的税收水平会大大提高，从而使公共支出大幅度上升，在战争和自然灾害后，由于人们会认识到许多没有认识到的问题，使公众认识到政府的公共支出应该增加。另外，政府会设法维持可容忍的税收水平，导致公共支出水平虽然有所下降，但不会回到原来的水平。

C. 马斯格雷夫和罗斯托的经济发展阶段与财政支出的增长。马斯格雷夫和罗斯托用经济发展阶段来解释财政支出增长的原因。他们认为，在经济发展的早期阶段，政府投资在社会总投资中占有较高的比重，公共部门为经济发展提供社会基础设施，如道路、运输系统、环境卫生系统、法律与秩序、健康与教育以及其他用于人力资本的投资等。这些投资，对于处于经济与社会发展早期阶段的国家进入起飞期，以至进入发展的中期阶段都是必不可少的。在发展的中期，政府投资还应继续进行，但这时政府投资只是对私人投资的补充。无论是在发展的早期还是中期，都存在着市场失灵和市场缺陷，阻碍经济的发展。为了弥补市场失灵和克服市场缺陷，也需要加强政府的干预。马斯格雷夫认为，在整个经济发展进程中，国内生产总值中总投资的比重是上升的，但政府投资占国内生产总值的比重，会趋于下降。罗斯托认为，一旦经济达到成熟阶段，公共支出将从基础设施支出转向不断增加的对教育、保健与福利服务的支出，且这方面的支出增长将大大超过其他方面支出的增长，也会快于国内生产总值的增长速度。

D. 尼斯卡林的官僚垄断理论。美国著名学者尼斯卡林（W. A. Niskanen）认为，由于官僚效用是预算规模的增函数，因而官僚提供的公共产品产量可能是“社会最适产量”即效率产量的两倍。

如图 4－2 所示，纵、横轴分别表示价格和公共产品数量，上图为社会总成本曲线与社会总收益曲线，下图为社会边际成本曲线与社会边际收益曲线。效率所要求的产量应由社会边际成本曲线与社会边际收益曲线的交点 E 所决定，即公共产品的数量为 Q^*；而官僚只强调公共产品应由社会总成本曲线与社会总收益曲线的交点 D 决定，即公共产品的数量为 Q_B，由此形成三角形 EAB 面积的效率损失。

设图中社会总收益曲线为 TSB，社会总成本曲线为 TSC，且：

$$TSB = aQ - bQ^2$$

$$TSC = cQ + dQ^2$$

官僚们通常认为，凡是总成本不超过总收益的政府预算方案均是可取的，即从 O 点到 G 点之间的产出都是有意义的。若按照总收益等于总成本的原则决定产量，那么：

$$aQ - bQ^2 = cQ + dQ^2$$

$$Q = \frac{a - c}{b + d}$$

根据经济学的基本理论，边际收益等于边际成本时，资源配置才是最有效率的。根据总收益和总成本函数所得到的边际函数是：

$$MB = dTB = a - 2bQ$$

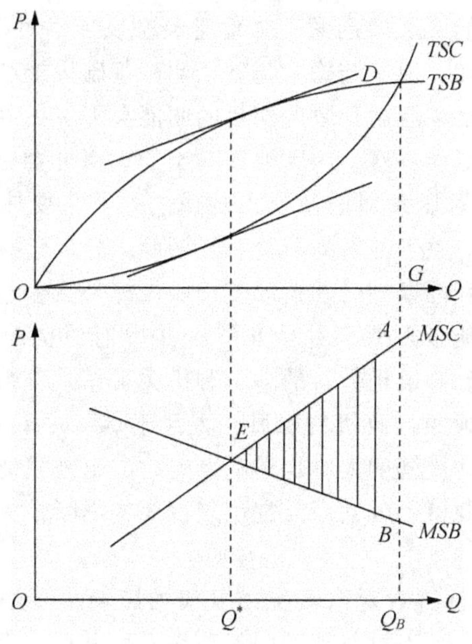

图 4－2　官僚垄断与财政支出的增长

$$MC = dTC = c + 2dQ$$

当 $MB = MC$ 时，

$$Q = \frac{a - c}{2(b + d)}$$

从上两式可知，官僚产出水平是社会最适产量的两倍。尼斯卡林认为，虽然政治家们的追求目标是社会最适产量，但在实际生活中官僚产出水平会占上风，这是由于信息不对称所致，监督者往往被被监督者操纵。政治家们对于公共产品的真实函数并不清楚，在进行公共决策时，官僚只向政治家们提供两种选择方案：要么 $Q = 0$，要么 $Q = (a - c)/(b + d)$。这就是说，官僚的信息垄断使政治家们无法使公共支出规模达到最优①。

（2）影响财政支出规模的因素。归结前人的分析并结合当今世界各国财政支出变化的现实情况，可总结出如下影响财政支出规模的因素：

A. 经济性因素。它主要指经济发展的水平、经济体制的选择和政府的经济干预政策等。关于经济发展的水平对财政支出规模的影响，马斯格雷夫和罗斯托做了非常具体的说明，经济不同发展阶段不仅对财政支出规模而且对财政支出结构都有直接的影响。经济体制的选择也会对财政支出规模产生影响，通常在计划经济体制下，财政支出规模（这里主要是相对规模）会较大，经济体制改为市场经济体制后，财政支出相对规模会变小，我国就是一个例子。政府的经济干预政策也会对财政支出规模产生影响，主要是指财政政策，如政府采取扩张性的财政政策，必然导致财政支出的规模扩大；如政府采用紧缩性的财政政策，则会使财政支出规模缩小。

① 朱柏铭：《公共经济学的理论与应用》，高等教育出版社，2007 年版，第 117 页。

把经济发展放在首位的发展中国家，为促进经济发展，对财政支出增长的要求更大。由于在经济规模、经济结构、地区结构、基础产业、基础设施和市场运行效率等方面与发达国家相比存在着明显不足和落后，政府担负的职能会更多一些，政府参与资源配置和促进经济稳定增长的职能会更强一些，因此财政支出的规模也会更大一些。

B. 政治性因素。政治性因素对财政支出规模的影响主要体现在两个方面：一是政局是否稳定，二是政府规模。关于前者皮科克和怀斯曼的分析已有所述，即当一国政局不稳出现内乱或外部冲突等突发性事件时，财政支出的规模必然会超常规地扩大。至于政府规模对财政支出规模的影响则反映在两个方面：一是政府机构的规模，二是政府活动的规模。从政府机构规模看，政府机构数目的多少和机关工作人员数量的多少，对财政支出产生最直接的影响。因为一国的行政机构臃肿，人浮于事，效率低下，经费开支必然增多，这是确定无疑的。政府活动规模的大小也影响着财政支出规模的变化，如直接介入经济领域的投资规模、公共生产规模、公共产品提供规模等的不断扩大，必然导致财政支出规模的不断上升。

C. 社会性因素。社会性因素对财政支出规模的影响主要是人口状况。人口规模与结构是影响财政支出增长的一个不可忽视的因素。在人均财政支出比例不变的情况下，财政支出的绝对规模随人口规模的增长而增长。如果人口的增长速度超过国内生产总值增长速度，财政支出的相对规模也会随之上升。人口的增加，导致社会对教育、医疗卫生、公共基础设施及司法、治安等方面的公共需要的增长；而人口出现老龄化，则更要求改善社会生活质量，社会保障支出会不断扩大。特别是我国，不仅人口规模大，而且人口老龄化趋势已经显现，人口对财政支出规模的影响更不可忽视。

D. 国际关系。在当今的国际社会政治条件下，一个国家所处的国际环境对一个国家的财政支出会产生巨大影响。如果和平与发展是世界主流，每个国家用于国防的开支就会减少，财政支出相应下降；如果世界面临战争或冷战局面，国防支出会相应增加，财政支出的规模会相应扩大。

（3）我国财政支出规模的变化趋势以及原因分析。从前面分析可以看出，世界各国（特别是经济发达国家）的财政支出无论是从绝对规模还是相对比率来看，都呈现出随着人均收入的提高而增长的趋势。但我国改革开放以来财政支出的绝对规模虽然也呈不断扩大之势，但财政支出的相对规模却呈下降趋势。为此，我们也需要从理论上对我国的财政支出比例下降趋势作一合理的分析和解释。

改革开放以来，我国财政支出比例呈现出不断下降的趋势，从 1978 ~ 1980 的 38.4%，一直下降到 1996 ~ 1998 年的 17%。1990 年以前，财政支出比例下降的速度比较缓慢，1991 ~ 1995 年下降的速度比较快，几乎一年下降一个百分点，这种下降趋势直到 1996 年才停止，1996 年后开始回升。

事实上，改革开放以来我国财政支出比例的下降，首要的原因是经济体制的变革。在从计划经济体制转向市场经济体制的过程中，随着政府职能的转变，市场机制配置资源的作用加强，财政支出比例下降有其必然性和合理性。特别是 1991 ~ 1995 年，财政支出比率下降之所以最快，是因为这是我国市场化进程比较快的时期，政府职能不断转变的结果。尽管这是一种外在因素，但却是导致财政支出比例下降的最直接的原因。

我国今后财政支出增长的潜在压力还很大，财政支出的增长趋势不会改变。财政支出增长的原因有三种。

第一，我国正处在社会主义市场经济发展的初级阶段，经济发展的中期阶段，又是实现工业化的关键时期，政府必须为经济发展提供大量的社会基础设施等公共产品和准公共产品。尤其是我国西部地区，社会基础设施仍然十分落后，仍然需要政府投入大量的资金进行建设。

第二，由于我国人口众多，并且老龄化社会即将到来，社会保障支出在我国未来将是很大的支出，社会保障支出是目前多数国家特别是发达国家政府的沉重负担。而我国由于以前尚没有全面建立社会保障制度，因此在我国的财政支出中社会保障支出比重很小。但随着我国社会保障机制的逐步建立和完善，加上庞大的人口规模，老龄人口比重的不断增加，可以预见，在不远的将来，社会保障支出将成为我国财政支出比率提高的重要决定因素。

第三，我国目前的科学、教育、文化、卫生事业还欠发展，而这些又是提高人民生活质量的必备条件。今后还要大力提高这些领域的事业费支出，特别是基础科研、义务教育、公共卫生这些公共产品领域的投入。我国过去历史欠账较多，必须通过以后的财政支出加以弥补。

第二节 财政支出结构

财政支出的不同分类形成了不同的支出结构，而不同的支出结构对财政运行进而对经济运行产生的影响差异很大。因此，在分析财政支出的结构时，先需要了解财政支出的分类。

一、财政支出的分类

对财政支出进行分类，能够使我们全面而准确地把握财政支出的规模、结构和特点，有助于管理和分析财政支出活动。由于管理的要求和理论研究的角度不同，财政支出可以作多种分类：

（一）按财政支出是否与商品和劳务相交换分类

在各种名目下安排的财政支出，虽然无一例外地表现为资金从政府手中流出，但不同的财政支出对国民经济的影响却是不同的，以财政支出是否与商品和劳务相交换为标准，可将财政支出分为购买性支出和转移性支出。

购买性支出直接表现为政府购买商品和劳务的活动，包括购买进行日常政务活动所需的或用于国家投资所需的商品和劳务的支出。这类支出一般由公共消费支出和政府投资两部分构成，前者如政府一般公共服务支出、教育、科学、卫生、文化等支出，后者主要是政府各部门的投资拨款。

转移性支出是政府在公民之间再分配购买力的支出，政府的这种支出表现为资金无偿的、单方面的转移，主要有社会保障支出、财政补贴支出、捐赠支出和债务利息支出。

（二）按政府层次分类

按政府层次来划分财政支出，有助于我们把握财政资源在政府层次之间的分配状况，处理好政府层次之间的责权利关系。

按政府层次分类可将财政支出分为中央财政支出和地方财政支出。中央财政支出主要是全国性的公共产品、准公共产品及需中央政府发挥作用的领域的费用支出。包括国防支出、武装警察部队支出、中央级行政管理费和各项事业费支出、重点建设支出以及中央政府调整国民经济结构、协调地方发展、实施宏观调控的支出。地方财政支出主要是地方性的公共产品、准公共产品及其他需地方政府安排的支出。包括地方行政管理和各项事业费支出、地方统筹的基本建设支出、技术改造支出、支援农业生产支出、城市维护和建设经费支出、价格补贴支出等。

（三）按支出功能分类

支出功能分类就是按政府的各项职能活动所需支出分类，按此分类，我国财政支出分为17类，170多款，1100多项。类级科目综合反映政府职能活动，款级科目反映为完成某项政府职能所进行的某一方面的工作，项级科目反映为完成某一方面的工作所发生的具体支出事项。我国目前17类支出功能科目是一般公共服务支出、外交支出、国防支出、公共安全支出、教育支出、科学技术支出、文化体育与传媒支出、社会保障和就业支出、社会保险基金支出、医疗卫生支出、环境保护支出、城乡社区事务支出、农林水事务支出、交通运输、工业商业金融事务支出、其他支出、转移性支出。2007年，我国开始正式按此支出分类统计我国的财政支出，具体见表4－2。

表4－2　2007年我国财政支出主要项目

项　　目	支出额（亿元）
一般公共服务支出	8514.24
外交支出	215.28
国防支出	3554.91
公共安全支出	3486.16
教育支出	7122.32
科学技术支出	1783.04
文化体育与传媒支出	898.64
社会保障和就业支出	5447.16
医疗卫生支出	1989.96
环境保护支出	995.82
城乡社区事务支出	3244.69
农林水事务支出	3404.70
交通运输支出	1915.38
工业商业金融事务支出	4257.49
其他支出	2951.56

资料来源：《中国统计年鉴（2008）》。

（四）按支出经济性质分类

支出经济性质分类就是按支出的各项具体用途分类，按此分类，我国财政支出科目分为12类90多款。12类支出科目主要包括工资福利支出、商品和服务支出、对个人和家庭的补助、对企事业单位的补贴、转移性支出、赠与、债务利息支出、债务还本支出、基本建设支出、其他资本性支出、贷款转贷及产权参股、其他支出。

二、决定财政支出结构的因素

财政支出结构状况既与一国经济体制和相应的政府职能有关，又受经济发展阶段的制约。我国的财政支出结构的演变是与前者相适应的，而合理的财政支出结构最终还是要受经济发展阶段的影响。

（一）政府职能

从某种程度上说，财政支出是政府活动的资金来源，也是政府活动的直接成本。因此，政府职能的大小及其侧重点，决定了财政支出的规模和结构。

从我国情况看，新中国成立50多年来，经济管理体制和政府职能从20世纪70年代末发生了根本性变革。在此之前，国家注重经济职能的实现，政府几乎调动全部资源，直接从事各种生产活动，财政支出大量用于经济建设。在此之后，随着改革开放、社会主义市场经济体制的逐步建立，政府正在逐步减少资源配置的份额，财政用于经济建设方面的支出比例已大大降低，用于社会管理、收入分配方面的支出不断增加。

（二）经济发展阶段

不同国家的财政支出结构不尽相同，即使是同一个国家，由于所处的经济发展阶段不同，财政支出结构也会不同。

前面在分析财政支出规模不断扩大的原因时提到，马斯格雷夫和罗斯托运用经济发展不同阶段来解释财政支出规模扩大，这种理论不仅可解释财政支出规模的扩大，而且也说明了财政支出结构的变化趋势。大致情况如下：在经济发展的早期阶段，财政投资支出应占较大的比重。交通、通信、水利设施等经济基础具有极大外部性的领域，政府必须加大投资力度，创造良好的生产经营和投资环境。相应地，公共消费支出比重会较小。在经济发展的中期阶段，财政投资只是私人投资的补充。因为，一方面各项经济基础设施建设已基本完成，另一方面私人部门的资本积累较为雄厚。因此，财政投资支出增长率会暂时放慢，公共消费支出比重会不断提高。在经济发展的成熟期，财政投资的增长率有可能回升，因为这一时期，人均收入水平提高，人们对生活质量提出更高的要求，需要更新基础设施。同时用于社会保障和收入再分配方面的转移支付规模将会超过其他公共支出，即公共消费支出比重会有较大幅度的提高。

第三节 购买性支出

一、国防支出

（一）什么是国防支出

国防支出是指一国为维护国家主权与保证领土完整所必需的费用支出。它是国家财政的一项基本支出，是一国政府行使对外政治职能的前提条件。

一般来说，国防支出可以划分为维持费用和投资费用两大类。维持费用是保证国防系统稳定运行和军队活动正常开展的经费，用于提高军队的战备水平，是国防建设的物质基础，主要由军事人员经费、军事活动维持费用、武器装备维修保养费和教育训练费等项目所构成。投资费用则是为了提高国防系统武器装备和设施的先进水平所进行的投入，主要由武器装备的研制费用、武器装备的采购费用、军事工程建设费用和防空费用等项目所构成。

（二）政府为什么要提供国防支出

国防是一种纯粹的公共产品，它必须由政府来提供，正因为如此，国防也就成了公共支出的一个最重要的领域。

（三）国防支出中遇到的问题

从国外情况看，政府在提供国防这种纯公共产品时，通常会遇到以下三个问题：

1. 兵役制度的选择

目前世界各国的兵役制度无非是这样两种：义务兵役制与志愿军兵役制。不管政府选择什么样的兵役制度，对于个人来说，服兵役总会产生机会成本，这种机会成本就是年轻人服兵役期间必须放弃就业或接受高等教育而产生的损失。其中，放弃就业的损失是个人即期的收入流量，而放弃接受高等教育所造成的损失是个人未来较高的收入流量。在义务兵役制场合，由于国防部的军官们在决定征兵的数量时，从不计算这种机会成本，因而会造成人力使用上的极大浪费。在志愿军兵役制场合，由于对当兵的人实行薪水制，机会成本就起作用，从而有助于减少资源使用上的浪费。但是问题是这种支付价格是否能够按照机会成本来准确模拟市场劳动价格，倘若薪水标准太低，那么市场竞争的结果将是那些素质最差的人进入国防系统，从而大大影响军队与国防的质量。相反，若大幅度提高志愿兵的工资水平，那么又会导致军队国防开支过大，以致引起财政赤字。

2. 平民对国防进行控制的困难

平民对国防控制的困难主要是由以下两个原因所造成的：一是平民对国防的无知；二是信息的缺乏。很多有关国防的信息被冠以军事机密而不准向平民披露，在平民对国防既无知又缺乏信息的情况下，想要对国防进行有效监控是不可能的。其结果必然是国防规模大小将主要由将军们说了算，而将军们从其个人偏好出发，总是倾向于无限制地扩大国防预算，借以获取他们个人的利益。

3. 国防部门的低效率

国防部门的低效率是由国防品大都来自非竞争的私人部门所致。由非竞争的私人部门来提供国防品之所以会产生低效率，主要与以下三个因素有关：一是私人军火商品市场垄断必然导致政府购买国防用品成本的提高；二是因为新式武器的生产风险极高，当政府向私人军火商订购新式武器时，私人军火商会要求政府国防部门分担风险，从而产生所谓的成本溢出效应；三是国防部将军们与私人军火商私下勾结，以达到提高军火订购价格的目的，将军们之所以会这样做，是因为他们退休后通常都是到这些私人军火商那里去再就业。为此，他们就必须在国防部工作时给予私人军火商以较大的好处，以便为其日后铺平道路。

（四）在预算既定情况下的国防预算的配置问题

在国防预算既定的情况下，为提高政府国防开支的效率，可采取以下配置方法来达到此目的：

1. 义务兵役制与志愿军兵役制的结合

采取这一配置方法既可以防止单一义务兵役制下将军们对于人力资源滥用，又可以避免单一志愿军兵役制下国防预算赤字问题。一方面，国防部门可以通过廉价的义务兵役制来保证必要的国防军数量；另一方面，又可以通过较高的志愿军人的工资标准来吸引社会高素质的人才，借以提高国防的质量。

2. 建立预警系统，并在预警系统与作战系统之间求得必要平衡

建立预警系统的好处是成本低、效率高。以美国的预警飞机为例，它只需为数不多的预警飞机，就可为美国提供一个高质量的防空系统。当然没有作战能力的防空系统是不可想象的，故需在作战系统与预警系统之间合理分配国防预算，以便使既定的国防预算可带来更高程度的国家安全。

3. 保持常规武器系统与核武器系统的均衡发展

常规武器的特点是生产成本低、维持成本也低，且使用比较安全，即不会引起国际社会的强烈反对与他国报复，但它的威慑力较低。核武器的特点是生产成本高、维持成本也高，且使用不甚安全，容易招致核报复，但它的威慑力却很强，必须在这两者之间找到平衡。

（五）如何确定国防预算的规模

这个问题可从以下三个方面来进行分析：

1. 总量结构分析

总量结构分析的基本工具是著名的“黄油”与“大炮”转换曲线。如图 4 - 3 所示。

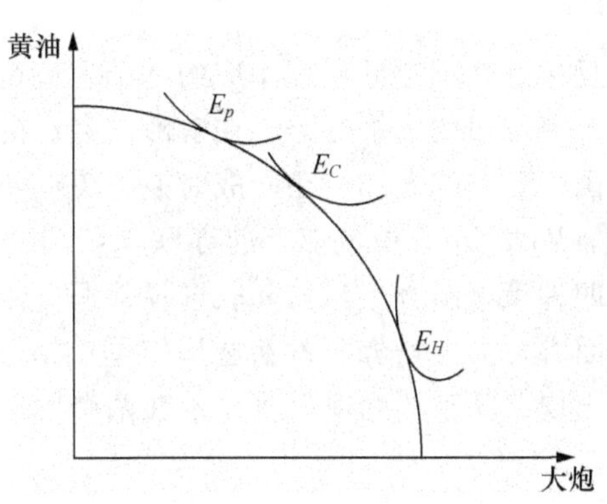

图 4 - 3 “黄油”与“大炮”转换曲线

与转换曲线相切的无差异偏好曲线有三条，它分别代表三种不同状态下的资源配置的偏好。第一种状态是和平时期，在这个时期，人们的偏好水平显然是多生产民用品，少生产国防品，故国防预算规模的大小将由点 E_p 在横轴上的截距所决定。第二种状态是战争时期，这时为了国家的安全，人们会迅速地调整他们的偏好，从而使均衡点移至 E_H，而

这意味着国防开支大大增加。介于两者之间的第三种状态为冷战时期，这时人们的偏好将作出新的调整，均衡点随之移到 E_C，由此决定的国防预算规模将大于和平时期，但小于战争时期。

2. 国防预算的边际分析

国防预算的边际分析如表 4－3 所示。

表 4－3　导弹收益表

导弹数	破坏目标	
	总收益	边际收益
100	50	50
200	75	25
300	87	12
400	93	6
500	96	3

从发射 100 个导弹到发射 500 个导弹，其总收益破坏目标为 96 个（假定预定破坏目标为 100 个），但在边际收益递减规律的作用下，每发射 100 个导弹的边际收益却是递减的。这样，当发射 400 个导弹，已破坏目标 93 个，是否还有必要继续发射 100 个导弹去破坏 3 个目标就需要慎重考虑。在这里，发射 400 个导弹，破坏 93 个目标显然是最佳选择。这是因为发射 300 个导弹，敌方未受破坏的目标还有 10% 以上（根据军事理论，当敌方目标不到 10% 时便没有反击能力），从而仍有相当大的威胁；而发射 500 个导弹又成本太高、收益低。一旦确定导弹发射数之后，国防预算的规模也就可以相对地确定了。

3. 博弈分析

以上两个方面的分析显然是在不考虑敌方反应的基础上进行的。但是，按照博弈论的观点，国防预算并不是一个单方面的决策过程，在有敌国存在的情况下，一个国家的国防开支的大小还取决于敌国国防开支的大小。在冷战时期，美苏两个超级大国之间的军备竞赛就是一个最典型的例子。从表 4－4 中可知，前苏联与美国两个局中人都有两个策略即扩军和裁军，它们之间有四种策略组合。当前苏联选择裁军，美国选择扩军时，均衡并不存在，因为这时前苏联会因害怕失去均势而重新选择扩军；相反，当美国选择裁军，前苏联扩军时，均衡也不可能出现，真正的均衡仍将出现在两个国家都选择扩军的场合，其结果是国防支出规模的增加。

表 4－4　美国与前苏联之间的博弈

		美国			
		裁		扩	
前苏联	裁	裁	裁	裁	扩
	扩	扩	裁	扩	扩

综上所述，一个国家预算规模的大小，不仅取决于人们的偏好和国防开支的边际效益，而且还取决于国家之间的博弈关系。

（六）国防支出的供给模式

按照市场参与程度的不同，可以将世界各国国防的供给模式分为政府主导型和政府主办型两类。政府主导型是指，政府负责对国防体系进行组织和管理，同时通过政府采购等方式对具体的国防科研工作和军事装备的生产交由私人部门予以完成的供给模式，美国即采用这种模式。政府主办型是指，不仅国防体系的建设、组织与管理由政府负责，而且国防科研与核心军事装备与设施也都是由政府的附属机构或者国有企业予以完成的国防供给模式。

政府主办型的模式，比较适用于战争时期以及国家安全受到严重威胁时采用。例如，第二次世界大战中，美国研制原子弹的“曼哈顿计划”就采用这种模式，使美国政府能在短时间内集中大量的人力、物力及时制造出原子弹，并且实现了计划过程中的高度保密性；又如，中国制造原子弹的计划也是采用这一模式。可见，这种模式的优点在于反应迅速、供给及时、保密性强。

但是，政府主办型供给模式也有缺点。由于生产者和供给者的唯一性，很容易产生公共选择理论中所提到的政府垄断现象，导致国防支出使用效率低下。对此，可以采用政府主导型供给模式进行纠正。通过引入竞争机制，政府主导型的供给模式可有效地降低供给成本，提高财政资金的使用效率。

（七）我国国防支出状况

我国政府一直奉行防御性国防战略。我国的国防政策主要是：

（1）巩固国防、抵抗侵略、制止武装颠覆。

（2）国防建设服从和服务于国家经济建设大局。

（3）坚持“人不犯我，我不犯人；人若犯我，我必犯人”的积极防御的军事战略方针。

（4）走中国特色的精兵之路，减少数量，提高质量。

（5）保护世界和平、反对侵略扩张行为。

这样的国防政策使得我国国防支出占财政总支出的比例除建国初期外一直比较低。尤其是改革开放以来，我国国防支出占财政支出的比重在不断下降。我国国防支出规模变化见表4－5。

表4－5　我国国防支出规模

时　期	国防支出（亿元）	国防支出占财政支出比重（%）	国防支出占GDP比重（%）
1950～1952年	138.5	38.2	
一五	314.8	23.8	6.7
二五	272.9	12.2	4.2
1963～1965年	226.0	19.1	5.1
三五	549.6	21.9	5.8

续表

时　期	国防支出（亿元）	国防支出占财政支出比重（%）	国防支出占 GDP 比重（%）
四五	750.1	19.1	5.6
五五	867.8	16.4	4.7
六五	893.7	11.9	2.8
七五	1170.2	9.1	1.6
八五	2321.4	9.5	1.2
九五	4751.3	8.3	1.2
2001 年	1442.04	7.63	1.32
2002 年	1707.78	7.74	1.42
2003 年	1907.87	7.74	1.40
2004 年	2200.01	7.72	1.38
2005 年	2474.96	7.29	1.35
2006 年	2979.38	7.37	1.40

资料来源：《中国财政年鉴（2007）》。

从表 4－5 可知，20 世纪 50 年代，尤其是 50 年代初期，新中国成立伊始，解放全中国和抗美援朝等军事行动对国防支出的影响使其占财政支出的比重较高。当时，第二次世界大战虽已结束，但战争的危险仍然存在，处在这样紧张的国际环境中，各国自然都要做好准备，军费支出自然居高不下。20 世纪 60 年代末期后，虽然局部战争仍然存在，但战争的危险毕竟日趋减少。因此，我国国防支出比重总的是在不断下降。

从国际比较来看，我国国防费的规模，无论是绝对规模还是相对规模，都是偏低的。表 4－6 是 2000 年我国与部分国家国防费的总额。

表 4－6　2000 年我国与部分国家国防费的总额

国家	国防费（亿美元）
美国	2911
英国	365
法国	303
日本	484
德国	227
中国	146

资料来源：《2000 年中国的国防》，载《解放军报》，2000 年 10 月 17 日。

从表 4－6 可知，2000 年我国国防费仅相当于美国国防费的 5%，英国国防费的 40%，法国国防费的 48%，德国国防费的 64%，日本国防费的 30%。

二、教育支出

（一）什么是教育支出

教育支出是政府用于教育事务的支出。主要包括教育行政管理、学前教育、小学教育、初中教育、普通高中教育、普通高等教育、初等职业教育、中专教育、技校教育、职业高中教育、高等职业教育、广播电视教育、留学生教育、特殊教育、干部继续教育等方面的支出。

（二）教育支出为何是财政支出的重要内容

教育是一种传播人类文明成果、科学知识和社会生活经验并培养人的社会活动，通常有广义和狭义两种概念。狭义的教育主要指学校教育，即根据一定的社会要求和受教育者发展的需要，有目的、有计划、有组织地对受教育者施加影响，以培养社会所需要的人才的活动。广义的教育泛指影响人们知识、技能、身心健康、思想品德的形成和发展的各种活动，是人类为了自身身心成熟及发展对思想、知识、文化进行选择和传播，是传递思想、知识、文化的一项人类自身再生产及文化再生产的文化活动。教育是伴随着人类社会的产生而产生的，并且随着社会的发展而发展，与人类社会共始终。作为人类社会特有的社会现象，教育具有多方面的功能，它以培养人作为总目标，可以保证人类延续、促进人类发展和社会发展。

从我国历史看，在相当长的一段时期里，教育一直是由私人提供和生产的。随着经济的发展，政府财政对教育的支持越来越大，其理论依据是：

1. 教育具有外部正效应

教育的外部正效应主要表现在以下三方面：

（1）有着良好教育的公民能使社会运行得更好，减少犯罪。

（2）多数人看书识字能有助于社会交流，教育提高人的素质，有助于经济发展。

（3）有利于增加受教育者对现存社会制度的认同感，从而有助于社会稳定。

2. 教育有助于公平

教育作为一种人力资本投资，显然受到每个家庭预算的约束，必然导致贫困家庭子女不能接受良好的教育，从而影响人与人之间在劳动力市场上的公平竞争，影响贫困家庭的收入，会使原有的收入差距继续下去甚至有所扩大。通过政府财政提供教育，有助于贫困家庭子女接受良好的教育，有助于社会收入分配的公平。

3. 资本市场的不完善

人力资本投资具有较大的风险，投资收益受到个人性格、机遇、健康等不确定因素的影响。因此，私人信贷机构一般不愿意为受教育者提供教育贷款，结果造成贫困的青年人无法接受充分的教育。因此，政府有必要通过免费、助学金、奖学金各种手段对贫困学生提供补助，使之顺利完成学业。

（三）财政教育支出的配置

财政教育支出的政策目标无非是这样两个：一是提高个人的生产率；二是增进社会公平。考虑到接受公开教育资助的个人可以分为有能力的与没有能力的两类，而使接受公开教育资助的家庭又可分为贫困的与富有的两类，这样就使公开教育支出配置成为一个比较复杂的问题，它可以有多种选择。

1. 对个人的配置

由图4－4可知，政府对个人接受教育给予资助时，大致可以有以下三种政策选择：

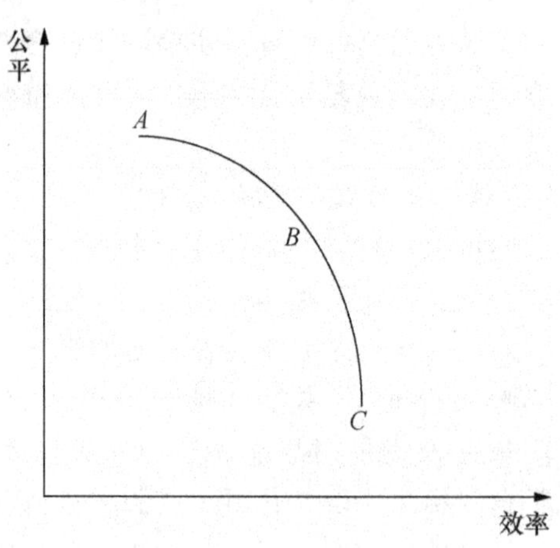

图4－4　教育在公平与效率之间的选择

（1）公平个人之间的生产率。这种情况发生在图中的A点，其政策含义是，应当把较多的公共教育支出用来帮助那些能力较差的个人，以便使他们在接受较高教育水平之后，能与那些有能力且较强的人具有相等的个人生产率。因此，这一政策有助于增进社会公平，这可从A点位于纵轴较高的位置上看出。但是，由于政府公共教育支出的对象是没有能力的人，所以会导致人力资本投资的收益趋于下降。因此，这种政策选择从经济上看将是低效率的，这可从A点在横轴上位于较低的位置上看出。

（2）公平分配公共教育支出。这种情况发生在图中的B点。在这一点上的政策含义是，政府按每人一份的原则，在有能力与无能力的个人之间公平分配公共教育支出。其结果是仅仅公平了投入，而没有公平产出，即没有能力的个人之生产率与有能力的个人之生产率仍然保持着原来的距离。但是，由于政府的公共教育支出现在有相当一部分已经投向有能力的人，所以投入回报增加，经济效率趋于提高。

（3）公共教育支出收益的极大化。这种情况发生在图中的C点上。在这一点的政策含义是，政府将公共教育支出全部投向于有能力的人，结果投入的回报是大大增加了，但由于没有能力的人与有能力人之间的生产率出现巨大差异，所以社会不公平的程度就加大了。

2. 对家庭的配置

政府对不同家庭进行公共教育支出资助时，根据图4－4，也有三种不同的政策选择：

（1）对低收入家庭进行公共教育支出的资助。这种情况发生在图中的A点上。从A点所处的位置看，这一政策显然有助于促进社会公平，并且也不是效率最低的。这是因为在贫困家庭中有许多天才，如果给予这些人以资助，投入的回报也将是很高的。

（2）对所有家庭公平分配教育支出。这种情况发生在图中的B点。

（3）公共教育支出收益的极大化。这种情况发生在图中的 C 点。其政策含义是，不管何种家庭，政府对基础教育都予以全部资助，而高等教育只给予贫困家庭中有能力的个人，这样可兼顾公平与效率，从而收到良好的政策效果。

（四）教育支出的方式

1. 一定程度的免费教育

一定程度的免费教育即政府财政对诸如基本义务教育全免费。

如图 4－5 所示，个人原来的预算线为 AB，无差异曲线为 I，个人的最佳选择点为 E，教育消费量为 OD。当政府提供一定程度的免费教育即 AC 时，个人的预算线为 ACF，无差异曲线为 I′，个人的最佳选择为 E′，教育消费量为 OD′。这种支出方式能够保证受教育者得到最基本的教育，有助于普及义务教育。

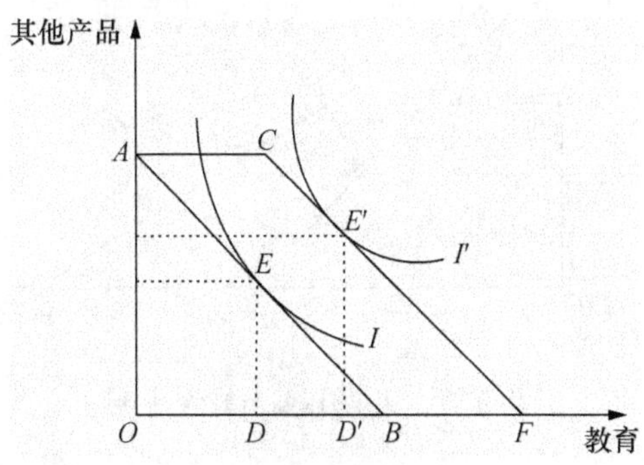

图 4－5　一定程度免费教育与个人教育消费

2. 收入补充

这种政策是指政府对低收入家庭以现金补助，通过提高低收入家庭收入以提高家庭对教育消费的支付能力。

如图 4－6 所示，家庭原来的预算线为 AB，无差异曲线为 I，对教育的消费量为 OD；收入补充后，家庭预算线为 CF，无差异曲线为 I′，对教育的消费量为 OD′，家庭教育消费量增加 DD′。可见，对低收入家庭给予补助有助于增加教育消费量，但这种方式不能保证家庭将补助收入不用于其他方面，很难保证家庭对教育消费量的增加。

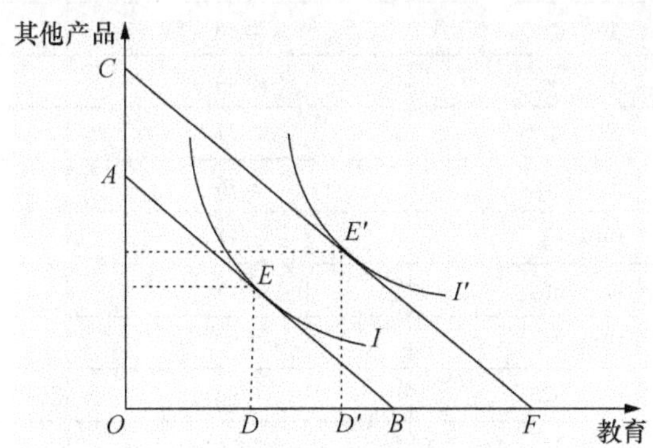

图 4－6　收入补充与教育消费

3. 价格补助

价格补助即政府对学校提供的教育给予补贴，从而降低学校向受教育者收取的学费。

如图 4 - 7 所示，价格补助后，预算线由 AB 变为 AC，个人的无差异曲线由 I 变为 I'，个人对教育的消费量由 OD 变为 OD'，家庭对教育的消费量便增加 DD'。这种方式有助于增加家庭对教育的消费量，但这种方式仅仅对补助后能够负担起低学费的家庭有利，对不能承担低学费的家庭没有影响。

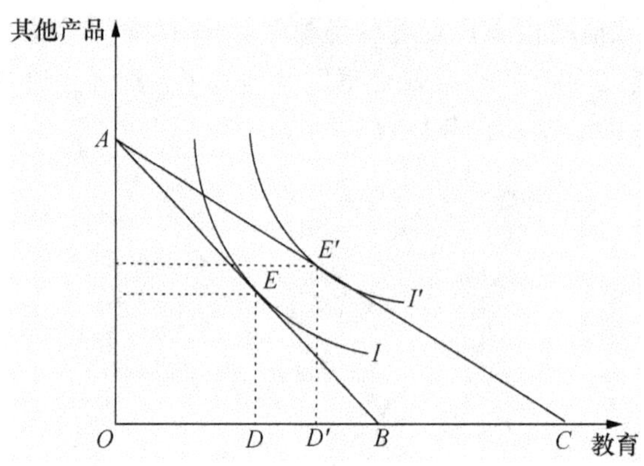

图 4 - 7　价格补助与教育消费

在上述三种方式中，如果政府的目标是普及义务教育，一定程度的免费教育能够保证达到政府所要达到的目标。

（五）我国财政用于教育支出的规模

从表 4 - 7 可知，我国教育支出的绝对规模在增加，但相对规模没有达到 1993 年中共中央、国务院联合印发的《中国教育改革发展纲要》规定的国家财政性教育经费占 GNP4% 的目标，与世界平均 4.6% 的水平相比，也有不小的差距。

表 4 - 7　1990 ~ 2006 年我国财政用于教育支出的规模

年份	9 年义务教育支出（亿元）	教育支出占 GDP 的比重（%）	占财政支出(不含债务)的比重(%)
1990	462.45	2.48	15
1991	532.39	2.44	15.72
1992	621.71	2.31	16.61
1993	754.90	2.14	16.26
1994	1018.78	2.11	17.59
1995	1196.65	1.97	17.54
1996	1415.71	1.99	17.84
1997	1545.82	1.96	16.74
1998	1726.30	2.05	15.99
1999	1927.32	2.15	14.61

续表

年份	9 年义务教育支出（亿元）	教育支出占 GDP 的比重（%）	占财政支出(不含债务)的比重(%)
2000	2179.52	2.20	13.72
2001	2636.84	2.40	13.95
2002	3105.99	2.58	14.08
2003	3351.32	2.47	13.60
2004	3851.10	2.41	13.52
2005	4531.30	2.46	13.35
2006	5411.59	2.57	13.39

资料来源：《中国财政年鉴（2007）》。由于世界各国的 GDP 和 GNP 的数字比较接近，故财政用于教育支出占 GDP 的比重与财政用于教育支出占 GNP 的比重有相似之处。

三、科学技术支出

（一）什么是科学技术支出

科学技术支出是政府动用财政资金对科技活动给予的支持和投入。按科技活动在社会经济中的地位和作用划分，科技活动可分为三个层次：

（1）研究与发展。这是指增加知识及应用这些知识而进行的系统性、创造性的工作，由基础研究、应用研究、实验发展三部分组成。

（2）科技成果转化与应用。这是指为将研究与开发活动的成果转化为现实的生产力而进行的系统性的技术活动，一般分为三个阶段，即设计与试制阶段、小批量试制（中间试验）阶段和工业适用性阶段。

（3）科技服务。这是指科学研究与实验开发有关的、有助于科技知识生产、传播和应用的活动。按照联合国教科文组织的规定，科技服务主要包括图书馆、档案馆、情报文献中心、计量、标准、统计、科技博物馆、动植物园、科技图书和期刊编译与出版、地质、天文、气象、专利、许可证、科技普及和咨询等方面的工作。

（二）科学技术支出的必要性

（1）在基础科学研究领域，科技活动具有明显的外部正效应。一般来说，在不考虑知识产权的前提下，基础科学研究属于一种典型的公共产品。一方面，基础科学研究的成果为全人类共同享有，体现了共同消费性特征；另一方面，科学成果一旦公开，则不能低成本地将受益范围予以局限，即无法实现排他。因此，政府作为公共产品的生产者，对基础科学进行财政投入责无旁贷。

（2）科学技术的应用研究，具有较明显的私人产品属性。私人部门的参与比较广泛，研究投入的比例也很大。但政府有必要介入涉及国家利益和国民经济发展的重大领域，以保证国家安全、促进国家综合国力的提高。

（3）在科技服务领域，因为其具有明显的正外部性，政府也应担当重要角色[①]。

---

① 金镝：《公共经济学》，大连理工大学出版社，2007 年版，第 293 页。

(三)我国的科学技术支出

从表4－8可知，1978～2006年，我国的科学技术支出的绝对规模在不断增加，但科学技术支出占财政总支出的比例不高。要把我国建设成为创新型国家，必须大力增加科学技术支出，提高我国自主创新的能力。

表4－8 我国的科学技术支出 单位：亿元

年份	科学技术支出总额	科学技术支出/国内生产总值(%)	科学技术支出/财政总支出(%)
1978	52.89	1.46	4.71
1980	64.59	1.43	5.26
1985	127.87	1.14	5.12
1990	139.12	0.75	4.51
1991	160.69	0.74	4.74
1992	189.26	0.71	5.06
1993	225.61	0.65	4.86
1994	268.25	0.57	4.63
1995	302.36	0.52	4.43
1996	348.63	0.51	4.39
1997	408.86	0.55	4.43
1998	438.60	0.56	4.06
1999	543.85	0.66	4.12
2000	575.62	0.64	3.62
2001	703.26	0.73	3.72
2002	813.22	0.78	3.70
2003	975.54	0.72	3.96
2004	1095.34	0.69	3.85
2005	1334.91	0.73	3.93
2006	1688.50	0.80	4.18

资料来源：《中国财政年鉴(2007)》。

四、公共卫生支出

(一)什么是公共卫生支出

公共卫生支出是指政府介入卫生产品市场，运用财政资金对于卫生产品和服务所给予的支持和投入。

(二)公共卫生支出的内容

在市场经济条件下，政府介入卫生市场的途径是多种多样的，从而公共卫生支出的内容也是多样的，主要归纳为以下几点：

1. 构建完善的公共卫生体系

公共卫生体系是由政府投资建设与管理的、向全体社会成员提供基本健康服务的基础设施和组织系统。公共卫生体系体现着卫生产品所具有的公共产品属性的一面。完善的公共卫生体系包括防疫与疾病控制体系、公共卫生应急体系、最低卫生需求保障体系、特殊卫生服务与保障体系、卫生宣传与教育体系和国际卫生合作体系等多个子系统。

防疫与疾病控制体系是预防重大流行疾病的发生，控制其传播与扩散的公共卫生基础设施。其作用在于对重大传染病、地区病和其他严重威胁公众健康的流行性疾病进行监测、预防，参与并指导医疗机构进行治疗。同时，还要对这些疾病发生的病原学和病理学的原因、流行规律、预防与治疗方案、应急方案进行调查和研究。

公共卫生应急体系是应对和处理重大公共卫生事件的组织体系。当重大公共卫生事件（如大范围中毒事件、严重的传染病暴发性流行等）发生时，为了尽可能地降低公民的健康损失，避免社会秩序失调，必须由政府负责组织协调各方面力量采取系统性的措施，对公共卫生应急事件进行处理。公共卫生应急体系包括紧急治疗体系、预备医疗资源体系和公共卫生事件调查体系。

最低卫生需求保障体系的功能是为没有支付能力的社会成员提供基本医疗卫生服务的公共卫生设施，以体现人道主义和社会关爱。

卫生宣传教育体系的主要目的在于传播与普及卫生知识，增强公民的健康意识，培养卫生服务专门人才。

国际卫生合作体系是各个国家或有关国际组织进行卫生医疗等方面交流与合作的桥梁与中介。

2. 医疗补贴

医疗补贴不为了实现社会公平的目标，对一部分特殊群体（如老年人、低收入者）和特殊领域（如医学研究）给予的医疗补助。

3. 对卫生市场实施监管

为了维护医疗服务消费者的权益，保障公民生命健康与医疗安全，解决私人卫生产品市场的严重失灵问题，政府对私人卫生产品市场进行监管是非常必要的。为此，政府卫生行政管理部门必须制定相关的卫生法规、医疗服务规范、医疗技术标准和药品技术标准，对医疗卫生服务机构进行资格认定、许可证准入、服务监督，对医疗卫生从业人员进行资质考核、颁发执照，并对医疗服务产品中产生的纠纷进行仲裁，同时，政府还要对药品和食品等与公众健康关系密切的产品生产进行监管。政府部门为实现对卫生产品市场进行有效监管，必须拥有完整的行政体系、先进的技术手段和完备的信息资源。这些条件的满足需要公共财政的支持①。

（三）政府对医疗卫生市场干预的原因

医疗卫生市场之所以需要政府参与，与医疗卫生市场的失灵有关。其主要原因包括：

① 金镝：《公共经济学》，大连理工大学出版社，2007 年版，第 293 页。

1. 医疗卫生市场的供求关系极为特殊

医疗卫生市场的特点之一就是，医生在医疗卫生市场的供求两方面同时起着决定性作用。即医生既是医疗卫生市场的供给者，同时又是医疗卫生市场的需求者。医生在医疗卫生市场中的这一特殊地位剥夺了病人在医疗卫生市场上的需求决定权，以致我们每天都可以看到，是医生们决定病人们所需要的药物、病人应该在家疗养还是住院治疗、住院的天数以及是否需要特殊的治疗等。对于医生的决定，病人通常是不敢违背的，因为病人通常不会拿自己的生命开玩笑。正是医疗卫生市场中的这种特殊的供求关系，导致了医疗卫生市场中供给曲线与需求曲线的重合，从而使其出现失灵现象，这种市场失灵现象使市场均衡点可以由医生随意决定，而这将导致低效率。

2. 患者的无知

医疗卫生市场失灵的第二个原因是患者的无知。病人对医疗服务的了解可能比他们花钱买的其他东西的了解都少。他们在购买别的物品时，往往可以到处逛逛、看看、试试，并且可以进行比较。但是，当他们购买保健服务时却不能按照这种方式进行选择。此外各种各样的消费者公告往往能够为消费者作出决策提供必要的信息，而关于医疗服务的质量问题几乎没有什么客观资源可供鉴别，医生们也很不愿意对其他医生的工作做出评价。最后，其他物品的价格是公开的，而保健服务的价格一直要到病人接到账单去进行结账时方才知晓，而此时他们的选择只能是要么付钱，要么拒绝治疗而等待病情的加重或死亡。所有这些表明，医疗卫生市场由于存在着极其严重的信息障碍而使其不能正常而有效地运转。

3. 外部性问题

医疗卫生市场的第三个特点是在于存在着严重的外部性问题。这种外部性问题最好例证是传染病的防治问题，治疗那些可能直接传染的疾病，不仅对病人有利，而且也可能使别人间接受益。但是反过来，当传染病患者不能得到及时治疗时，不仅其个人面临生命危险，而且对社会其他人也不利。正是出于这样的原因，政府应对这种疾病的防治予以支付，以克服这种外部性可能产生的负面影响。

4. 疾病的不可预测性

通过事先计划，个人和家庭都可以谨慎地确定他们所要购买的商品和服务的种类与数量。某些医疗和保健服务也可以像这样做出开支计划，尤其是在保健方面。但是大部分医疗和保健项目的支出是不可预测的，这是因为疾病的发生具有偶然性与突发性。再加上大部分人对自己的预期都是较为乐观的，因而不可能预先准备大量金钱用于治疗疾病。所以，如果没有政府的公共保健支付，就会有很多人因为缺少相应的支付能力，而在突发性的疾病面前面临死亡危险。

上述原因就需要政府对医疗卫生市场进行干预，从而需要财政安排相应的医疗卫生支出。

（四）我国的医疗卫生支出

从表4－9可知，我国的卫生总费用在总量上是增加的，但在卫生总费用中，政府承担的比例小，社会和个人承担的多。

表 4-9 我国的医疗卫生支出

年份	卫生费用（亿元）				卫生费用的构成（%）		
	卫生总费用	政府预算卫生支出	社会卫生支出	居民个人卫生支出	政府预算卫生支出	社会卫生支出	居民个人卫生支出
1998	3776.5	587.2	1006	2183.3	15.5	26.6	57.9
1999	4178.6	640.9	1064.6	2473.1	15.8	28.3	55.9
2000	4586.6	709.5	1171.9	2705.2	15.5	25.5	59.0
2001	5025.9	800.6	1211.4	3013.9	15.9	24.1	60.0
2002	5790.0	908.5	1539.4	3342.1	15.7	26.6	57.7
2003	6584.1	1116.9	1788.5	3678.7	17.0	27.2	55.8
2004	7590.6	1293.6	2225.4	4071.4	17.0	29.3	53.6
2005	8659.9	1552.5	2586.4	4521.0	17.9	29.9	52.2
2006	9843.3	1778.9	3210.9	4853.6	18.1	32.6	49.3

资料来源：《中国统计年鉴（2008）》。

五、投资性公共支出

（一）投资性公共支出的概念

投资性公共支出是指公共部门的投资支出，即政府对于以国家为主体的投资项目所安排的支出。

（二）投资性公共支出的特点

公共部门的投资不同于私人部门的投资。私人部门投资的主体，主要是具有独立经济利益和法人地位的个人或者企业；投资的目的在于追求利润最大化，并不过分顾及社会利益；资金的来源主要是依靠自身积累和社会融资，投资的规模往往受到多方面限制；投资项目的选择，大多侧重于投资资金回收期较短、见效快的短期融资项目。与私人投资支出相比，政府安排的投资性公共支出具有以下特点：

1. 政府财政投资的公共性和基础性

为弥补市场失灵所造成的缺陷，克服私人部门投资的局限性，政府投资首先是为全体居民和各类经济主体的生产和生活提供必需的社会性、基础性条件，为社会经济的发展创造条件。

2. 政府财政投资的开发性和战略性

对于某些新兴产业，高难度、高风险领域以及经济落后地区的开发等，都具有耗资大、时间长、风险高的特点，致使私人部门望而却步，市场机制对此无能为力，只能由政府投资加以解决。除此之外，政府投资可以对某些关系国计民生的重要企业、部门和行业（如军工、石油及石油化工、电力等）进行直接或间接投资，以加强国民经济发展中的薄弱环节，提高国民经济的整体素质。

3. 政府财政投资追求社会效益最大化

社会效益是政府投资的出发点和归宿。政府投资不可能也不应该把是否盈利和盈利高低作为进行投资的唯一目标，这是政府投资与私人投资的本质区别。当然，政府投资以追求社会效益最大化为目标，并不意味着政府投资可以不计工本、不讲效率，不注重成本—效益分析。

（三）投资性公共支出的必要性

（1）政府投资是克服市场在资金配置方面失灵的必要手段。对外部性很强、投资数额大、周期长、回收慢、无盈利或者低盈利的项目进行投资，对提高资源配置效率，起着十分重要的作用。

（2）政府投资是进行宏观调控、优化资源配置、促进国民经济持续协调发展的重要手段。政府投资项目可弥补国民经济发展中的薄弱环节，促进资源的优化配置和经济的协调发展。另外，政府通过参股、持股、控股等多种形式，可调整资源的流向，实现宏观调控的目标。

（3）在现代市场经济条件下，政府在教育、科研、文化、卫生等方面的投资，将对提高国民经济整体素质、推动科技进步、提高国民经济增长的质量和效率、实现又好又快地发展都具有积极的推动作用。

（四）投资性支出的领域

为了让财政投资支出充分发挥其弥补市场失灵、优化资源配置和促进经济稳定增长的作用，在我国目前与今后一段时期内财政投资支出的领域必须明确界定。而我国与西方国家不同，虽然最终公共财政条件下的财政投资支出领域都应是市场失灵领域，但西方国家是从市场调节走向政府干预，而我国是从政府干预走向市场调节。西方国家是政府进入某些领域问题，而我国是政府退出某些领域问题。我国财政投资支出的领域界定不能完全照搬西方理论，而应根据我国国情确定。当然随着我国市场经济体制的逐步完善，财政投资支出的领域也会变化。下面从财政投资支出的项目角度分析我国目前及今后一段时期财政投资支出的领域。

按照投资活动的性质不同，可以把投资项目划分为公益性投资项目、基础性投资项目和竞争性投资项目三大类。

公益性投资项目是指科学、文化、教育、卫生、体育、环境保护、广播电影电视等设施，公、检、法等政权设施，政府、社会团体、国防设施等项目。

基础性项目是指农、林、牧、渔、水利、气象等基础设施，能源工业、交通、邮电通信、城市公用设施等基础工业和基础设施项目以及一部分支柱产业项目。通常农、林、牧、渔、水利、气象设施、交通、邮电通信设施以及城市公共设施统称为基础设施，能源工业称为基础工业，因此，基础性项目包括基础工业和基础设施两部分。

竞争性投资项目是指工业（不含能源）、建筑业、商业、房地产开发业等盈利性投资建设项目。这里需要说明的是，支柱产业项目理应属于竞争性项目，但由于支柱产业项目的一部分属国家的幼稚产业或属于高新技术行业，在我国仍然属于市场失灵领域，仍需国家支持，因此，暂且把它们归入基础性项目。这三大类项目各有特点，并不是所有的项目都需要由财政投资支出。财政投资支出只应参与那些市场失灵的投资领域。

1. 公益性项目与财政投资支出的关系

公益性项目具有社会效益高而经济效益低的特点。它主要是满足社会公共需要，增进社会福利等非市场性的需求，即非谋求盈利。公益性项目不同于生产经营性的竞争性项目，它是政府为巩固国防、保障社会安全、满足人民物质和文化生活需要而投资建设的项目。公益性项目在社会经济发展中具有重要地位。

（1）科学技术是第一生产力，教育又是科学技术进步的基础，因此科学、教育设施的投资是科学教育事业发展的前提，学校、科研开发机构的设施建设是其基础。

（2）文化、卫生事业的发展与人民群众的生活息息相关，文化事业的发展是要满足人民的精神生活的需要，卫生事业的发展与人民的身体健康密切相关，是人民生活质量提高的标志。文化、卫生事业的发展，同样离不开博物馆、体育馆、医院等设施的建设。

（3）环境保护与灾害防治工程项目，比如污染治理、野生资源保护等工程项目对经济的发展、人民物质和文化生活水平的提高及社会福利的增长将产生深远影响。

（4）军事工程、城市消防和治安系统工程项目是国家安全、国家稳定的根本保证。

（5）政府机构、政权设施的建设是维护社会秩序的前提条件。

但公益性项目具有不同于其他项目的特点，主要表现为公益性项目的收益具有很大的外溢性，投资效益难以估算，都属于公共产品和准公共产品。在公益性项目的经济收支中，除了项目本身的直接收支外，还涉及间接收支的估算问题。同时，大部分公益性项目提供的产品和服务无法用货币计量，只能用产品和服务本身的效用表示。即公益性项目体现的主要是社会效益，经济效益是其次的。同时，公益性项目无论是社会效益还是经济效益都是难以准确估量的。因此，对其投资的职责自然在政府，必须由财政投资支出承担。

改革开放以来，我国公益性项目投资与建设取得了显著成就。无论是中央政府还是地方政府都十分重视公益性项目的投资，兴建了一大批科研、文化、卫生、教育、环保等设施。但在我国财政对公益性项目的投资支出中仍然有两个方面的问题可做进一步分析研究：一是财政投资用于公益性项目的结构问题；二是公益性项目中是否可以有一部分转让给民间投资，而不必全部由财政进行投资。

对于第一个问题，从我国的实际情况看，显然有一个内部结构需调整的问题。因为在我国的财政投资支出中，用于政府机构、政权设施的投资偏多，国防、科教文卫、环保等领域的设施投资偏少。而教育和科技投资本身又是技术进步的源泉，因此应适当增加财政投资支出中用于科学、教育等能促进经济增长的公益性项目的投资比重，而减少政府机构、政权设施等的投资比重，使我国有限的财政投资支出发挥更大的作用。并且在某一些类别如教育设施领域内部也应进行结构调整，因为目前实际中也存在结构不合理。其中用于义务教育领域的财政投资偏少，许多地区的中小学教育设施十分落后，甚至有不少地区的中小学校舍还是危房，已影响到了义务教育事业的发展。而用于非义务教育设施投资相对偏多，因此也需进行调整。

对于第二个问题，因为公益性项目中的具体项目之间也存在一定的差异，虽然都属于公共产品，但其纯度不同。纯度最高的是国防设施，因此必须由财政投资安排。但教育、卫生、文化设施等公益性项目的纯度低于国防，虽然也主要应由财政投资支出安排，但这类项目可以再进一步区分为非盈利性的公益性项目和具有一定盈利性的公益性项目。如教育，基础教育产生的外部效应最大，应该是非盈利性的，更迫切需要政府的投资支出；而某些成人教育、高等教育产生的外部效益相对较小，就可以有一定的盈利性。对于有一定盈利性的公益性项目，可以适当鼓励民间资本进行辅助性投资，政府对这类有一定盈利性的公益性项目制定相关的政策，给予政策扶持，这样做可以在一定程度上减轻政府的投资负担，又有利于那些长期发展困难的公益性事业能有一个突破。

2. 基础性项目与财政投资支出的关系

基础性项目投资建设不仅与生产发展有关，也与人民生活质量的提高有关。在我国，基础性项目提供的产品和服务还不能完全满足社会生产生活的需要，已成为制约经济增长和人民生活水平提高的瓶颈。之所以会如此，主要与基础性项目的特点有关。

（1）基础性项目的特点：

A. 资金需求量大。无论是交通运输设施的建设，还是邮电通信设施的建设以及水利工程设施的建设，由于技术经济上的原因，只有达到一定的规模才会有真正的效益，它是规模经济规律的客观要求。因此通常所需的投资较大。

B. 产品（或服务）的需求量大但替代性小。基础性项目所提供的产品（或服务）几乎面向所有的生产部门和消费部门，产品（或服务）的消费需求量大，特别是随着生产的发展，人民生活水平的提高，对基础性项目所提供的产品或服务的需求量将越来越大。但基础性项目与一般竞争性项目不同，特别是能源、交通、通信等基础产业或基础设施提供的产品或服务，其替代性很小。当供不应求时，很难用其他产品来替代。而且，基础性项目的大部分也不能通过进口来替代，如水利设施、能源中的电力以及交通运输业等是根本不可能通过进口来取得的，因此，一个国家的基础性项目只能在本国内投资解决。

C. 兼有经济效益和社会效益。公益性项目主要体现在社会效益上，竞争性项目主要体现在经济效益上，而基础性项目介于两者之间，除部分支柱产业的基础性项目经济效益十分明显外，其余的基础性项目的直接经济效益并不十分明显，相反社会效益比较明显，具有较强的社会性。

D. 投资建设周期长。与其他项目相比，基础性项目的投资建设期较长。从生产能力形成的周期看，基础性项目投资的建设周期一般为5~8年，有的甚至更长；而一般竞争性项目的建设周期只有2~3年。基础性项目是一般竞争性项目建设的前提条件，如果没有基础性项目的投资，如交通、运输、能源等产品或服务的提供，其他项目的建设也就失去了基础。因此，基础性项目应超前投资，即基础性项目的建设应在其他项目的建设之前先期形成，例如，在某一地域建设一个工业区，如能源、交通、通信等已先期形成，这就为后期的生产建设提供了重要条件。

E. 投资回收期长。由于基础性项目的经济效益的外溢性，其本身从产品的销售和服务收费中获得补偿较少，因此通常其投资回收期较长。而且考虑到基础项目服务整个国民经济的特殊性，尤其其产品或服务的提供还与人民生活水平直接相关，虽然其产品（或服务）具有垄断性，但其产品价格和收费标准也不能完全按照市场经济规律，完全由供求状况决定。基础性项目，尤其是基础设施项目其产品价格和服务收费不可能很高，因此其项目投资回收期必然较长，相应投资风险也较大。

从以上基础性项目的特点中可以看出，基础性项目也是市场失灵的领域，显然必须由政府通过财政投资支出提供。但也正是由于基础性项目的特点，全部由政府提供也是不现实的，私人部门也有可能参与基础性项目的投资。政府与私人都应在基础性项目投资中发挥作用，单靠任何其中的一方都是不完整的。

一项对发展中国家的抽样调查显示，基础设施投资通常要占一国总投资的20%，占政府投资的40% ~60%。许多发展中国家的政府部门传统上在所有基础设施服务的提供和融资上都发挥了决定性的作用。我国也是如此。然而，随着科学技术的进步、市场管理手段的不断发展完善，潜在的市场缺陷以及与此相联系的需要财政投资支出的理论依据在基础设施的不同部门之间差别很大。从基础性项目的产业构成中可以看出，基础性项目涉及很多的产业领域，尤其是基础设施项目还包括许多小类。如城市公共设施包括了城市自来水供应、煤气供应、电力供应、液化石油气供应，等等。从某种特定意义来看，大多数基础设施具有排他性，能否使用这些设施取决于用户是否能够进入这些设施和网络。事实上，出现于电信和电力部门的新技术，已经为私人主体参与这些部门的投资提供了新的可能。特别是，技术进步正在为竞争创造新的机遇，并且正在削弱一些基础设施部门内的规模经济。而正是这种规模经济为必须由政府投资的国家垄断提供了重要的理论依据。在电信部门，卫星和微波通信已经取代了原来的长途电话网络；移动电话正在威胁甚至替代了原来的地方交换系统。这两项变化正在渐渐改变政府部门电话网络的垄断地位，使在电信部门中引进竞争成为现实。在基础设施的许多领域，一些原本无法像私人产品那样定价的公共产品、准公共产品，对其定价已变得不但可能，而且也可行了。

不同的基础设施项目可根据各小类项目的特点分别由政府与私人承担。应充分发挥政府和私人两种投资主体各自的作用。凡是私人投资主体能承担的基础设施投资领域，政府投资主体应尽量退出。但对许多发展中国家来说，大多数道路仍将作为公共产品或准公共产品由政府提供，因为发展中国家目前国内的私人资本规模还较小，还无力承担这些资金需求量大的道路建设，但对于一些资金需求量不是很大的基础设施如桥梁等可引入私人投资。

从我国的情况看，20世纪90年代以来，基础设施一直是我国政府主动进行产业结构调整中重点投资的领域，特别是1998年以来，国家实行积极的财政政策，增发国债，主要都投资于基础设施领域，不仅促使社会城乡基础设施建设取得新的进展，而且对于扩大内需，拉动经济增长也起到了至关重要的作用。但今后还应引导私人资本进入基础设施项目领域，随着我国私人资本规模的逐步扩大，这也将是必然的趋势。

（2）我国财政用于基础性项目投资的重点领域。

A. 基础设施。必须看到，当前我国的基础设施整体水平依然不高。尤其是农村的水、电、路等基础设施状况还十分落后；我国的交通运输也仍然处于比较落后的状态，路网规模小，技术装备落后。在铁路密度、复线率、电气化率、行车速度和集装箱、冷藏箱等现代化运输手段方面与国外相比仍有很大差距。我国的公路建设无论是数量、质量都存在欠缺，尤其是西部地区。我国至今还没有一条贯穿南北和东西向的高等级公路，区域性高速公路建设也刚刚起步。城市公用设施也不能很好地满足生产、生活需要。农业水利设施严重失修，大江大河得不到有效治理，农业抗灾能力下降，水土流失严重，农业生态环境恶化。而基础设施是国民经济的重要组成部分，又是市场失灵的领域，因此基础设施建设应当成为今后一段时期政府财政投资支出的一个重点领域。

B. 支柱产业。虽然我国的支柱产业已经有了长足发展，但现状仍不容乐观。主要问题是技术创新不够。我国的支柱产业主要有：机械工业、电子工业、汽车工业、石油工业和化学工业及建筑业。其中机械、电子、石化和汽车工业均属于技术密集型行业，产品的竞争实际上是技术开发能力的竞争。我国的机电、石化和汽车工业的总体技术水平比工业发达国家要落后15~20年。产品的设计和制造工艺落后、技术装备陈旧，对引进技术的消化吸收能力差，技术创新更是谈不上。因此，虽然这些项目从性质上说应属于竞争性项目，应完全由市场进行资源配置，政府不应介入。但考虑到我国民间投资主体在资金、技术力量上的现状，我国财政投资支出还应有重点地对某些支柱产业项目择优投资。但投资的方式不应是基本建设投资这种外延型的投资方式，而应是用于企业的技术改造和技术创新的内涵型的投资方式。并且随着这些支柱产业逐步走向成熟，民间资本的规模不断扩大，财政投资支出也应逐渐减少甚至取消。这一领域的财政投资支出是由我国现阶段的国情所决定的，也是与西方国家很不相同的一个领域。

C. 高新技术产业。由于高新技术产业的高风险特征，使其也成为市场失灵的一个领域，显然也需要政府介入。同样高新技术产业领域提供的产品基本上属私人产品，但对于尚处于起步阶段的市场经济国家，私人经济部门的实力还比较薄弱，这一领域也是属于市场不完全的领域，政府介入的原因与支柱产业领域需政府介入的原因基本相同。只是政府财政投资支出的重点并不一定全是直接用于高新技术企业的固定资产投资上，还可以通过财政增加对科技投资的支出，间接地促进我国高新技术产业发展。

3. 竞争性项目与财政投资支出的关系

从竞争性项目的产业构成中可以看出，竞争性项目都是一些在经营上具有很强的竞争性，投资效益具有显著的排他性，提供的都是私人产品的产业领域，不属于市场失灵的领域。因此，它不属于财政投资支出的范围。

（五）政府投资性支出的内容

1. 基本建设支出

（1）基本建设支出。它是政府财政用于固定资产扩大再生产和简单再生产的支出，是政府投资的主要内容之一。

（2）基本建设支出的分类。为了加强对基本建设支出的监督和管理，可以从不同角度对基本建设支出进行分类。

A. 按基本建设支出的费用构成，可以将其划分为三大类：一是建筑安装工程费用，包括建筑工程费用和设备安装费用。二是设备、工具、器具购置费。三是其他基本建设费，包括土地购置费、青苗补偿费、原有建筑物拆迁费、建设单位管理费、生产人员培训费。

这种分类方法，反映了基本建设投资的具体内容，便于正确安排基建投资与所需物资之间的关系。同时，也为建设单位编制基本建设预算，确定工程造价，进行经济核算提供依据。

B. 按基本建设投资的规模或所形成的生产能力划分，可以将其划分为大型、中型、小型投资项目三大类。这种划分方法便于国家对基本建设项目实行分级审核管理，也有利于合理利用各地自然资源与社会资源，形成合理的生产力布局。

C. 按基本建设项目的性质，可以将其划分为新建项目投资、扩建项目投资、改建项目投资和重建项目投资四类。这种分类方法，对于国家确定投资重点、制定投资政策、比较投资效果和选择投资方案具有重要意义。

D. 按基本建设投资的最终用途划分，可以将其划分为购买生产资料的资金支出与购买消费资源的资金支出两大类。前者主要用于购买建筑材料、设备器具等方面的费用；后者主要是指建设单位管理费用、人员培训费用以及建筑安装过程中所消耗的生活资料费用等。

2. 农业财政投资

（1）农业财政投资。它是指财政用于扶持、发展农业方面的支出。

（2）农业财政投资的特点。一是以立法形式规定财政对农业的投资规模和环节，使农业财政投资具有相对稳定性；二是农业财政投资的范围，主要集中在以水利为核心的农业基础设施建设、农业科技推广、农村教育和培训等领域；三是农业财政投资虽然很重要，但是一般农业投资总量占财政支出的比例较低。

（六）财政投资支出的方式

既然公共产品造成市场机制在其供给方面的失灵，政府介入就成为一种必然的需要。政府的主要职责就是提供社会所需要的公共产品、准公共产品。但是政府介入和干预公共产品的提供绝不等于政府自己投资生产全部的公共产品，更不等于完全取代公共产品特别是准公共产品的市场提供。因此，财政投资支出也可以有多种方式，可以有直接投资方式、间接投资方式、财政补贴方式等。不同财政投资方式可运用于不同的政府投资项目，这是由公共投资项目各自的特点所决定的。

1. 直接投资方式

直接投资方式是按照政企分开的原则，中央政府和地方政府作为投资主体通过参股、控股等形式直接参与重大基础设施和能源工业项目及部分支柱产业项目、高新技术项目的决策、实施和正常的经营管理。直接投资方式主要是股权投资方式。股权投资是由代表政府的开发投资公司进行直接投资，拥有企业相应的股份，从而对企业大政方针及发展起一定程度的操纵作用。采用这种资金应用方式的最大好处在于：政府通过对某些产业和部门实施倾斜式的、有重点的甚至是超前性的投资，可以实现政府对全社会资源配置的调控性职能，促使社会经济的腾飞。

2. 间接投资方式

从项目角度看，财政间接投资方式可以有两种：

（1）对公益性项目采取无偿拨款的方式。公益性项目投资基本上不能形成直接的经济效益，只能靠国家无偿拨给行政、事业等建设单位资金用于完成其计划年度的基本建设工作量，这对政府而言，是一种无偿投资形式，而且政府也只充当间接投资主体。这里的直接投资主体是行政、事业单位。

（2）有偿贷款方式。贷款方式是财政投资资金使用的一种重要方式。这是因为：第一，贷款方式具有较大的灵活性和便利性，政府可以在申报的符合政策意图的项目中优中选优，资金发放以后又不涉及或较少涉及具体的投资过程和项目建成后的操作与管理。第二，贷款是有偿的，都是以偿还为基本条件的。这样做，既可以保证财政投资资金的回流与周转使用，又可使资金使用的效益得到保障。因此，政府可以对直接参与基础性项目投资的非政府建设单位采取有偿投资，即以贷款的形式进行投资。这里政府同样是间接投资主体。

3. 财政补贴方式

财政补贴方式包括财政贴息和对西部地区企业实行适度的投资补贴。

（1）财政贴息。财政贴息是用有限的财政资金的投入以创造更多需求的有效办法。因为财政贴息支持的投资项目都应是国家的重点项目，如基础设施项目、高新技术项目、支柱产业项目，可以为将来的经济增长注入新的活力。同时，通过财政贴息可以拉动银行贷款和企业的配套投入，并且主要用于这些企业的技术改造。在当前这种方式比财政直接投资能取得更大的乘数效应。

（2）投资补贴。对西部地区企业实行适度的财政补贴就是通过中央政府的补贴将西部欠发达地区的资本利润率提高到接近全国的平均水平。从一些发达市场经济国家的经验看，中央政府对落后地区的援助大都采取投资补贴的形式。例如，美国联邦政府为支持落后地区的经济发展，对在经济开发区投资且符合条件的项目提供大约 1/3 的技术补助。荷兰政府为鼓励工商业扩散到兰斯塔德大城市区以外的地区，对在北部和南部地区扩建的工商企业提供 10% ~30% 的奖励金。英国政府则对落后地区实行多种形式的资金补贴。

第四节　转移性支出

一、社会保障支出

（一）社会保障支出的概念

社会保障支出是指国家财政对丧失劳动能力、失去就业机会，以及其他遇到事故而面临经济困难的社会成员提高基本生活保障的支出。

社会保障支出是与社会保障制度联系在一起的，各国的社会保障制度不同，相应的社会保障支出安排也就存在较大差别。但是，在现代社会下的任何社会制度的任何国家，社会保障支出都是社会公共需要的重要组成部分。在人类社会延续和发展的长河中，随着社会生产力的不断提高和物质财富的不断增加，个人的生活质量在不断提高，相应的社会公共需要的内涵和范围也必然在不断扩大，以满足社会成员的多方面需要，保证有一个安定的社会环境。劳动者除了应享有付出一份劳动得到一份报酬的权利之外，当他们因种种社会的甚至是个人的原因不能就业或暂时不能就业时，还应享有一份能满足自己及其赡养家庭人口最低生活需要收入的权利；劳动者在进行工作时，需要劳动保护；劳动者可能生病、受伤、残废乃至死亡，发生这些情况时，需要医疗、护理、照顾或者善后；劳动者退出劳动大军后，有权得到社会的照顾，安度晚年；如此等等，都属于必须由政府和社会组织安排的社会保障的范围。补助急难，是任何社会都有过的社会抚恤措施，但若不是系统而规则地实施，便不成为社会保障制度。

（二）社会保障的产生与发展

对个人基本生存权的保障，以及社会成员之间相互救济，是社会保障所体现的基本理念。这种理念的萌芽很早就存在于人类社会。但是在资本主义社会之前，它较多地表现为亲属之间、共同体内部之间的相互救济行为。

随着资本主义制度的建立和产业结构的变化，亲属之间、共同体内部之间的相互救济功能逐步弱化。而且现代经济制度还造成了大量新的贫困者。资本主义社会发展经历了很长时间之后，人们终于认识到，失业、工残等许多造成人们生活无保障的原因之一是由于社会变化所产生的社会性风险。从17世纪初期英国政府实施的《救贫法》表明，国家在承担这种风险的责任，保证人的基本生存权问题上迈出了第一步。

德国《疾病保险法》（1883年）、《工业伤害保险》（1884年）以及《老年及残废保险》（1889年）等社会保险法的颁布，标志着国家用强制手段来实现人们以相互救济的形式保障其基本生活理念的诞生。当时，面对德国社会民主党领导下的工人运动，以铁血首相俾斯麦为首的德国政府，采取"胡萝卜加大棒"的政策，在对工人运动进行残酷镇压的同时，又先后颁布了以上各种社会保险法律，并由政府财政拨发给补助金，让工人参加社会保险。社会保险制度的雏形可以说由此而形成。

社会保障，作为一个名词概念，正式出现是在20世纪30年代大危机中的美国。1933年罗斯福就任总统之后，面对深刻的社会经济问题，他竭力推行包括保障贫困者生活政策在内的"新政"，并促成审议、通过了《社会保障法》。这是世界上第一部以社会保障为名称的法律，社会保障这一概念也由此而诞生。

1942年贝弗里奇接受丘吉尔的委托，完成并发表了《社会保险以及有关服务》的报告，其中心思想是强调全体国民应该享有同一的最低生活保障。他认为只有具备最低生活保障，才能使个人的自由得到最大的发挥。同时，他还在报告中提出了社会保障制度的体系由社会保险和社会救助两个部分组成的构想。贝弗里奇报告提出的基本观点不仅对英国，而且对其他许多国家社会保障制度的形成和发展，都起着决定性作用。

（三）政府参与社会保障制度建设的原因

所谓社会保障制度，是指由法律规定的，按照某种规定的规则实施的社会保障政策和措施体系。政府参与社会保障制度建设的原因如下：

1. 市场调节难以消除收入分配的不公

市场体系给予人们的报酬是以人们所做出的贡献为标准的，由于人们拥有生产要素的数量和质量的不同，取得的收入也会有很大的差异；另外，每个人在自己的一生中都存在着各种各样的风险，如失业的可能性、提前退休的可能性、出现伤残的可能性、患重大疾病的可能性、发生意外事故的可能性等。一旦这些可能性变为现实，当事人就会出现生活困难，甚至陷入贫困。因此，政府安排社会保障支出有助于解决收入分配不公。

2. 保险被看作是一个优值品

市场经济中人们是否参与商业保险完全取决于个人意愿，有些人愿意投保以防不测，也有些人抱侥幸心理不愿投保。倘若未投保者真的遇到不幸，社会又不得不为他们提供基本的生活条件，从而造成"理性预期者"去补贴"掉以轻心者"的局面，这是不公平的。因此，政府有必要强制地要求每个社会成员将一部分收入存入社会保险基金。

3. 保险市场存在因信息不对称所导致的"道德风险"和"逆向选择"问题

以医疗卫生市场为例，所谓逆向选择，是指人们对自身健康状况的了解胜过保险公司，那些认为自己身体好的人不愿投保，而那些身体不好的人纷纷投保，从而使保险公司的平均成本提高，迫使保险公司提高保费，进而使上述问题加剧。所谓道德风险，是指人们在投保后会忽视保健，从而加大生病的概率，增加保险公司的经营风险。

4. 有助于促进经济稳定

由于受多种原因的影响，经济运行具有周期性，社会保障支出有助于经济稳定。这是因为在经济萧条阶段，失业者、贫困者大量增加，失业保险支出和救济支出的增加有助于增加社会的有效需求，从而刺激经济回升；在经济繁荣时期，失业者、贫困者减少，失业保险支出和社会救济支出也减少，从而有助于抑制经济过热。从这个意义上讲，社会保障支出具有“自动稳定器”的作用。

（四）我国的社会保障制度

1. 我国社会保障制度概况

我国的社会保障制度，是在中华人民共和国成立之后逐步建立起来的。在改革开放之前，内容上除了没有失业保险之外，目前社会保障制度所包括的项目基本上都已存在，但是在性质和形式上，与西方国家有着很大区别。在传统体制下，我国的社会保障体系事实上被分为两大块。集体所有制单位是一块，其资金来源于集体经营的提留，以公积金和公益金等形式存在着，其保障对象只限于集体的成员。国有制单位是另外一块。国有制单位的社会保障，虽然从形式上看资金是来自一个一个国有制单位，但在国家对国有企业实行统收统支的大背景下，这一块社会保障体系的资金事实上无区别地取自全体国有企业和单位，并无区别地适用于全体在国有制企业和单位中就业的人员。除此之外，财政还面向全社会提供社会保障，但是，社会保障项目只有抚恤支出、社会福利救济费和自然灾害救济费三种，支出的金额也不多，大多数年份不到财政支出的2%。这样看来，从严格的社会意义来看，主要是在国有制单位就业的职工得到了社会保障，也就是说社会保障制度是同就业制度联系在一起的。只要在国有制企业和单位谋得了一份职业，便意味着获得了一系列社会保障，凡生老病死、伤残孤寡、衣食住行、工作学习都有人过问。随着市场经济体制改革步伐的加快，各项改革都尖锐地触及社会保障问题。下岗、失业和离退休人员在增加，人口老龄化趋势在加快，居民收入差距在拉大，公费医疗的浪费与低下，等等。总之，经济改革的深化，把建立一个社会化的社会保障体系的任务，急切地推上了改革的日程。

2. 我国社会保障制度的内容

我国目前的社会保障制度由四个方面的内容构成，即社会保险、社会救济、社会福利和社会优抚。

（1）社会保险。是社会保障制度的核心，由五项组成，即养老保险、失业保险、医疗保险、工伤保险和生育保险。以前三项为主，其中养老保险又是最重要的。

A. 养老保险。是指由政府立法确定的社会劳动者在年老失去劳动能力和退出劳动岗位时享有退休养老权利，并依靠政府、企业和个人共同出资建立养老保险基金，以维持基本生活而建立的一般社会保险制度。

我国目前的养老保险主要由城镇职工基本养老保险和新型农村养老保险所组成。

B. 失业保险。是指根据国家法规，通过对国家、企事业单位和个人等渠道筹资，建立失业保险基金，在劳动者失业时给予失业救济以保障其最基本生活需要的社会保障制度。失业一般是指既具有劳动能力、又有就业要求的人员在劳动年龄内不能就业的状况。构成失业有以下几个条件：一是劳动年龄内；二是具有劳动能力；三是有就业愿望；四是在一定时期内没有找到工作。那些由于患有严重残疾或者丧失劳动能力的人、未到或超过劳动年龄没有就业者、为就学而暂时未就业或自愿从事家务劳动者等，都不属于失业范围。

失业保险制度在我国起步于1986年颁布的《国营企业职工实行待业保险暂行规定》，1993年国务院颁布的《国有企业待业保险规定》进一步完善了失业保险制度。我国现行失业保险制度的基本规定是：第一，企业缴纳失业保险费，从1998年开始，企业按本单位职工工资总额的3%向社会保险机构缴纳失业保险费。第二，失业保险金按当地社会救济金的120%～150%按月发放；失业者从社会保险机构领取失业保险金的最长期限为两年，超过两年仍然没有重新就业的，可根据当地的具体规定转入社会救济。

C. 医疗保险。是为补偿劳动者因疾病风险造成的经济损失而建立的一项社会保险制度。通过用人单位和个人缴费，建立医疗保险基金，参保人员患病就诊发生医疗费用后，由医疗保险机构给予一定补偿。

我国目前的医疗保险主要包括城镇职工基本医疗保险和城镇居民基本医疗保险。

D. 工伤保险。是对工伤事故和职业病的保险。它是对因工作遭受事故损害或患职业病的职工获得的医疗救治和经济补偿。其目的是促进工伤预防和职业康复，分散用人单位的用工风险。

E. 生育保险。是通过国家立法，对因生育子女而暂时中断劳动的女职工由国家和社会及时给予生活保障和物质帮助的一项社会保险制度。其目的是均衡企业间生育保险费用的分担，维护女职工的合法权益，保障女职工生育期间的基本生活和医疗需求，促进妇女平等就业。

（2）社会救济。是社会保障的原始形式，它是指国家和社会按照法定标准，向不能维持最低生活水平的社会成员无偿提供资金或实物保障，以满足其最基本的生活需要的制度。

我国目前社会救济体系主要由三部分构成：第一，城乡困难户救济，即政府在城乡建立的最低生活保障制度。第二，农村五保户救济，即政府向农村中的五保户（保吃、穿、住、医、葬的孤寡老人和残疾人）提供的资助。第三，灾民救济，即政府向遭受严重自然灾害而陷入生活困境的城乡居民提供的资助。

（3）社会福利是一个内涵非常复杂的概念。不同国家对这一概念的理解也各不相同。在英国它是一个包含所得保障（狭义的社会保障）、国民健康服务、个别社会服务、住宅、教育、雇用等内容的概念；而在美国它指的是社会保障制度中的一项内容，特指由税收负担的社会福利，如以母子家庭为对象的扶助等。

在我国，社会福利是狭义的社会福利，指对特定的社会成员的优待和提供的福利。社会福利体系主要包括社会福利事业（如政府举办社会福利院、精神病院、儿童福利院等）、残疾人劳动就业和社区服务等，主要是对孤老残幼等有特殊困难的社会成员进行基本生活保障。

（4）社会优抚是社会保障制度中的一个重要组成部分。它是国家以法律形式，通过政府行为，对社会有特殊贡献者及其家属实行的具有褒扬和优待性质的社会保障措施。社会优抚制度与其他社会保障的不同之处在于其保障对象的特殊性，它是针对特殊社会成员所实行的优待抚恤。社会优抚对象是具有特殊贡献的那一部分人，具体包括：①革命伤残人员；②复员退伍军人；③革命烈士家属；④病故军人家属；⑤现役军人家属，指现役军人和实现义务兵役制的人民警察的家属。另外，对家属的界定，我国规定是军人（包括非军人的革命烈士）的父母、配偶、子女、依靠军人生活的18岁以下的弟妹，军人曾依靠其抚养长大而后又依靠军人生活的其他亲属。

相对于其他保障对象而言，优抚对象对国家和社会的贡献和牺牲较大，因此国家对他们所实施的保障标准比较高，保证其生活水准不低于一般保障对象的平均水平。

3. 我国社会保障制度存在的主要问题

改革开放以来，我国的社会保障制度改革取得了较大成绩，但还存在许多问题。从目前情况看，我国社会保障制度还存在以下问题：

（1）覆盖面不广、社会化程度低。社会保障覆盖面直接影响到社会保障制度的适用范围，它关系到社会成员有多少人能够直接享受到社会保障权利，关系到社会保障制度的作用能否得到充分发挥。目前，我国社会保障的覆盖面还比较低。覆盖对象主要是部分城镇就业职工，广大乡镇企业职工、进城农民工、城镇私营企业职工及许多灵活就业人员大多没有参加社会保险，这有悖于社会保障的性质，也不符合社会主义市场经济的要求。

（2）社会保障立法滞后。综观世界各国社会保障制度建立和发展的历史，无一例外不是立法在先。然而，我国直到目前为止尚无一部综合性的社会保障法律。法制不健全给社会保障制度改革带来严重的消极影响：一是基金收缴没有法律作为后盾，导致基金收缴困难，职工的基本社会保障权利得不到保障；二是导致社会保障基金的运用存在一定的随意性。

（3）社会保障统筹层次低、基金保值增值能力差。现行社会保障统筹由各地分散进行，少数地方实行了省级统筹，大多数地区由市县统筹，基金抗风险能力差。另外，我国的社会保障采用了部分基金制，在运作过程中，国家规定80%以上必须用于购买政府债券，由于投资渠道单一，又缺乏有效的管理，使得资金的运作效益差，基金无法实现保值和增值功能。

（4）农村社会保障问题日益突出。长期以来，农村社会保障严重缺失，使广大农民缺少社会保障。虽然近年来在农村建立了新型农村合作医疗和农村居民最低生活保障制度，有些地区还建立了新型农村养老保险，但与城镇相比，社会保障供给严重不足，迫切需要建立健全农村社会保障制度。

二、财政补贴支出

（一）财政补贴的概念

经济学家通常用相对价格的变动来解释财政补贴支出的概念。如英国著名财政学家普雷斯特对其下的定义是：“直接影响广义的私人部门的相对价格的政府支出。”据此可以认为政府支出就是财政部门支付给企业和个人，能够改变生产要素或产品相对价格的无偿支出①。

① 朱伯铭：《公共经济学》，高等教育出版社，2007年版，第143页。

（二）财政补贴的分类

1. 根据国家预算科目的规定，我国的财政补贴主要分为企业政策性补贴、事业单位补贴、财政贴息、其他对企事业单位的补贴四类

企业政策性补贴是指企业因政策性原因造成亏损，财政部门为了弥补企业的损失，确保企业正常运营而给予企业的补贴。

事业单位补贴是财政对于一些收费过低的事业单位给予的补贴。

财政贴息是政府财政对国家重点支持的企业和项目给予的贷款利息补助，这是一种比较隐蔽的财政补贴，是政府财政支持某些企业或项目的发展，帮助其承担市场风险的一种举措。

其他对企事业单位的补贴，是反映除上述项目以外其他对企事业单位的补贴支出。

2. 根据补贴方式的差异，将财政补贴分为明补和暗补

所谓明补，是指政府以现金形式直接将财政补贴发放给受补贴者的补贴方式。

所谓暗补，是指通过对相关生产者或经营者的补贴，降低商品或服务的价格，从而间接提高最终消费者福利水平的补贴方式。

（三）财政补贴支出的必要性

从经济学的角度讲，政府财政安排财政补贴的理由如下：

1. 外部正效应的存在

在社会经济活动中，有部分活动具有外部正效应，私人边际收益与社会边际收益出现差异，导致商品和服务的提供不能达到最佳水平，政府给予提供者以补贴，可将外部正效应内在化，使商品和服务的提供达到高效率的水平。

2. 扶持弱质产业的需要

在经济发展过程中，各部门生产率提高的幅度不同，一般来说，工业部门的劳动生产率提高速度快，农业部门的劳动生产率提高速度慢。而农业部门所提供的农产品是人类生存的必需品，这就需要国家给予相应补贴，以支持农业的发展。

3. 促进社会稳定的需要

不合理的价格体系往往造成社会财富在市场交易者之间的不良分配格局，从而进一步恶化社会不公平状况。财政补贴的有效实施有利于安定人民生活，稳定经济发展。在价格上涨幅度较大的情况下，财政补贴可以使某些具有重要意义的人民生活必需品的价格波动保持在合理范围内，有利于防止因物价波动所导致的社会动乱，有利于社会稳定。

（四）财政补贴的经济效应

1. 对需求的影响

财政补贴影响着社会总需求，对居民的补贴增加消费需求，对企业的补贴增加投资需求。

2. 对供给的影响

对居民的补贴增加了相应的消费需求，从而导致价格水平上升，有助于增加供给；对企业的补贴有助于企业增加生产规模，从而有助于增加供给。

3. 对社会公平与稳定的影响

不合理的价格体系往往造成社会财富在市场交易者之间的不良分配格局，从而进一步

恶化社会不公平的状况，财政补贴能纠正扭曲的价格体系，因此财政补贴能优化资源配置，提高社会的公平程度。

财政补贴的有效实施还有利于安定人民生活，有利于社会的公平与稳定。例如，在转轨时期，企业亏损补贴在企业破产和职工失业制度还不具备全面推行的条件下，维持了大批企业的存在和职工的就业，避免了大规模破产和失业导致的社会震荡；价格补贴则可以缓解价格变动可能导致的连锁反应，避免物价大幅度上涨给居民生活带来的压力，从而有利于社会稳定。再如，对农业的补贴既有利于丰收年份“谷贱伤农”，保护农民的生产积极性；又能防止歉收年份农产品价格上涨对人民生活的影响，有利于社会稳定。

当然，财政补贴是一把“双刃剑”，它在经济生活中起着弥补市场缺陷、调节供求结构、推进价格改革的积极作用；同时也存在使价格信号失真、干扰市场经济运行、使财政负担加重等消极作用。因此，在运用财政补贴时，必须控制好“度”，才能发挥其积极作用，克服消极作用。

第五节　政府采购

一、政府采购的含义

政府采购，也称公共采购，是指各级国家机关和实行预算管理的政党组织、社会团体、事业单位，在使用财政性资金时，以公开招标为主要形式，从国内外市场上购买商品、工程和服务的行为。

二、政府采购的特点

政府采购具有以下特征：

1. 政策性

政府采购以实现公共政策为主要出发点，从计划的制定到合同的履行，都要体现政府的政策，实现政府某一阶段的工作目标，为国家经济、社会利益和公众利益服务。

2. 公平性

政府采购强调的是平等待遇。

3. 守法性

政府采购的行为不能超出其职权范围，不能超出政府和法律的规定。

4. 社会责任性

政府要承担社会责任或公共责任，它不但要满足某一时刻的社会需要，同时还要考虑环境、就业等因素对社会的影响。

三、政府采购制度的含义及内容

政府采购制度是指有关政府采购的一系列法规、政策和制度的总称。其基本内容体现在以下四个方面：

（1）政府采购法规：主要表现为各国分别制定的适合本国国情的《政府采购法》，该项法规主要包括：总则、招标、决议、异议及申诉、履约管理、验收、处罚等内容。

（2）政府采购政策：即政府采购的目的，采购权限的划分，采购调控目标的确立，政府采购的范围、程序、原则、方式方法、信息披露等方面的规定。

（3）政府采购程序：即有关购买商品或劳务的政府单位采购计划拟定、审批、采购合同签订、价款确定、履约时间、地点、方式和违约责任等方面的规定。

（4）政府采购管理：即有关政府采购管理的原则、方式、管理机构、审查机构与仲裁机构的设置，争议与纠纷的协调与解决等规定。

四、我国政府采购制度的基本运作方式

（一）我国政府采购的基本原则

政府采购原则是贯穿在政府采购计划中为实现政府采购目标而设立的一般性原则。我国政府采购的原则如下：

（1）公开性原则。政府采购的公开性原则是指有关采购的法律、政府、程序和采购活动都要公开，增加政府采购的透明度。

（2）公平性原则。政府采购应以市场方式进行，所有参加竞争的投标商机会均等，并受到同等待遇。允许所有有兴趣参加投标的供应商、承包商、服务提供者参加竞争，资格预审和报标评价对所有的投标人都使用同一标准；采购机构向所有投标人提供的信息都应一致；不应对国内或国外投标商进行歧视等。

（3）效率性原则。是要求政府在采购的过程中，能大幅度地节约开支，强化预算约束，有效提高资金使用效率。政府采购部门通过公平竞争，货比三家，好中选优，使有限的财政资金可以购买到更多的物美价廉的商品，或得到高效、优质的服务，实现货币价值的最大化，实现市场机制与财政改革的最佳结合。

（4）适度集权的原则。国际上通行的做法是由财政部门归口管理政府采购，而我国政府采购目前需要由许多部门协调配合进行。因此，在政府采购管理体制的集中、统一过程中，要注意发挥部门、地方的积极性，在对主要商品和劳务进行集中采购的前提下，小型采购可由各部门在财政监督下来完成。

（二）采购主体

采购主体即采购人。我国政府采购的采购人是指依法进行政府采购的国家机关、事业单位、团体组织。

采购人采购纳入集中采购目录的政府采购项目，必须委托集中采购机构代理采购；采购未纳入集中采购目录的政府采购项目，可以自行采购，也可以委托集中采购机构在委托的范围内代理采购。纳入集中采购目录属于通用的政府采购项目的，应当委托集中采购机构代理采购；属于本部门、本系统有特殊要求的项目，应当实行部门集中采购；属于本单位有特殊要求的项目，经省级以上人民政府批准，可以自行采购。

采购人可以委托经国务院有关部门或者省级人民政府有关部门认定资格的采购代理机构，在委托的范围内办理政府采购事宜。采购人有权自行选择采购代理机构，任何单位和个人不得以任何方式为采购人指定采购代理机构。

采购人依法委托采购代理机构办理采购事宜的，应当由采购人与采购代理机构签订委托代理协议，依法确定委托代理的事项，约定双方的权利义务。

（三）政府采购范围

政府采购的范围是政府机关、事业单位和团体组织，使用财政性资金采购依法制定的集中采购目录以内的或者采购限额标准以上的货物、工程和服务的行为。

具体是指以合同方式有偿取得货物、工程和服务的行为，包括购买、租赁、委托、雇用等。这里的货物，是指各种形态和种类的物品，包括原材料、燃料、设备、产品等。这里的工程，是指建设工程，包括建筑物和建筑物的新建、改建、扩建、装修、拆除、修缮等。这里的服务，是指除货物和工程以外的其他政府采购对象。

（四）政府采购的方式

政府采购可以采用以下方式：

（1）公开招标。是指通过公开程序，邀请所有有兴趣的供应商参加投标的一种采购方式。

（2）邀请招标。是指招标人向一定数量的潜在投标人发出投标邀请书，邀请其参加投标并按规定程序选定中标供应商的一种采购方式。

（3）竞争性谈判。是指采购实体通过与多家供应商进行谈判，最后从中确定中标供应商的一种采购方式。

（4）单一来源采购。即没有竞争的采购，它是指达到了竞争性招标采购的金额标准，但所采购的商品来源渠道单一，只能由一家供应商供货的采购方式。

（5）询价。是指采购实体向国内外有关供应商（通常不少于 3 家）发出询价单让其报价，然后在报价的基础上进行比较并确定中标供应商的一种采购方式。

（6）国务院政府采购监督管理部门认定的其他采购方式。

在上述方式中，公开招标应作为政府采购的主要采购方式。

（五）政府采购的程序

负有编制部门预算职责的部门在编制下一财政年度部门预算时，应当将该财政年度政府采购的项目及资金预算列出，报本级财政部门汇总。部门预算的审批，按预算管理权限和程序进行。

货物或者服务项目采取邀请招标方式采购的，采购人应当从符合相应资格条件的供应商中，通过随机方式选择 3 家以上的供应商，并向其发出投标邀请书。

货物和服务项目实行招标方式采购的，自招标文件开始发出之日起至投标人提交投标文件截止之日止，不得少于 20 日。

在招标采购中，出现下列情形之一的，应予废标：

（1）符合专业条件的供应商或者对招标文件作实质响应的供应商不足 3 家的；

（2）出现影响采购公正的违法、违规行为的；

（3）投标人的报价均超过了采购预算，采购人不能支付的；

（4）因重大变故，采购任务取消的。

废标后，采购人应当将废标理由通知所有投标人。废标后，除采购任务取消情形外，应当重新组织招标；需要采取其他方式采购的，应当在采购活动开始前获得设区的市、自治州以上人民政府采购监督管理部门或者政府有关部门批准。

采用竞争性谈判方式采购的，应当遵循下列程序：

（1）成立谈判小组。谈判小组由采购人的代表和有关专家共3人以上的单数组成，其中专家的人数不得少于成员总数的2/3。

（2）制定谈判文件。谈判文件应当明确谈判程序、谈判内容、合同草案的条款以及评定成交的标准等事项。

（3）确定邀请参加谈判的供应商名单。谈判小组从符合相应资格条件的供应商名单中确定不少于3家的供应商参加谈判，并向其提供谈判文件。

（4）谈判。谈判小组所有成员集中与单一供应商分别进行谈判。在谈判中，谈判的任何一方不得透露与谈判有关的其他供应商的技术资料、价格和其他信息。谈判文件有实质性变动的，谈判小组应当以书面形式通知所有参加谈判的供应商。

（5）确定成交供应商。谈判结束后，谈判小组应当要求所有参加谈判的供应商在规定时间内进行最后报价，采购人从谈判小组提出的成交候选人中根据符合采购需求、质量和服务相等且报价最低的原则确定成交供应商，并将结果通知所有参加谈判的未成交的供应商。

采取单一来源方式采购的，采购人与供应商应当遵循本法规定的原则，在保证采购项目质量和双方商定合理价格的基础上进行采购。

采取询价方式采购的，应当遵循下列程序：

（1）成立询价小组。询价小组由采购人的代表和有关专家共3人以上的单数组成，其中专家的人数不得少于成员总数的2/3。询价小组应当对采购项目的价格构成和评定成交的标准等事项做出规定。

（2）确定被询价的供应商名单。询价小组根据采购需求，从符合相应资格条件的供应商名单中确定不少于3家的供应商，并向其发出询价通知书让其报价。

（3）询价。询价小组要求被询价的供应商一次报出不得更改的价格。

（4）确定成交供应商。采购人根据符合采购需求、质量和服务相等且报价最低的原则确定成交供应商，并将结果通知所有被询价的未成交的供应商。

（六）政府采购合同

政府采购合同适用合同法。采购人和供应商之间的权利和义务，应当按照平等、自愿的原则以合同方式约定。

采购人可以委托采购代理机构代表其与供应商签订政府采购合同。由采购代理机构以采购人名义签订合同的，应当提交采购人的授权委托书，作为合同附件。政府采购合同应当采用书面形式。国务院政府采购监督管理部门应当会同国务院有关部门，规定政府采购合同必须具备的条款。采购人与中标、成交供应商应当在中标、成交通知书发出之日起30日内，按照采购文件确定的事项签订政府采购合同。

中标、成交通知书对采购人和中标、成交供应商均具有法律效力。中标、成交通知书发出后，采购人改变中标、成交结果的，或者中标、成交供应商放弃中标、成交项目的，应当依法承担法律责任。

政府采购项目的采购合同自签订之日起7个工作日内，采购人应当将合同副本报同级政府采购监督管理部门和有关部门备案。经采购人同意，中标、成交供应商可以依法采取分包方式履行合同。政府采购合同分包履行的，中标、成交供应商就采购项目和分包项目向采购人负责，分包供应商就分包项目承担责任。

政府采购合同履行中，采购人须追加与合同标的相同的货物、工程或者服务的，在不改变合同其他条款的前提下，可以与供应商协商签订补充合同，但所有补充合同的采购金额不得超过原合同采购金额的10%。政府采购合同的双方当事人不得擅自变更、中止或者终止合同。

政府采购合同继续履行将损害国家利益和社会公共利益的，双方当事人应当变更、中止或者终止合同。有过错的一方应当承担赔偿责任，双方都有过错的，各自承担相应的责任。

第六节　财政支出效益

一、财政支出效益的概念

财政支出效益是财政支出的数量与其所取得的成果之间的对比关系，是国民经济效益的一个组成部分。

由于财政支出涉及各个方面，故财政支出效益以多种形式表现出来，既有宏观效益，又有微观效益；既有当前效益，又有长远效益。财政支出讲求效益是建立公共财政的必然要求，是历史经验的总结，也是加快建设小康社会的需要。

二、财政支出效益的分析方法

西方经济学家对于财政支出效益的分析，大致从以下两方面进行：一是从宏观角度，就整体的公共支出预算决策对社会资源配置的影响进行分析；二是从微观角度，就某一项目或方案的预算决策对社会资源配置的影响进行分析。与之相对应，前者使用的是机会成本分析法，后者则使用成本—效益分析法、最低费用选择法、公共劳务收费法。

（一）机会成本分析法

通过预算程序所做出的有关财政支出的决策，实质上是将私人部门的部分资源转移到公共部门，并由政府加以集中使用的决策。所以，它也有一个资源配置的效率问题。

只有当资源集中在政府手中比在私人部门能够发挥更大效益时，政府占用才是对社会有益的，或者说是有效率的。从这一推论出发，西方经济学家倾向于用“预算资金的社会机会成本”来评价预算决策的效率。这里所说的预算资金的社会机会成本，是指因这样一笔资金由私人部门转移到公共部门而导致的私人部门的效益损失。这样，预算决策的效率评估也就演变为同样一笔资金由公共部门和由私人部门使用所能达到的效益的比较问题。如果一笔特定的资金交由公共部门使用所能达到的效益大于交由私人部门使用所能达到的效益，那么，这笔资金的预算决策就是有效率的；如果一笔特定的资金交由公共部门使用所能达到的效益小于交由私人部门使用所能达到的效益，那么，有关这笔资金的预算决策就是缺乏效率的；如果一笔特定的资金交由公共部门使用所能达到的效益恰好等于交由私人部门使用所能达到的效益，那么此时的社会资源配置就是最佳的。

（二）成本—效益分析

1. 成本—效益分析法的概念

成本—效益分析法指的是，通过市场价格和“影子价格”全面权衡各投资项目的社会成本和社会收益，并用一系列的办法将成本与效益折合成现值，然后通过三种途径比较成本现值与效益现值：

（1）两者的代数和愈大，该项目愈是可行；

（2）效益与成本的比重愈是大于1，该项目愈是可行；

（3）假定两者的代数和为零，计算出一个内部收益率（净现值等于零的折现率），内部收益率大于所选取的折现率，该项目可行。

成本—效益分析法起源于美国，20世纪30年代大危机时期，罗斯福政府全面干预经济，大办公共工程，如水利工程方面的田纳西河流域治理工程尤为著名。1936年，美国通过法令，规定公共工程支出的标准即工程带来的社会效益一定要大于社会成本；后来又制定了一套计算方法来决定项目的取舍。第二次世界大战后，特别是在20世纪50年代，许多经济学家对成本—效益分析方法作了许多理论上的探讨。20世纪60年代，美国政府在预算支出中，广为采用成本—效益分析方法，20世纪70年代，地方政府也采用此法。目前，成本—效益分析方法已成为西方国家财政支出过程中确定支出可行性的最基本的工具。

2. 成本—效益分析的步骤

（1）成本—效益的鉴定。任何一项财政支出所产生的社会成本和社会效益都是很复杂的，要比较成本和效益，必须对成本—效益进行全面深入的分析、鉴定和衡量。而衡量又必须基于分析、鉴定。根据成本—效益的性质不同，可以划分为以下各类：

A. 实质性的与金融性的成本和效益。实质性的成本或效益指的是最终消费者经由支出计划所感受到的实际损失或收益，它反映的是社会福利绝对值的一种减少或增加。与之相对应的是金融性成本或效益，即由于某一项支出计划的产生而导致相对价格变化之后所产生的金钱上的相对损失或收益。其结果是某方之得乃他方之失，整个社会的实际财富并未发生变动。例如，当雇用工人修筑道路时，因为建筑工人的相对稀少，故建筑工人的工资上升，其结果是建筑工人得益，但是它却被某些其他工人，由于较高的税而使其工资下降所抵消。又如由于公路的建造，使沿公路的土地地价大涨，则出卖土地溢价之得乃买主支付地价之失。在成本—效益分析中，仅考虑实质性的成本和效益。

B. 直接的与间接的成本—效益。实质性的成本、效益可能是直接的，也可能是间接的。直接成本或效益是与项目支出直接相关的成本或效益，而间接成本—效益则带有一种副产品的性质，这种区别是一种普通常识，无法给予严密的定义。最有用的解释则是立法的计划，例如，一项河流发展计划的直接目标是控制洪水，则与其相应的成本、效益是直接性的，但是防洪工程的建造给毗连的地区带来动力的供给、灌溉或土壤侵蚀等方面的效益、成本，此乃是间接的效益或成本。又如，教育计划的直接效益是提高学生的赚钱能力，但它也带来减少青少年犯罪的间接效益。

无论是直接的成本或效益，还是间接的成本或效益，只要是实质性的，在进行成本—效益分析时，都应予以考虑。

C. 有形的或无形的成本、效益。有形的成本、效益是指可按市场价格加以衡量的那部分成本、效益，有形的成本和效益是易于分辨的，但在决定是否应包括在成本或收益之内时，则应以它是否反映实质社会价值的变动为标准。例如，政府对某项专案计划所得的间接税就不应列入成本，因为这个税仍要复归于社会全体，对整个社会来说并非真正的社会成本。

无形的成本、效益是指不能按市场价格加以衡量的成本、效益，只要是实质性的成本、效益，在进行成本—效益分析时，就应考虑。例如，由于新建公路会使交通事故减少，使输送的鱼虾水果保持新鲜美味，使旅客增加舒坦、行车时间缩短。在交通运输效益中，这些项目虽为无形，但对社会来说却是实质效益，理应算入效益之中。

D. 最终的和中间的成本、效益。最终的成本是指支出项目使消费者直接负担的成本，最终效益是支出项目为消费者直接提供的利益；中间成本是指生产者负担的成本，中间效益则是有利于生产其他产品的利益。如天气预报，对于航运业来说，属于中间效益，对于外出旅游的人来说，则属于最终效益。

E. 内在的或外在的成本、效益。内在的成本、效益是指在支出计划实施的管辖范围之内所产生的成本或效益；外在的成本、效益是指在支出计划的实施范围之外所产生的成本、效益。例如，一项庞大的防洪计划，可能涉及广大的邻近地区，因而造成所谓的外溢效益。这项防洪计划的内在和外在的成本、效益均应包括在成本—效益的分析中。

（2）成本、效益的衡量。成本、效益的衡量方法有三种：

A. 财务分析法。即用市场价格推算其成本和获利能力，目的是要确定执行支出项目所能得到的利润和偿债能力。

B. 经济分析法。即以效率为目标的“影子价格”，推算其成本、效益，用以反映真实的社会成本和社会收益，排除市场价格可能造成的假象，解决对没有市场价格的成本、效益进行衡量的问题，目的在于衡量支出项目对整个国民经济所产生的影响。例如，环境的污染和破坏，对社会来说是一种经济成本，但在财务上来说，可能并没有花费什么。

C. 社会分析法。即以所谓的社会“影子价格”推算其成本和效益，目的在于增进社会福利。所谓社会的“影子价格”，除了考虑效率目标外，还考虑公平目标，这样的“影子价格”叫做社会价格，它区别于仅与效率目标有关的影子价格。但是，要确定社会价格是相当困难的，因为这需要确定不同收入集团的相对消费值。

所谓“影子价格”，指的是对于不能如实反映商品与劳务的市场价格进行调整以后而产生的可以代表其成本的真正价格。例如，在市场上以垄断价格出售商品和劳务时，其利润会高于平均利润，这种额外利润不过是他人的损失，并不代表社会效益的增加。因此，应从市场价格中排除，这时的“影子价格”低于市场价格；当然，在有些情况下，“影子价格”会高于市场价格。

（3）成本、效益的折现。逐笔衡量出每一项成本和效益之后，还存在一个时间上的可比性问题，即今年的 1 万元与明年或后年的 1 万元虽然数量相同，但两者是不能直接比较的。因为今年的 1 万元经过一两年后会生出利息或股息，这笔利息或股息就是这笔钱的机会成本。西方国家中流行一句话是“不赚就是赔”，把钱闲置起来，就是丧失了赚钱机会，付出了成本。成本—效益分析中的成本、效益指的是资源被有效使用时而产生的价值。因此，今年的 1 万元的价值必定大于明年的 1 万元，更大于后年的 1 万元。由此可见，这里有个时间问题。必须将明年、后年的 1 万元折成今年的钱，比如说是 9000 元、8000 元，等等，然后，才可能进行比较，故就产生了如何折现的问题。

任何一个工程在其建设过程中，特别是投产之后，每年都有相应的成本、效益。西方经济学家把同期的成本和效益的代数和称为净效益，即扣除成本之后的效益。由此，对成本和效益的折现，可以简称为净效益化的折现，净效益的折现公式如下：

$$PV = \sum_{t=1}^{n} \frac{B_t - C_t}{(1+i)^n}$$

式中：PV—净现值；B—效益；C—成本；$B-C$—净效益；i—折现率。

为了便于项目选择，以 C_0 表示在期初（投产前）计算出的对该计划所投下的总成本，以 W_0 表示生产期间所产生的净收益现值。

（4）折现率的选择。由于政府支出来自于私人部门，所以政府部门使用钱的成本应是私人部门的机会成本。正因为如此，我们认为，成本、效益分析中的折现率可由如下三种选择：

A. 私人部门的税前收益率。假定私人投资的最后 1000 元的收益率为 16%，如果政府为实施某一项目从私人部门拿走相应资金，从而使私人部门的投资相应减少。所以，社会将因此损失私人投资本可产生的 160 元的收益。因此，政府该项目的机会成本是私人部门 16% 的收益率。

B. 私人部门的税后收益率。和上述假定相反，政府项目的某些资金筹集，也可能以私人部门减少消费而不仅仅是减少投资为代价。那么，消费的机会成本是多少呢？若要将 50% 的收益率上缴国家，多消费 1 元钱，放弃的仅仅是 8% 的税后收益率。也就是说，由减少消费所筹集的资金，应按税后收益率贴现。

C. 私人部门税前收益率和税后收益率的加权平均数。政府所筹集的资金可能部分来自私人消费，部分来自私人投资，因而，一个自然的解决办法是使用税前和税后收益率的加权平均数。税前收益率的权数是来自私人投资的资金比重，税后收益率的权数是来自消费的资金比重。在上述例子中，如果 1/4 来自私人投资，3/4 来自私人消费，则政府部门使用这部分钱的成本为 10%（$1/4 \times 16\% + 3/4 \times 8\%$）。

（5）项目选择。对成本—效益折现后，可通过下列方法确定项目的可行性：

A. 以 W_0/C_0 代表效益/成本比率，该比率大于、等于 1，该项目可行。

B. 令现值净额为零，于是：

$$0 = -C_0 + W_0$$

从这个公式中，可求出内部收益率。如果内部收益率大于我们选取的折现率，该项目可行。

C. 在某些情况下，特别是在未来风险很大场合，支出计划要考虑 $W_0 - C_0 = 0$ 所需时间的长短即还本期限，还本期短的支出计划优于还本期长的支出计划。

（6）成本—效益分析法的用途。成本—效益分析能够为政府支出提供科学的决策工具，但是成本、效益分析仅适用于：防洪、电力生产、邮政、一些运输和娱乐设施。对政府活动的许多其他领域则不适用，如国防、太空研究、对外援助、警察保护等就不能进行成本—效益分析。

（三）最低费用选择法和公共劳务收费法

由于成本—效益分析法用途的限制，财政学家创造了最低费用选择法和公共劳务收费法。

1. 最低费用选择法

最低费用选择法也起源于美国，是对成本—效益分析法的补充。所谓最低费用选择法，就是根据国家要举办的某项事业，提出若干实现目标的方案，通过分析对比各备选方案的全部预期成本（现值），然后选择费用最低的达到目标的方案。

最低费用选择法与成本—效益分析法的主要区别是：前者不用货币计量备选的财政支出方案的社会效益，只计算备选方案的有形费用。

2. 公共劳务收费法

所谓公共劳务收费法是把商品买卖的原则引申运用到一部分公共劳务的提供和使用中去，通过制定和调整公共劳务的价格，使公共劳务得到最有效、最节约的使用，以达到提高财政支出效益的目的。

所谓公共劳务是指国家机构为行使其职能而开展的各项工作，包括军事工作、行政工作、城市供水工作、建设和维修道路的工作、建设和维修国家公园的工作、住宅供应工作和邮电工作等。

公共劳务收费法和成本—效益分析法以及最低费用选择法的目的是一致的，都是为了提高财政支出的效益。公共劳务收费法和上述两种方法的不同之处是其要旨不在于选择项目，而是通过国家制定的在公共劳务提供上的价格政策，用定价、收费的方法，达到提高支出效益的目的。

国家对公共劳务的定价，可以采取免费、低价、平价和高价四种不同的价格政策。

（1）免费或低价提供公共劳务，可以促进公众对该项公共劳务的最大限度地使用，使其社会效益极大化。这种价格政策，一般适用于那些从国家和民族利益出发，要求在全国范围内普遍使用，但公众可能尚无此觉悟，不能自觉去使用的公共劳务，如强制义务教育、强制计划免疫，等等。但是，免费和低价的价格政策，可能会导致公众对公共劳务的浪费。

（2）平价的价格政策，可以使提供公共劳务所耗费的人力和物力得到相应的补偿。这种价格政策，一方面能促使公众节约使用公共劳务，另一方面能使公共劳务得到进一步发展。一般适用于从国家和民族的利益来看，无需特别鼓励使用，也不必特别加以限制使用的公共劳务。如公园、公路、铁路、医疗、邮电，等等。

（3）高价的价格政策，可以有效地限制公共劳务的使用，还可以为国家财政提供额外的收入，因而，这种价格政策一般适用于从国家和民族利益来看，必须限制使用的公共劳务。这种价格政策有“寓禁于卖”的作用。

第五章　政府预算

第一节　政府预算概述

一、政府预算的概念

预算一词，英文的原意（Budget）是皮包，英国早期财政大臣用来盛装向议会提交有关政府需求和国家的资源等方面问题报告的皮包即为 Budget。后来，人们就习惯用这个词表示预算。

在社会经济诸项活动中，编制和执行预算是一种比较常见的管理资源的方法。一定时期内家庭生活支出的计划安排就是预算；企业的财务收支计划也是预算。不过，上述预算都是广义上的私人部门的预算。

政府预算又称为公共预算或公共部门预算，是一国具有法律效力的基本财政收支计划。它具体规定了计划年度内政府财政收支指标及其平衡状况，反映计划年度内政府财政资金的规模、来源以及财政资金的去向和用途，体现了以政府为主体的分配关系。

政府预算也称为国家预算，但这两个概念是有一定区别的。国家预算通常是指一个国家各级政府预算的总和，即剔除重复计算后各级政府的收入和支出总和，而政府预算特指某一级政府的预算，如中央政府的预算、省级政府预算等。

二、政府预算的产生

预算制度的产生与英国的议会制度有着直接的历史渊源关系。中世纪后，英国的政治斗争始终围绕着权力的归属问题而展开，并有对王权进行限制的传统。13 世纪初，在诸多因素的作用之下，英国经历了较为严重的通货膨胀，直接增加了王室的开支并减少了其可支配的收入，英国财政陷入极度拮据状态。而与此同时，英国王室却为战争而继续疯狂地进行敛财，从而加剧了王室与贵族之间的斗争。1215 年，英国贵族迫使国王签署了《大宪章》，确立了法律高于王权的基本原则，为议会制度奠定了基础。其中的一项重要内容包括：除非得到本人同意，否则国王无权支配任何人的个人财产和自由权利。当时的议会曾多次召开会议，形成了对王权的制约力量。从财政的角度看，议会还在限制王权的斗争中取得了征税的批准权，即未经民意代表参与讨论和通过的税收和支出案，人们有权不承认并拒绝缴纳。值得一提的是，17 世纪初，统治英国的斯图亚特王朝曾一意孤行，未经议会批准便随意征收税收，导致了新兴资产阶级势力的不满。1640 年，英国爆发了反抗斯图亚特王朝封建统治的资产阶级革命。这场革命从一开始就形成了以国王为首的封建势力和以议会为代表的新贵族相对立的两大阵营，并围绕着限制王权和保证议会权力的问题展开了激烈的斗争。随着查理一世被送上断头台，斯图亚特王朝的统治被推翻，英国进入共和时代。此后，英国虽然又出现了短暂的斯图亚特王朝复辟，但此时的国王与议会之间的权力分配已处于大致的均衡状态。

1688 年，英国上层社会策动了一次不流血的政变——“光荣革命”。此后的 1689 年，英国议会制定并批准了著名的《权利法案》，该法案对国王的经济、政治、宗教等事务中的权力进行严格界定，确立了议会拥有最高权力的原则，并对公民应有的权利做出了明确规定。这种保留统而不治的君主、议会拥有国家最高权力的政治体制便是所谓的“君主立宪制”。“光荣革命”之后，英国议会终于取得了对政权的完全控制权，结束了国王与议会之间长达数百年的对国家权力的争夺，也开启了立法机构对财政预算进行全面监督的先河。

在对税收和王室收入的控制日益强化、系统的财政拨款制度和支出责任制度逐步形成的背景下，英国议会于 1787 年通过了《统一基金法案》，英国开始将全部的财政收支统一在一个文件当中，自此便出现了正式的预算。1822 年，财政大臣开始将预算报告提请作为立法机构的议会进行审议，于是，按年度对预算编制进行审批并对预算执行情况进行监督的制度得以确立。此后，预算制度又被欧美等的其他的国家逐步引进、改进，直至在世界各国广泛地推行和实施。

通过对英国政府预算制度曲折而漫长的形成历程的分析，可以得到如下几点启示：一是公共预算的形成与议会制度的发展有着密切的联系，表明立法机构在公共预算监督的发展进程中扮演着不可替代的角色，从这个意义上说，公共预算的监督制度实际上也是国家政治制度的一个有机组成部分。二是预算产生于财政监督与权力约束的背景之下，这种监督，实际上恰恰体现了财政预算制度运行本身的内在要求。就英国情形而言，其公共预算形成过程也与立法机构以法律形式对王室财政权限的逐步侵蚀过程相伴随，当然，这也是社会进步的一种表现。三是对公共预算的监督，不仅体现在笼统地争夺财政权限方面，而且更包含对财政收支计划及整个预算程序所进行的监督，即包括财政计划是否体现了民意并得到了民意的支持。四是预算成为连接执行机构和立法机构的纽带，立法机构从政治程序的角度对公共预算进行的监督，既是二者之间的一种互动关系，同时也是财政管理制度上的一种进步。

我国有政府预算的历史较短，直到 1911 年（清宣统三年）才开始正式编制政府预算。

三、政府预算的特点

单从形式上看，政府预算与私人部门预算并没有什么区别，都是对未来一定时期内所需资源量以及可能取得的资源量进行的预计、预算和安排。但是，与家庭和企业这样的私人部门相比，政府预算具有以下特点：

（一）综合性

政府预算的内容决定了它能综合反映一国经济、社会的发展情况。预算的一收一支都牵动着国民经济、社会事业的发展。国民经济各部门的经营效益和积累水平，社会事业的建设规模和发展速度，都可以从它们向政府预算提供的收入和安排的预算支出中反映出来。此外，政府预算能综合反映一国各级政权的资金集中情况，反映着各级政权财力、财权的大小。

（二）法律性

政府预算经国家权力机关批准后方可实施，是具有法律效力的文件。我国规定，全国预算须经全国人民代表大会批准，地方各级预算须经同级人民代表大会批准。各级政府都必须严格执行预算，若要追加、追减，也必须经人民代表大会批准。

（三）计划性

政府预算本身就是一个计划。在执行过程中，有计划地组织收入、安排支出，以保证国民经济协调、稳定地发展。

四、政府预算的功能

（1）控制政府规模。政府是由一定的组织机构所组成的，而组织机构的主体是人。在财政支出规模扩张的原因中，我们论述了政府官员有扩张财政支出规模的动机，以实现自己利益的最大化。因此，公共权力的扩大必然导致公共机构的膨胀及财政支出的无限制增加。面对政府财政支出规模的扩张，人们设计出各种各样的制度进行控制，政府预算就是控制公共支出增长的有效手段。首先，政府要把其所有活动以及进行这些活动所需经费全部记录在案并纳入计划。其次，政府预算必须经过立法机构批准和审议才可生效。因此，政府的活动和支出被置于国民的监督之下，公众对小规模低成本政府的向往也就有可能得以实现。

（2）促进宏观经济的平衡。根据凯恩斯学派的理论，政府预算作为政府的基本财政收支计划，在稳定宏观经济和促进宏观经济发展方面，发挥着巨大的作用。政府可以运用政府预算影响供求的总量和结构，保证总供给和总需求的平衡，进而保证宏观平稳运行。

（3）有利于立法机关和社会成员对政府收支的监督。财政收入，不论形式如何，都来源于社会成员的缴纳；财政支出，不管用于何处，都应该满足社会公共需要，财政赤字所产生的成本和收益，最终都落在社会成员的身上，正因为财政收支的方方面面都同社会成员的切身利益息息相关。所以，全体社会成员有权关注和监督反映财政收支运作的情况，而政府预算为立法机关和全体社会成员监督政府收支提供了一个很好的途径。

（4）政府预算有利于提高社会福利水平。政府通过政府预算筹集资金、安排支出，其目的在于提高社会福利水平。根据福利经济学的基本原理，由于存在市场失灵，市场不能达到资源配置的最优和社会福利的最大化。政府预算作为弥补市场失灵的重要手段，通过其收支组织和安排，可提高资源配置效率、促进社会分配公平，有助于实现社会福利最大化。

（5）通过政府预算的编制、讨论、公布和执行，将政府意志转化为社会意志，借以统一认识，调整社会内部各利益阶层的关系。

（6）通过事先算账，了解政府财力的家底，并根据政府预算全面安排年度财政收支，做到统筹规划、全面安排。

(7) 通过政府预算的编制和执行，使政府行政机关和事业单位明确本年度的工作目标和财政资金安排，促进财政资金有计划地使用。

五、政府预算的本质

政府预算的本质是什么，学术界有不同的观点，归纳起来有费用论和报酬论两种观点，不同的观点对于政府在预算管理中的作用看法也不同，相应的预算政策也不同。

(一) 费用论

费用论也称为成本论，持这一观点的学者认为，政府预算是实现公共服务的一种成本或投入，即公共服务费用，财政是政府资金供给的专门机构，或者称为“总账房”，其任务是为行政事业单位提供资金。

按照费用论的观点，财政之所以向行政事业单位提供资金，是为了维持政府的存在，或者说政府预算是维持政府存在的费用，至于政府各部门干什么，则不在财政视野范围之内。

按照费用论的观点，既然政府预算的目标是维持政府的存在，那么政府预算的分配应当首先考虑人员经费，即保证各行政事业单位的存在，其次才是办事，这叫做“先吃饭，后办事”。因此，保障行政事业单位的人员经费是财政的基本任务，至于建设经费，则要根据财力的可能来安排。

按照费用论的观点，由于财政保障作用是在各部门过程中发生的，因此，财政部门必须参与到各部门的业务活动中去，即参与过程管理。由于费用论强调的是财政的投入和保证作用，因此也称为“投入预算”。

按照费用论的观点，为了保障政府机构的供给，加强管理，政府预算应当按管理要素来编制，比如工资、补助工资、公务费、购置费等。在财政资金困难的时候，应当先保证工资、公务费等支出。

费用论还认为，为了保证政府的资金不被滥用，必须建立审计制度，政府审计的基本目标是防止财政资金用于私人方面。

(二) 报酬论

报酬论亦称为购买论，这一理论以社会上存在着公共部门和私人部门，两者之间发生着商品和劳务的交换，即以商品和劳务的交换关系为前提的。报酬论的基本观点有两个：税收是政府的价格，政府预算是购买各项具体公共产品的价格。

报酬论认为，社会两大部门，即公共部门和私人部门本质上是经济关系。税收从表面上看是私人部门向公共部门的无偿支付，但实际上是私人部门购买政府部门劳务的付费，即价格。如果私人部门支付的税收较低，则表示购买的公共产品是廉价的，因此称为“廉价政府”；反之，如果这种付费很高，则称为“高价政府”。

政府之所以向行政事业单位拨款，是因为要购买具体的公共产品，并转化为政府的公共服务。因此，虽然说政府与所属行政事业单位是一种领导—从属关系，但从经济上说是一种委托—代理关系。

报酬论认为，既然财政拨款是一种购买行为，就有一个价格问题，这一价格应当由供求来决定。这就是说，公共产品也有一个供给和需求问题。因此，我们可用供求曲线来表示公共产品的成本和需求，如果政府提供的公共产品价格过高，需求就会减少。为此政府预算必须同时考虑三个问题：一是要购买哪些公共产品；二是政府出什么价钱来购买；三是社会能从这些公共产品的消费中获得多大的利益，即政府支出的效果是什么，有多大。

由于报酬论所强调的是政府预算的产出，而不是投入，因而我们将这种预算称为“产出预算”或“效率预算”。

从报酬论的观点看，财政并不是一个部门，而是政府总体活动中的一个基本方面，即政府的理财活动。政府向行政事业单位拨款并不是为了维持其存在，而是为了购买其劳务或产品。因此，行政事业单位的人数并不是政府拨款的依据，而应当以他们向社会提供了多少效用为拨款依据。如果某一机构没有业绩，就意味着该机构没有存在的必要，如果其业绩与政府所花去的钱相比是不合算的，就应当对其进行改组或将它撤销，以提高效率、增进社会福利。

在政府管理问题上，费用论强调的是行政事业单位如果没有相应的财政监督，它们会乱花钱，因此，财政必须参与其过程管理；而按报酬论的观点，政府管理应当是支出部门自己的事，政府管理的重点不是过程，而应当是结果，即重点是对支出部门绩效的考核。对于那些已经确定的支出项目，如果在考核中发现根本没有预定业绩，或者其业绩根本达不到预定指标的，就应当采取相应措施，减少或停止拨款。

报酬论者坚持说，在政府行为中，有些可能是无效率的行为，这些无效率的行为就不应当给钱。而按照费用论的观点，行政事业单位既然做了事，就应当给钱。

费用论是传统的政府预算观点，而报酬论是随着福利经济学而产生的新的预算观点。与之相适应，这一新观点会引起政府预算编制的指导思想、方法论等方面的重大变革。目前，世界上有越来越多的国家正接受这一观念，并以此指导政府预算改革。但是，就总体而言，报酬论在方法论方面尚不完善，在许多方面尚处于探索之中。美国等西方国家所谓的绩效预算，就是一种方法论的探索。

根据上述分析和我国预算编制的实际，我国的预算编制采用的以人员经费为基础的“基数法”，强调政府预算资金的保障作用，从指导思想上看，它属于费用论的范畴。因此，在建设与社会主义市场经济相适应的公共财政过程中，引进报酬论的观点，并进行相应的改革探索，是有积极意义的。

六、政府预算的分类

（一）按预算的组织形式分，把政府预算分为单一预算和复式预算

单一预算，也称单式预算，它是把预算年度内政府预算的全部收支汇总成一个统一的预算平衡表的一种预算组织形式。在单一预算中，所有收入都应列入收入预算账户，由国家承担的各项支出都列入预算支出账户。单式预算的结构比较简单，可以直接反映政府预算收支的全貌，平衡关系比较明了。它的缺点是不能明确反映财政收支的性质，无法说明财政收支之间的对应关系，难以反映财政赤字的形成原因，财政收支透明度不高。因此，现在已经有越来越多的国家不再采用单一预算。

复式预算，是将同一预算年度内的全部预算收支按经济性质的对应关系，编制成两个

或两个以上的收支平衡表。通常是将政府预算编制成“经常预算”和“资本预算”。经常预算主要反映政府进行日常行政事务活动的支出和作为收入主要来源的税收收入等项目；资本预算主要编制政府的投资支出和债务收入、经常预算结余等项目。最早实行复式预算的国家是丹麦和瑞典，分别于1936年和1937年开始。我国复式预算始于1992年。

2007年9月8日，国务院发布《关于试行国有资本经营预算的意见》，规定从2007年起，将在中央本级试行国有资本经营预算，地方试行的时间、范围和步骤由各省（区、市）及计划单列市人民政府决定。这样，我国目前的预算就由政府公共预算和国有资产经营预算所组成。

（二）按预算编制所采用的方法来分，把预算分为零基预算和增量预算

零基预算是对所有的预算支出项目都以“零”为基数，采用成本、效益分析，在重新审查和评估该项目必要性的基础上，确定项目预算金额的预算编制方法。这样做可使政府首先评价项目的必要性，确定优先安排的项目，对不必要或非优先的项目可适当进行削减，由此提高财政支出效益，节约预算支出，从而减轻财政的压力。美国政府最早采用这种预算编制方法。

增量预算是在上年预算安排的基础上，参照本年预算所要实现的目标，对各项目上年预算安排数额进行增减调整，确定最终预算支出数的方法。采用这种方法，预算编制较为简单，但往往只适用于政府行政管理支出、国防支出、教育经费支出等支出项目。

（三）按政府预算的涵盖范围来分，把政府预算分为本级预算和总预算

本级预算是指本级政府的预算，它是本级政府部门和财政部门必须执行的行动计划。政府总预算是上级财政部门把本级政府预算与下级政府的总预算各项相关数字加总后形成的预算，它反映了本级政府的总财力。在财政联邦制下，由于各级政府只能支配本级政府的财力，因此，政府总预算只有理论和统计意义，对于本级和下级政府是没有实际约束力的。

（四）按政府预算用途划分，政府预算可分为一般支出预算和项目支出预算

一般支出预算是指用于维持一般支出的预算。所谓一般支出，主要是指政府维持政府统治和经济、社会管理职能方面的支出，通常是指国防和行政经费支出。

项目支出预算是指政府采用项目方式管理的预算。项目支出预算以每一单独的支出项目为管理对象，支出部门应纳入项目管理的预算支出，都必须按项目管理办法申报支出项目，并由财政部门对项目进行评估。对于各类项目，财政部门都应当分别制定考核办法。

（五）按政府预算支出项目的列示方式，政府预算可分为要素预算和功能预算

要素预算是指预算支出项目是按工资、公务费、购置费、修缮费等支出要素来列示支出的预算。其基本思路是，政府支出的作用：一是向行政事业单位供给资金，以保证政府的存在和基本职能的实现；二是在满足上述吃饭支出后，再进行经济建设。相应地，在预算科目设置上分为必须保证的人头费用和发展性支出两类，并以“先吃饭，后办事”来建立资金分配顺序。

功能预算是指按照政府支出所达到的功能来列示支出项目的预算。这一预算项目设置的基本思路为：政府职能是建立预算科目的依据，至于它们由哪个或哪些部门来执行并不重要。这就是说，只要这一部门执行了政府这方面的职能，那么这一预算就应当归这一

部门。

从上述分析可知，功能预算是以政府职能为依据来设置支出科目的，是一种基于报酬论思想的预算科目设置方式；要素预算是一种基于费用论思想的预算科目设置方式。

七、预算法

预算法是政府预算管理的法律规范，是组织和管理预算的法律依据。我国为使政府预算的组织和管理走向规范化，加强预算管理的民主和法制建设，于1994年3月22日经第八届全国人民代表大会第二次会议通过《中华人民共和国预算法》（以下简称《预算法》），自1995年1月1日起施行，这是一部综合性的预算法，共设11章79条，包括总则、预算管理职权、预算收支范围、预算编制、预算审查和批准、预算执行、预算调整、预算决算、预算监督、预算法律责任、附则等内容。

八、预算年度

预算年度又称为财政年度或会计年度，是指编制和执行政府预算所应依据的法定期限。预算年度一般为一年，但由于世界各国国情、历史和传统习惯不同，所以各国预算年度的起止日期也有差异，大致有以下几类：

1. 历年制

即从每年1月1日至12月31日为一个预算年度，其优点在于与人民生活习惯以及企业财务年度相符。目前采用历年制的国家为数最多，如法国、德国、奥地利、比利时、丹麦、芬兰、希腊、冰岛、爱尔兰、意大利、卢森堡、荷兰、西班牙、葡萄牙、挪威、瑞士、俄罗斯和东欧国家；南美一些国家和我国也采用历年制。

2. 跨年制

即一个预算年度跨两个日历年度，具体分为以下几种形式：

（1）从每年4月1日起至次年3月31日止为一个预算年度。采用这种方式的国家和地区有：英国、日本、加拿大、印度尼西亚、新加坡、新西兰、印度、缅甸、博茨瓦纳和中国香港地区等。

（2）从每年7月1日至次年6月30日为一个预算年度，采用这种方式的国家有：瑞典、澳大利亚、孟加拉国、巴基斯坦、苏丹、科威特、埃及、喀麦隆、冈比亚、加纳、肯尼亚、毛里求斯、坦桑尼亚等。

（3）从每年10月1日起至次年9月30日为一个预算年度，采用这种方式的国家有美国、泰国等。

（4）其他。如土耳其的预算年度从每年3月1日起至次年的2月28日止；伊朗的预算年度从每年3月21日起至次年3月20日止。

至于预算年度的叫法，一般以预算年度终止日期所属年份作为该期间的预算年度，如英国2002年4月1日至2003年3月31日的预算年度，一般称为2003预算年度，英文缩写为FY2003或FY03，而在涉及法律程序意义上时，则被称为2002～2003预算年度，英文缩写为FY2002－03。

第二节　政府预算的编制、执行和政府决算

一、政府预算的编制

预算的编制工作是整个预算管理工作的起点。一般说来，预算的编制工作是由各级政府负责的，具体由政府的财政管理部门进行。

（一）政府预算编制的原则

政府预算编制的原则是随着政府预算制度的建立而产生的，其目的是指导各级政府如何编制科学、合理的政府预算。目前，人们对政府预算编制原则的认识是：

1. 公开性

这是指政府预算从编制到执行都必须是公开的，全部预算收支必须经人代会（议会）审查批准，并向社会公布，使之置于人民监督之下。

之所以要有公开性原则，是因为政府预算是在政府对国内和国际政治经济形势进行分析和判断的基础上编制的，因而各项收支数字本身就包含了丰富的经济信息，也包含了政府的政策信息。公开这些信息有助于企业和个人的决策。

2. 完整性

这是指政府预算应包括它的全部财政收支，不准少列收支、造假账、预算外另列预算。国家允许的预算外收支，也应在预算中有所反映。

政府预算之所以要执行完整性原则，是由于以下两个原因：一是人民是纳税人，人民有权知道政府收了哪些钱，是否缴到了国库，是否用于社会公共需要。二是政府要管理好社会公共事务，必须取信于民。要取信于民就必须做到诚实，而金钱方面的诚实是最大的诚实。如果政府在预算外还私设“小金库”或“秘密预算”，就是一种欺骗人民的行为，就不会得到人民的信任。

3. 可靠性

可靠性原则，也称为谨慎性原则，是指各级政府预算必须建立在积极、稳健、可靠的基础上。具体地说：一是各级政府的财政收入计划应当是可靠的，即不允许编造假的、无法实现的收入计划；二是支出上要留有余地，以争取主动；三是支出上不留缺口。

4. 年度性

这是指政府预算必须按年度编制，要列清全年的财政收支，不允许将不属于本年度财政收支的内容列入本年度的政府预算之中。

对于年度性原则，近来，越来越多的专家们指出，仅强调政府预算的年度性是不够的，政府预算必须处理好长期性与年度性的关系，将年度预算置于政府长期发展规划之下。

5. 法律性

这是指编制的政府预算一旦经过国家最高权力机关批准之后，就具有法律效力，必须贯彻执行。

上述原则是政府预算编制时必须遵循的原则，也是检验和评价政府预算编制质量的重要标准。

（二）预算编制前的准备工作

为了及时、准确地编制预算，在政府预算编制之前，必须做好一系列准备工作。

（1）要对本年度预算执行情况进行预计和分析；

（2）拟定下年度预算收支控制指标；

（3）颁发编制预算草案的指示及具体规定；

（4）修订预算科目及预算表格。

随着预算管理制度和预算收支内容的变化，在每年编制预算前要对政府预算收支科目和表格进行修订。

政府预算收支科目是政府预算收支的总分类，它系统地反映政府预算收入来源构成和政府预算支出的部门和用途。它是编制预算、办理缴拨款，进行会计核算、财务分析及进行财政统计的工具。预算收支科目分为收入科目和支出科目，为了适应预算编制和执行的需要，收支科目分为“类”、“款”、“项”、“目”；它们之间的相互关系是：前者是后者的概括汇总，后者是前者的具体化和补充。

预算表格是预算指标体系的表现形式，把预算数字和有关资料科学地安排在预算表格中，可以清楚地反映政府预算的全部内容。从种类和内容上看，预算表格分为三种：

（1）收支表。这是最基本的预算表格，可以说明收支规模、收入来源及支出去向。收支表分为汇总表和明细表两种。

（2）基本数字表。这是用来表现预算单位的事业及业务活动各项指标的表格，根据它可以编制有关预算支出，制定和修改定额、开支标准，以及检查预算支出是否同事业计划相一致。

（3）收支明细核算表。这是用来说明某些收支科目的具体核算过程和根据的，通过该表可使预算收支进一步明确化。

（三）政府预算的编制程序

随着部门预算的推行，我国的预算编制程序为“二上二下”。

一上是各预算单位报送本单位或部门与基本预算需求相关性的基础数据和相关资料；

一下是由财政部门各业务处室根据各单位上报的数据下达预算控制数；

二上是由各部门根据下达的预算控制数编制本部门的收支预算，上报财政部门；

二下是财政部门根据本级人大批准的政府预算，在规定时间内批复下达各部门预算。

（四）政府预算的审批

由政府部门所编制的中央政府预算草案及全国预算草案，必须经全国人民代表大会审议批准方为有效；各级地方预算草案也必须经同级人民代表大会审批后才有效。

（五）政府预算编制的改革与完善

借鉴美国等发达国家比较成熟的预算编制经验，今后应在以下几方面改革与完善我国的预算编制。

（1）改革预算编制机构。我国目前的预算编制机构是财政部门，由于预算编制是一项庞大且复杂的系统工程，因此，仅靠财政部门一己之力，实在是无法胜任的。此外，我国的财政部门既是预算编制的主体，又是预算执行的主体，使财政资金的作用失去有效的约束。因此，有必要单列预算编制机构，以提高预算编制的效率。

（2）规范预算编制过程。重新界定预算编制过程中国家机关与各级政府机关、中央与地方、总预算与单位预算之间的权责关系和收支隶属关系，理顺人大、政协、财政和政府部门之间的关系，从而进一步规范预算编制的过程，增强预算编制的透明度，提高预算编制的法治性。

（3）改变预算编制的观念。我国预算编制人员编制预算时不只是对所属各预算单位上报的预算简单的增或减，而应更多地注重经济预测分析，建立起财政收入和支出的预测模型，根据社会经济生活的发展与政治经济形势的变化，对所属预算单位编制的预算给予政策性指导。

二、政府预算的执行

（一）政府预算执行的目标

（1）保证政府预算执行与法定授权一致。政府预算执行过程中，即使是经过精心设计的政府各级部门的预算也有可能被执行得一团糟。因此，要想取得较好的预算执行效果，首先需要政府部门的预算编制在设计上确保预算执行的过程符合各种政策法规的要求，即政府预算的执行必须与法定授权相一致，各个层次预算的执行既不能越权办事，也不能在法定授权范围内相互推诿、不作为或乱作为。

（2）良好的预算支出控制。对预算支出加以控制，实际上是要保证在执行政府支出预算的过程中严格遵守财经纪律的问题。这就需要建立完整的预算及拨款会计系统、人事管理系统，为保证预算支出的正确执行提供技术保障。

（3）良好的预算收入控制。对预算收入加以控制应该重点考虑以下两个方面：一是建立健全税费征收管理制度与征收管理程序，如税收征管法、政府定价制度及定价程序；二是加强对预算收入过程的监督。在收入预算的执行过程中，必须依据有关的法律法规和规章制度，进行预算收入的过程控制，避免发生不正当的税收行为，及时纠正预算收入执行过程中的偏差。

（二）预算执行机构

政府预算一经批准，就进入到预算的执行阶段。我国宪法明确规定国务院和地方各级人民政府为政府预算的执行机构。具体工作由各级财政部门负责，税收、海关、国家金库等部门为参与机构。在我国，国家金库是由中国人民银行代理的。

财政部门作为预算执行的重要参与者，其在预算执行中的主要职责如下：

（1）组织预算收入。这是预算执行的首要任务，要求按国家税法和其他法规，及时、准确、足额地完成国家规定的收入并缴纳入库。

（2）安排预算支出。要求按照国家预算项目和金额，按计划、按进度、按指定用途划拨资金，并及时对预算支出情况进行检查和分析。

（3）组织预算收支平衡。由于预算是在年初编制的，在执行过程中会受到多方面因素的影响，导致预算原有的平衡关系被破坏，因而要经常组织预算收支新的平衡。

（三）预算执行中的平衡

组织预算执行中的平衡工作，主要是通过编制预算季度收支计划和预算调整来实现的。

1. 预算季度收支计划

预算季度收支计划是政府预算年度计划在各季度的具体安排，是政府预算的具体执行计划。它是根据上季度预算执行情况和本季度政治经济运行状况来编制的，其目的在于以季保年，做到长计划、短安排。

2. 预算调整

为组织预算新的平衡，要求根据具体情况对预算进行全面调整或局部调整。

所谓预算调整，是通过改变收支任务或资金用途，组织预算新的平衡的重要方法。

全面调整是彻底地改变收支任务和资金用途，全面调整只有在国家政治、经济发生特别重大变化的情况下才进行。

局部调整是部分地改变收支任务和资金用途。由于主客观差异等原因，预算局部调整是经常的。

局部调整的方法主要有：

（1）预算的追加和追减，指在原核定的预算数基础上增加（或减少）预算收支数额，也称为追加预算或追减预算。

（2）动用预备费。预备费是在编制预算时按支出总额的一定比例设置的不指定用途的预算后备基金，根据我国《预算法》规定，各级政府预算应当按照本级预算支出额的1%～3%设立预备费。在预算执行过程中，如果发生了未预料到的自然灾害或重大政治、经济改革措施，导致出现预算安排时没有列入又必须解决的支出时，经批准可以动用。

（3）预算科目之间经费流用。这是在预算执行过程中，针对各科目资金使用情况不同而提出的。在保证完成原定发展目标基础上，在不突破预算支出总额的前提下，可以将资金在各科目之间进行调整，改变资金用途。经费流用又称预算流用、科目流用。

（4）预算的划转。由于行政区划或企事业单位行政隶属关系改变，必须同时改变其预算的隶属关系，并及时将全年预算划归新的领导地区或单位，以保证财权和事权的统一。

（四）国库集中收付制度

1. 什么是国库

国库原来简称金库，为与银行储存货币和金银的库房或保险柜相区分，现简称国库，是负责办理国家财政收支的机构。

国库是一个历史概念，它随着私有财产制度的产生而产生，随着财政职能的逐步加强而发展。在历史上，国库一般是附设在财政机关的一个相对独立的机构，即按行政系统设立实物国库，这一历史在我国大约从公元前11世纪的周朝一直延续到公元1908年的清朝。1908年，清朝整顿财政，建立预算，改户部银行为大清银行，制定大清银行条例，确定该行为国家银行，规定预算收支由银行办理，开始了我国中央银行办理国库业务的历史。

2. 什么是国库集中收付制度

在预算执行过程中，涉及财政收支的上缴和下拨，这个工作是由国库来完成的。长时期以来，我国的国库管理制度，是以设立多重账户为基础的分散收付制度，而市场经济国家普遍采用的国库管理制度是国库集中收付制度。所谓国库集中收付制度是指对财政资金实行集中收缴和支付的制度，由于其核心是通过单一账户对现金进行集中管理，所以这种制度一般又称为国库单一账户制度。国库集中收付制度是政府预算执行的重要环节，这种制度有以下三个基本特征：一是财政统一开设国库单一账户，各单位不再设有银行账户；二是所有财政收入直接缴入国库，所有财政支出根据部门预算均由财政集中支付到商品和劳务的供应者；三是建立专门的国库现金管理和支付执行机构。在这种制度下，财政收支实现了规范管理，收入不能随意退库，支出得到事前监督，资金使用效益明显提高。

长时期以来，我国实行分散的国库收支制度，财政资金分为预算内和预算外资金，许多行政事业性单位还设立"小金库"、账外账等截留财政资金。预算内收入通过征收机关直接缴入国库，预算内资金支出时，先由支出单位编制预算草案，由财政部门审核汇总经同级人民代表大会审批后成为正式预算，财政部门按计划按预算直接将预算资金从国库经中国人民银行拨付到支出单位开设在商业银行的账户上，支出单位再根据有关规定和预算要求，自行支付购买商品和劳务的各类款项，并在年度终了时编制财务决算报表，报同级财政。预算外资金目前未纳入预算管理，其收入不直接缴入国库，而是由财政部门实行"收支两条线"管理，收入全部上缴财政专户，支出由同级财政部门按预算外支出计划和单位财务收支计划统筹安排，经批准后从财政专户拨付到单位。各单位将返还的预算外资金自行向商品和劳务的供应商支付。

这种分散的国库收支制度存在以下问题：财政部门与行政事业单位多头开户，转移、分散财政资金；不包括预算外资金的国库资金不利于财政宏观调控政策的执行；分散型的收支制度实行"以拨定支"，造成资金沉淀、财政支出信息失真；国库资金结算环节多，影响了国库资金的及时入库，降低了国库资金的使用效率；在分散型收支制度下，国家对国库资金的监督不力。为了有利于提高国库资金的使用效率；为了有利于强化对国库资金的监督和预算约束；为了有利于进一步配合政府采购制度改革，必须进行国库集中收付制度改革。

3. 国库集中收付制度的内容

我国国库制度的改革始于 1998 年，正式启动于 2002 年 2 月，其标志是国务院通过的《财政预算国库管理制度改革方案》。在这个方案中，明确了我国要建立以国库单一账户体系为基础、资金拨缴以国库集中支付为主要形式的财政国库管理体系。这项改革的内容主要包括：

（1）建立国库单一账户体系。这个体系由两部分组成：

A. 财政部门在中国人民银行开设国库账户。账户包括三个：一是国库单一账户，也称合并基金账户，所有的政府资金必须进入这个账户；二是长期储蓄账户，用于储蓄财政部门长期不用的资金；三是机构过夜账户，也称"停车场"账户，用于暂时存放财政部门已拨出但预算单位尚未全部用出去的资金。

B. 财政部门为预算单位开设的账户体系，也包括三个账户，即机构部门账户、机构管理收入账户和机构管理支出账户。

通过以上账户体系，横向上使财政部门、预算单位、中国人民银行和税务部门实现财政信息及时、透明与共享。

（2）财政收支全面实行国库集中收付。

A. 收入方面，取消原来层层代缴、收入过渡的模式，采用直接缴款模式。每一笔收入，都由缴款人通过其开户行直接划入国库，只有少数分散、零星的财政收入才经过特许的单位集中汇缴。

B. 支出方面，主要采用财政直接支付制，即由财政部门直接将资金付给用款单位，少量、零星的支付则由预算单位在获得财政部门授权以后支付。集中收付以后，财政部门可以在任意时点监控任何一笔财政资金的来龙去脉和使用情况，大大提高了财政资金管理上的透明度。

预算外资金的支付，比照上述程序进行。

三、政府决算

（一）政府决算的概念

政府决算是政府预算执行的总结，它反映着年度政府预算收支的最终结果，也是一国经济活动在财政上的集中反映。

（二）编制政府决算的意义

（1）政府决算是国家、地方国民经济和社会发展情况在财政上的集中表现，体现一年来政府活动的范围和方向，体现社会主义现代化建设的成果和进程。国家财政决算和地方财政决算的公布，可以使广大群众了解国家和本地区的各项财政经济活动以及各项建设事业取得的成就，进一步鼓舞人民建设社会主义国家的积极性和创造性。

（2）政府决算是研究制定或者修订国家和地方财政经济政策的基础资料。通过决算的编制和分析，可以从预算资金的分配和使用方面总结贯彻执行党和国家方针政策的情况，了解存在的问题，以便进一步研究和调整国家的财政经济政策。

（3）编制政府决算是做好下年预算管理工作的基础。决算是预算执行结果的总结，通过编制决算，可以看出年度预算及各项预算管理制度的执行情况，对这些情况进行分析研究，可以探索出一些有关预算管理活动的规律，从而使下年预算建立在更加可靠的基础上，使预算管理制度更加符合客观实际。

（4）决算资料是财政统计资料的重要来源。通过编制决算，可以系统地整理出预算执行的最终实际数字，这些数字是财政统计资料的重要来源，是进行财政科学研究的重要依据。

（三）编制政府决算的准备工作

编制政府决算是一项极其复杂细致的工作，因此，要编好决算，必须做好一系列准备工作。

（1）制发决算编审办法。每年第四季度，财政部要在总结上年决算编审工作的基础上，根据当年预算执行的情况，制发决算编审办法。

（2）制发决算表格。每年第四季度，财政部在制发决算编审办法的同时，还制发各种决算的统一表格。决算表格按照预算财务系统划分，可分为财政总决算表格、事业行政单位决算表格、企业财务决算表格和基本建设财务决算表格。

（3）制发中央财政与地方财政的年终结算办法。中央财政与地方财政的年终结算，主要是明确当年有哪些结算事项及如何结算。实行分税制财政体制后，中央与地方的年终结算事项包括税收返还结算、体制上解结算、体制补助结算、定额结算、其他结算。

（4）组织年终清理核实。搞好年终清理工作，是保证决算数字准确、内容完整、编报及时的重要条件，也是编好决算的重要环节。各级财政部门和行政事业单位、企业单位、基本建设单位，年终要对预算收支、会计科目、财产物资等进行一次全面的核对、结算和清查。通过年终清理，保证各级财政总决算、基本建设财务决算、金库年报、税收年报等有关决算收支数字相符。

（四）政府决算的编制

1. 政府决算的编制原则

编制决算，必须符合法律、行政法规的规定，这是编制政府决算在政策上应遵守的原则。法律、行政法规是全国人大、国务院制定的，适用于各地区、各部门。各地区、各部门要严格按照法律、行政法规编制决算。在收入方面，要将属于国家的各项税收收入及时、足额地上缴国库，并由各级财政编入决算。在支出方面，严禁将不属于国家预算开支范围和不符合开支标准的支出列入决算。

数额准确，内容完整，报送及时，是编制决算在技术上应遵守的原则。数额准确，就是要按照收付实现制的原则，凡当年已发生的财政收支，都要如实作为预算收支列入决算。内容完整，就是要严格按照国家和上级的决算编审要求以及布置的决算表格，一项一项地落实，认真填报齐全，不能自行取舍和遗漏，并要根据决算报表写出有情况、有分析、有总结的决算报告，为今后加强管理打下基础。报送及时，就是指各地区、各部门必须严格按规定的时间把握好编制决算工作中各项具体工作的进度，在保证决算质量的前提下，力争缩短编制决算的时间。

2. 政府决算的编制程序

国家决算的编制，要从执行预算的基层单位开始，自下而上地进行编制、审核和汇总。

（1）在年度终了后，各基层单位按照财政部门下达的有关规定和要求，准确、及时地编制单位决算，经逐级汇总上报，由各主管部门将汇总单位决算报送同级财政部门，由财政部门汇编成总决算。

（2）各级财政部门将同级主管部门报送的汇总单位决算进行审核后，连同本级财政决算一起汇编成总决算。

（五）政府决算的审核

决算的审核，是保证决算质量的必不可少的一环。审核决算，对于贯彻执行党的方针政策，预算收支执行情况和企事业单位资金使用效果，加强财政管理等，都具有重要意义。审核一般分为自审、互审和上级部门审核三种形式。

审核的内容主要是：

（1）在收入方面。要审核本年应缴库的预算收入是否及时足额入库并编入本年决算，有无截留国家收入、化预算内为预算外的情况；收入计划的完成情况及其原因；收入退库项目是否符合规定；各项收入是否按级次入库，有无混库等。

（2）在支出方面。着重审核各项支出是否符合规定，年终有无突击花钱的情况，预算内外支出是否划分清楚，专项资金是否按规定用途使用等。

（六）政府决算的审批

《预算法》规定：国务院财政部门编制中央决算草案，报国务院审定后，由国务院提请全国人民代表大会常务委员会审查和批准。县级以上地方各级政府财政部门编制本级决算草案，报本级政府审定后，由本级政府提请本级人民代表大会常务委员会审查和批准。乡、民族乡、镇政府编制本级决算草案，提请本级人民代表大会审查和批准。

四、预算监督

我国的预算监督同世界上主要国家一样，都是由立法机构的监督和财政部门的监督所组成的。

1. 各级人民代表大会及其常委会的监督

在西方国家的预算监督中，立法机构的监督，也即议会的监督居主导地位，议会在审议预算时比较细，有权对某项具体支出和税制变化提出质疑乃至否定。我国实行的是人民代表大会制度，立法机构的监督是由人民代表大会对预算的监督来体现的。根据宪法和《预算法》的规定，各级人民代表大会的职权是：预算、决算的审批权，预算、决算的监督权，对预算、决算不适当的决定的撤销权。各级人民代表大会常务委员会的职权是：预算的监督权、预算调整方案的审批权；根据授权对决算进行审计，对决算方面不适当决定的撤销权（即各级人民代表大会常务委员会有权撤销本级人民政府和下一级人民代表大会关于预算决算的不适当决定）。

为了方便各级人民代表大会及其常委会的审批监督，各级人民政府须在本级人代会召开前一个月将预算草案主要内容提交本级人代会的专门委员会进行初审。在人代会开会时，本级政府财政部门负责人向大会正式提交预算草案，提请审议，待批准后，预算成为正式法律。在预算执行过程中，预算需要调整，必须经过各级人民代表大会审查批准方可进行，财政部门未经批准不能擅自变更预算。

2. 财政部门的监督

《预算法》、《预算法实施条例》和《会计法》明文规定："各级政府财政部门负责监督检查本级各部门及其所属部位的预算执行，并向本级政府和上一级政府财政部门报告预算执行的情况。""各单位必须依照法律和国家有关规定接受财政等机关的监督。"

财政部门的监督除通过财政部派员在各地的中央财政监察专员办事处常驻地就地进行监督外，还由各级财政部门开展下述形式的监督检查：

（1）日常监督检查。主要是对预算执行和财政管理中的某些重要事项进行日常监控。具体内容是结合预算编制对财政资金的分配进行事前审查、稽核，对资金拨付和使用进行事中的审核、控制，对财政资金运行中的某些重要环节进行监控和实地检查。

（2）专项监督检查。我国正处于经济转轨时期，各种经济制度、经济关系正处于重新组合和调整之中，相应的法律法规政策不尽合理，在许多地方出现真空和断层。为此，财政部门根据日常监督中发现的问题，有针对性、有重点地开展专项检查。

(3) 全国财税大检查。在 1985 ~ 1998 年期间，国务院多次统一组织全国性的财政、税务、审计和物价方面的大检查，收到很大成效。但因涉及面广、工作量大，再加上各种制度的逐步建立，日常专项检查逐步完善，国务院于 1998 年决定，今后不再开展全国性的财税大检查。但是，2007 年春根据形势发展的需要，国务院又布置开展了全国性资金清查工作，全面清查了各级政府、事业单位等公共部门及其所属的财务收支和固定资金等方面的情况[①]。

第三节　部门预算

一、什么是部门预算

通俗地说，部门预算就是一个部门一本预算。根据国际经验，部门预算由政府各部门编制、经财政部门审核后由议会（我国为人民代表大会）审查通过的反映部门所有收入和支出的预算。

二、部门预算的主要内容

部门预算要反映部门的所有收入和支出，既要反映一般预算收入和支出，又要反映基金预算的收入和支出。在一般预算中，既要反映预算内收入和支出，又要反映预算外收入和支出。在预算内收入中，既要反映财政部门直接安排的预算拨款，又要反映计划部门、科技部门等有预算分配权的部门安排的资金。总之，部门预算是全面反映部门收支活动的预算。

根据上述要求，部门预算主要包括一般预算和基金预算。

一般预算收入主要是指部门及其所属事业单位取得的财政拨款、行政事业单位预算外资金、事业收入、事业单位经营收入、其他收入等。一般预算支出主要是指部门及其所属事业单位的基本建设支出、挖潜改造支出和科技三项费用、各项事业费支出、社会保障支出及其他支出。

基金预算收入包括部门按国家规定取得的基金收入，如水利部门的水利建设基金、铁路部门的铁路建设基金等。基金预算支出是部门按国家规定从基金中开支的各项支出，如电力建设基金支出、养路费支出、公路建设基金支出等。

部门预算要求各部门按照财政部门统一规定和标准表格，全面、系统地将部门一般预算收支情况和基金收支情况编入部门预算。

三、部门预算的特点

部门预算具有以下几个特点：

---

① 樊勇明等：《公共经济学》，复旦大学出版社，2007 年版，第 136 页。

（一）完整性

部门预算的完整性主要体现在以下两个方面：一是部门预算包括所有收支事项预算。部门预算以部门为依托，将各类不同性质的资金统一编制到使用这些资金的部门，使部门预算成为一个覆盖所有公共资源的完整预算。二是部门预算包括所有预算单位收支预算。部门预算既包括本部门行政单位收支预算，又包括本部门事业单位收支预算；既包括本部门机关收支预算，又包括所属预算单位收支预算。

（二）科学性

部门预算的科学性体现在以下三方面：一是编制方法科学。运用零基预算方法编制的各部门（单位）支出预算，减少了人为因素造成的不合理现象，确保预算分配的公平、公正、公开。二是定员定额标准的确定方法科学。三是预算编制方法科学。一方面将原来的以财政为主编制预算改为以部门为主编制预算；另一方面改革了原来由部门替下属单位按资金性质进行代编的做法，使编制的预算更加符合实际情况。

（三）确定性

部门预算的确定性主要体现在两方面：一是部门预算确定到单位；二是部门预算确定到项目。从而有助于财政部门按预算拨款、预算单位按计划执行预算；同时也有助于人大、审计部门检查监督。

（四）统一性

部门预算的统一性主要体现在以下三方面：一是预算标准统一，各部门按照财政部门统一规定的指导思想、编制原则、填报口径、支出定额及编制要求编制部门预算。二是预算管理要求统一，财政部门根据预算编制、执行、监督相分离的原则，调整机构，实现了编审与执行各自一个头对外的要求，避免预算管理政出多门的现象。三是预算批复统一，部门预算由财政部门预算编审机构统一批复。

（五）综合性

部门预算要求统筹考虑部门预算内外资金，做到预算内外资金统筹运用、统一安排，实行财政预算制度，彻底解决预算内外资金“两张皮”的问题，达到预算内外资金收支预算“一盘棋”。对于规范我国财政分配秩序、克服财政资金使用的低效浪费和腐败具有重要意义。

四、为什么要实行部门预算

实行部门预算具有重要意义，主要体现在：

（一）有利于贯彻落实党中央、国务院依法治国的方针

《预算法》第四条规定“中央预算由中央各部门单位预算组成”；《关于加强中央预算审查监督的决定》指出，各部门、各单位应当按照预算法的要求编好部门预算和单位预算，中央本级预算的经常性支出按中央一级预算单位编制。党的十四大报告指出：“依法治国把坚持党的领导、发扬人民民主和严格依法办事统一起来，从制度和法律上保证党的基本路线和基本方针的实施，保证党始终发挥总揽全局、协调各方的领导核心作用。”编制部门预算、将中央预算细化到部门，符合法律规定，体现了党中央、国务院依法治国的要求。

（二）有利于人民代表大会及其常务委员会履行对财政预算的审查和监督作用

以往给人民代表大会提交的预算草案比较粗，没有相关部门的具体数字，不便于人民代表进行审查和监督。编制部门预算，预算进一步细化，预算透明度大大提高，有利于预算分配的公平、公正和公开，有利于人民代表履行监督职能，也有利于审计部门和社会各界对财政的监督。

（三）有利于规范政府、财政和部门的行为

编制部门预算，财政预算资金在政府、财政、部门之间的分配都有严格的制度规定，增强了预算的约束性。财政资金在年初一次性规范化地分清，各部门都必须严格执行，有效地规范了政府的管财行为、财政的理财行为和部门的用财行为。同时，编制部门预算，使预算透明度提高，减少了预算分配过程中的不规范行为，有利于加强廉政建设，从源头和机制上防止腐败。

（四）有利于强化预算观念，提高预算管理水平

编制部门预算，年初就将预算细化到部门和落实到具体项目，促使预算编制科学化、制度化和规范化，改变了过去“一年预算、预算一年”的现象，有利于克服预算管理粗放、预算随意性较大的问题，客观上促进了各级领导强化预算观念，减少追加支出的随意性。同时，财政部门也可以把更多的精力放在执行预算、监督财政资金的使用及参与部门行业规划和项目的选定上。

（五）有利于优化资源配置，提高政府的宏观调控能力

编制部门预算，要求部门根据轻重缓急对项目进行排序，政府可以根据各个部门项目的排序情况进行择优选择，把有限的资金安排到急需项目，集中财力办大事，提高资金的使用效益。

五、我国部门预算编制的进展

我国中央部门预算编制改革从2000年开始，2000年主要建立部门预算的基本框架。

（1）延伸预算层次。从基本预算单位开始编制预算，逐级审核，逐级汇总，克服代编预算的盲目性，使预算编制更加科学合理。

（2）提高预算的完整性。一个部门一本预算，要求各部门的财务部一个口对财政部，将部门的所有收支编在一本预算中。

（3）实行综合预算，扩大预算编制范围。编制范围不仅包括预算内收支，还包括预算外收支以及政府性基金。

（4）细化预算。预算落实到具体项目和具体单位。

（5）改革预算批复方式。细化预算批复内容，统一、规范预算批复格式，统一由财政部预算司批复预算。

2001年主要做部门预算的细化工作。

（1）进行基本支出和项目支出预算编制的试点，试用定员定额和项目库的方法编制预算。

（2）调整财政部门内部机构及其职能。目的是适应部门预算管理的要求和部门预算编制流程的需要。

（3）编制部门政府采购计划，中央各部门根据财政部公布的采购品目和实施政府采购的条件，对符合条件的支出项目编制部门采购计划。

2002 年主要是深化改革，规范部门预算。

与 2000 年、2001 年部门预算改革相比，2002 年中央各部门按照基本支出、项目支出分别编制预算，同时根据国务院对 34 个部门的预算外收入实行纳入预算管理和收支脱钩的办法，走出了深化部门预算改革的重要一步。2002 年的部门预算进一步健全了“一个部门一本预算”的管理模式，预算进一步细化到预算单位和项目，全面反映支出的内容和方向，并体现了较强的计划性和可操作性。目前，所有预算单位均实行了部门预算。

编制部门预算大大提前了预算下达时间，提高了预算透明度。但与规范的部门预算相比，我国的部门预算仍有一些不完善之处，主要表现在：尚未建立科学的支出标准和预算定额，专项资金项目尚未建立起完整的评估机制；预算科目还沿用传统体系，仍带有明显的计划经济色彩，不能满足社会主义市场经济条件下预算管理的要求。

六、完善部门预算的措施

要进一步完善我国的部门预算，要加强宣传力度，让各部门真正重视起部门预算；要改革管理机构和管理方式，充分利用现代信息技术，完善各种指标体系；要改革预算科目，建立与市场经济相适应的政府收支分类体系。就目前而言，改进部门预算工作，关键是建立科学的支出标准和预算定额。

（一）确定支出标准和预算定额的基本原则

1. 确保完成工作任务、履行职责必要的财力

制定支出标准和预算定额，应以保证行政机关各项工作任务和维持机构正常运转为基本原则，在综合考虑各单位工作任务和收入能力的基础上，确定一个合理的定额标准。

2. 量力而行、实事求是

在制定定额标准时，应将需要与可能结合起来，既要考虑财力，又要考虑各部门的合理需要。

3. 简便易行、利于操作

预算支出范围广、涉及面多、性质各异，不可能也没必要一一制定支出标准和预算定额。在测定支出标准和预算定额时，要本着简便易行的原则，对各项开支进行科学合理的分类、汇总和分析，将性质大体相同的开支项目合并，制定一个比较统一、合理的支出标准。

（二）支出标准与预算定额的分类

如上所述，财政支出内容繁多，影响的因素众多，需要对经费开支范围进行合理的划分。我们可将支出分为个人经费、经常性公用经费和专项经费三部分。对不同性质的经费采用不同的定额标准测定办法。

1. 个人经费

个人经费指工资部分和职工福利费等个人性开支部分，可按基本工资、补助工资、其他工资、职工福利费和社会保障费等目级科目进行核定并按标准进行安排。此类经费属于

刚性支出，应根据核定的人员编制数，严格按照国家规定的工资标准和福利费定额标准分别核定。

个人经费定额工作的前提是搞清楚各单位的实有人员数、人员级别结构、工资结构，经人事编制部门审核认可，由财政部门核算出各部门的工资定额，安排年度预算指标，并随国家出台的调资政策和单位人员变动情况调整有关单位的经费定额指标。

2. 经常性公用经费

公用经费包括公务费、设备购置费、修缮费、业务费、业务招待费和其他费用。公用经费定额的测定，应根据各单位职责和其开展业务活动的经费开支水平及人员构成情况，对单位进行分类，按照党委机关、人民代表大会、政协、公检法部门、政府综合部门及一般政府职能部门的类别，分档核定支出定额标准。

3. 专项经费

专项经费属于随机性支出，其支出标准主要视项目的性质和项目建设规模及方法逐一核定。专项经费的安排，必须根据需要与可能的原则确定，按人员和定额确定了正常经费后，剩下的财力再根据需要择优安排各单位的专项经费。专项经费要实行项目排序制度，项目的筛选安排由各主管部门负责，项目经费需求计划由各项目单位提出，并对项目所涉及的人员经费、基建经费、设备材料购置经费、管理费、各项税费及价格、汇率变动因素进行测算。凡是具有定额的开支项目以定额标准测算，没有定额的以平均价格测算，不留经费缺口。部门测算的经费经财政部门审核后进入部门预算。

第四节 财政赤字

一、财政赤字的概念

在讨论财政赤字的概念之前，我们必须首先明确一个问题，即公共部门的范围与财政赤字的关系。政府在参与社会经济活动的情况下，公共部门范围的大小不同，财政赤字的内容也不一样。如果公共部门仅指中央政府，财政赤字是指中央政府的赤字；如果公共部门包括中央政府和地方政府，则财政赤字是指这两级政府的赤字总和，可称之为国家财政赤字或一般政府财政赤字；如果公共部门的范围不仅包括各级政府，还包括国有企业或公共企业，可将其赤字称为公共部门赤字。一般说来，财政赤字是指中央政府的赤字，但我国的财政赤字是国家财政赤字。

为了更好地理解财政赤字，我们把财政赤字作如下的区分：

1. 财政赤字

财政赤字是指某一财政年度，在预算执行过程中所产生的财政赤字。这个概念强调的是预算执行结果出现赤字这一事实。

2. 预算赤字

预算赤字是指在某一财政年度，政府计划安排的总支出超过经常性收入并存在于预算中的差额。这个概念包括以下两层含义：一是赤字不仅表现在预算执行的结果上，而且政府在安排其预算时，就已有计划、有目的地留下赤字缺口；二是这种赤字虽然是计划安排的，但产生这种赤字的原因可能是多方面的，既有可能是由于实施扩张性财政政策的结果，又有可能是由于支出具有强烈的刚性所致。

3. 赤字财政

关于赤字财政，目前国内外有两种解释：一是赤字财政是指政府通过货币创造或增加货币供给而弥补的预算赤字，也就是说当预算赤字通过增发货币的方式弥补时，赤字财政就发生了；二是政府增加支出而不相应增加税收，或者政府减少税收而不减少支出，这种做法叫赤字财政。

这两种解释殊途同归，赤字财政就是指政府有意识地、有计划地利用预算赤字，以达到经济稳定增长的一种手段。

二、财政赤字的类型

由于分类标准的不同，财政赤字有不同的类型。

（一）按对国债收支处理方法的不同，把财政赤字区分为软赤字和硬赤字

硬赤字与软赤字是两个相对应的赤字类型。与财政收支口径及其对债务收入的处理方式有关。

关于财政收支的计算，通常有两种不同的口径：一种是将债务收入计入正常的财政收入中，同时也将债务支出列入正常的财政支出中。经过这样处理，实际上是将一部分财政赤字用债务收入弥补了。在这种情况下，如果再出现财政赤字，就是我国通常所说的“净赤字”或“硬赤字”，用公式表示：

硬赤字 = （经常性财政收入 + 债务收入）-（经常性财政支出 + 债务支出）

另一种口径则是在统计计算时，不把债务收入列为正常的财政收入，同时也不把债务支出列为正常财政支出，在这种情况下，如果财政收支相抵后出现财政赤字，那么这种财政赤字就是所谓的“软赤字”，用公式表示：

软赤字 = 经常性财政收入 - 经常性财政支出

以上两种口径之间的根本区别，就是对债务收入与债务支出的处理。其中，第一种口径在收支方面属于大口径统计，而在赤字方面则是小口径。因此，按照这种统计口径和计算方法，实际上并没有将政府债务收入作为弥补政府财政赤字的手段；而第二种口径则在收支方面属于小口径统计，在赤字方面属于大口径，因此，按照这种统计口径和计算方法，实际上是将债务收入作为弥补财政赤字的手段；从统计上看，按照这种口径，在量上赤字等于债务收入；或者反过来看，债务收入也等于赤字，不言而喻，即使对于同一个国家来说，用第二种方法统计出来的赤字必然比用第一种方法所统计出来的赤字规模要大。

综上所述，所谓财政硬赤字，一般是把年度债务收支计入正常财政收支范围内时，收支相抵所形成的差额；所谓财政软赤字，则是指在不把年度债务收支计入正常财政收支范围内的前提下，收支相抵后形成的差额。

（二）按财政赤字与经济运行相关的角度，把财政赤字区分为周期性赤字与结构性赤字

周期性赤字，是指由于经济运行的周期性而形成的赤字。

周期性赤字概念的提出，是同经济运行的周期性特征及周期经济理论相联系的。经济发展的历史证明，经济运行具有周期性，一般要经过经济衰退——经济复苏——经济高涨——经济衰退——经济复苏等阶段的往复运动。经济运行由一个经济高涨阶段到另一个经济高涨阶段的过程叫作一个经济周期。

在经济高涨时期，由于企业和个人收入增加，财政收入也会相应增加，所以一般不会形成财政赤字。

在经济衰退时期，企业和个人的收入减少，财政收入也会相应减少，但政府的财政支出不能减少，因为此时失业增加，需要政府大量地给予个人失业补助；此外，为了促使经济回升，政府需增加公共投资等支出，通过实行扩张性的财政政策或积极的财政政策以刺激经济，政府的支出会大大增加。这样，政府财政就会出现赤字。这种赤字就是周期性财政赤字。

结构性赤字又称为高度就业赤字或充分就业赤字，是指经济活动水平达到充分就业水平时依然存在的赤字，或者说是非周期因素引起的财政赤字。

（三）按计算方法的不同，把财政赤字区分为总赤字和原始赤字

所谓原始赤字，又称为基本赤字，是不包括债务利息支出的赤字。

所谓总赤字，是基本债务加上利息支出的赤字。

三、财政赤字的基本用途

从财政赤字的产生和历史看，财政赤字的基本用途有：

（一）为战争经费融资

财政赤字的历史渊源就是为战争融资，交战国双方都要付出巨大的代价，把本国所有的资源投入战争。所以，为了取得战争胜利，政府必须运用全部手段为战争融资，赤字就是政府可以运用的最快捷的手段之一。

（二）拯救经济衰退

经济衰退是市场经济运行中的正常现象，在经济出现衰退时，一般都伴随着失业、社会有效需求严重不足。根据凯恩斯的理论，公共支出是对付经济衰退的有效手段，它能够增加社会有效需求，增加就业，使经济走出衰退。

（三）促进经济发展

财政赤字还有利于发展中国家经济的发展，这是因为财政赤字有可能动员未加利用的或利用不足的经济资源，使之投入生产，促进一国经济的发展。

四、弥补赤字的手段

（一）财政发行

所谓财政发行，是政府为了弥补财政赤字而增加的货币发行。财政发行不同于经济发行，经济发行是根据国民经济发展的需要而增加的货币发行。

用财政发行的方式弥补财政赤字即赤字的货币化，增加了流通中的货币流通量，在社会总供求基本平衡的情况下会引发通货膨胀。

（二）财政透支

财政透支，是指财政在其银行账户中支取款项超过其存款数额。我国国家金库由中国人民银行代理，财政收入和支出均通过银行账户办理，当财政部门开出的支票额大于财政部门在中国人民银行的存款额且中国人民银行已经付出的情况下，就出现了财政向银行透支。

通过透支的办法筹集资金弥补财政赤字，如果是在编制预算时通过财政与信贷的综合平衡有计划地安排的，实际上是用银行的信贷资金弥补财政赤字，是在社会资金总量不变的前提下改变了一部分社会资金的投向，因此一般不会引起社会需求总量的增加，这种财政赤字，不具有扩张性的效果。如果没作这样的安排，那么，财政透支必然导致增发货币。在这种情况下，财政赤字便具有扩张社会需求的效果。

长期以来，我国一直以财政透支的方式弥补财政赤字，1994 年实行新财政体制时，我国政府决定，从 1994 年起，政府财政不再以财政透支的方式弥补财政赤字。

（三）动用上年财政结余或累计财政结余

财政结余是国家预算执行结果收入大于支出的余额。在我国，财政结余在价值形态上表现为银行的财政性存款；在物质形态上表现为相应的未动用的物资。动用财政结余弥补财政赤字，如果该结余是真实的，尚未被使用的，实际上等于将过去的需求投放到现在的经济当中，因而对本期的社会需求具有扩张性的效果。

（四）发行公债

通过发行公债，以债务收入弥补财政赤字，是各国弥补财政赤字的一种常用方式。若是社会公众购买公债，仅是购买力的转移，不会增加社会需求总量，仅会改变社会需求结构；若是中央银行或商业银行购买公债，可能会导致货币流通量的增加，产生一种扩张效果。这是因为中央银行一般是以信用创造的方式购买公债，商业银行购买公债后可到中央银行去贴现，从而造成“一女二嫁”。

五、我国财政赤字观的演变

在计划经济时期，社会再生产的生产、流通、分配和消费都是由政府统一安排的，与此相适应，财政平衡一向是执行略有结余的方针。在传统财政观念中，财政赤字被看作资本主义特有的经济现象，是社会主义经济的身外之物，即使偶尔发生，也不过是经济工作的一时失误所致。在当年我国计划经济体制下，情况也确实如此，赤字只是在少数年份出现，而且经政府及时采取措施就很快消除了。自改革开放伊始的 1979 年就出现的巨额财政赤字以及以后又连年出现赤字，这一客观事实告诉我们，财政赤字现象并非那么简单，这就唤起学术界和实际工作部门对财政赤字的极大关注，开展了关于财政赤字的讨论。

财政赤字问题的讨论以及后来赤字政策的实施，首先遇到的是观念转变。由于计划经济遗传下来的传统观点的影响，当时人们习惯于把财政赤字看作是资本主义特有的现象，谈到财政赤字似有谈虎色变之势，将财政赤字视为洪水猛兽，财政赤字俨然成为一个带有政治性的敏感问题。这种政治气氛，严重地桎梏了对财政赤字的深入探索。当时多年没有研究财政赤字的专著问世，报刊普遍开展批判“赤字无害论”，间或有几篇想做些具体分析的文章，也是含糊其辞，力图避开政治性这一敏感的神经。放开对财政赤字的深入探讨，主要是邓小平同志明确了市场经济不姓“社”也不姓“资”以后，自然财政赤字也就不姓“社”或“资”了，对财政赤字赤字问题的讨论才真正开展起来。

但是，理论探讨是一回事，而观念的转变是另一回事。我们经常提到“传统观念”一词，对财政赤字，特别是对赤字政策的恐惧、疑虑，甚至厌恶，也是传统观念。它是长期形成的，有其历史根源，不仅是一个价值判断问题，而且有道德的、感情的因素。为对付亚洲金融危机，我国实行积极财政政策并取得很大成功。这就说明，赤字、赤字政策、发行国债不是国民经济的毒瘤，也不是权宜之计，而是宏观调控的一种重要手段，这是政策观念的大转变，没有观念的转变也就不可能有宏观调控手段的完善和成熟以及运用宏观政策手段艺术的提高。

从实施积极财政政策的过程可以看出，这个转变也经历了一个过程。实施伊始，我国政府宣布这是借鉴罗斯福“新政”的经验，如果说这是借鉴“新政”的经验，其中一点十分相似，就是实施之初仍对赤字政策心存疑虑。大家知道，罗斯福并不是凯恩斯主义者，而是带着古典财政平衡观念来实行新政的，一边搞赤字政策，一边还想着及早实现财政平衡。从 1933 ~ 1937 年对挽救危机取得了明显成效，于是马上缩减预算，结果经济立刻出现萎缩，不得不重新恢复“新政”措施，罗斯福在实施“新政”后期，受到凯恩斯主义的影响，才摆脱了平衡财政观念的束缚。我国实施积极财政政策的过程也是这样，心存疑虑，一边搞赤字，一边想着及早消除赤字，实现财政平衡。这也就是为什么总在强调积极的财政政策是一个短期政策，实施不久舆论界就强调要及早“淡出”，这是“赤字疑虑症”的表现。实际上，我国是通过积极财政政策的实践，才逐渐消除这种“疑虑症”。其实，赤字和赤字政策是一种财政政策手段，与其他财政手段一样，不能以绝对的好或坏来判断，都有积极和消极作用的两面性，运用得当就会产生积极作用，运用不得当就会产生消极作用，甚至酿成灾难，关键在于掌握运用的艺术和运用的度。

六、财政赤字的规模

（一）衡量财政赤字规模的指标

衡量财政赤字的规模通常有两个：

1. 赤字依存度

赤字依存度是指财政赤字占财政支出的比率，它反映了政府在一定时期内（一年）总支出依赖财政赤字的程度，或者说，财政支出中有多少是依靠财政赤字融资的；反映了财政本身状况的好坏。

赤字依存度高，说明财政支出需求过大，或现行收入制度筹措收入的能力不足。为解决这个问题，政府应该重新审查支出规模，或重新设计收入制度。

2. 赤字比率

赤字比率是财政赤字占国内生产总值的比率，它表明的是政府在一定时期内动员社会资源的程度，反映了财政配置工具对经济运行的影响。

高赤字比率会扰乱正常的经济运行和形成沉重的债务负担，影响国民经济的正常运行。如果财政赤字比率过高，政府应该从以下两方面降低赤字比率：一是削减财政赤字；

二是调整经济结构、提高经济效率、加快经济增长。

（二）决定财政赤字规模的因素

财政赤字的规模过大，会造成通货膨胀等一系列问题。因此，一个国家必须考虑适度财政赤字规模的问题，而财政赤字规模的大小主要由以下因素所决定：

1. 社会经济因素

（1）经济增长率。如果经济持续增长率比较高，即使政府施以较大规模的赤字用于发展经济，对国民经济也没有危害，或危害很小。这是因为国民经济的发展大幅度提高了对财政赤字的吸纳能力，价格水平不会出现上涨。

（2）货币化部门增加的程度。在商品货币经济不断发展的情况下，一个国家当中非货币化部门将不断地转化为货币部门，这一进程就是货币化。货币化进程增加了人们对货币的需求，吸收了因财政赤字所引起的货币供给，减轻了通货膨胀的压力。

（3）是否有闲置资源的存在。财政赤字是否会引起通货膨胀主要看是否有闲置资源的存在，如果国民经济中存在大量的闲置资源，财政赤字可使闲置的资源充分动员和利用起来，使本国的 GDP 增加，而不会使价格水平上升。

（4）政府自身的管理能力。当一国出现财政赤字时，政府自身的管理能力对是否出现通货膨胀有重要的影响，如果政府有足够的举债和征税能力，有足够的手段控制工资和物价的上涨，财政赤字就不会对价格产生较大影响。

（5）公众的牺牲精神。赤字融资安全界限的确定还不能忽视这样一个因素，即广大群众的理解和牺牲精神。赤字融资有可能增加实际产出，但资源动员和产品供给的时滞要求社会在或长或短的时间内保持一定程度的耐心，克服收入与生活水平预期过高的心理，甚至要暂时忍受一下实际收入下降之苦。在这种情况下，广大群众的理解、配合甚至做出暂时的牺牲就显得非常重要，它能为财政赤字的实施创造一个良好的社会环境。

2. 资金来源

既然出现财政赤字，就需要为财政赤字融资。因此，财政赤字的规模要受到资金来源的制约。在经济全球化的背景下，政府为财政赤字融资也相应地有国内和国外两个渠道，因此财政赤字的规模要受到国内和国际两个因素的制约。

从国际上看，财政赤字的国际融资渠道主要包括国际援助、优惠贷款、商业贷款，这些渠道主要取决于国际政治经济形势及一个国家与援助国之间的关系。

从国内看，财政赤字的国内融资渠道主要是向公众借债和向银行借款，因此，城乡居民的收入和储蓄存款的状况及银行的资金状况是影响一个国家财政赤字规模的重要因素。

七、我国财政赤字的规模

从新中国成立以来至改革开放前，我国大部分预算年度是结余，改革开放后，大部分预算年度都是赤字。我国改革开放后的赤字情况见表 5－1：

表 5-1　我国改革开放后各预算年度的赤字情况　　单位：亿元

年份	财政收支差额	财政支出	国内生产总值	赤字依存度	赤字比率
1979	-135.41	1281.79	4062.60	10.56	3.33
1980	-68.90	1228.83	4545.60	5.6	1.52
1981	37.38	1138.41	4891.60		
1982	-17.65	1229.98	5323.40	1.44	0.32
1983	-42.57	1409.52	5962.70	3.02	0.71
1984	-58.16	1701.02	7208.10	3.42	0.80
1985	0.57	2004.25	9016.00		
1986	-82.90	2204.91	10275.20	3.76	0.81
1987	-62.83	2262.18	12058.60	2.78	0.52
1988	-133.97	2491.21	15042.80	5.38	0.89
1989	-158.88	2823.78	16992.3	5.52	0.94
1990	-146.49	3083.59	18667.80	4.75	0.78
1991	-237.14	3386.62	21781.50	7	1.09
1992	-258.83	3742.20	26923.50	6.92	0.96
1993	-293.35	4642.30	35333.90	6.32	0.83
1994	-574.52	5792.62	48197.90	9.92	1.19
1995	-581.52	6823.72	60793.70	8.52	0.96
1996	-529.56	7937.55	71176.60	6.67	0.74
1997	-582.42	9233.56	78973.00	6.31	0.74
1998	-922.23	10798.18	84402.30	8.54	1.09
1999	-1743.59	13187.67	89677.10	13.22	1.94
2000	-2491.27	15886.50	99214.60	15.7	2.51
2001	-2516.54	18902.58	109655.20	13.31	2.29
2002	-3149.51	22053.15	120232.70	14.28	2.62
2003	-2943.70	24649.95	135822.30	11.94	2.17
2004	-2090.42	28486.89	159878.30	7.34	1.31
2005	-2280.99	33930.28	183217.4	6.72	1.24
2006	-2162.53	40422.73	211923.5	5.35	1.02

资料来源：《中国财政年鉴（2007）》、《中国统计年鉴（2008）》。

从表 5-1 可知，改革开放以来，我国的财政赤字规模总体上呈不断增加的态势，其原因是多方面的。我们认为其主要原因集中在收入与支出两个方面：从收入来看，改革开放以来，我国实行放权让利的改革，使企业、个人的收入增加，财政收入相对减少；另外，分配秩序的混乱，各种不合理的收费影响了国家财政收入。在放权让利的同时，我国的财政支出没有进行结构调整，仍然“大包大揽”，再加上行政管理支出等的大幅度增加，导致了财政赤字的增加。

第六章　公　债

第一节　公债概述

一、公债的概念

公债就是政府以债务人的身份，按照国家法律规定或合同的约定，同有关各方发生的特定权利和义务关系。

由于公债关系的复杂性和人们对公债关系认识上的差异性，导致人们对公债概念认识的差别。因此，要正确理解公债概念，必须正确区分和理解与公债有关的几个概念。

（一）公债与国债

公债与国债均为政府的债。一般地讲，无论中央政府的债或地方政府的债，都属于公债。而国债属于公债的一个组成部分，一般是指中央政府（在实行联邦制国家中指联邦政府）的债。在我国，人们往往习惯于将国债统称为公债，而在许多资本主义国家中，仅将中央或联邦政府的债称为国债。形成上述差别的原因之一是预算制度的不同，根据《中华人民共和国预算法》的规定，发债的权力仅赋予中央政府，而没有赋予地方政府。从这个意义上说，我国的国债就是公债，或者说，国债是公债的唯一形式。而在西方发达的资本主义国家中，有关法律规定，中央政府预算与地方政府预算相独立，地方政府有权依照国家和地方有关法律规定，独立发行公债，即地方公债，由此便产生了国债和公债在外延上的差别。

（二）公债与公债收入

公债是一种特殊的债权债务关系，公债收入是政府利用这种特殊的债权债务关系所取得的收入。

（三）公债与公债券

公债券是公债的“伴生物”。公债作为一种信用，政府在举债之时需要对应募者提供某种凭证，公债券便是这样一种凭证，是政府对债权人的债务关系得以成立的正式依据。

公债和公债券之间的区别还表现在两者各自的经济含义有所不同。公债，从债务的角度看，是政府的负债；从筹资的角度看，是政府以债务人身份取得的货币收入或实物收入，是现实的收入。而公债券则是政府给公债购买者的债权凭证，为债权人持有，它只证明债权人有权按期取得规定的利息，并到期收回本金，而实际的货币资金或实物在债权人取回本金以前，已经转归政府支配了。因此，公债券作为债权人的一种资产，是“虚拟”

的，而不是现实的。

（四）国外公债与外债

国外公债与外债是两个不同的概念。按照我国国家外汇管理局的解释，我国外债是指中国境内的机关、团体、企业、事业单位、金融机构或其他机构对中国境外的国际金融组织、外国政府、金融机构、企业或其他机构用外国货币承担的具有契约性偿还义务的全部债务。具体包括国际金融机构贷款、外国政府贷款、外国银行和金融机构贷款、买方信贷、外国企业贷款（主要是卖方信贷）、发行外币债券、国际租赁、延期付款；用现汇偿还的补偿贸易，向境内外资、合资银行借入的外汇资金和其他形式的债务。另外，在我国境内注册的外资银行和中外合资银行借入外汇资金也视同外债。

理论上，国外公债和外债之间的主要区别在于其债务主体不完全相同，国外公债的债务主体是本国政府，而外债主体则泛指在本国境内对境外组织（作为债权人）负有契约性偿还义务的一切单位或组织，这些单位或组织既可以是政府单位，也可以是非政府单位。实际上，外债的涵盖面大于国外公债。国外公债属于外债的一种，是外债的一个组成部分。因此，在理论上，我们必须弄清国外公债与外债之间的区别。

然而，国外公债与外债之间的区别是相对的。在我国，有一些企业、机构直接对外借债，即直接作为债务人发生的自借自还的债务。但是，由于这部分债务占我国外债比重不大，从量上看，具有显著意义的主要是国外公债。更为重要的是，一旦这些企业、机构发生不能清偿债务的事，它们的债务也就直接或间接地转化为国家债务，即国家的国外公债。

在我国，将外债视为公债的根本原因就是国家财政实际上是外债的最终担保人。国家财政作为外债最终担保人的原因主要体现在以下几个方面：

（1）我国大部分中、长期外债是由政府财政直接承担的，由财政统借统还。财政统借统还国外借款的通常做法是：各部门商业贷款由中国银行统一向国外筹措，并由财政部向中国银行统借，然后分配给国有企业、主管部门计划使用，到期贷款的还本付息由财政部向中国银行统还。凡由财政部借入的政府贷款（指外国政府向我国的贷款）、国际金融组织的贷款和财政统借统还的国外借款，都列入政府预算，还本付息也列入政府预算。由此可见，由财政统借统还的国外借款，是国家国外公债形式之一。此外，各部门原来自借自还的国外借款，由于项目或主管部门无力偿还等原因，有一部分也转为国家财政对外借款，是国家国外公债形式之一，据估算，在 20 世纪 80 年代末期，我国这部分原为自借自还的中、长期国外借款中，还本付息负担的 80% 左右是由国家财政负担的。

（2）国家财政为统借自还外债直接担保或给予利息补贴。统借自还国外借款，就本来意义上讲不属于国外公债。因为它是由财政代为统一借入，财政部在这里只充当对外借款人，而不是债务人。但是由于国家财政给予担保，从而使之转变为国外公债。

（五）国外公债与外资

外资与国外公债也是两个既相互联系，又相互区别的概念。

通常所说的外资是指一个国家所利用的国外资金。

外资是一个比较大的概念，外债只是其中的一个组成部分。根据我们前面的分析，我们将我国外债笼统地视为国外公债。在此前提下，我们可以将外资分为三个组成部分：国外公债、国外直接投资和来自国外的赠款。国外赠款也称无偿援助，包括国外政府赠款、国际组织赠款和私人赠款等。国外赠款既不形成接受赠款国的债务负担，也不存在资金回流问题。因此，在这里我们仅分析国外公债与国外直接投资之间的关系。

国外公债与国外直接投资性质不同，各有其特点。主要表现在：

（1）接受国外直接投资，一般不会形成接受投资国的还本付息负担，而借入外债，则要形成还本付息负担。因此，若对国外公债规模控制不力，便形成债务累积，很可能形成债务危机，对一国国民经济产生不利影响。

（2）在资金的所有权、支配权、使用权（以下简称三权）之间关系方面，直接投资与国外公债不同；一般地，直接投资的“三权”往往是统一的，其中，特别是外商直接投资兴建企业的“三权”之间联系是非常密切的；而国外公债的“三权”，通常是相互分离的，其中，特别是由国家财政统借统还的外债，其“三权”分离明显，所有权归国外债权人所有，支配权为国家财政所有，而其具体使用权则归具体的外债使用单位或部门所有。

（3）主动权不同。比起接受国外直接投资来说，对外借款的主动权比较大，而接受国外直接投资的主动权则比较小。如果外国投资者将资金直接投到国内某些要害部门，往往能左右国内经济发展，甚至会威胁到该国的国家主权。

二、公债的产生与发展

公债的产生比税收要晚，它是随着政府职能不断扩大、财政支出日益增加，仅靠税收收入已经不能满足支出需要的情况下产生的。正如恩格斯所指出的那样，随着文明时代的向前发展，甚至捐税也不够了，国家就发行期票、借债，即发行公债。据有关文献记载，在奴隶社会，公债就开始萌芽；在封建社会，公债有了进一步发展。但这时规模都较小，只有到了资本主义时代，由于殖民制度及它的海外贸易和商业战争使资本主义国家掠夺了巨额财富，公债才真正发展起来。由此可见，公债产生的条件有两个：一是财政支出的需要，二是有闲置资金的存在。

公债在资本主义社会获得了很大发展，特别是从20世纪30年代“大危机”之后，资本主义各国纷纷采用凯恩斯的赤字财政政策，发行公债以弥补财政赤字，公债数字激增。据统计，1990年主要资本主义国家公债余额占GNP的比重较高，美国为61.6%，英国为52%，加拿大为46.8%①。

从我国情况看，公债历史不长，我国古代一向没有公债。原因大体如下：

（1）在“普天之下，莫非王土；率土之滨，莫非王臣”的封建国家里，国家所有的一切，都是皇室的财产，国家可以随便去取，而无须借贷。

（2）借贷是在有借有还原则下自愿产生的平等行为，而在“朕即国家”的封建专制制度下，以君主之尊向人民借债，是不可能的事情。

（3）中国古代历来重农轻商，商品经济不发达，因而不存在发行公债的经济基础。

中国的公债产生于清朝末年，为了应付甲午战争的军事需要，清政府于光绪二十四年（即1898年）发行了第一次内债——息借商款；同年又发行了“昭信股票”。并于1921年

① 财政赤字与公债研究课题组：《我国公债规模的现状分析与对策》，《管理世界》，1998年第6期，第72页。

发行了所谓的“爱国公债”。在国民党统治的1927～1949年的22年里，先后发行公债86次，公债名目之繁、数额之巨，在中国财政史上几乎达到登峰造极的地步。

在新民主主义革命时期，为了巩固革命根据地和保障战争的需要，先后发行了51种公债。

在新中国成立后，为了克服财政困难，筹集建设资金，我国也曾多次发行公债。在中华人民共和国成立后，为了克服当时的财政困难，制止通货膨胀，稳定市场物价，中央决定在1950年采取合理分配和自愿认购相结合的办法分期发行总额为2亿分的折实公债。每“分”公债按当年上海、天津、汉口、西安、广州、重庆六城市的大米6斤，面粉1.5斤，白细布4尺和煤炭16斤的批发价格加权平均计算；同时也向前苏联借了一定的外债。在1954～1958年的第一个五年计划时期，每年都计划发行6亿元的债券，实际都超额完成计划。20世纪50年代发行的公债，对克服新中国成立初期的财政困难，稳定国民经济，使“一五”计划顺利实现都起了重要作用。到1968年，我国已还清全部内外债，1969年5月11日，《人民日报》宣布我国成为世界上第一个“既无内债，又无外债”的国家。从此至改革开放前，我国一直是“双无”。有人认为，这是受“左”的思想的影响，我们认为也有客观原因，不仅仅是“左”的思想。其客观原因是：前苏联和美国对我国实行经济封锁，我们没有别的出路，只有还清全部外债，让它们无法卡我们的脖子。同时，人民群众的生活水平较低，没有多余的资金购买公债。

党的十一届三中全会后，为了解决历史遗留问题，加快经济发展步伐，为了解决“剪刀差”问题，改善人民生活，1979～1981年，国家财政连续3年出现赤字，且规模巨大。为平衡财政收支，国家决定于1981年发行国库券40亿元，实际完成48.66亿元。从此，我国每年都发行内债，同时，又向外借债。特别是1994年以后，我国的内债发行规模“3年三大步”，发行规模直线上升。1994年发行规模1000亿元，1995年达1500亿元，1996年公债发行规模已逼近2000亿元，由于亚洲金融危机的影响和国内买方市场的形成，我国经济不够景气，为了刺激经济增长，我国实行了积极财政政策，1998年后的公债规模大幅度增加。

三、公债的功能

概括地说，当今各国公债的功能可以分为两种类型：一是弥补财政赤字筹集建设资金；二是调控宏观经济。前者是公债最原始、最基本的功能，后者是市场经济条件下引申出来的功能。

（一）弥补财政赤字的功能

财政发生赤字后，可以通过以下三种手段进行弥补：其一，向银行借款。由于政府赤字数额往往较大，这种方法致使银行信贷资金运转量大量增加，使货币资金供应量过多，同时又破坏了银行作为独立经济实体的地位。其二，发行货币。此时所发生的货币发行又可称为“赤字发行”，此时的发钞由于缺少物资供应保证，必然造成市场货币投放量过多，形成通货膨胀。其三，发行公债。采用这种方法，可以有效避免财政赤字货币化，防止出现较高的通货通胀。《中华人民共和国预算法》明确规定，弥补财政赤字只能借助于发行公债。

通过向社会公众发行公债，政府可以取得一笔货币购买力，同时又相应减少了公众的货币购买力。就全社会而言，两者是相等的，一般不致引起通货膨胀。

（二）公开市场业务操作的功能

公开市场业务是宏观经济政策的重要组成部分，它必须借助于公债才能进行操作。中央银行可以利用公债这一金融工具，在公开市场上购进或抛出公债以调节社会货币资金总量，当社会货币资金过多时，中央银行实行紧缩性货币政策，对商业银行销售公债，回笼货币资金；当社会货币资金供不应求时，中央银行可以实行扩张性货币政策，从商业银行手中购进公债，放出货币资金。

（三）筹集资金的功能

使用公债手段筹集财政资金用于经济建设等方面，是我国公债的一个重要出发点。较之于税收等强制性手段，使用公债筹集资金具有如下特点：首先，公债利用信用手段，易被公众接受，筹集资金快捷、足额。其次，发行公债不涉及税制等立法问题，发行程序比较简单。最后，公债资金投向于建设性项目，不会导致债务负担的代际转移。

按《中华人民共和国预算法》的规定，经常性预算不能打赤字，经常性预算结余转为建设性预算收入，因此只能是建设性预算才会出现赤字。发行公债也就在弥补赤字的同时，解决了建设资金不足的问题。

（四）对经济的调节功能

（1）公债能改变社会货币资金投向，优化投资结构，并为私人部门投资创造较好的投资环境。

（2）调节积累与消费的比例关系，防止积累率过高或过低。公债筹集的资金来自于私人的投资资金或消费资金，公债资金投向也可以用于投资或消费，因而公债能有效调节全社会积累水平。若社会积累率过高，政府则可筹集私人的投资资金用于公共消费，降低积累率，提高消费所占的比重。若社会积累率偏低，政府则可筹集私人部门的消费资金用于投资性方面，以提高积累率。

（3）公债能调节社会货币资金总量。通过公债的公开市场业务操作，可以直接控制社会货币资金规模，进一步调控经济周期。

（4）稳定债券市场。作为证券市场的重要组成部分，公债券对其他券种有较大影响。政府可以通过公开市场业务操作，影响公债收益水平，并对其他债券收益率的形成产生重大影响。

第二节 公债制度

公债制度是国家对于公债发行的各种条件（期限、利率、种类）以及募集和偿还办法的总称。国家颁布公债制度，把国家和公债持有者之间的关系用法律形式固定下来，并作为处理这种经济关系的依据。公债制度主要包括公债的种类、公债的发行、公债的偿还、公债的利率等内容。

一、公债的分类

现代公债种类繁多，可以从不同的角度对公债进行分类。

（一）按公债发行区域的不同，可以分为国内公债和国外公债

国内公债是指本国政府以债务人身份在本国境内对机构及个人发行的公债。发行内债，可以对国内金融市场进行调整，调节积累与消费的比例关系，实现资金重组，引导资金流向。

国外公债是指政府在国外向国际金融组织、外国政府及其他机构和个人发行的公债。国外公债的发行，有利于吸收国外资金进入国内市场，用于国内经济建设，弥补国内资金不足。但外债规模过大，会导致一国国际收支不平衡，产生债务危机，最终影响国内经济发展。

（二）按偿还期限的不同，可分为短期公债、中期公债及长期公债

短期公债一般指一年及一年以下的公债。短期公债具有兑现快、灵活度高的特点。它可以根据政府需要随时发行，主要用于解决财政资金周转中出现的一时困难。

中期公债一般指期限在 1 年以上、10 年以下的公债，在我国主要为 3 年期和 5 年期两种形式。中期公债具有期限适中、变现能力较强、灵活性较高等特点，可以与项目建设周期相吻合，保证资金使用有较高的效率。

长期公债一般指期限在 10 年以上的公债。由于期限较长，长期公债可有效控制社会资金总量，减少多次发债的麻烦。但长期公债具有期限较长、变现能力较弱、灵活性较低等特点，因风险大而发行较为困难，居民及机构投资者较少认购。

还有一种公债叫永久性公债，债权人无权要求清偿，但可永久取息，政府可利用此公债来调剂财政资金的余缺。当财政发生赤字时，政府发行永久性公债以弥补赤字，而在财政资金充裕时，政府再在债券市场回购之。它的好处是政府没有到期必须还本的压力。

（三）按举债手段的不同，可分为强制性公债和自由认购公债

强制性公债是指在发行时，凡符合政府所规定应募条件的对象都必须认购的公债，一般在战争、灾荒等特殊时期发行。强制性公债的发行手段有直接强制（如摊派）和间接强制（如替代现金）两种。

自由认购公债指政府发债没有认购条件，由投资者自愿购买的公债。自由认购公债具有效率高、风险小、变现能力强等优点，是投资者愿意接受的一种形式。

（四）按公债流通能力的不同，可分为自由流通公债和非自由流通公债

自由流通公债，又称上市公债，是投资者在证券市场上可以自由购进或抛出，能进行公开买卖的公债。自由流通公债提供了较强的变现能力，是投资者选择的主要对象。

非自由流通公债，又称非上市公债，是指投资者不能在市场上进行公开买卖的公债。由于不能上市流通，所以这种公债的变现能力较差，投资者只有到期才能收回本息，往往不受投资者的青睐。

（五）按公债券形式的不同，可分为凭证式公债和记账式公债

凭证式公债，指政府向投资者提供的是具体的，标有面额、利率、期限等内容的有价债券。一般而言，由于凭证式公债印刷、运输、出售、收回与销毁整个过程成本开支较

大，因此发行费用偏高，不利于政府筹资。

记账式公债，指通过证券市场发行的，由投资者借助于现代通讯手段在计算机终端上购买的价值符号。记账式公债发行成本极低，便于投资者认购，是当今世界各国公债发行的一种趋势。

（六）按公债发行本位的不同，可分为货币公债、实物公债、折实公债

货币公债是指以货币为发行本位的公债，它又分为本币公债、外币公债、黄金公债。

实物公债是指以实物为发行本位的公债。

折实公债是指以若干种类和数量的实物为综合计算单位折合市价所发行的公债。这种公债发行是以当时的货币发行的，在还本付息时也是以货币进行的，只不过是在通货膨胀严重的情况下，为了抵消币值大幅度下跌对债权人利益的损害，而采取了按特定实物来加以折算的办法。

（七）按公债利率是否变动，可分为固定利率公债、浮动利率公债和保值公债

固定利率公债的利率在发行时就确定了，以后不管市场利率和物价怎么变化，公债利率不变。

浮动利率公债的利率是随市场利率的变动而变动。

保值公债的利率是根据市场物价变动幅度而浮动的，公债利率等于或大于通货膨胀率。

二、公债的发行

公债的发行是指政府将公债通过一定的渠道销售给投资者，并将所筹集的资金集中到政府手中的过程。

（一）公债的发行方法

公债的发行方法可依据不同的标准进行分类：

（1）按政府与应募者的联系方式，可以分为直接发行法与间接发行法。

所谓直接发行法，指政府直接向机构、居民等市场应募者发行公债的方式。

而间接发行法是指政府不直接承担发行业务，而委托他人（如金融机构）发行的方式。

（2）按公债发行对象，可以分为公募法和私募法。

公募法是指向一般社会公众募集公债的发行方法，具体可分为直接公募法和间接公募法。前者指的是财政部门或其他代理机构作为发行者，直接向一般社会公众发行公债；后者指政府本身不承担发行任务，而是通过银行等机构向社会公众募集公债。西方国家大多采用间接公募的办法通过证券市场发行公债。

私募法是指不向一般社会公众而是向机构（如银行等金融机构）等特定投资者募集公债的办法。私募法规定，机构购买公债不能向社会公众转让，只能由机构占有。西方国家一般以商业银行作为私募的发行对象，这样做可以保证中央银行有效地利用公开市场业务的手段来调控社会货币总量。

（3）按是否通过市场发行，可以分为市场销售法与非市场销售法。

市场销售法是通过证券市场发行销售公债的方法。反之，不通过证券市场发行销售公

债称为非市场销售法。通过证券市场发行公债，易被证券投资者直接购买，使买卖双方处于平等地位。

（二）公债的发行价格

公债的发行价格一般看成公债票面价值的货币表现。在证券市场上，由于受债券供求关系的影响，公债的发行价格往往与公债的票面金额不等。一般情况下，公债的发行价格与公债票面利率成正比，与市场利率成反比。依发行价格与票面金额的对比关系，可分为三种情况：

（1）平价发行。即公债的发行价格与公债券票面金额相等。平价发行的前提是公债利率与市场利率相等。我国公债基本采用平价发行方式。

（2）折价发行。即公债的发行价格以低于公债券票面金额的形式发行，但到期仍按票面金额还本付息。这种方式一般在公债利率低于市场利率或者通货膨胀严重时采用，折价发行的本质在于提高市场利率，增加投资者购买欲望。

（3）溢价发行。公债的发行价格高于公债券票面金额。这种发行价格只有在政府债信极高或者公债利率高于市场利率的情况下才能使用。

三、公债利率

公债利率是政府为在一定时期内借入一定数量的公债而向债权人（或公债投资者）所支付的报酬占其本金的比率。公债利率的高低直接关系到政府及投资者的双方利益。就政府而言，发行公债是为了取得收入，成本越低越好，希望公债利率能达到最低；就投资者而言，公债利率关系到投资者的收益，希望利率较高。确定一个适当的利率，既要使政府能维持较低的成本，又要使投资者有兴趣投资公债，这是比较困难的。

一般说来，公债利率主要受以下因素影响：

（1）证券市场平均收益水平。一般而言，公债利率要大体保持在证券平均收益水平上，这样才有利于公债的发行。

（2）银行储蓄利率。由于公债信誉高、风险小（其风险应小于银行存款），因而西方发达国家往往以公债利率，特别是短期公债利率作为金融市场的基准利率，公债利率往往略低于银行储蓄利率。但在一些发展中国家往往以银行利率为基准利率，因而公债利率一般略高于银行储蓄利率。

（3）政府信用的高低。政府信用高，公债利率可适当较低；政府信誉低，公债利率就要适当提高。如果政府信用低到一定程度，即使利率较高，公债也难以发行。

四、公债的偿还

（一）公债还本付息的资金来源

偿债首先要解决公债还本付息资金来源的问题，合理选择公债还本付息的资金来源是公债还本付息的前提。目前各国偿债资金来源不外乎以下几方面：

（1）预算拨款。将每年需偿还的公债本息列入预算收支计划，以此来保证偿债的资金来源。

（2）财政盈余。用财政盈余的部分作为公债还本付息的资金来源。这种方法各国也较少使用，因为财政盈余数额在各年是非常不稳定的，并且其金额也相当有限。

（3）增税。即用增税的方式取得收入偿还公债。具体又可分为两种形式：①普遍提高征收率。②开征新税。总的来说，增税是有一定的限度的。其一，税收的法律调整须有一段时间才能实现；其二，全部依靠增税来归还，会造成市场效率的破坏。根据供给学派的“拉弗曲线”，当税率达到一定程度后，再提高税率，就可能导致经济规模萎缩、财政收入减少。

（4）设置偿债基金。每年由政府财政拨出一部分款项用于建立减债基金，调节市场上公债规模，减少未到期公债的数量。当今一些发达国家都曾试图通过建立偿债基金维持政府债券信誉，增强政府偿债能力，稳定投资者心态，鼓励投资者认购公债。

（5）发新债还旧债。政府通过更大规模的公债发行筹集资金来归还以往发行的到期公债的本息。这种做法，从表面上看，债务人即政府按期履行了偿债义务；而从实质上看，它只是调换了债权人，债务依然存在，只是推迟了偿还期。因而“发新债还旧债”的方式，是对公债债务负担期限结构的一种调整，是公债调整的方式之一。

（二）公债偿还的方式

（1）直接偿还法。这是政府直接向公债持有者兑付本息的方法。这种方法可以是一次性的，也可以是分期分次进行的。一次偿付本息，对政府财政压力较大，容易对金融市场产生冲击；分期偿还本息，可以避免上述后果，但是易使人们对政府债信产生误解。

（2）市场购销法。政府在公债债券市场上，按照公债行市，相机购进债券而偿还公债本息的方法。购销法适用于政府发行的可上市债券，其购买价格随行就市，可以等于、高于或低于公债债券票面本息之和。这种方法便于政府根据货币政策要求，相机择时调节市场货币资金总量，稳定公债债券价格。

（3）债务调换法。政府以发行新债的形式偿还到期旧债，从而达到延期偿债和减轻政府偿债压力的目的。

第三节　公债流通市场

一、公债流通市场的概念

市场经济条件下，公债的流通都是通过证券市场来进行的，因而又称为公债流通市场。广义的公债流通市场是指公债在发行结束后就可以进入证券市场上市交易、提前兑付、可以转让的场所。狭义的公债流通市场即公债上市交易市场。公债流通存在与否、公债流通性的强弱，直接关系到公债投资者的切身利益能否得到保护，关系到政府的信誉，也关系到公债的发行规模。没有流通的公债市场是不完全的市场。

公债流通市场一般可分为两种形式：一是证券交易所开设的公债交易市场，二是以证券公司柜台为中心的店头交易市场。前者是公债流通市场的中心，它具有高度组织化的设施，完善的交易管理制度和最现代化的通讯手段。后者是证券交易所外公债交易活动的总称。

二、公债流通的交易方式

公债在发行完成后，即可上市流通交易，其交易方式主要有：

（一）公债现货交易

公债现货交易是指公债投资者在公债市场上买卖成交后，两个营业日内办理收付交割的公债交易行为。这是一种较为传统的交易方式，这种方式不采用交易保证金制度。

（二）公债期货交易

公债期货交易是指公债买卖成交后，并不马上交割，而是由交易双方按照约定的价格和时间在将来某一时刻进行交割结算的公债交易行为。公债期货交易的一个显著特点是交易者试图通过时间将市场风险转移给交易的另一方。进行公债期货交易，首先必须取得有关部门批准，期货交易的合约须经有关部门批准后才能执行。由于公债期货交易者可以通过期货合约价格与到期现价的不一致进行套买套卖，进而达到套期保值或投机获利的目的。从事公债期货交易者必须具有较强的风险意识，政府部门要制定出一套行之有效的法规制度，规范其交易行为。

（三）公债回购交易

公债回购交易是指公债持有者在卖出一笔公债的同时，与买方签订协议，约定于一定期限后用预定价格或收益率，买回同一笔公债的交易行为。一个完整的公债回购交易，应该是现货交易与期货交易相结合的一种方式。

公债回购交易的交易过程，第一次为现货交易，由将来的回购方售出公债换回资金。第二次公债回购期满后，必须进行反方向交易，回购方付出资金收回公债，这类似于公债期货交易。因而可以利用公债回购交易实现套利或套期保值等目的。公债回购交易的主体可以是中央银行、商业银行，也可以是证券公司。

三、我国公债流通市场的建立与发展

从 1981 年我国恢复发行国库券开始，要求建立我国公债流通市场的呼声日渐高涨。直到 1987 年，我国仍未建立起公债流通市场。从此以后，我国公债流通市场逐步建立和发展。

1988 年 2 月 27 日，经国务院审批同意，中国人民银行、财政部发布了《开放国库券转让市场试点实施方案》。该方案规定，国库券转让市场应分批开放、逐步铺开，先在几个基础较好、有一定实践经验的金融改革试点城市开办转让业务。1988 年 4 月 21 日，沈阳、上海、重庆、武汉、哈尔滨、深圳等城市作为首批试点，允许上市转让主要是 1985 年、1986 年发行的国库券，此时的国债交易是柜台交易。从当时的出发点看，主要是为了将个人手中持有的国债进行变现，这和现代意义上的国债市场还不是一回事，但它毕竟揭开了我国公债流通市场建立的序幕。

但在随后几年柜台市场的发展过程中，由于国债托管、结算等设施建设的滞后和对场外市场的监管没有跟上，因此场外市场上国债的买空卖空现象较为严重，导致场外交易市场秩序的混乱。

与场外市场相比，交易所的管理制度较为规范和健全，因而此后的大部分国债就自然转到了上海和深圳两个证券交易所，交易所利用相对发达的股票托管系统，办理国债的托管、结算，提高了国债的交易效率，减少了市场风险，因此，交易所的国债交易量很快占到全国国债交易量的90%以上。但是，国债交易过于集中，对于国债市场乃至货币市场和资本市场的进一步发展也有不利的一面。

众所周知，与企业发行股票相比，国债作为一种固定收益工具，是以中央政府的信誉作担保的，其安全性最高。因此，在许多市场经济发达的国家，国债托管、结算系统都与风险较高的股票的托管、结算系统相分离。与此相关，这些国家国债交易的绝大多数都是在场外市场进行的，而在交易所进行的国债交易量仅占很小的比重。

鉴于国债托管、结算系统与风险较高的股票托管、结算系统相分离有利于国债市场发展的国内外经验，在1996年初，财政部和中国人民银行联合筹建了中央国债登记结算有限责任公司。1997年6月，有关部门决定，各商业银行从交易所撤出的同时，利用中央国债登记结算公司的托管、结算系统，开办了以逐笔谈判成交为特点的银行间债券市场。

银行间债券市场的建立，既体现了当时防止银行信贷资金流入股市和保证银行资产安全性的管理要求，同时也符合国债市场以及货币市场和资本市场的长远发展目标。1998年以来，我国可流通国债的发行绝大多数是通过银行间债券市场进行的。几年来的实践证明，国家积极财政政策的实施推动了银行间债券市场的发展，而银行间债券市场的发展也为国家实施积极财政政策提供了较好的市场环境。

第四节　公债规模

一、公债规模概述

（一）影响公债总规模的因素

1. 应债能力

社会上应债机构和个人的资金能力是制约公债规模的重要因素。一般来说，公债发行规模不应超过全社会的应债能力，否则会影响全社会的积累与消费的比例关系。衡量应债能力的主要指标是：公债发行额占GDP的比例和公债发行额占城乡居民储蓄存款的比例。

2. 偿债能力

公债是有偿使用的，需要到期归还。因此，公债的发行规模要受偿债能力的制约，如果不考虑政府的偿债能力而过量发行公债，就有可能导致政府的债务危机和国民对政府的信任危机。

3. 使用效益

公债使用效益是公债规模的决定性因素，适度的公债规模不仅要从有关指标的相对数和绝对数来看，还要从公债的使用效益来考察。如果公债用于投资收益较高的生产性建设项目，公债再投资收益可以还本付息，则公债规模可以大一些；如果公债用于社会效益性项目，或公债再投资的收益不足以支付公债本息，则公债规模就应相应小一些。

（二）衡量公债规模的指标

一般认为，应用相对指标而不是绝对指标来衡量国债规模。主要指标有以下三个：

1. 公债依存度

公债依存度是当年的公债发行额与财政支出之比。其计算公式是：

公债依存度 = （当年债务发行额 ÷ 当年财政支出额） ×100%

这一指标的计算有两种不同的口径：一是用当年的债务收入额除以当年的财政支出额，再乘以100%，我们习惯上把它叫做“国家财政的债务依存度”；另一个是用当年的债务收入额除以当年的中央财政支出，再乘以100%，我们称之为“中央财政的债务依存度”。在我国，由于公债是由中央财政来发行、掌握和使用的，所以，后一种口径更具现实意义。国际上有一个公认的控制线（或安全性），即国家财政的债务依存度是15% ~ 20%，中央财政的债务依存度是25% ~30%。

公债依存度指标反映了财政支出中有多少是依靠发行公债来筹措资金的，公债依存度越高，说明一国财政支出越是依靠债务收入。如果公债依存度过高，则表明该国财政已处于脆弱状态，并有可能对未来发展构成威胁。有资料表明，美国1982 ~1990 年公债依存度为18.1%，日本1982 ~1989 年公债依存度为21.7%。

2. 公债偿债率

公债偿债率是当年的公债还本付息额与该年度财政收入额之比。其计算公式是：

公债偿债率 = （当年还本付息支出额 ÷ 当年财政收入总额） ×100%

公债还本付息资金来源于多方，但不管是建立偿债基金，还是增加税收收入、发行新债，其本质都来自于财政收入。因此，要把公债规模控制在财政收入的适当水平上。关于这一指标的数量界限，学术界分歧不大，不少学者主张我国的公债偿债率应控制在8% ~10%①。

这一指标反映政府的偿债能力，公债偿债率越高，表明政府债务负担水平越高。

3. 公债负担率

公债负担率是公债余额和当年国内生产总值（GDP）的比率，其计算公式是：

公债负担率 = （当年公债余额 ÷ 当年 GDP） ×100%

这是衡量公债规模最为重要的指标，因为它是从国民经济的总体和全局，而不是仅从财政收支上考察和把握公债的数量界限。根据世界各国的经验，发达国家的公债累积额一般不超过当年 GDP 的45%，由于发达国家财政收入占国民生产总值的比重较高，一般为45%左右。所以，公债累积额大体相当于当年的财政收入总额，这是公认的公债最高警戒线。我国的财政收入，即使加上预算外收入也只占 GDP 的20%左右，因此，按此推算，我国的公债累积额以占 GDP 的比重不超过20%为宜。有资料显示，1981 ~1986 年美国公债负担率达43%，日本同期达38.4%。

二、外债规模

（一）为什么要借外债

1. 国内建设资金短缺

借入外债可以增加国内建设的可用资金，以加速国民经济发展的速度。一个国家之所以要向外借债，是因为资金短缺，发展中国家要实现经济起飞，借入一定的外债以弥补建

① 刘溶仓：《中国公债规模：现状、趋势与对策》，《经济研究》，1998 年第4 期，第15 页。

设资金的不足是非常重要的。

2. 调整经济结构

一个国家在经济发展过程中，国民经济各部门不可能均衡协调发展，形成不合理的经济结构，而不合理的经济结构会阻碍国民经济持续、稳定、协调发展。为调整国民经济结构，可采取压缩长线和加长短线两种策略，前一种策略会引起国民经济总量的减少，后一种策略是较好的选择。在国内资金短缺的情况下，就有必要利用外资。

3. 平衡国际收支

一个国家如果进口大于出口，就会出现外贸逆差，在没有外商直接投资等其他外汇来源的情况下，向国外借债就成为一个必然的选择。

4. 宏观调控的需要

外债可以刺激本国经济的发展，利用外债从事若干大型项目时，需要购买本国的设备和雇用本国的劳动力，其结果是对国内需求起刺激作用，促进国民经济的发展。

（二）决定外债规模的因素

1. 国际政治经济形势

国际政治形势稳定，国际交流就能在比较和平的条件下广泛开展，国际资本流动向多元化发展，从而使取得外债的地理空间拓宽，各大国际证券市场迅速扩张，市场容量大大增加。

国际经济形势发展状况，直接影响到国际资本的数量及流向。在经济稳定发展时期，发达国家就会有较多的资本流向国外，寻求国际资本市场，这样有利于发展中国家采取多种手段吸引外资，借入外债。

2. 外债偿债能力

外债不同于内债。内债是政府向本国居民通过信用手段借入的，是政府向人民借钱，只是“左手借了右手的钱”。内债归还时，资本也不会流向国外，不会造成国内经济较大波动。而外债则不然，它会导致国际资本流动。因此，借外债时要考虑国家的偿还能力。

3. 国内资金配套能力

借入外债用于项目投资，国内必须要有一定的生产要素相配套，才能保证投资项目的成功，世界银行贷款项目要求东道国配套资金应占 70%。国内配套资金一般有两个渠道：财政和银行。因此，举借外债应考虑到国内财政承受能力及银行贷款规模的制约。若超过国内资金配套能力，将导致财政赤字规模扩大或通货膨胀严重，并直接影响项目投资建成后的经济效益。据我国政府于 1995 年测算，每利用 1 美元外资需配套人民币 15 ~ 20 元，包括土建、国内设备、安装调试、占用流动资金等。

4. 外债结构

外债结构主要有币种结构、国别结构等。从币种结构来看应充分考虑到浮动汇率制度下各币种外汇市场走势，“硬币”与“软币”应搭配恰当，也可以用组合货币，如 SDR（特别提款权）、ECU（欧洲货币单位）等，要防止因汇率变动造成偿债困难。

外债国别结构强调借入外债的区域分布，适当增加友好国家或组织借入资金的比重，以防政治因素造成资金到位障碍或偿债压力增大。可以相应提高来自一些国际金融组织的债务比重，如国际货币基金组织、世界银行、亚洲开发银行等。

此外，借入外债规模大小还应考虑本国货币与外币的汇率变动趋势，如果本国货币有贬值的倾向，就要控制借入外债的规模，减轻偿债压力。

（三）衡量外债规模的指标

外债规模的大小一般用以下三个指标进行考查：

1. 外债偿债率指标

偿债率是指当年外债还本付息额与当年出口收入之比，这一指标是当前各国比较通用的反映一国外债偿还能力的中心指标。一般认为发展中国家外债偿债率应为25%左右，最高不得超过30%。

2. 外债率指标

外债率是指当年外债余额与当年该国出口创汇收入之比。国际上公认这一指标的安全线为100%。超过100%、达到150%者为中度负债国，达到200%的称为重负债国。

3. 负债率指标

该指标是指当年外债余额与当年国内生产总值（GDP）之比。此指标主要反映一国经济对外债规模的负担水平。国际上普遍认为此指标值应低于30%。

上述三个指标也是衡量外债规模的指标。

三、我国20世纪90年代以来的公债规模

（一）公债总规模

1. 公债依存度

表6-1 20世纪90年代以来我国的公债依存度

年份	当年公债发行额（亿元）	当年中央本级财政支出（亿元）	当年国家财政支出（亿元）	中央财政债务依存度（%）	国家财政债务依存度（%）
1990	375.45	1004.47	3083.59	37.38	12.18
1991	461.40	1090.81	3386.62	42.30	13.63
1992	669.68	1170.44	3742.20	57.22	17.90
1993	739.22	1312.06	4642.30	56.34	15.92
1994	1175.25	1754.43	5792.62	66.70	20.29
1995	1549.76	1995.39	6823.72	77.67	22.71
1996	1967.28	2151.27	7937.55	91.45	24.78
1997	2476.82	2532.50	9233.56	97.80	26.82
1998	3310.93	3125.60	10798.18	105.93	30.66
1999	3715.03	4152.33	13187.67	76.46	28.17
2000	4180.10	5519.85	15886.50	75.73	26.31
2001	4604.00	5768.02	18902.58	79.81	24.36
2002	5679.00	6771.70	22053.15	83.86	25.75
2003	6153.53	7420.10	24649.95	82.93	24.96
2004	6879.34	7894.08	28486.89	87.15	24.15
2005	6922.87	8775.97	33930.28	78.88	20.40

资料来源：《中国财政年鉴（2006）》。从2006年起，实行债务余额管理，国家财政预决算不再反映债务发行额。

从表 6-1 可知，无论国家财政债务依存度，还是中央财政债务依存度，大体都呈现出一种上升趋势，特别是中央财政的债务依存度很高，已经远远超过国际公认的警戒线，风险较大。

2. 公债偿债率

表 6-2　我国 1990 年以来的公债偿债率

年份	当年债务还本付息支出（亿元）	当年国家财政总收入（亿元）	公债偿债率（%）
1990	190.07	2937.10	6.47
1991	246.80	3149.48	7.84
1992	438.57	3483.37	12.59
1993	336.22	4348.95	7.73
1994	499.36	5218.10	9.57
1995	882.96	6242.20	14.15
1996	1355.03	7407.99	18.29
1997	1918.37	8651.44	22.17
1998	2352.92	9875.95	23.82
1999	1910.53	11444.08	16.69
2000	2310.72	13395.23	17.25
2001	2806.7	16386.04	17.13
2002	3241.68	18903.24	17.15
2003	3916.11	21715.25	18.03
2004	4412.96	26396.47	16.72
2005	4738.38	31649.29	14.97
2006	975.39		

资料来源：《中国财政年鉴（2007）》。从 2006 年起，实行债务余额管理，国家财政预决算不再反映债务还本支出，故 2006 年的数字为债务利息支出。

从表 6-2 可知，1990 年以来，我国偿债率较高，已远远超过国际公认的警戒线，说明我国已经进入了偿债高峰期。

3. 公债负担率

我国从 2006 年起实行债务余额管理，2005～2006 年的债务负担率如表 6-3 所示：

表 6-3　2005～2006 年的债务负担率

年份	债务余额			国内生产总值（当年价格）（亿元）	公债负担率（%）
	合计（亿元）	国内公债	国外公债		
2005	32614.11	31848.59	765.52	183217.4	17.8
2006	35015.26	34380.24	635.02	211923.5	16.52

资料来源：《中国财政年鉴（2007）》。由于我国法律不允许地方政府发债，故上述公债负担率是指中央财政公债负担率。

从表 6－3 可知，我国公债的负担率低于国际公认的警戒线，但如果考虑到地方政府的隐性负债和政府的或有负债，我国公债负担率还是比较高的。

（二）外债规模

表 6－4　我国 1990 年以来的外债规模

年份	外债余额（亿美元）	偿债率（%）	负债率（%）	外债率（%）
1990		8.7	13.5	91.6
1991		8.5	14.9	91.9
1992		7.1	14.4	87.9
1993		10.2	13.9	96.5
1994		9.1	17.1	78.0
1995		7.6	15.2	72.4
1996	1162.75	6.0	14.2	67.7
1997	1309.60	7.3	14.5	63.2
1998	1460.43	10.9	15.2	70.4
1999	1518.30	11.3	15.3	69.5
2000	1457.30	9.2	13.5	52.1
2001	1701.10	7.5	14.7	56.8
2002	1713.60	7.9	13.6	46.1
2003	1936.34	6.9	13.7	39.9
2004	2285.96	3.2	13.9	34.9
2005	2810.45	3.1	12.6	33.6
2006	3229.88	2.1	12.3	30.4
2007	3736.18	2.0	11.5	27.8

资料来源：《中国统计年鉴（2008）》。

从表 6－4 可知，近年来，虽然我国外债的偿债率、负债率和外债率均在国际安全线以内，但我国外债余额增加较快。

第七章　财政管理体制

第一节　财政管理体制概述

一、财政管理体制的内涵

财政管理体制或财政体制是国家划分中央政府与地方政府以及各级政府之间，政府同国有企业、行政、事业单位之间在财政管理方面的职责、权力和利益分配的根本制度。财政管理体制的范围通常包括预算管理体制、税收管理体制、投资管理体制、国有经济财务管理体制和文教行政财务管理体制等方面。

人们通常从广义和狭义两方面界定财政管理体制的范围，广义的财政管理体制包括上述五个方面。狭义的财政管理体制即预算管理体制。通常所说的财政管理体制即指预算管理体制，本章主要探讨预算管理体制，并把预算管理体制当作财政管理体制。

二、财政管理体制的实质

财政管理体制的实质是财权财力的集中与分散问题。妥善处理好集中与分散关系是财政管理体制的核心问题。由于中央与地方政府的职能目标不同，所代表的利益群体和利益范围不同，两者之间的矛盾始终存在。

三、财政管理体制的特征

从世界各国的情况看，财政管理体制具有以下特征：

（一）整体性

一方面，财政体制对各级政府的事权和财权加以明确划分，并由各级政府编制相对独立的预算；另一方面，作为一个统一的国家和统一的政治实体，为了实现全国的经济、社会发展目标，中央财政又必须充分发挥其宏观调控职能，对不同的地区实行财政的纵向和横向平衡，并以此把多级财政联结成为一个相互依存、相互帮助的统一体。无论是在单一制或在联邦制的国度里，这种整体性特征，都是保证国家统一、促进地区经济、社会协调发展的一个不可或缺的因素。

（二）规范性

在绝大多数情况下，都是以法规的形式对各级政府和财政的责、权、利关系加以明确的、规范化的界定，并使这种界定具有相对的稳定性。

（三）稳定性

财政体制一经确定，就应在较长的时期内保持相对稳定，尽量避免因体制频繁变动而造成的消极影响。理论和世界各国的实践都反复证明，由于财政体制所涉及的责、权、利关系较为广泛，而且其相关的经济、社会“联动性”效应较强，往往与地方、企业和居民的切身利益密切相关，与各地的经济社会发展规划、利益和福利预期紧密相连。因此，财政体制一旦确立就不宜轻易修改，须力求保持相对稳定。当然，在大的体制变动或体制过渡时期，或在法制环境不佳等条件下，财政体制稳定性较差是可以理解的，但这是在特殊时期的特殊现象，并非财政体制的应有特征，更不是否定财政体制稳定性的一种理由。

四、财政管理体制的类型

从国际上看，各国的财政体制千差万别，不尽相同。按地方财政自主权的大小，财政体制大致可分为以下三类：统收统支型财政体制；统一领导、分级管理型财政体制；分税分级型财政体制。

（一）统收统支型财政体制

所谓统收统支型财政体制，即地方主要的财政收入如数上缴中央财政，而地方所需的财政支出基本上由中央财政全额拨款，地方财政收支之间不发生直接关系。所以，有时也称其为“收支两条线”的财政体制。这种财政体制的最大特点是各种财政收支权限都集中于中央财政，地方财政拥有的财权和财力都极其有限。可见，这种类型的财政体制仅适用于面积、人口都很少的国家。而对一般国家而言，它只是一种特殊时期才实行的临时财政体制。

（二）统一领导、分级管理型财政体制

统一领导、分级管理型财政体制，即按“统一领导、分级管理”的原则建立起来的，以中央集权为主、适度分权的财政体制。其基本特征有：

（1）在中央统管财政立法权、执行权、计划权的前提下，按照“统一领导、分级管理”原则和政府级次划分预算级次，实行分级管理。但地方预算收支管理权限很小，不能构成一级独立的预算主体。

（2）按中央和地方政府的职责分工和企事业单位的行政隶属关系确定各级预算的支出范围。

（3）实行纵向平衡体制，由中央统一进行区域间财力调剂。凡收入大于支出的地区，上缴财政收入；凡收入小于支出的地区，由中央补助。中央预算另设专案拨款，由中央集中支配。

（三）分税分级型财政体制

所谓分税分级型财政体制，是在明确各级政府职责权限范围的前提下，以分税法划分各级财政收入，并实行政府间转移支付以平衡各级财政收支的财政体制。其主要特征是：

（1）分税分级型财政体制的前提，是以法律的形式明确划分各级政府的职责范围，即支出范围。按公共产品受益范围划分各级政府的职责范围，使各级政府的职能重点明确，从而决定了各级政府财政支出的范围和规模。这是分税分级型财政体制稳定的前提条件。

（2）分税分级型财政体制的基础，是以分税方法划分各级财政收入，即在职责划分基础上，明确各级财政的收入来源，以完全分税的方式，实行中央税和地方税的分征和分管。各级政府以其独立的收入来源自主安排各自财政支出。

（3）分税分级型财政体制的核心，是中央预算与地方预算相互独立，自求平衡，即不编制统一的国家预算，中央有中央预算，地方有地方预算，各级预算都是独立的。

五、建立我国财政管理体制的原则

为了正确处理中央和地方之间的集权和分权的关系，必须按下列原则建立我国的财政管理体制即预算管理体制。

（一）统一领导、分级管理

1. 为什么要坚持统一领导、分级管理

在我国，为什么要坚持统一领导、分级管理呢？这是由于：

（1）我国在政治上是共产党领导的统一的社会主义国家，党和国家代表全国人民的根本利益，集中地反映了全国人民的根本意志，党和国家的方针、政策必须在全国范围内统一实行，而预算是党和国家实现其方针政策的工具。由此可见，财政管理体制必须实行统一领导，否则，其方针、政策就很难得到执行。

（2）生产的社会化。生产越社会化，分工越细，这就越需要在全国范围内集中统一，协调一致。因此，预算也要实行集中统一，贯彻统一领导的原则。

（3）这是预算管理体制适应政治体制的要求，一级政府有一级施政范围，就必须建立相应的一级预算，有其相应的管理权限。

（4）我国是个拥有13亿人口的大国，幅员广阔，各地经济发展水平和自然条件相差很大，因此，要从我国国情出发，在统一领导的情况下，实行分级管理，以利于地方因地制宜、因时制宜地统筹安排地方的各项经济和文化事业。

2. 统一领导、分级管理的内容

统一领导、分级管理的内容主要通过正确处理中央政权与地方政权之间、地方上下级政权之间财政资金分配权限来体现的。

（1）统一领导主要体现在：

A. 财政的方针政策要统一。国家的财政方针政策要由中央统一制定，各地区、各部门必须贯彻执行，不得自行其是。这是因为财政的方针、政策规定了在组织收入、安排支出方面的基本政策，它涉及处理国家、企业、单位、个人之间的分配关系，涉及国家对民族地区的财政分配关系等。这是国家财政工作的大政方针，地方和部门必须贯彻执行。

B. 财政计划要统一。这里所说的计划，指的是统一的国家预算。国家预算是国家的基本财政计划，除国家不列入预算的资金外，各种财政收支都应无例外地列入各级预算。下级预算要包括在上级预算之中，各级预算必须统一在国家预算之中。预算经全国人民代表大会批准后，各地方都要按照批准的预算收支计划执行，不得自行变更。

C. 财政制度要统一。财政制度是财政方针政策的具体化，也是编制财政计划和进行财政监督的依据，全国必须有统一的规定。财政制度，诸如税收制度、利润分配制度、国家预决算制度和国库制度等，在国家统一制定后，各部门、各地区必须贯彻执行。如果认为某些规定不合理，可以向上级部门反映，提出修改意见，但在国家没有修改以前，仍然要坚决执行。

（2）分级管理主要体现在：

A. 地方预算有安排和调剂本级财政收支的权力。为了使地方做好本地区的预算管理工作，完成本地区的政治经济任务，中央不仅要给地方一定的财力，而且要给一定的管理权限。地方预算经中央核定以后，除了中央明确规定的专款专用的重要项目外，地方可以根据中央的方针、政策，在中央核定财政收支总额之内，安排本级预算收支科目，在保证完成预算任务的前提下，进行项目之间的调剂。为贯彻党的民族政策，少数民族地区安排和调剂本级财政收支权力应更大一点。

B. 地方有安排和使用本地区机动财力的权力。地方可以自主地分配本地区的机动财力来弥补某些资金的不足，解决某些特殊性的问题。

C. 地方有权根据中央的财政方针政策和制度，结合本地区实际情况，制定具体的实施办法。

（二）与政治经济形势相适应的原则

财政管理体制，作为上层建筑，必须要与经济基础相适应，并为经济基础服务。随着我国政治、经济形势的发展变化，财政（预算）管理体制也要进行改革调整。具体要求是：

（1）财政管理体制必须随着经济基础的变化及时调整中央与地方及地方各级政府的关系。

（2）财政管理体制改革必须与政治体制改革、经济体制改革配套进行。

（三）事权和财权相统一、权责结合的原则

事权和财权要统一，就是说各级政府有什么样的事权，就应有什么样的财权。要实现事权和财权的统一，就必须把权与责结合起来。权与责的结合反映在预算管理体制上，就是要使各级预算都有各自的收入来源和支出范围。只有做到权与责的结合，才能切实保证事权和财权的统一。

为了体现权责结合的原则，各级预算必须实行收支挂钩。所谓收支挂钩，就是说要明确划分各级预算收支范围，并在此范围内求得平衡。预算收支挂钩的内容，一是划分收支范围；二是确定收支挂钩的办法。采取收支挂钩的办法，有利于把责、权、利更好地结合起来，有利于调动各级财政积极组织收入、合理安排支出的积极性。

六、财政管理体制的内容

财政管理体制一般包括如下内容：

（一）确定预算管理体制的类型

从预算资金的支配权、预算管理权的集权和分权的程度划分，预算管理体制分为统收统支型、统一领导分级管理型和分税分级型三种。

从纯理论角度去分析，以上三种模式各有利弊，关键在于要使预算管理体制和政治经济形势相适应，根据政治经济形势选择预算管理体制，做到趋利避害，把不利方面降到最低限度。

（二）确定预算分几级管理

确定预算分几级管理，是预算管理体制的基础。由于预算是以国家为主体的集中性分配，为保证各级政府行使其职能，一般说来，有一级政权就有一级预算。同我国政权结构相适应，我国的预算分中央预算和地方预算。地方预算分为两种情况：在没有实行市管县的情况下，地方预算分为省（自治区、直辖市）预算、县（市、自治旗、自治县）预算、乡（民族乡、镇）预算。在实行市管县的情况下，地方预算分为省（自治区、直辖市）预算、市预算、县（自治旗、自治县、县级市）预算、乡（民族乡、镇）预算。随着财政管理体制改革的深入，财政管理体制的层级会发生变化。

（三）划分预算收支

划分预算收支是在中央和地方之间确定哪些收支归中央管，哪些收支归地方管，这是预算管理体制的核心。

1. 收支划分的原则

关于中央与地方收入的划分，美国学者塞利格曼和迪尤分别提出了自己的观点。

塞利格曼提出了如下三种原则：

（1）效率原则。该原则以征税效率高低作为划分标准。例如，所得税的征税对象为所得即收入，但所得的所在地点会随纳税人的流动而难以固定，并且，人住甲地，所得可能在乙地，甚至遍及全国各地。这样，如把所得税归为地方税，就一定会产生许多麻烦。反之，若把所得税划归中央政府收入，征收效率就会比较高。再如土地税，如以土地为征税对象，地方税务人员就能更为了解情况，对地价也更熟悉，征税的效率自然也会提高。

（2）适应原则。这个原则以税基的宽窄作为划分标准，即把税基宽的税种划分为中央税，税基窄的税种划归地方政府。他指出：如印花税，税基广泛，就应属于中央税；房产税因其税基在房屋所在区域，较为狭隘，所以应为地方税。

（3）恰当原则。此原则以税收负担公平与否作为划分标准。例如，所得税在西方国家就是为了使所有够纳税条件的居民都能尽纳税义务而设立的，因此，这种税如由地方政府征收就难以达到这个目标，即不符合恰当原则。

迪尤提出了划分中央与地方收入的两个原则：一是效率原则，其内容与塞利格曼的效率原则相同；二是经济利益原则。这一原则是以增进经济利益为标准。他认为，税收应归中央政府还是地方政府，应以便利经济发展，不减少经济效益为着点。例如，货物销售税划归中央，就能使货物在全国畅通无阻，有利于生产力的发展；反之，如果划归地方政府，则同一货物每到一地均要课征一道货物销售税，就会增加销售成本，影响流通，于经济发展不利。

关于支出的划分，巴斯特布尔提出了划分中央与地方支出的三个原则：

（1）受益原则。即凡政府提供的服务，如其受益对象是全国民众，则支出属于中央政府的支出，凡受益对象是地方民众，则应属于地方政府的公共支出。

（2）行动原则。即凡政府公共服务的实施，在行动上必须统一规划的领域或财政活动，其支出应属于中央财政支出；凡政府公共活动的实施必须因地制宜的，其支出应属于地方政府的公共支出。

（3）技术性原则。即凡政府活动或公共工程，如其规模庞大，需要高度技术才能完成的项目，应归入中央政府的公共支出；否则，应属于地方政府的财政支出。

2. 收支划分的办法

预算收支究竟在中央和地方之间怎么划分，在中央和地方之间采取什么办法划分，归纳起来有以下几种：

（1）统收统支办法。即地方组织的预算收入统一上缴中央，地方所需的支出，统一由中央拨付，地方的预算收入与预算支出不挂钩。

（2）收入分类分成的办法。这种办法的具体内容是，将国家预算支出划为中央预算支出和地方预算支出，将收入划为地方固定收入和分成收入，地方预算支出首先用本身的收入去弥补，不足部分由中央通过分成收入进行调剂。

（3）总额分成的办法。该办法的基本内容是，凡是地方组织的预算收入，除个别不宜按地区参与分成的收入（如关税）划归中央预算外，不再分为固定收入、分成收入，而是按照收入总额在中央和地方间分成。地方支出占地方收入的比例，为地方总额分成比例，其余部分为中央总额分成比例。

（4）定收定支，收支包干的办法。所谓定收定支，是在计划年度开始前，财政部根据各省（直辖市、自治区）提出的预算收支建议数，分别核定各省（直辖市、自治区）预算收支数。所谓收支包干，是指在核定的预算收支的基础上，凡收入大于支出的地区，其收入大于支出的数字，由地方包干上缴中央；凡支出大于收入的地区，由中央定额补助。地方上缴和定额补助确定以后，除遇特殊事件外，一般不作调整。在预算执行过程中，地方超收或支出结余，短收或超支，都由地方自求平衡。

（5）收支挂钩，增收分成的办法。所谓收支挂钩，是指地方的预算支出和预算收入挂钩。所谓增收分成，是指地方的预算收入比上年实际增长的部分，按照核定的增收分成比例，实行中央和地方分成。

（6）分税制。即按照税种把预算收入划为中央预算收入、地方预算收入、中央和地方共享收入。地方收入不足以弥补其支出的，由中央给予补助。

任何收支划分的办法都是在特殊的历史条件下形成的、各有利弊。究竟采用什么划分办法，要根据不同历史时期的政治经济情况，在符合收支划分原则的前提下采用。

（四）确定地方的机动财力

地方预算的机动财力，是指在国家规定范围内，由地方政府自行支配的一部分预算资金。它包括地方预算的预备费、地方预算执行中的收入超收和支出结余。设置地方机动财力的目的，是使地方因地制宜、机动灵活地解决一些本地区经济、文化或公益方面的资金需要。

（五）规定中央和地方的预算管理权限和责任

预算管理权限包括预算方针、政策制定权、预算核定权、预算规章制度制定权。上述权限哪些属于中央，哪些属于地方，都应在预算体制中明确规定。在确定各级政府预算权限的同时，要规定相应的责任，做到权、责结合，以利于各级政府行使预算管理权力。

第二节　财政管理体制的演变

为了加深对财政管理体制实质、划分办法等问题的理解，还必须了解财政管理体制的历史演变。

一、新中国成立初期的财政管理体制

新中国成立初期，我国财政面临两种情况：一是国民党政府几十年的腐朽统治造成经济衰败、通货膨胀、生产停顿、职工失业等残破不堪的经济局面；二是新中国成立后收支脱节，财政收入大部分由地方各级人民政府管理，财政支出大部分由中央财政负担，造成中央政府主要靠发行货币弥补财政开支。面对这种情况，只有实行高度集中的财政管理体制。这种体制的主要内容是：

（1）国家预算管理权和制度规定权集中在中央，财政收支程序、供给标准、人员编制及全国的预决算都由中央统一制定。

（2）全国各地所有的收入，一律上缴中央金库，没有中央的支付命令，不得动用；地方一切开支须经中央核定，按月拨付。

（3）为照顾地方某些临时性需要，对收入来源分散、零星的地方性税收，划归地方留用，对农业税和工商税超收的部分，给地方一定比例的分成。实行这样一个高度集中的体制，促进了国民经济的恢复，很快地制止了通货膨胀，稳定了金融物价，平衡了财政收支。实践证明，在当时的历史条件下，这种体制收到了良好的效果。

二、“一五”时期的财政管理体制（1953～1957年）

从1953年起，我国进入了大规模的经济建设时期。在这个时期，再继续实行高度集中的财政体制就难以适应大规模的经济建设的需要。同时，地方对前一段时期财政“管得过多、统得过死”提出了许多意见，纷纷要求增加财力，扩大财权。为了更好地完成“一五”计划，充分调动地方的积极性，中央在1953年适时地改进财政体制，实行中央、省（自治区、直辖市）、县三级管理，并明确划分各级财政的收支范围。在1954年又曾对这种体制作了改进。这个体制的主要内容是：

（1）把收入划分为固定收入、固定比例分成收入和调剂收入。属于中央固定收入的有关税、盐税、烟酒专卖收入以及中央管理的企业、事业收入及其他收入；属于地方固定收入的主要有地方企业收入、事业收入、地方税收及其他收入；属于固定比例分成收入的有商品流通税和货物税。

（2）在支出方面，基本是按照隶属关系划分，隶属于哪一级的企业、事业、行政单位，支出归哪一级财政负担。地方分别用固定收入、固定比例分成收入和调剂收入弥补支出，若有结余确定分成比例和调剂比例；若不足，由中央财政给予补助。

（3）基本建设投资、重大灾荒救济、大规模垦荒移民等支出由中央财政专案拨款，实行集中管理。

这种体制，使地方财政有了比较稳固的收入来源，财政体制由高度集中开始走向中央统一领导下的分级管理。这种体制是行之有效的，它对于促进第一个五年计划时期政治经济任务的实现，起了重大作用。

三、“大跃进”时期的财政管理体制（1958～1959年）

1958年我国国民经济进入了第二个五年计划时期，经济管理体制作了较大改革，改革的中心是扩大地方的权限。随着经济体制的变化，财政管理体制也相应作了重大改革。1958年，国务院颁布了《关于改进财政管理体制的规定》等文件，对财政体制进行了如下改革：

1. 实行“以收定支，五年不变”的办法

即把原来每年由中央财政划分地方的收支范围和核定收支项目的办法，改按企事业单位的行政隶属关系，以1957年预算实际数为基础，划分地方收支范围和收支额度。收支项目和额度划分以后，一定五年不变。

2. 实行收支挂钩的办法

即把地方财政支出分两种：第一种是属地方的正常性支出，由地方根据中央划定的收入自行安排，多收多支，年终结余留用；第二种是由中央专项拨款解决的支出，每年由中央确定并拨付。

1958年财政管理体制，是在总结“一五”时期经验的基础上，探索符合中国国情的财政体制的一种尝试。地方有固定收入和支出范围，地方有了相对独立的财政自主权和组织地方财政收入的积极性，是一次建立分权的有益尝试。但是，由于这个时期经济工作是在“左”的错误指导思想和“大跃进”运动的社会经济背景下进行的，由于盲目追求高速度和高指标，在扩大地方财权的同时，忽视了国民经济的综合平衡和宏观控制，致使财政体制改革受到严重的冲击和干扰，造成财政收入的虚假和浮夸，在这种情况下，财政体制难以为继，这种体制仅执行了一年就被迫停止了。

四、20世纪60年代调整时期的财政管理体制（1960～1965年）

三年“大跃进”的“左”的错误，加上严重的自然灾害，再加上前苏联政府背信弃义、撕毁合同，我国国民经济遇到了重大困难。1961年中央确定对国民经济实行“调整、巩固、充实、提高”的方针，在经济工作中强调集中统一。1961年1月，中共中共批准了财政部《关于改进财政体制、加强财政管理的报告》，对财政体制进行了如下调整措施：

（1）国家财政管理权主要集中在中央、大区、省（自治区、直辖市）三级，缩小专区、县、人民公社的财权。

（2）对省、自治区、直辖市的财政实行“总额分成、一年一定”的办法。

（3）强调“全国一盘棋、上下一本账”，要求各级预算做到当年收支平衡、略有结余。

（4）对各地区、各部门、各单位的预算外资金采取“纳、减、管”的办法进行整顿，即有的纳入预算，有的减少数额，都要加强管理。这一时期的财政管理体制加强集中统一，对克服当时财政困难是很有成效的。

五、10 年动乱时期的财政管理体制（1966～1976 年）

1966 年开始的“文化大革命”持续了 10 年，在这个时期，财政管理体制被迫几经变动，但都无所适从。依照时间顺序，曾先后采取过以下四种财政管理体制。

1. 1968 年，实行高度集中的收支两条线体制

1968 年，为保证地方必要的财政支出，中央和地方之间暂时实行收入全部上缴中央，地方支出全部由中央财政分配的办法。

2. 1971～1973 年，实行“收支包干”的财政体制

1971～1973 年，经济体制在实行“大下放”、“大包干”的情况下，财政上实行了收支包干体制，这种体制的主要内容是：每年根据国民经济计划指标核定地方财政收支总额。收大于支的地区，由地方包干上缴中央财政；支大于收的地区，由中央按差额包干补助，地方包干使用。地方上缴数和中央补贴数核定后一般不作调整，超收或节支全归地方。

3. 1974～1975 年的“比例分成制”

这种体制的内容是：收入按固定比例留成（即地方从所组织的收入中按一定比例提取地方机动财力），超收另定比例分成，支出按指标包干使用。

4. 1976 年实行的“收支挂钩、总额分成”的体制

六、“文革”结束后 3 年的财政体制（1977～1979 年）

粉碎“四人帮”后，我国对财政管理体制进行了探索，具体的探索是：

1. 1977 年在江苏省试行“固定比例包干”的财政管理体制

这个体制的内容是：

①按 1976 年江苏省决算口径，参照前几年该省预算总支出占预算总收入的比例确定包干比例，一定 4 年不变。②比例确定后，地方的支出从留给地方的收入中自行解决，多收多支，少收少支，自求平衡。③除遇特大自然灾害以外，上缴和留用的比例一般不做调整。④省的年度预算，仍要报中央批准。

这种体制实际是预算体制从“条块结合、以条为主”改为“条块结合、以块为主”的分级管理的雏形，它在一定程度上扩大了地方财权，有利于调动地方当家理财的积极性。

2. 1978 年在浙江、北京等部分省、直辖市试行“增收分成、收支挂钩”的体制

其主要内容是：

（1）地方预算支出，仍同地方负责组织的收入挂钩，实行总额分成。

（2）地方预算收支指标及中央和地方的收入分成比例，仍是一年一定。

（3）地方机动财力的提取，按当年实际收入比上年增长部分确定的分成比例计算，实现机动财力与地方预算收入增长部分挂钩，地方多增收可以多得机动财力。

这个体制由于 1978 年的基建规模失控，国民经济比例失调而改为“收支挂钩、超收分成”。

3. 在广东、福建两省，由于建立经济特区，在财政上给予照顾，从1979年起实行定额上缴或定额补贴的办法

4. 1979年在少数民族地区实行特殊体制

1979年中央规定，在广西、内蒙古、新疆、宁夏、西藏5个少数民族自治区和云南、青海两省，实行核定基数，超收全部留用的财政体制。如果出现短收，确有困难者，另行商量处理。

七、1980～1984年中“划分收支、分级包干”的体制

从1980年开始，除了京、津、沪三市实行“收支挂钩，总额分成”办法，江苏省执行“固定比例包干”办法，以及广东、福建两省试行定额上缴或定额补助的办法外，在全国大多数省试行“划分收支、分级包干”的办法，又称为“分灶吃饭”的办法。

所谓划分收支，是按照经济管理体制规定的隶属关系，明确划分中央和地方财政的收支范围。中央所属企业收入、关税收入和中央其他收入，仍归中央财政，作为中央财政的固定收入；中央的基本建设投资、中央企业的流动资金支出、国防战备费、对外援助、中央级的事业费、行政管理费等归中央支出。地方所属企业的收入、盐税、农牧业税、工商所得税、地方税和地方其他收入，归地方财政，作为地方的固定收入；地方的基建投资、地方企业的流动资金、支援农业支出、地方各项事业费、抚恤和社会救济及地方行政管理费，为地方财政支出。

按中央规定，上划给中央部门直接管理的企业，其收入作为固定比例分成收入，中央分80%，地方分20%；工商税则作为中央和地方的调剂收入。

所谓“分级包干”，即按照划分的收支范围，以1979年收入预计数为基数计算，地方收入大于支出的，多余部分按比例上缴；支出大于收入的，不足部分中央从工商税中确定一定比例进行调剂；个别地区将工商税全部留下，仍然是收大于支的，则由中央给予定额补助。分成比例和补助数额确定后，5年不变。在包干的5年中，地方多收多支，少收少支，自求平衡。

1980年的“分灶吃饭”财政体制，有以下几个特点：

（1）由过去全国“一灶吃饭”改为“分灶吃饭”，由中央一家搞平衡改为各地自求平衡。

（2）各项财政支出，由“块块”统筹安排。

（3）包干比例和补助数额由一年一定改为一定5年不变。

1980年的财政体制在执行中也存在一些问题：第一，中央财政负担较重。这次改革没有充分考虑到中央集中必要的财力，同时也没有相应地下放支出；诸如重点建设支出、农副产品价差补贴等大项支出仍由中央预算安排，导致中央财政长期困难，靠发行国库券、向地方和银行借款解决。第二，这次财政体制改革没有与经济体制改革配套进行，而是先行一步，以后经济上的每一步改革都会涉及财政问题，使此体制的执行变得非常困难。第三，实行此体制后，一些地方为争取财源，实行画地为牢，搞盲目建设、重复建设，影响了整个国民经济的提高。

在1983年，对该体制进行修正，修正的主要内容是：

第一，从1983年起，广东、福建两省继续实行大包干财政体制，其他省、直辖市、自治区一律实行收入按固定比例总额分成的包干办法。

第二，将借款打入基数，由于各种原因，中央财政从1979年起出现连续的赤字，为解决财政困难，中央向地方借款，从1983年始，将中央向地方财政的借款改为调减地方的支出包干基数，或者减少补助数额。

八、1985年实行的“划分税种、核定收支、分级包干”的体制

为适应第二步利改税的改革，从1985年起，实行了“划分税种、核定收支、分级包干”的财政体制。其具体内容是：

（1）基本上按照第二步利改税的税种，把全部财政收入划分为中央财政固定收入和地方财政固定收入以及中央、地方共享收入三大类。

（2）按隶属关系划分中央和地方财政支出的范围，其划分基本上与“划分收支、分级包干”的体制相同。对不宜实行包干的支出，由中央财政拨款。

（3）收入分成比例或上解、补助数额确定后，5年不变。地方多收多支、少收少支、自求平衡。

（4）广东、福建等省继续实行财政大包干。

（5）对民族自治区和视同民族自治区的省份，按照中央财政核定的定额补助数额，在5年内继续实行每年递增10%的做法。

1985年实行的体制有一定积极作用，但也存在许多问题：一是由于“利改税”不彻底，使得有些收入很难按税种划分。二是保证了地方既得财力，中央财政的困难得不到解决。三是包干基数不合理。这样，这种体制没有得到普遍推广实施，许多省份仍沿用旧体制。

九、1988年实行的包干制

1988年，第二个财政包干期尚未期满。中央原设想，在第二个包干期满后，实行分税制。但是，当时的条件尚不成熟，有必要继续总结承包制的经验，完善承包制。根据这些情况，1988年经国务院第十二次常务会议作出决定，对财政包干办法作如下改进：全国37个省、自治区、直辖市和计划单列市，除广州、西安两市的预算关系分别与广东、陕西两省联系外，对其余35个地区分别实行不同形式的包干办法。这些包干办法是：

1. 收入递增包干

它是以1987年财政决算收入和地方应得的财力为基数，参照各地近几年财政决算收入增长情况，确定地方收入增长率（环比）和留成、上解比例的一种体制办法。在递增率以内的收入，按确定比例实行中央与地方分成；超过递增率的收入全部留给地方；收入达不到递增率的、影响上缴中央部分的由地方用自有财力补足。北京、河北、江苏等省、直辖市实行这种办法。

2. 总额分

它是根据前两年的收支情况，核定收支基数以及地方支出占地方收入的比例，确定地方分成和上解中央比例的一种办法。天津、山西、安徽等省、直辖市实行这种办法。

3. 总额分成加增长分成

它是每年以上年实际收入为基数，基数部分按总额分成比例留成，实际收入比上年收入增长部分，除按总额分成比例分成外，另加增长分成比例进行分成的一种办法。大连市、青岛市、武汉市实行这一办法。

4. 上解递增包干

它是以1987年上解中央的收入为基数，每年按一定比例递增上缴的办法。

5. 定额上解

它是按中央核定的收支基数，收大于支的部分，确定固定的上缴数额的一种办法。上海、山东、黑龙江采用这种办法。

6. 定额补助

它是按中央核定的收支基数，支大于收的部分，由中央实行定额补助的一种办法。我国西部省份基本采用这种办法。

1988年的各省、自治区、直辖市、计划单列市的包干办法见表7－1。

表7－1　1988～1991年地方财政包干办法

地区	总额分成留用比例（%）	收入递增包干		总额分成加增长分成		定额上解（亿元）	上解递增包干		递增包干比例（%）
		地方留成比例（%）	递增率（%）	总额分成比例（%）	增长分成比例（%）		定额补助（亿元）	上解额（亿元）	
北京		50.0	4.0						
河北		70.0	4.5						
辽宁		58.3	3.5						
沈阳		30.3	4.0						
哈尔滨		45.0	5.0						
江苏		41.0	5.0						
浙江		61.5	6.5						
宁波		27.9	5.3						
河南		80.0	5.0						
重庆		33.5	4.0						
天津	46.5								
山西	87.6								
安徽	77.5								
大连				27.7	55.0				
青岛				16.0	34.0				
武汉				17.0	25.0				
广东（包括广州）							14.1	9.0	

续表

地区	总额分成留用比例（%）	收入递增包干		总额分成加增长分成		定额上解（亿元）	上解递增包干		递增包干比例（%）
		地方留成比例（%）	递增率（%）	总额分成比例（%）	增长分成比例（%）		定额补助（亿元）	上解额（亿元）	
湖南							8.0	7.0	
上海						105.0			
山东						2.0			
黑龙江						2.0			
吉林									1.1
江西									0.5
陕西（包括西安）									1.2
甘肃									1.3
福建									0.5
内蒙古									18.4
广西									6.1
西藏									9.0
宁夏									5.3
新疆									15.3
贵州									7.4
云南									6.7
青海									6.6
海南									1.4

资料来源：《中国经济改革与财政管理》，中国财政经济出版社，1993 年 11 月版。

尤其需指出的是，包干制的财政体制中，除了地方向中央上缴或中央向地方下拨款项外，还有中央给地方的两项支出：第一，中央拨给各省的专项拨款。包括基本建设项目拨款、粮食价格补贴、棉花和食油价格补贴、自然灾害补贴、大型水利工程补贴、老少边穷地区卫生和教育专项补贴。第二，中央给省的补偿支付，即地方企业的隶属关系转移到中央，为了弥补地方预算由此造成的财政收入损失，中央给地方的补助。

十、1992 年 1 月 1 日试行的分税制

1992 年 1 月 1 日，我国在 6 市 3 省（天津、沈阳、大连、青岛、武汉、重庆、辽宁、浙江和新疆）试行分税制。

第三节 分税制

一、什么是分税制

所谓分税制，是指在划分中央与地方政府事权的基础上，确定中央与地方财政支出范围，并按税种划分中央与地方预算收入的财政管理体制。

二、分税制财政体制的模式

从国际上看，分税制模式主要有以下三种：

（一）美国模式：财权分散、财力相对集中

财权分散是一种明确的分权式的分税制模式。联邦、州、地方三级政府各司其职，各有自己的税收来源，各为自己的税收立法，当然州与地方政府的税法不得与联邦税法相抵触。

财力相对集中，是指在三级政府的财政格局中，联邦一级收入占较大比重。自 20 世纪 70 年代以来，美国税收收入的划分基本保持在中央占 6 成，地方占 4 成的水平上。

（二）法国模式：财权集中、财力集中

这是一种财权财力双集中的分税制模式。不仅税收管理权限集中于中央一级，从税收立法到具体的税收条例、法令均由财政部统一制定，地方政府只能按照国家税收政策和法令执行，而且在税收收入划分上，中央一般占到总收入的 75%。

（三）日本模式：财权适度分散、财力有效集中

日本在财政体制上集权与分权程度趋于中性，也就是介于美国模式与法国模式之间。

在日本，地方政府根据自治原则，有权决定征收何种地方税，但是为了防止因税收分权导致地区间的税收失衡，中央政府设立了“课税否决制度”，即允许地方政府在地方税法列举的范围内开征地方税，但若地方政府的征税计划超出了这个范围，其新开征的税种须经大藏大臣批准。

所谓财力有效集中，是指中央和地方在收入分配上保持 2/3 与 1/3 之比，而在支出格局上保持 1/3 与 2/3 之比，财力的这种转移通过形式多样的税收调整制度得以实现。

三、建立分税制财政体制的必要性

我国于 1994 年开始全面实行分税制，我国实行的分税制是在明确划分中央与地方政府事权的基础上，确定各自的支出范围，并且按税种划分中央与地方预算收入的一种分级管理的财政体制。分税制财政管理体制改革是发展社会主义市场经济的客观要求，是我国财政管理体制改革与发展的基本方向。实行分税制有利于理顺中央与地方的分配关系，调动中央与地方两个积极性，促进各级财政增收节支；有利于保证在中央与地方财政收入合理增长的前提下，逐步改善中央的财政状况，增强中央的宏观调控能力；有利于消除财力分配的随意性，合理调节地区间的财力分配，优化资源配置，形成全国统一的市场。

四、分税制财政管理体制的主要内容

分税制财政管理体制的具体内容是：

（一）中央与地方事权与支出的划分

根据中央与地方政府事权的划分，中央财政主要承担国家安全、外交和中央、国家机关运转所需的经费，调整国民经济结构，协调地区发展，实施宏观调控所必需的支出以及由中央直接管理的事业发展支出。地方财政主要承担本地区行政机关运转所需支出以及本地区经济事业发展所需支出。具体见表7－2。

表7－2　中央与地方财政支出的划分

中央财政支出范围	地方财政支出范围
1. 国防费	1. 地方行政管理费
2. 武装警察经费	2. 本级公检法支出
3. 外交和援外支出	3. 地方统筹的基本建设投资
4. 中央级行政管理费	4. 地方企业的技术改造和新产品试制费
5. 中央统筹的基本建设投资	5. 支农支出
6. 中央直属企业的技术改造和新产品试制费	6. 城市维护和建设费
7. 地质勘探费	7. 价格补贴支出
8. 由中央财政安排的支农支出	8. 地方科学、教育和卫生等各项事业支出
9. 由中央财政负担的国内外债务还本支出	
10. 中央本级负担的公检法支出	
11. 由中央财政负担的文化、教育、科学和卫生等事业支出	

（二）中央与地方财政收入的划分

1994年的分税制，我国实行的是按税种划分各级政府收入的方式，即按照税种划分收入范围，后来又进行了调整，具体见表7－3。

表7－3　中央与地方财政收入的划分

中央财政收入	共享收入	地方财政收入
1. 关税	1. 增值税（中央分享75%，地方分享25%）	1. 营业税和城市维护建设税（不包括铁道部、各银行总行、保险公司集中缴纳的部分）
2. 海关代征的增值税和消费税	2. 资源税（海洋石油企业缴纳的部分归中央政府，其余归地方）	2. 地方企业上缴的利润
3. 消费税	3. 企业所得税（中央分享60%，地方分享40%）	3. 城镇土地使用税
4. 车辆购置税	4. 个人所得税（中央分享60%，地方分享40%）	4. 房产税
5. 地方银行和外资银行及非银行金融企业所得税	5. 证券交易印花税（中央分享97%，地方分享3%）	5. 烟叶税

续表

中央财政收入	共享收入	地方财政收入
6. 铁道部门、各银行总行、各保险总公司等集中缴纳的收入（包括营业税、所得税和城市维护建设税）		6. 车船使用税
7. 中央企业上缴的利润		7. 印花税
8. 出口退税		8. 耕地占用税
		9. 契税
		10. 土地增值税
		11. 国有土地使用权有偿使用收入

（三）中央财政对地方税收返还数额的确定

为了保证现有地方既得利益格局，逐步达到改革的目的，中央财政对地方税收返还数额以 1993 年为基期年核定。按照 1993 年地方实际收入以及税制改革和中央与地方的收入划分情况，核定 1993 年中央从地方净上划的收入数额（即消费税 + 增值税的 75% - 中央下划收入）。1993 年中央净上划收入全额返还地方，保证地方既得财力，并以此作为今后中央对地方税收返还的基数。1994 年以后，税收返还额在 1993 年基数上逐年增长，递增率按地方增值税和消费税的平均增长率的 1∶0.3 系数确定，即上述两税地方平均增长 10%，中央财政对地方的税收返还增长 3%。如果 1994 年以后地方净上划收入达不到 1993 年的基数，则中央相应扣减税收返还数额。

（四）原体制中央补助、地方上解以及有关结算事项的处理

为顺利推进分税制改革，1994 年实行分税制财政体制以后，原体制的分配格局暂时不变，过渡一段时间再逐步规范化。原体制中央对地方的补助继续按规定执行，原体制地方上解仍按不同体制类型执行：实行递增上解的地区，按原规定继续递增上解（1994 年后不再递增，以 1994 年递增上解数定额上解）；实行定额上解的地区，按原确定的上解额继续定额上解；实行总额分成的地区和原分税制试点地区暂按递增上解办法，即按 1993 年实际上解数并核定递增率，每年递增上解（1994 年后不再递增）。原来中央拨给地方的各项专款，该下拨的继续下拨。地方 1993 年承担的 20% 部分出口退税以及其他年度结算的上解和补助项目相抵后，确定一个数额，作为一般上解或一般补助处理，以后年度按此定额结算。

（五）机构设置

分设中央与地方两套税务机构，分别征管。具体做法是，将原有的省以下的一套税务征管机构分开，设立国家税务局和地方税务局。国家税务局负责征收中央税和共享税，地方税务局负责征收地方税。中央税、地方税和共享税的立法权集中在中央，共享税中地方分享部分由国家税务局直接划入地方金库。

（六）初步构建了政府间转移支付制度

1994 年的分税制改革后，地方财政收入减少，而我国当时不具备实行规范的转移支付条件，所以从 1995 年开始实行过渡期转移支付办法，中央每年安排一部分资金，采取相

对规范的办法，重点解决一些困难地区财政支出需要。同时，为了保护地方既得利益格局，中央采取了“维持存量、调整增量”的办法，制定了中央对地方的税收返还办法。

五、分税制的成效

1994 年实行的分税制财政管理体制改革，取得了初步的成效。

（一）基本确立了分税制的体制框架，初步建立起较为规范的中央与地方财政分配关系

实行分税制财政体制，改变了全国原财政体制多元化的局面，实现了体制的简化和规范；在纵向关系上，中央财政通过提高在收入增量中的分配比重，初步达到了中央适度集中的目的，在一定程度上改变了原来财力过于分散的局面；在横向关系上，由于通过分税制使中央财政收入有了较大幅度的增长，从而为逐步建立起中央对地方的税收转移支付制度创造了条件，有利于消除地区间财力分配的随意性，体现效率和公平的原则；通过收入的划分和两套税务机构的建立，使中央与地方之间的利益界限趋于明晰，进一步明确了各级政府的权限和责任，强化了各级财政的预算约束。

（二）增强了中央的宏观调控能力

实行分税制财政体制后，形成了一种有利于逐步提高中央财力比重的增量分配机制，提高了中央财政收入占全部财政收入的比重，中央财力有了明显增强。与此同时，中央的财权也得到了巩固和加强。首先，分税制财政体制规定，所有的税收立法权都集中在中央，以保证中央的政令统一；其次，税收减免权也集中在中央，税收实行分级征管，中央税和共享税由中央税务机构负责征收，地方税由地方税务机构征收。这些措施的实行，有效地控制了收入的流失，进一步强化了中央的财权。

（三）促进了资源的优化配置

分税制财政体制改革，除企业所得税外，基本改变了过去按企业隶属关系划分收入的做法，取得了积极的引导效果。由于将消费税的全部和增值税的 75% 划归中央财政，使中央可以利用税收这一杠杆合理调整产业结构，同时抑制了地方的投资冲动和对企业的行政干预，促使地方根据资源优势调整经济发展和财源建设思路，促进地方经济从速度型向效益型转变。将营业税划为地方收入，调动了地方发展第三产业的积极性，推动了全国产业结构的调整。

六、分税制财政管理体制的完善

（一）现行分税制财政体制存在的问题

分税制财政管理体制改革取得了较大的成绩，但由于多方面的原因，还存在以下几个问题：

（1）财权划分模式与事权划分模式不对称，出现两相背离的局面，即财权、财力层层集中、事权层层下放，履行事权所需的财力与其可用财力不对称，从而呈现越是基层，财政越困难的局面。

（2）省以下地方财政管理体制没有得到应有的规范。按照分税制改革的目标和世界上实行分税制国家的通行做法，分税制作为一种处理政府间财力分配关系的制度，应在全国范围内统一运作，并做到形式规范、内容合理，充分体现公平与效率。我国 1994 年的分

税制财政体制改革虽然在全国实行了统一，但没有解决好省以下各级财政体制的规范化问题。其主要体现在以下几个方面：

首先，地方收入划分没有按照分税制的原则进行。部分省的做法是在将消费税和增值税的75%上划中央后，其他各级财政收入一般未作调整，地方税及其留归地方的共享税仍按原来的隶属关系相应列入地方各级的财政收入，即使有所调整，在目标和方法上也仍主要沿用了老体制的做法。地方只是与中央财政分了税，但地方各级之间仍然主要沿袭了以前体制的做法，分税制的特征很不明显。

其次，各地税收返还办法不统一、不规范。根据分税制方案，中央财政以省级为单位进行了税收返还，并希望省以下各级财政要依次对下级财政进行税收返还，但由于在实施分税制时中央没有明确规定，相当一部分地方在确定地区、市、县财政体制时，带有明显的主观随意性，调整了税收返还系数。省以下体制得不到应有的规范，层层扭曲了分税制，使其内在所具有的制度效益得不到最大限度地发挥。

最后，现行分税制财政管理体制横向调节力度不够，地区收入差距仍然较大。分税制财政管理体制改革的出发点之一是承认既得利益，在调节地区收入差距上没有采取直接措施，只是希望中央通过在财政收入增量分配中多得财力，同时实行转移支付制度来缩小地区间的收入差距。这种渐进式的改革方法对顺利推行分税制是十分有利的，但不可避免地产生了一些消极后果。近期地区间的收入差距将因现行体制继续沿袭旧体制的分配格局而仍然无法改变。不仅如此，新出台的一些政策措施还在不自觉地拉大地区间的收入差距，如分税制在新增收入分配上一视同仁，使原来一些高比例留成的困难市县会因实行分税制而减少体制分成财力，财政更加困难。如果中央财政收入占全国财政收入的比重达不到预期的效果，甚至下降，将会使中央财力的集中受到限制，实行规范化、均等化的转移支付制度推迟，影响经济欠发达地区经济和社会事业的发展，这对深化改革、维护中央的权威、保持社会的稳定都是不利的。这种保留既得利益的做法，强化了地方的本位观念，不利于确立效率与公平的原则。一些经济总量、人口规模相当的地区，由于历史的原因，有些上缴财政收入多、有些上缴少，影响了部分地区发展经济、开辟财源的积极性。

（3）分税制本身还存在一些不合理的问题。从分税制方案本身来看，最大的问题是中央对地方的税收返还的计算问题。分税制规定按地方消费税和增值税增长率的1:0.3的系数计算，并没有按地方两税增量的绝对额返还30%，计算上重复打折，致使两税收入增长较快的地区从收入增量中得到的分成财力呈相对下降的状态，严重挫伤了地方关心两税收入的积极性。另外一个问题是分税制实施后，仍然保留了老体制的包干上缴，且税收返还还以1993年的实绩为基数，而包干上缴以1994年递增上缴数为基数，新增收入在按分税制进行分配的情况下，仍要按老体制递增上缴，存在重复上缴的问题，影响了分税制的执行。

（4）转移支付不规范。由于缺乏规范的中央转移支付的法律法规，导致转移支付资金管理十分混乱，因而产生“跑部钱进”的问题。

（二）分税制财政体制的完善

1994年实施的分税制财政体制改革，使财政体制初步实现整体转型，之后，几乎再没有进行大的调整，体制的继续改革和完善步伐不快，已经滞后于经济和社会发展的实际，进一步完善势在必行。完善的重点有三个方面：

（1）彻底分税。分税制财政体制就是要把中央对地方、地方各级之间财政体制的确定建立在科学合理的税种划分之上，实现财政体制的实质性转型。

（2）合理分权。进一步明确各级之间的财权、事权范围，真正做到"各税各征、各事各管"，并用立法的形式予以明确。

（3）加速完善省以下各级财政体制。其基本思路包括实行"省管县"和完善县对乡镇的财政体制。

所谓"省管县"，是省级财政将转移支付资金直接确定到县，将预算资金直接拨付到县级财政的管理模式，有利于解决市县两级为利益竞争而影响县级经济发展的状况。

由于税务、金融、工商等机构已按经济区域和行政区划来设置，农业税在全国范围内停征，占乡镇财政大半支出的乡镇教师工资由县级发放，乡镇财政已不能称之为一级财政，待条件成熟时可以考虑取消这一级财政。目前可采取两种过渡办法。对财政状况差的乡镇财政实行县级统管；对财政状况较好的乡镇，实行"乡财县管"，即乡镇财政的"三权"，即预算管理权、资金所有权和使用权、财务审批权不变，实行"预算共编、账户统设、票据统管"的管理方式。

（4）按照公开、公平、公正的原则，以基本公共服务均等化为目标，完善政府间转移支付制度。

下　篇

第八章　金融概述

第一节　金融的定义

一、什么是金融

金融一词是大家都熟悉的词语。金融的融是英语 Loan 的英译，其本意是指货币资金的借贷活动。但人们现在使用的金融一词，其含义要更广泛一些，它是指商品经济中一种十分重要的经济活动。

通常意义上的金融，是货币流通和信用活动的总称，包括：货币的发行、流通和回笼，存款的吸收和提取，贷款的发放和回收，国际汇兑的往来，保险信托，黄金外汇买卖以及证券市场的活动，等等。

金融活动是经济活动中生产、分配、交换和消费活动在价值形式上的反映，是商品货币经济的必然产物，并反过来对商品经济产生巨大的反作用。

二、金融活动的主体和客体

金融活动的主体就是金融活动的参与者或当事人，其数量和种类众多。

按社会身份分，金融活动的主体可分为自然人和法人，法人又可分为企业和金融机构，而金融机构是专门从事货币调节活动的社会机构。

如按参与目的分，参与者又可分为融出资金者、融入资金者和中介代理者三大类。其中，融出资金者是指为获取一定的收益而将自有剩余资金借给他人使用的参与者，如我们熟悉的存款者和投资者即属此类。融入资金者是指因从事某种经济或非经济的社会活动但资金短缺而向他人借资金使用的参与者，如借款者以及债券和股票的发行者。中介代理者则是为双方的活动从事代理或中介服务的参与者，如大家熟悉的银行就是专门从事存贷款、货币汇兑等金融代理经营业务的金融机构。

金融活动的客体就是货币及其代替品。在流通过程中，金融活动的客体因用于交换又被称为金融商品。金融商品的种类随着经济与金融事业的发展越来越多。

第二节　金融简史

一、近代工业出现前的金融

金融活动或金融业是伴随着货币的产生和流通而出现的。但在用牲畜、兽骨、布帛充当货币的初期商品货币时期，还没有专司货币业务的金融机构。只是在商品经济有了较大规模的发展、用金银铜等贵金属充当一般等价物之后，才慢慢出现了专职从事货币的发行和流通业务的金融机构，从而才有了金融活动。

最早的金融机构都是官办的，其主要职能是发行和储存货币，因为只有政府才有发行货币的权力。中国早在商周时代就有了官办的铸币机构和钱库，铸造和储存铜币，以适应发行和流通所需。到隋唐时期，由于商品经济的进一步发展，除了官办的造币局和银库外，还出现了不少民间的银铺和当铺，专门从事货币流通的调节业务。至北宋时，此类金融机构已相当普遍，多数城镇都有那么一二家钱铺或当铺，但是，在近代大工业出现以前，此类金融机构只是萌芽状态的金融业。

二、现代金融的产生及其在我国的发展

直到近代工业产生后，由于生产规模和商品流通规模大大扩大，才出现了经营规模巨大，服务区域广阔，从事货币发行、信贷、投资等多种金融业务活动的现代金融机构。这样的金融机构最早产生于英国，其代表是 1694 年由私人创立的英格兰银行，该银行由于贷款给政府而获得了英国的货币发行权。第二次世界大战后，英格兰银行被收归国有，成为英国的中央银行。

国际上，伴随着近代工业的产生和发展，至 19 世纪初，类似英格兰银行那样的早期现代金融机构，在欧洲各国已相继出现。

我国则是在 1840 年鸦片战争以后，才出现了从事多种金融业务、规模较大、服务区域较广的现代意义上的金融机构。同近代工业一样，最初出现的现代金融机构是外资开设的银行。

在鸦片战争前后，英国在其殖民地印度开办了一批英印合营银行，如印度西北银行、西印度银行，主要从事汇兑业务和各种银行业务。1845 年，由西印度银行改称的丽如银行同时在广州和香港两地设立办事机构，这就是在我国最早设立的外国银行。从 19 世纪 60 年代开始，法国银行也开始到香港、上海设行，如法兰西银行 1860 年在上海、1863 年在香港分别设行。这些外国银行，主要从事外汇的兑换和投机业务，还有金、银币的买卖。甲午战争后，当时世界上几乎所有的主要帝国主义国家一些大的银行都在上海或香港设立了分行，而且其从事的银行业务也从外汇业务扩大至为清政府提供政治、经济贷款、吸收社会存款、参与企业投资与贷款等商业银行的几乎所有业务种类。1865 年在香港成立的英资汇丰银行还获得了发行港币的权力。

我国民族资本的金融机构在近代主要是伴随着商业资本的发展而发展的，如在乾隆时

期成立的主要由山西人经营的票号，在经营银钱汇兑业务的同时，还兼营商业贸易活动。所谓票号，又称票庄、局或银号，是主要从事银票汇兑业务的金融机构。初期的票号因其规模小、业务范围狭窄，还不是现代意义上的金融机构。

与此同时，一直在封建社会从事孤立分散的货币信用业务的旧式金融机构——钱庄，自19世纪中叶以来也得到很大发展，如1873年仅上海就有钱庄123家。不过，与票号相比，钱庄的资本规模、业务范围都小得多，也不在各地设分支机构。钱庄起初只从事一般的民间存放款业务，或代理票号业务，以票号为靠山。但自从19世纪末，外国银行在我国大大发展后，众多钱庄倒向资本雄厚的外国银行，成为帝国主义金融机构的附庸。

我国第一家中资的新式银行，是于1897年5月27日成立的中国通商银行。该银行是盛宣怀奏请开设的，总行设在上海，在北京、天津、汉口、广州、烟台、镇江等地设有分行。成立之初，该银行除经营存、放款业务外，还被清政府授予发行纸币、代收库银的权力。1906年，由我国纯粹私人资本创办的商业银行即信成商业储蓄银行成立。自此，民间商业银行陆续成立。到了清朝末年，随着清政府的衰败，主要从事清政府金融财政业务的票号亦由盛转衰，终于随着清政府的垮台而没落。而本小、底薄、管理落后的钱庄，也因经受不住当时社会的政治和经济动荡，不是因受战争浩劫而倒闭，就是因金融投机失败而破产。到了20世纪20年代，票号与钱庄已完全被新兴的银行所取代。但是，自那时起，我国的主要金融机构，不是控制在外国资本手中，就是为官僚资本所有。这样的状况，一直持续到中华人民共和国成立才得以根本改变。

第三节 现代金融的特征、作用和范围

一、现代金融的基本特征

现代金融就是建立在大工业和商品经济高度发展基础上，并为之服务的金融活动。这是现代金融的一般含义，它具有如下基本特征：

1. 多样化

即其活动内容和形式以及活动对象呈现多样化的特征。现代金融活动的主体之一的现代金融机构，其业务内容大大超出了古代金融机构单一的存贷汇兑业务；仅从组织形式分，就有主要从事一般的货币储存、信贷和汇兑业务的银行类金融机构和专门从事特殊货币业务的证券公司、信托投资公司、财务公司、保险公司及典当行等非银行金融机构，而银行和非银行的金融机构又可根据其从事的特殊服务领域可再各分为若干不同的种类。此外，现代金融的多样化还表现在其工作对象除了法定流通的货币外，还包括各种各样的货币替代品，如种类不一样的各种有价证券和名目繁多的各种信用卡。

2. 自由化

即对金融的管制放松，出现了利率自由化、银行业务范围限定的放松等现象，金融创新不断出现。

3. 全球化

金融的全球化主要表现在：

（1）资本流动的全球化。在当今的世界上，每天都有大量资本在跨国界流动，上千亿资金转瞬间就可转移到世界的任何一个地方。

（2）货币体系国际化。全球贸易和资本流动需要全球货币体系即国际货币体系。目前的牙买加体系就是一个国际货币体系。

（3）金融市场全球化。在业务上和地理上彼此分割的各国证券市场紧密地联系在一起，相互影响、相互促进，形成全球一体化的金融市场。

（4）金融机构全球化。近年来，随着全球竞争的加剧和金融风险的增加，国际上许多大银行都把扩大规模、扩展业务以提高效益和增加抗风险的能力作为发展战略，所以出现了全球性银行业合并和兼并的浪潮，使得超巨型跨国商业银行和投资银行不断出现。

（5）金融协调和监管的国际化。上述四方面的国际化必然要求相应的国际金融协调、监管机构和机制，于是金融协调和监管的全球化便应运而生。众所周知的国际货币基金组织就是典型的国际金融协调机构。

二、现代金融的作用

金融是现代经济的核心，正如邓小平在 1991 年 1 月视察上海时所指出的那样，“金融很重要，是现代经济的核心。金融搞好了，一着棋活，全盘皆活”①。这深刻揭示了金融在现代经济生活中的作用。金融的积极作用主要表现在：

（一）金融是资金运动的“信用中介”

金融的最基本特征和作用就是采用还本付息的方式聚集资金和分配资金，调节企事业单位、城乡居民之间的资金余缺。金融机构利用自己庞大的分支机构和良好信誉，把机关团体、企事业单位、居民个人手中零星、分散、闲置的资金集中起来，变成高效、稳定、长期的资金来源，通过借贷、投资等方式，按照信贷原则和产业、区域发展政策，又投入到急需资金的部门，支持国民经济的正常运行。

（二）金融是提高生产力的“黏合剂”和“催化剂”

货币是一种特殊商品，为社会商品运动提供价值尺度、流通手段、支付手段和储藏手段。金融机构经营货币资金，通过货币资金运动促进商品交易，按市场需要迅速黏合各生产要素，形成新的生产力。金融业通过发放贷款，代理发行股票、债券，向国民经济的基础行业和支柱产业提供了大量的资金，促进企业跨地区、跨行业联合，培育企业集团，为提高国民经济的专业化、社会化水平做出贡献，成为生产力的“催化剂”。

（三）金融是宏观调控的重要“杠杆”

宏观经济管理的基本要求是使社会总供给与总需求基本平衡，促进国民经济均衡增长。金融在建立和完善国家宏观调控体系中具有十分重要的地位。一般说来，货币供应总量可以调节社会总需求，货币供应总量和社会商品、劳务总供给保持基本平衡，就能使物价稳定。金融业与国民经济各部门有着密切的业务联系，它能够比较深入、全面地反映成

① 《邓小平文选》第 3 卷，人民出版社，1993 年 10 月第 1 版，第 366 页。

千上万个企事业单位的经济活动。同时，利率、汇率、信贷、结算等金融手段又对微观经济主体有着直接的影响。国家可以根据宏观经济政策的需要，通过中央银行运用各种金融调控手段，适时松紧银根，调控货币供应的数量、结构和价格（利率），从而调节经济发展的规模、速度和结构，在稳定物价的基础上，促进经济发展。

在看到金融积极作用的同时，必须看到其消极作用。这是因为金融业是一个风险很大的行业。随着金融业的迅速发展，巨额资金在国内外的迅速流动，加之政治、经济和市场的变化，使金融业潜伏着很大的风险。金融风险种类很多，有支付能力不足的流动性风险，有利率、汇率变化的市场风险，有经营不善、资不抵债的经营风险，有政局变化、社会动荡的国家风险等。如果不能及时有效地防范和化解这些风险，就会酿成大祸，危及国民经济和社会稳定。

金融究竟是起积极作用，还是起消极作用，关键取决于如何运用金融这一杠杆。“如何运用金融这个经济杠杆，是一门大的学问。运用得好，就会对实现宏观经济调控目标，抑制通货膨胀，优化资源配置，起到积极作用，有效地促进经济和社会发展。如果运用不当，就可能产生金融风险和经济风险，甚至会危及经济全局。近几年国外连续出现的金融危机，我们应引以为戒。总之，我们对金融杠杆，要善于掌握，巧于运用。”①

三、现代金融的主要范围和金融学

现代金融的范围，包括现代金融活动的各种形式和所直接涉及的各个方面。按其活动方式分，它包括金融融资和金融投资；按其活动区域分，它包括国内金融和国际金融；按其所涉及的流通市场分，它又包括短期资金（即货币）市场、证券市场、黄金市场、期货市场和外汇市场。

正是由于金融所包含的范围非常广泛，金融学已成为一门庞大的经济学科，内容包括有关银行、投资、保险、国际金融、证券市场、利率、汇率等方面的理论。由于人们的立场、视角、经验的不同，使人们对金融问题有着不同的认识和主张，从而产生了有关金融的不同学派，促进了金融学的繁荣和发展。

---

① 江泽民：关于《领导干部金融知识读本》的批语，《领导干部金融知识读本》，中国金融出版社，1997 年 11 月第 1 版。

第九章　货币和货币流通

第一节　货币和货币制度

一、货币的本质

货币是固定地充当一般等价物的特殊商品，并体现一定的生产关系。要理解此概念，必须把握以下两个方面：

（1）从货币形式上看，货币是充当一般等价物的特殊商品，是价值的一般代表，起着一般等价物的作用，可以购买任何商品。

（2）从货币所代表的内容上看，货币既然是从商品交换过程中分离出来的一种特殊商品，并在商品界独占了一般等价物的特殊地位，其他一切商品的价值只有通过货币才能衡量和实现，货币自然成为表现商品生产者之间的生产关系的物质形式。十分明显，在不同社会形态下，货币所表现的生产关系必然有着不同的阶级内容。

二、货币的产生

在金融诸范畴中，最早产生的就是货币。对于货币的产生历史，马克思在《资本论》中对此进行了科学的论述。

货币起源于商品及商品交换。在原始社会初期，由于生产力极端低下，全社会没有剩余产品，也没有交换，也不需要货币。到了原始社会末期，生产力水平有了较大的提高，产品也有所剩余，交换行为也慢慢出现了。随着交换行为的发展，商品的价值形态也在发生变化，其变化主要经历了以下几种形式：

（一）简单的价值形态

人类社会最初的交换方式是相当简单的，是一种商品与另一种商品的直接交换，即物物交换。就是在这样一个简单的交换过程中，商品有了最简单的价值表现，一种商品的价值偶然地通过另一种商品表现出来，这种表现形态被称为“简单的价值形态”。

（二）扩大的价值形态

当社会出现大分工后，交换就成了一种经常现象。此时一种商品就会经常地与许多商品相交换，这种商品称为等价物。于是，这种商品的价值便经常地表现在其他许多商品身上，这种价值表现形态，称为“扩大的价值形态”。

（三）一般价值形态

随着商品交换的进一步发展，逐渐从无数种商品中分离出一种商品，其他商品都习惯和它相交换。这样，许多商品的价值一般都由这种特殊商品来表现，这种价值表现形态称为“一般价值形态”。这种特殊的可以用来表现其他一切商品价值的商品，就是“一般等价物”。

（四）货币价值形态

人们将一般等价物统一起来，并固定在某一特殊商品上，这种商品即为货币商品。在人类历史上，牲畜、贝壳、布帛等都充当过货币商品。但只有当货币商品固定在金银上，用金银表现其他一切商品的价值后，这种货币商品才真正称为“货币”。“金银天然不是货币，货币天然是金银”，这是由于金银具有质地均匀、便于分割、便于携带等优点。这种用货币表现商品价值的形态，称为“货币价值形态”，至此，货币正式出现。

三、货币的职能

货币的本质决定货币的职能，货币的职能是货币本质的具体体现。货币在交换发展中，逐渐形成了价值尺度、流通手段、贮藏手段、支付手段和世界货币的五种职能。

（一）价值尺度

价值尺度职能是货币的基本职能之一，这个职能的核心在于货币是衡量和表现一切商品价值的尺度。

要发挥价值尺度的职能，就必须比较货币的不同数量，因此需要规定一个货币计量单位。这种人为规定的货币单位及其等分，称为价格标准。

（二）流通手段

货币的第二个职能是流通手段，即充当交换的媒介。

货币执行流通手段职能与价值尺度职能相比，有着自身的特点：

(1) 货币作为流通手段，必须是现实的货币，没有现实的货币在市场上是买不到任何商品的。而货币作为价值尺度则可是观念上的货币，是以想象的货币来发挥作用的。

(2) 货币作为流通手段，不需要足值的货币，甚至可以用没有价值的价值符号代替；货币作为价值尺度，则必然是足值的货币，不足值的货币会带来物价波动。

（三）贮藏手段

货币退出流通领域，成为社会财富的一般代表而贮藏起来，就是货币贮藏手段的职能。货币之所以能够发挥贮藏手段的职能作用，是因为货币是充当一般等价物的商品，本身就有价值，人们拥有货币，实际上就拥有财富，就能够在任何时间、任何地点购买任何商品。货币作为贮藏手段的职能，自发调节着货币流通量。

（四）支付手段

用货币作为清偿债务或支付租税、利息、工资等，货币就执行着支付手段职能。

（五）世界货币

货币突破了国内流通的界限，在国际上发挥一般等价物的作用，货币就执行着世界货币的职能。作为世界货币职能的货币必须是贵金属黄金或白银，而不能是价值符号。

世界货币的作用是：

（1）作为一般的支付手段，用来清偿国际间的债务，平衡国际收支差额。

（2）作为一般购买手段，用来购买国际上的各种商品。

（3）作为社会财富的一般代表，从一个国家转向另一个国家。

货币的五种职能排序不是任意的，而是反映了商品生产和商品流通的历史发展进程，体现了历史和逻辑的统一。

四、货币的形态

货币的形态，是随着货币制度的发展而不断变化的。迄今为止，货币形态大致有实物货币、金属货币、代用货币、信用货币和电子货币几种形态，它代表了货币形态由低级向高级发展的历程。

（一）实物货币

实物货币就是商品货币，在人类社会早期，在金属货币出现以前，曾经有许多种商品充当交易的媒介，如牲畜、贝壳、木材、布匹等。

实物货币充当交易媒介有其自身的缺陷，一是实物体积笨重，不便携带与运输；二是质地不均，极难进行分割；三是实物容易腐烂变质，难于贮存与作为价值标准。因此，实物货币逐渐被金属货币所取代。

（二）金属货币

以金、银、铜等贵金属为币材的货币即为金属货币。

金属货币在流通早期，是以条块形式出现的，以自然重量为计量标准。进入近代，金属货币逐渐演变为按一定重量、成色铸造成的货币，即铸币。

金属货币的流通也有缺点：一是称量与鉴定成色十分麻烦；二是金属货币流通极易磨损，携带也不安全，流通费用较高；三是金银数量有限，开采不易，币材的供应无法适应市场交易的不断扩大。因此，随着经济的发展，出现了代用货币。

（三）代用货币

代用货币也称代表实质货币，它往往由政府或银行发行，以纸币代替金属货币流通使用，如早期的银行券。

代用货币是一种不足值的货币，其之所以可在市场上流通并为人们所接受，是因为其背后有充足的金银货币作为发行保证，持币人可随时向政府或发行银行要求兑换金银货币，发行人不得拒绝。

代用货币虽然克服了金属货币的缺点，但其自身也有缺点：一是代用货币须代表十足的金属货币，其发行量要取决于金属货币准备量，限制了商品流通对货币需求增长的要求。二是大量的准备闲置在仓库里，实际上也是资源浪费。三是代用货币本身是纸币，所以极易被伪造，且容易遭水灾、火灾等自然灾害的损坏，给流通带来困难。因此，随着市场经济的发展，代用货币又为现代信用货币所代替。

（四）信用货币

信用货币是代用货币的进一步发展，信用货币本身已脱离了金属货币，成为纯粹的货币价值符号，它本身也不能与金属货币相兑换，因而信用货币是一种债务型的货币。

信用货币之所以能被公众接受并保持其价值，主要依据于信用货币的发行量。如果政府的货币当局合理控制信用货币发行量，公众对信用货币则保持信心，即使没有充足的货币发行准备，货币仍然能正常地流通和保持价值。

信用货币的主要形式有纸币、辅币和银行存款货币。

（1）纸币，即钞票。它一般是由中央银行发行的信用货币，它由法律赋予其无限清偿的地位，并成为一国的本位货币。纸币不能兑换，其稳定的条件是中央银行必须根据经济发展的需要，控制纸币的发行量。

（2）辅币。由各种贱金属（如铜、镍、铅等）铸造的小面额铸币，它往往由政府直接控制，并以法律规定与其他货币的比价关系，且可自由兑换为其他货币。

（3）银行存款货币。银行存款形式多种多样，能作为交易媒介与支付手段的主要是活期存款，也称支票存款，或银行货币。在现代信用发达的经济中，存款货币往往是市场交易中最重要的支付工具。

银行存款货币的流通、使用有着不可替代的优点：一是方便了支付人与被支付人；二是使用成本低，且不易伪造；三是按支付额实收实付，免去清点与找零的麻烦。

（五）电子货币

从货币形式发展的趋势看，信用货币将被由电子计算机联网后的存款划拨转账形成的“电子货币”所取代。根据巴塞尔委员会的定义，电子货币是指在零售支付机制中，通过销售终端、各类电子设备以及在公开网络上执行支付的储值产品和预付支付机制。储值产品是指保存在物理介质中可用来支付的价值，这种物理介质可以是智能卡、多功能信用卡、电子钱包等，所储价值在使用后，可以通过电子设备追加。预付支付机制是指存在于特定软件或网络中的一组可以传输并用于支付手段的电子数据，常被称为数字现金或代币，由一组组二进制数据和数字签名组成，可以直接在网络上使用。作为支付手段，电子货币仍然不能脱离现金或存款，而是将这些既有的支付手段用电子化的方法传递、转移，以清偿债权债务实现结算。

目前国际上流行的电子货币有四种：

（1）储值卡型电子货币，商业银行、电信部门、IT 企业、商业零售企业、政府机关和学校等在预收客户资金后发行等值储值卡，使储值卡成为独立于银行存款之外的新的存款账户。

（2）信用卡应用型电子货币，可在发行主体如商业银行、信用卡公司等规定的信用额度内贷款消费，而后于规定时间内还款。

（3）存款利用型电子货币，如借记卡、电子支票。

（4）现金模拟电子货币，如基于 Internet 网络环境使用的且将代表货币价值的二进制数据保管在微机终端硬盘内的电子现金，将货币价值保管在 IC 卡内并可脱离银行支付系统流通的电子钱包。

与原有的信用货币相比，电子货币具有如下特征：一是货币发行的机制不同，电子货币的发行机构既可能是中央银行，也可能是一般的金融机构。二是电子货币打破国界限制，只要商家愿意接受，消费者可以容易地获得和使用多国货币。三是电子货币更多地采取技术加密算法或认证系统来实现防假。

电子货币的出现使金融资产以光的速度流动，给人们提供极大的方便，但也对传统的金融模式提出了挑战，特别是对中央银行货币政策的执行和金融监管产生较大负面影响。

五、货币制度

（一）货币制度的概念及形成

货币制度简称为币制，是指人们在充分认识商品货币关系的基础上，由政府制定并由政府强制保障的货币运行规则、组织系统和运行程序的总称。货币制度的内在规定性主要体现在以下三个方面：货币制度的产生是以商品货币关系发展到一定水平后人们对商品货币关系有充分认识为基本前提；货币制度是由政府制定并强制保障执行的；货币制度的内容或构成要素相当丰富。

由上述定义可知，货币制度是一国主权的体现，各国在不同时期都曾用不同的法令形式对货币流通的构成要素进行过种种规定。从历史上看，在资本主义制度以前，由于自然经济状况和政治上的割据，造成币权分散、铸币名目繁多，货币制度杂乱，严重阻碍了商品经济的发展。16世纪后，随着资本主义制度建立，资产阶级国家政府为了扫清这种障碍，先后以法律、法令的形式对货币制度的内容做出种种规定，货币制度才逐步完善。

（二）货币制度的内容

货币制度的主要内容包括：货币材料的确定、货币单位的确定、流通中货币的种类规定、货币铸造或发行的流通程序、对不同种类货币的支付能力的规定、货币发行准备的制度等。所有这些内容也称之为货币制度构成要素。

1. 币材的确定

国家规定用何种金属充当本位币的币材。本位币也称主币，是一个国家的基本货币，是法定计价、结算的货币。在金属货币制度下，选择什么样的金属作为本位币的币材，就会构成什么样的货币本位制度。

现在世界各国都实行不兑现的货币制度，法令中都没有任何规定用何种金属充当币材。这就是说，在过去货币制度中最重要的一个构成要素现已消失。

2. 货币单位的确定

随着货币金属的确定，就需要确定货币单位。货币单位包括规定货币单位的名称和每一货币单位所含货币金属的重量。

根据国际惯例，一国货币单位的名称往往就是该国货币的名称，几个国家同用一个单位名称，则在前面加上国家名，如Dollar，意译为元，是很多国家的货币名称，加以国名，美元就是美国的货币名称，加元就是加拿大的货币名称。中国有些特殊，货币名称是人民币，货币单位的名称是元，两者不一致。外国人搞不清，往往按照他们的习惯把中国的货币叫做中国“元”。

比确定货币单位更重要的是确定一货币单位所含货币金属的重量即币值。如按照英国1870年铸币条例的规定，1英镑含纯金7.97克；美国1934年1月的法令规定，1美元含纯金0.888671克。

3. 规定流通中货币的种类

一国一般规定流通中货币分为主币和辅币。主币也称为本位币，是一国流通中的基本通货，一般作为该国法定的价格标准。主币的最小规格通常是一个货币单位，如1美元、

1 英镑等。辅币是本位币单位下的小面额货币，它是本位币的等分，其面值多为货币单位的1%、2%、5%、10%、20%、50%几种，主要解决流通中不足 1 个货币单位的小额货币支付问题。

4. 规定货币铸造或发行的流通程序

在金属货币流通条件下，一般规定辅币由国家铸造发行，对本位币则需要明确规定是自由铸造还是限制铸造。信用货币出现后，最初是分散发行的，例如，银行券在早期是各个商业银行自主发行的，但后来为了解决银行券分散发行带来的混乱问题，各国逐渐通过法律成立中央银行并把银行券的发行权交给中央银行。在当代不兑现的信用货币制度下，信用货币的发行权都集中在中央银行或指定发行机构。

5. 对货币支付偿还能力的规定

在国家干预货币发行和流通的情况下，还要通过法律对货币的支付偿还能力做出规定，即规定货币是无限法偿还是有限法偿。

所谓无限法偿，即法律规定的无限制偿付能力。其含义是：法律保护取得这种货币的能力，不论每次支付数额如何大，不论属于何种性质的支付（买东西、还账、缴税），支付的对方均不得拒绝接受。取得这种资格的货币，在金属货币流通时是本位铸币，后来是不兑现的中央银行的银行券。

所谓有限法偿，是指在一次支付行为中，超过一定的金额时，收款人有权拒收。有限法偿主要是针对辅币而言的。

6. 货币发行准备的制度

货币发行准备的制度是指在货币发行时须以某种金属或某几种形式的资产作为其发行货币的准备，从而使货币的发行与某种金属或某些资产建立起联系和制约关系。各国所采用的货币发行准备制度的具体内容，一般均在本国法律中予以明确规定。在不同的货币制度下，货币发行的准备金制度是不同的。在金属货币制度下，货币发行以法律规定的贵金属金或银作为准备；在现代信用货币制度下，货币发行的准备制度已与贵金属脱钩，多数国家采用以资产主要是外汇资产做准备，也有的国家以物资做准备，还有些国家的货币发行采取与某个国家的货币直接挂钩的方式，如钉住美元、英镑等。

目前，各国货币发行的准备构成一般有两大类：一是现金准备，包括黄金、外汇等具有极强流动性的资产；二是证券准备，包括短期商业票据、政府债券等必须在金融市场上可流通的证券。

（三）货币制度的演变

从 16 世纪后，货币制度的演变经历了从金属货币制度发展到不兑现的信用货币制度的过程。其演变的过程是：银本位制→金银复本位制→金本位制→不兑现的信用货币制度。

银本位制，是以一定量的白银来表示和计算货币单位价值的货币制度。

金银复本位制，是以金币和银币同时作为本位币的货币制度。

金本位制，是以一定量的黄金表示和计算货币单位价值的货币制度，它主要包括金币本位制、金汇兑本位制和金块本位制。金币本位制又称为金铸币本位制，是以一定重量和成色的金铸币充当本位币的制度。它的特点是金币可以自由铸造，而其他金属货币则限制铸造；金币可以自由流通；辅币和银行券可以自由兑换为金币；黄金在各国之间可以自由地输出输入。金汇兑本位制又称为虚金本位制，是将本国货币依附于某个实行金本位制国家的货币，并与其保持固定比价，同时将黄金存放在该国的货币制度。本币虽然有含金量，但不能在国内兑换黄金，只能兑换依附国的外汇，然后用外汇在该国兑换黄金。金块本位制也称为“生金本位制”，是指在国内不铸造、不流通金币，只发行代表一定量的银行券或纸币流通，而银行券和纸币又不能自由兑换黄金，只能按一定条件向发行银行兑换成金块的制度。

不兑现的信用货币制度，是以纸币为单位，且纸币不能在一国内兑换黄金的货币制度，是当今世界各国普遍实行的一种货币制度。其特点是：一是由央行发行的纸币为本位币，并有无限法偿能力；政府铸造的铸币为辅币。二是实行不可兑换制度，即本位币不与任何金属保持等值关系，纸币不能兑换金银，纸币的发行量也不受金银数量的限制。三是货币通过信用程序投入流通领域。四是这种货币制度是一种管理货币制度，一国中央银行或货币当局通过公开市场政策、存款准备金率、贴现政策等手段，调节货币供应量，以保持货币稳定；通过公开市场业务、黄金外汇买卖等手段保持汇率稳定。

（四）我国现行的货币制度

我国现行的货币制度较为特殊，由于我国目前实行“一国两制”的方针，随着 1997 年、1999 年香港和澳门回归祖国以后，继续维持原有的货币金融体制，从而形成了“一国三制”的特殊货币制度。目前规定三种货币各为不同地区的法定货币，三种货币各限于本地区流通，人民币与港元、澳门元之间按以市场供求为基础决定的汇价进行自由兑换，澳门元与港元直接挂钩。

我国大陆的人民币货币制度，是在解放区特定历史条件下建立和成长起来的，在中国人民银行成立时开始发行。由于人民币是在恶性通货膨胀的背景下开始发行的，面额较大，当时流通的钞票最小面额是 50 元，最大面额是 5 万元。1955 年 3 月 1 日，发行新人民币，按 1∶10000 的比例无限制、无差别地收兑全部旧币，并同时建立起辅币制度。这个格局一直保持到现在。其主要内容有：

（1）国家规定人民币是我国大陆地区唯一合法的货币，在大陆范围内流通，行使货币的各种职能。货币单位为“元”，即元为本位币。人民币的辅币为元以下的“角和分”。现行主币有 1 元、2 元、5 元、10 元、50 元和 100 元六种。辅币有 1 分、2 分、5 分、1 角、2 角和 5 角六种。国家授权中国人民银行发行人民币，取得资金来源是国家银行的一种负债，对国家和银行来讲，处于债务人的地位，而人民币持有者则是债权人，这说明，我国人民币是在银行信用基础上发行的，其实质是一种信用货币。

（2）人民币由中央银行——中国人民银行集中统一发行，国家明令规定，其他任何地区、部门都不得发行货币、变相货币或货币代用品。

（3）国家授权中国人民银行掌握管理货币发行事宜，集中管理发行基金（即发行库保管的人民币），其他任何地区、单位和个人无权动用。

（4）人民币是一种管理通货。国家对货币流通实行计划管理，国家通过银行的信贷计划和现金计划编制、执行、检查和一系列的工作，对货币流通实行有计划地组织、调节和管理。

（5）黄金、外汇由中国人民银行集中掌握，作为国际支付的准备金，统一调度。外汇汇率实行由市场供求为基础的、单一的、有管理的浮动汇率，由中国人民银行每日公布。

（6）人民币是信用货币，人民币不规定含金量，是不兑现的信用货币。

第二节　货币流通

一、什么是货币流通

所谓货币流通，就是指由商品流通过程所产生的货币运动，即货币作为流通手段和支付手段不断地离开出发点，从一个商品所有者手里转到另一个商品所有者手里的货币运动。

二、货币流通渠道

我国的货币运动可划分为国家机关、企业、事业单位之间的货币运动和有关居民个人收付的货币运动两个领域，表现为现金流通和非现金流通（或称转账结算）两种形式。

所谓现金流通，指的是用人民币现款直接进行的货币收付运动。所谓转账结算，是指通过银行将款项从一个单位的账户划到另一个单位账户的货币收付运动。

三、货币流通规律和纸币流通规律

货币流通是一个连续不断的运动过程，本身固有的规律即货币流通规律。此规律的主要内容是揭示货币流通的规模是如何决定的，它受哪些因素的影响。

（一）货币流通规律

根据马克思主义的理论，货币流通规律的内容是：流通中的货币数量与商品价格总额成正比，与货币流通速度成反比。用公式表示为：

$$\text{流通中的货币必要量}=\frac{\text{待实现的商品价格总额}}{\text{货币流通速度}}$$

上述货币必要量的基本公式是从货币作为流通手段时的必要量来考察的。实际上，货币不仅有流通手段的职能，还有支付手段的职能。在货币执行支付手段职能时，一些商品交易采用赊销方式，暂不需要支付货币，因此，这部分商品价格总额应从商品总额中扣除；相反，上期的赊销商品又需要在本期内支付货款，这部分货币应需要加到期内总的货币需要量中去；有些债权债务的清偿，可以相互抵消，只有抵消后的差额才需要货币进行支付。所以，货币执行流通手段和支付手段职能时，决定货币必要量的因素就增加了，其公式是：

$$\begin{array}{l}\text{作为流通手段}\\\text{和支付手段的}\\\text{货币必要量}\end{array}=\frac{\text{待实现的商品价格总额}-\text{赊销的商品价格总额}+\text{到期支付的价格总额}-\text{相互抵消的货币支付}}{\text{货币流通速度}}$$

（二）纸币流通规律

上面所揭示的规律是金属货币流通条件下的货币流通规律，在价值符号——纸币代替金属货币执行流通手段和支付手段职能以后，流通中的货币必要量是怎样决定的呢？由于纸币是代替金属货币流通的，所以纸币流通的特殊规律只能从纸币是金的代表这种关系中产生。这一规律简单地说："纸币的发行限于它象征地代表金或银的实际流通的数量。"[①]用公式表示为：

$$单位纸币所代表的价值量=\frac{流通中实际需要的金属货币量}{流通中的纸币总额}$$

或者：

$$\begin{matrix}流通中全部纸币\\所代表的价值量\end{matrix}=流通中的货币必要量$$

第三节　货币需求与供给

一、货币需求

（一）货币需求的含义

货币需求并不是人们对货币的需要，而是指一定时期内商品流通对货币的需求量，它是客观的，不是主观的。

货币需求与社会总需求是两个不同的概念，社会总需求是指一定时期内以货币表示的社会有支付能力的购买总量，它是国民收入分配的结果，也是货币供给的结果，是客观存在的量，而货币需求是客观需要的量。

（二）货币需求理论

货币需求理论主要是探讨货币需求究竟由哪些因素决定的理论。经济学家在长期、持续的探讨中，形成了不同的货币需求理论。下面主要介绍凯恩斯主义和弗里德曼为代表的货币主义的货币需求理论。

1. 凯恩斯主义的货币需求理论

凯恩斯认为货币需求的动机有四个：

（1）收入动机。即人们的收入和支出间有一个时间差，为此人们需要经常持有一定量的货币，以供日常交易之需。收支时间的间隔关系是：收入量越大，收支时间间隔越长，这种货币需求越大。

（2）营业动机。为了使生产不断进行，人们必须解决支付营业费与获得营业收入之间不一致而造成的困难而持有一定量的货币。这部分货币需求量取决于营业费支付量与收支之间的时间差，营业费用支付越大、时间差越长，这种货币需求越多。

（3）预防动机。凯恩斯认为，未来是不确定的，常有各种意外发生，为了预防意外，人们便持有一定量的货币，以应付意外事件发生时的交易之需，作为心理上感觉安全的资产。这种动机的货币需求大小，主要取决于收入水平。

（4）投机动机。凯恩斯假定人们只能在货币和长期债券这两种资产间选择其财富的持

① 马克思：《资本论》（第1卷），人民出版社，1975年版，第147页。

有形式。在利率过低或长期债券价格过高时，人们就预存一定数量的货币，以便在利率上升或债券价格下降时购入这种债券。反之，就减少投机需求而购买债券。

凯恩斯把上述四种动机归为三种需求：前两类动机为交易需求，第三类动机为预防需求，第四类动机为投机需求。在凯恩斯看来，这三种需求是影响货币需求的因素。

2. 弗里德曼的货币主义需求理论

弗里德曼认为影响人们持有货币的因素有四个：

（1）总财富。个人所持有的货币受其总财富制约，由于总财富缺乏统计资料，用个人长期稳定的收入来表达。

（2）财富构成。即人力财富与非人力财富构成的比例，前者是个人获得收入的能力，后者是物质资产收入。

（3）收益率。包括具有固定收益率的债券和非固定收益率的证券（股票）等，也包括持有货币本身的收益率。

（4）其他因素。如支付习惯、消费与储蓄心理等。一般来说，收支间距越短，持币量越少；消费倾向越高，持币量越少，等等。

弗里德曼上述货币需求理论，可表述为整个社会货币需求函数：

$$\frac{M}{P}=f\left(r_m,\ r_b,\ r_e,\ \frac{1}{P}\frac{dp}{dt},\ w,\ Y,\ u\right)$$

式中：$\frac{M}{P}$为实际货币需求，r_m、r_b、r_e 分别代表货币、债券和股票的预期名义收益率，$\frac{1}{P}\frac{dp}{dt}$表示价格水平的预期变动率，w 代表非人力财富占总财富的比例，u 代表影响实际货币需求的其他因素，Y 代表个人长期稳定的收入，f 是函数关系。

弗里德曼强调指出，根据大量历史资料分析，上述货币需求函数具有稳定性。根据货币需求稳定性的理论，主张国家控制货币供给以及实行单一规则等货币政策。

（三）我国的货币需求

我国的货币需求理论正处于开拓阶段，还没有建立计量模型。理论界认为影响货币需求的因素大体包括以下几个方面：

（1）收入水平。收入水平越高，用于交易和储蓄的货币需求必然增加；反之，则会相应减少。

（2）商品、劳务的供给量。商品、劳务的供给量越多，货币需求越多；反之，则相反。

（3）物价水平。价格提高，货币需求就增加；反之，则下降。

（4）投资的总量和结构。投资规模越大，所需自行积累货币资金越多，持币量越大，货币需求量越大；反之，则相反。

投资期限结构中，投资回收期越长，所需占用的资金也越多。因此，投资结构不同，货币需求量就不同。

（5）消费结构。高档耐用消费品在消费结构中所占比重越大，为了购买高档耐用消费品所积存的货币需求越大。

(6) 货币流通速度。货币流通速度越快，货币需求量越小；反之，则相反。

二、货币供给

(一) 货币供给与货币供给量

货币供给是中央银行运用各种金融调节机制，通过金融体系向再生产过程供应货币的经济过程。

货币供给量指通过货币供给过程给社会所增加的货币量，是一国在一定时点上现金与存款的总和。年末货币存量总额与年初货币存量总额之差，就是当年的货币供给量。

(二) 货币供给的范围与层次

随着人们认识的深化，货币的范围不断扩大。19 世纪上半叶仅承认金属货币是货币，19 世纪中叶以后承认银行券与金属铸币同样是货币，20 世纪初期存款通货又被认为是货币。当代美国经济学家弗里德曼认为：货币是购买力的暂栖场。从这个角度看，一切可转为现实购买力的金融资产，如政府债券、民间债券、人寿保险公司保险单等，都可视为货币。

由于货币范围的扩大，需要研究众多货币中哪些是现实的货币，哪些是潜在的货币，以便对货币供给量实行分层调控。在 20 世纪 60 年代，美国联邦储备银行出于制定货币政策的需要，根据金融资产流动性的强弱对货币进行分层次统计。以后，各国中央银行纷纷效仿，成为各国的普遍做法。

按照国际货币基金组织（IMF）的分类，货币层次分为：

M_0——现金

M_1——M_0 + 银行活期存款（支票存款）

M_2——M_1 + 银行定期存款和具有市场性的短期信用工具

我国对货币层次的研究比较晚，按照 IMF 的口径，我国于 1994 年第三季度起由中国人民银行正式推出货币量统计指标并向社会公布，1995 年调整了各层次货币量的统计范围。调整后的统计范围如下：

M_0——现金

M_1——M_0 + 企业单位活期存款 + 机关团体存款 + 农村存款

M_2——M_1 + 企业单位定期存款 + 个人储蓄存款 + 自筹基本建设存款 + 其他存款

在我国的上述三个层次货币供应量中，M_0 是最活跃的货币，与消费物价水平变动密切相关，一直是中央银行关注和调节的目标；M_1 是反映企业资金松紧的重要指标，流动性仅次于 M_0，人们称它为狭义货币供应量；M_2 的流动性最弱，人们称它为广义货币供应量，它能反映社会总需求的变化，在宏观调控中也有重要意义。

2006 年底，我国 M_0 为 27072.6 亿元，M_1 为 126035.1 亿元，M_2 为 345603.6 亿元。

(三) 商业银行派生存款的创造

商业银行派生存款的创造，是货币供给理论的重要组成部分。不理解信用创造，就不能真正理解货币供给量模型。

1. 几个相关概念

(1) 原始存款。原始存款是商业银行体系吸收的现金净增加额形成的存款。

（2）派生存款。又称引申存款，是由商业银行放款形成的支票存款。派生存款的增加或减少，即货币供给量的相应增加或减少。

（3）支付准备金。商业银行以现金形式吸收的存款不能全部贷放出去，必须保留一部分现金应付客户提存和票据交换清算差额。这部分现金叫做支付准备金。

（4）法定存款准备金率。由中央银行规定的商业银行必须按存款一定百分比提取的现金与存款的比例叫法定存款准备金率。这部分准备金集中于中央银行保管，商业银行不得自由使用。

（5）活期存款法定准备金率（r_d）。由中央银行规定的活期存款与活期存款法定准备金的比例。

$$r_d = \frac{\text{活期存款法定准备金}（C_1）}{\text{活期存款}（D）}$$

（6）定期存款法定准备金率（r_t）。中央银行规定的定期存款与定期存款法定准备金的比率。

$$r_t = \frac{\text{定期存款法定准备金}（C_2）}{\text{定期存款}（T）}$$

（7）定期存款比例（t）。由客户自行选择的定期存款占活期存款的比例。

$$t = \frac{\text{定期存款}（T）}{\text{活期存款}（D）}$$

（8）超额准备金率（e）。商业银行的全部支付准备金减活期存款法定准备金再减定期存款法定准备金之后，余下的部分叫超额准备金（E），超额准备金与活期存款的比例，叫做超额准备金率。

$$e = \frac{\text{超额准备金}（E）}{\text{活期存款}（D）}$$

（9）现金漏损率（k）。由客户自行决定提取的现金占活期存款的比例。由于现金从商业银行体系漏出，形成流通中现金，故称现金漏损率。

$$k = \frac{\text{提取的现金}（C）}{\text{活期存款}（D）}$$

（10）实有准备金总额（R）。

实有准备金总额 = 活期存款法定准备金（C_1）+ 定期存款法定准备金（C_2）+ 超额准备金（E）

即
$$R = r_d \times D + r_t \times T + E$$

2. 派生存款的创造过程

（1）几个假设条件。为了更明确地揭示派生存款创造过程以及派生存款与原始存款、活期存款法定准备金率之间的内在联系，假设以下条件为既定的：

第一，活期存款法定准备金率（r_d）为 20%；

第二，定期存款法定准备金率（r_t）为 0；

第三，定期存款比例（t）为 0；

第四，超额准备金率（e）为 0；

第五，现金漏损率（k）为 0；

第六，原始存款为 10 万元。

（2）派生存款创造过程，如表 9－1 所示。

表 9－1　货币创造过程表

轮次	处于该轮银行的名称	左列银行吸收的存款	按 $r_d=20\%$ 提取的活期存款准备金	按 $e=0$ 将其余部分贷出形成的派生存款	相关银行
1	A	100000	20000	80000	B
2	B	80000	16000	64000	C
3	C	64000	12800	51200	D
4	D	51200	10240	40960	E
5	E	⋮	⋮	⋮	⋮
⋮	⋮	⋮	⋮	⋮	⋮
⋮	⋮	⋮	⋮	⋮	⋮
					⋮
	其余行合计	204800	40960	163840	
	总计	500000	10000	400000	

3. 公式推导

根据上述派生存款创造过程，商业银行体系形成的活期存款为：

商业银行形成的活期存款 $=100000+80000+64000+51200+\cdots$

$$=100000+100000\times\left(1-\frac{20}{100}\right)+100000\times\left(1-\frac{20}{100}\right)^2+100000\times\left(1-\frac{20}{100}\right)^3+\cdots+100000\times\left(1-\frac{20}{100}\right)^{n-1}$$

$$=100000\times\left[1+\left(1-\frac{20}{100}\right)+\left(1-\frac{20}{100}\right)^2+\left(1-\frac{20}{100}\right)^3+\cdots+\left(1-\frac{20}{100}\right)^{n-1}\right]=100000\times\frac{1}{1-\left(1-\frac{20}{100}\right)}=100000\times\frac{1}{\frac{20}{100}}$$

在上述既定的条件下，商业银行活期存款与原始存款之间有一个倍数关系。这个倍数就叫存款乘数，它等于活期存款法定准备金率的倒数（$1/r_d$）。

4. 影响存款乘数的因素的补充

上述存款乘数为 $1/r_d$，是假定 $k=0$，$r_t=0$，$t=0$，$e=0$ 的条件下论证的。更加接近实际的条件是上述各项都不是零的正数。而且，在存款乘数中发挥着与活期存款法定准备金率相同的作用。

（四）货币供给量模型

研究货币供给量模型的实践意义是，把货币供给量推导为便于统计、分析和调节控制的量。

1. 两种货币供给量公式

（1）M_1 = 流通中现金（C）+ 活期存款（D）。

（2）M_2 = 流通中现金（C）+ 活期存款（D）+ 定期存款（T）。

上述公式不便于分析、控制，因此有：

$$M_1 = m_1 \times B$$

$$M_2 = m_2 \times B$$

式中：B（为基础货币）= 流通中现金（C）+ 商业银行的实有准备金（R）。

$$R = C_1 + C_2 + E = r_d \times D + r_t \times T + E$$

其中，m_1 为货币供给量 M_1 的货币乘数，m_2 为货币供给量 M_2 的货币乘数。

货币乘数之所以存在，是由于银行具有信用创造的功能。中央银行创造现金，商业银行创造支票存款。

2. 货币乘数 m_1、m_2 的推导

$$m_1 = \frac{M_1}{B} = \frac{C + D}{C + R} = \frac{C + D}{C + r_d \times D + r_t \times T + E}$$

分子、分母同除以 D：

$$m_1 = \frac{\frac{C}{D} + \frac{D}{D}}{\frac{C}{D} + \frac{r_d \times D}{D} + \frac{r_t \times T}{D} + \frac{E}{D}}$$

$$= \frac{k + 1}{k + r_d + r_t \times t + e}$$

$$m_2 = \frac{M_2}{B} = \frac{C + D + T}{C + R} = \frac{C + D + T}{C + r_d \times D + r_t \times T + E}$$

$$= \frac{\frac{C}{D} + \frac{D}{D} + \frac{T}{D}}{\frac{C}{D} + \frac{r_d \times D}{D} + \frac{r_t \times T}{D} + \frac{E}{D}}$$

$$= \frac{k + 1 + t}{k + r_d + r_t \times t + e}$$

3. 基础货币 B 因素分析

基础货币是由公众持有的现金和商业银行的准备金构成的，它是商业银行存款货币扩张的基础，因此，基础货币又称为高能货币或强力货币。

从 $B = C + R$ 看，C 是指流通中的现金，即银行体系以外的公众手持现金。由于中央银行是现金发行的唯一机构，因此，现金是中央银行的资金来源或负债。

R 为商业银行体系的实有准备金，它由 C_1、C_2 和 E 组成，C_1 和 C_2 存在中央银行，是中央银行的负债。超额准备金 E 由两部分构成，一是中央银行的超额准备存款，二是库存现金。因此，E 也是中央银行的负债。

由于 B 的构成因素为中央银行的负债项目，所以中央银行可以通过调整资产和负债项目，调节和控制基础货币 B。例如，可以通过买入政府债券增加现金投放，或者反过来，通过卖出政府债券减少流通中现金。

上述定义仅用于一般理论分析，各国在实践中都根据本国具体金融情况给出不同的基

础货币定义并按照定义统计基础货币。我国基础货币的定义和统计也经历了一个逐步演化的过程。

1994 年我国开始进行基础货币统计。当时对基础货币的统计定义为：基础货币 = 金融机构库存现金 + 流通中现金 + 金融机构准备金存款 + 金融机构特种存款 + 邮政储蓄转存款 + 机关团体在人民银行的存款。其中，金融机构库存现金包括商业银行、政策性银行、城乡信用社、财务公司所持有的现金；金融机构特种存款是人民银行为了吸收农村信用社多余的流动性资金设立的特别账户，通常账户很小，并且不活跃。

2002 年 1 月起，人民银行对"货币当局资产负债表"内容进行调整，同时采用"储备货币"的口径并对外公布。这里的储备货币理论上与基础货币是同一个概念，包括中国人民银行所发行的货币、各金融机构在人民银行的准备金存款、邮政储蓄存款和机关团体存款。将全部的邮政储蓄存款纳入储备货币统计范围是与当时邮政储蓄无资产动用的能力和渠道，只相当于中央银行吸收居民和企业存款从而回笼货币的特定存款机构这一性质有关的。

2003 年 8 月，邮政储蓄资金管理体制开始改革，邮政储蓄部门自主投资、委托理财的渠道开通，其负债方吸收的全部储蓄存款与资产方存放在中央银行的转存款之间的差距越来越大。因此，储备货币中统计邮政部门的存款应用"邮政储蓄在中央银行的转存款"更为合适，2004 年 1 月后，我国储备货币的统计据此进行了调整。自此，我国基础货币统计数字与《中国人民银行统计季报》公布的储备货币统计数字一致。随着中国邮政储蓄银行的成立，这一存款不再成为储备货币的组成部分。

4. 货币供给量模型分析

从上述推导得知，货币供给量模型分别为：

$$M_1 = B \times \frac{k+1}{k + r_d + r_t \times t + e}$$

$$M_2 = B \times \frac{k+1+t}{k + r_d + r_t \times t + e}$$

由此模型可知，货币供给量由三种社会力量所制约：

（1）中央银行。中央银行可利用的调节控制因素是 B、r_d、r_t。

（2）商业银行。商业银行为了经营需要，可调节 e 的水平。

（3）公众（个人、家庭、企业）持有金融资产结构的选择，即持有多少现金、多少活期存款、多少定期存款，制约着 k 和 t。

中央银行在货币供给量的调控中处于主导的、决定性的地位。这是因为：

（1）中央银行具有用经济手段、行政手段管理全国金融活动的职能；

（2）中央银行是商业银行的最后贷款者，可以影响商业银行的超额准备金率（e）；

（3）中央银行是发行银行，可以通过控制现金投放量影响公众现金持币量；

（4）中央银行还可通过利率的调节影响公众持有的金融资产结构，即 k 和 t。

长时期来，人们一直在争论着这样一个问题，即货币供给量是外生变量（由中央银行货币政策完全控制的变量），还是内生变量（由经济过程制约的变量）。从上述分析可知，货币供给量既是外生变量，又是内生变量，中央银行不可能完全控制它。因此，对货币供给量进行经常性调节就成为中央银行的重要任务。

三、货币供需均衡

（一）货币供需均衡的概念及其意义

所谓货币供需均衡是指货币供应量在总量上和结构上大体与货币需求总量与结构相一致，若两者相差太大，就是货币供需不均衡。货币供需均衡与否，对经济运行有着重要影响。货币供需均衡，表明在社会再生产过程中物资供求平衡，有利于经济的正常发展。如果货币供给量小于货币需求量，则流通中的货币不足，影响经济发展速度。如果货币供应量大于货币需求量，则会出现通货膨胀，对经济的正常发展极为不利。

（二）调节货币供需失衡的方法

当货币供需失衡，一般采取以下方法进行调节，使两者重新达到均衡：

1. 供给型调节

所谓供给型调节，是指在货币供给量大于货币需要量时，从压缩货币供给量入手，使之适应货币需要量。采取的措施有：

（1）中央银行可通过提高法定存款准备金率、公开市场业务、控制货币发行等措施来减少市场中的货币流通量。

（2）商业银行可通过不发新贷款、坚决收回旧贷款的措施减少市场货币供应量。

（3）财政可通过减少支出、增加收入、发行债券等措施减少市场货币供给量。

2. 需求型调节

所谓需求型调节，是指在货币供给量大于货币需要量时，从增加货币需要量入手，使之适应既定的货币供给量，采取的措施有：

（1）动用国家物资储备、商业部门的商品储备投入流通，增加商品可供量，以增加货币需要量。

（2）动用黄金、外汇储备向国外进口国内急需的生产资料和消费资料，以此扩大国内市场的商品供应量，增加对货币的需求量。

3. 混合型调节

所谓混合型调节，是指当货币供需失衡时，采用供给型调节和需求型调节相结合的办法达到货币供需均衡。

4. 逆向型调节

所谓逆向型调节，是指当货币供需失衡时，中央银行采取的政策不是压缩货币供应量，而是增加货币供应量，以充分利用闲置的生产要素，促进生产的发展，通过生产发展促进商品可供量的增加来消化过多的货币量。

尤其需指出的是，上面探讨的调节方法适合于货币供给量大于货币需要量的情况。对于货币供给量小于货币需要量时，调整的方法较为简单，只要增加货币供给量即可。

第四节 通货膨胀和通货紧缩

一、通货膨胀

（一）通货膨胀的定义

通货膨胀是个广泛使用的经济概念，但在东、西方经济理论界，还没有一个共同的大家都认可的定义。正如具有相当权威性的《大英百科全书》认为的那样："不存在一个唯一的、普遍接受的关于通货膨胀的定义。"

要了解通货膨胀的概念，首先必须了解通货的概念。所谓通货，是泛指一切在流通领域内可充当流通手段和支付手段的货币，包括硬币、纸币、存款货币和其他形式的信用货币。在了解通货的概念后，我们就能真正认识通货膨胀的现象和揭示通货膨胀的原因。

知道了通货的定义，我们可相应地把通货膨胀理解为通货太多的一种经济现象，但问题并非如此简单。在金属货币流通的条件下，金属货币本身具有价值，因而能执行贮藏手段的职能，能自发地调节货币流通量，在流通领域不会出现货币过多的现象。但在纸币流通的条件下，由于纸币本身没有价值，是作为金银符号进入流通的，纸币的发行量应同金属货币流通量相一致，币值才能稳定。如果不能执行贮藏手段职能的纸币发行太多，就会造成纸币贬值、物价上涨。由此可见，流通中通货太多是同纸币流通联系在一起的。

所以，我们把通货膨胀定义为：在纸币流通条件下，纸币的发行量超过商品流通和劳务的实际需要而造成的货币价格总水平采取不同形式（公开或变相）的持续明显上升过程。这个定义有以下几个要点：

（1）通货膨胀是一种纸币流通条件下的经济现象，与社会制度和经济体制没有必然联系。

（2）考察的对象是商品和劳务的价格，不考虑股票、债券及其他金融资产价格的变化。

（3）价格总水平的上涨包括所有商品和劳务的价格在内，局部性的或个别的价格上涨不能视为通货膨胀。

（4）物价必须一贯上涨，而季节性、暂时性或偶发性的价格上涨不能视为通货膨胀。

（5）不同形式的物价上涨既包括公开的，又包括变相的，如供应短缺、黑市活跃等。

（6）通货膨胀的成因是纸币的发行量超过商品流通的实际需求量。

（7）通货膨胀指的是货币价格上涨，即商品、劳务与货币之间比价的上涨，而不是不同商品、劳务之间相对比价的上涨。

（8）通货膨胀是价格总水平的明显上升，轻微的价格波动不是通货膨胀。不过，这一数量标准取决于人们对通货膨胀的敏感程度，是一个主观性的概念。

（二）通货膨胀的衡量指标

通货膨胀既然是指价格总水平的持续明显上升，那么如何测量一般物价水平，当然是一个重大问题。目前，世界上大多数国家主要采用以下三种物价指数作为衡量通货膨胀程度的依据。

1. 批发物价指数（WPI）

批发物价指数也称生产者价格指数，是根据原料和制成品的批发价格编制的物价指数，反映不同时期商品批发价格水平的变动情况。这一指数的优点是对商业循环较为敏感，在商业领域广泛使用，但缺点是使用范围较窄。

2. 消费物价指数（CPI）

消费物价指数是根据具有代表性的家庭消费开支所编制的物价指数，它表示的是在不同时期为购买一篮子样本商品和劳务所支付成本的价格指数。

消费物价指数的优点是资料容易取得，公布次数频繁，因而可以及时地反映影响居民日常生活成本变化的趋势，许多国家都将这个指数作为衡量通货膨胀的主要指数。但是这个指数也有缺点：

（1）这个指数无法分析出在商品和劳务的价格上涨中，哪些是由于产品质量提高、功能增强而使商品价格上涨；哪些是由于货币投放太多、商品供不应求而造成的价格上涨。

（2）由于该指数所包含的范围只局限于消费品和劳务，因而不能反映用于生产的资本品、进出口商品等价格变动趋势。

3. 国民生产总值或国内生产总值物价平减指数

$$\text{GNP 或 GDP 物价平减指数} = \frac{\text{按现价计算的 GDP 或 GNP}}{\text{按不变价计算的 GDP 或 GNP}} \times 100\%$$

GNP 或 GDP 物价平减指数的优点是其包括范围广，涵盖了 GNP 或 GDP 的所有最终商品和劳务的价格，因而能够比较全面地反映一个国家整体物价水平的变动趋势。但编制这一指数需要收集大量的资料，一般只能一年公布一次，时效性差，某些统计制度和技术落后的国家甚至编不出这一指数。

一般来说，可以用上述三种物价指数的任何一种来测度价格总水平上涨幅度，即通货膨胀率，其计算公式为：

$$\text{某一时期通货膨胀率} = \frac{\text{本期物价指数} - \text{上期物价指数}}{\text{上期物价指数}} \times 100\%$$

除了上述物价指数外，我们也可用商品零售价格指数、生活费用指数、倾向购买力指数、工资指数来测度通货膨胀的程度。

（三）通货膨胀的成因

通货膨胀的根本原因是货币的过量发行，但其具体原因错综复杂，既有政治的、经济的原因，也有人为的因素。具体地说，包括以下几个方面：

1. 赤字的货币化

赤字货币化是指财政赤字用发行货币的方法予以弥补，其结果是货币供应量的增加，从而造成通货膨胀。

2. 信用膨胀

人为地刺激经济而过度扩张信用，因信用膨胀而增加货币投放，使货币发行量超过客观需要量，导致通货膨胀。

3. 企业的过度投资

企业投资一旦过量，必然引起资本市场与商品市场的紧张。随着货币投入的增加，大量商品从流通中抽走，而投资的扩张很难在短期内形成社会必要的产品，从而导致货币与商品的失衡。

4. 国民经济发展速度过快

国民经济发展速度过快，积累基金规模过大，建设规模超过了工农业生产的承受能力，导致由建设资金投放到市场上的货币超过生产资料的供应量；与此同时，随着消费基金规模的扩大，由工资、奖金等渠道投放到市场上的货币超过了消费资料的供应能力。因此导致物价上涨、通货膨胀。

显然，发展中国家在向发达国家跨进的过程中，如果盲目追求国民经济的高速发展，那就势必引起通货膨胀。

5. 外贸巨额顺差

当长期大量的外贸顺差形成巨额外汇储备时，一方面大量商品从国内市场抽走输出国外，另一方面为出口换汇在国内形成大量的货币投放，其结果必然破坏国内市场货币流通的正常与稳定。特别是当国内市场商品本来就匮乏，但政府为了争取外汇，采取税率、利率及价格方面的优惠措施鼓励和刺激出口时，势必会恶化通货膨胀。

6. 外资大量流入

在国外资本大量输入时，流入国为收购外币发行本国货币，其结果通常会引起流通中的货币量增多。在商品总量基本不变的前提下，或是商品量虽然增长但赶不上货币的增长速度，那么，外资的大量流入也必定引发通货膨胀。

7. 国际传递

在开放经济中，由于国际经济关系的密切联系，其他国家业已发生的通货膨胀会经由价格、国际收支、需求等途径传播到本国，从而使本国一同发生通货膨胀。

（四）通货膨胀的类型

从不同角度出发，可把通货膨胀划分为不同的类型：

1. 按物价上涨幅度和趋势划分

（1）爬行式通货膨胀，即物价上涨幅度每年以2%左右的速度递增；

（2）步行式通货膨胀，即物价上涨幅度每年达3% ~4%；

（3）温和式通货膨胀，即物价上涨率每年在4% ~7%波动；

（4）急速通货膨胀，即物价上涨率每年上升6%以上，有可能在短期内超过10%；

（5）小跑式通货膨胀，即物价上涨率每年在10%以上；

（6）恶性通货膨胀，即物价上涨率每年在15%以上；

（7）奔腾式通货膨胀，这是指一国物价水平急剧上升，年物价上涨率高达数十倍的通货膨胀；

（8）不能控制的通货膨胀，这是指发展很快、程度很重、难以控制的通货膨胀；

（9）极度通货膨胀，这是指通货膨胀极度严重，物价一日数涨，达到天文数字，钞票形同废纸，货币体系崩溃，政局动荡不安，整个社会处于变革当中。

2. 按通货膨胀的表现形式划分

（1）公开的通货膨胀，指政府对物价不加管理的情况下，通货膨胀通过物价上涨表现出来。

（2）隐蔽的通货膨胀，指政府通过计划控制和行政管理手段，诸如价格管制、凭票供应等价格控制措施，使物价上涨不明显，但市场供应紧张、商品物资短缺，通货膨胀通过供求关系表现出来。

3. 按通货膨胀的形成原因划分

（1）需求拉上型通货膨胀，这是指在社会消费支出与投资支出剧增的情况下，由于种种因素的影响，商品和劳务供给的增加受到限制，或是未能随有效需求的增加而同步增加，从而引起一般物价水平上涨的现象。

（2）成本推动型通货膨胀，这是指由于企业所使用的生产要素，如土地、劳动、资本等价格的上涨，导致后续产品价格上涨引起的通货膨胀。

（3）混合型通货膨胀，这是指由需求拉上和成本推动共同作用引起的通货膨胀。在实际经济生活中，单纯的需求拉上或成本推动是较少的，更多地表现为两者的结合而形成的通货膨胀。

（4）结构型通货膨胀，这是指由于国民经济结构失调，产业结构与需求结构不相适应引起的通货膨胀。

4. 按通货膨胀的发展趋势划分

（1）能遏制的通货膨胀，在通货膨胀已发生并产生一定的破坏作用时，政府采取了一定的措施尚能控制住发展势头，这就是能遏制的通货膨胀。

（2）惯性通货膨胀，由于过去通货膨胀太严重，物价涨幅太高，尽管政府采取了一系列反通货膨胀的措施，但由于惯性作用，从而使物价上涨势头还能保持一段时间，这期间的通货膨胀就叫惯性通货膨胀。

（3）螺旋型通货膨胀，由于物价上涨既是工资、利息、租金、红利等上涨的结果，又是造成这些收入增加的原因，这样，原因产生结果，结果又促进原因。物价越上涨，各种收入就增加，而各种收入越增加，物价就越上涨，形成螺旋型的物价上涨运动，我们把这种通货膨胀称为螺旋型通货膨胀。

5. 按通货膨胀发生时间划分

（1）战时通货膨胀；

（2）战后通货膨胀；

（3）平时通货膨胀。

（五）通货膨胀的危害

通货膨胀对经济产生什么样的影响，经济学家的观点各异，一般有三种观点。

（1）促进论。通货膨胀能促进经济增长，其理由是：资本主义经济长期有效需求不足，生产要素没有得到充分利用，政府可以选择通货膨胀政策，实行赤字预算，扩大货币发行，以扩大总需求，带动经济发展。发展中国家经济发展所需资金严重匮乏，通货膨胀可起强制储蓄的作用，帮助发展中国家经济的起飞。

（2）中性论。人们对通货膨胀的预期最终会中和它对经济的各种效应。因此，通货膨胀对经济增长既无正效应，又无负效应，其效应是中性的。

（3）促退论。通货膨胀与经济增长呈负相关关系，不仅不会促进经济发展，还会损害经济发展。

从各国经济发展史来看，通货膨胀不断地困扰着各国与世界经济，其危害十分明显。在上述三种观点中，“促退论”是正确的。通货膨胀的危害表现在以下几个方面：

1. 对生产的影响

（1）在通货膨胀情况下，如果利率不随物价上涨率进行调整，就会促使消费增加、储蓄减少，从而减少投资，影响生产的发展。

（2）在通货膨胀情况下，由于各部门物价上涨幅度不同，造成各部门、各企业所得利润的不均衡，最终造成各部门发展的不均衡，破坏国民经济各部门的比例关系，造成结构失衡。

（3）过度的通货膨胀会促使整个经济环境异常不稳定，人们对投资的未来收益信心不足，迫使投资行为短期化和进行投机买卖，影响生产的发展。

（4）通货膨胀期间，固定资产的价格上涨，却仍按原始价格提取折旧，使固定资产不能得到充分重置，影响企业进行更新改造，进而影响企业的技术进步和生产的发展。

（5）为了控制通货膨胀，政府采取配给制、价格控制等措施，在这种情况下，价格机制不能充分发挥作用，降低了资源配置的效率。

2. 通货膨胀对分配的影响

（1）在通货膨胀期间，工人的名义工资上升，但由于物价上涨的速度高于工资的增长速度，导致工人实际工资下降。

（2）通货膨胀产生收入再分配效应，不利于诸如职员、教员、养老金领取者等固定收入阶层，而有利于赚取利润的阶层，使社会分配不公加剧。

3. 通货膨胀对交换的影响

（1）通货膨胀会助长企业大量囤积商品，人为地加剧市场供求矛盾，商品流通受到阻碍，商品交换不能顺利实行。

（2）通货膨胀期间，由于币值不稳定，货币不能真实地表现价值，使市场价格信号失灵，整个市场机制功能失调。

（3）通货膨胀期间，造成本国货币对外贬值，影响国家对外贸易的发展。

4. 通货膨胀影响社会、政治的稳定

通货膨胀产生了收入再分配效应，社会各阶层占有的国民收入产生了变化，导致有些人从中受益，有些人从中受损，并使受损者和受益者之间的矛盾加剧。这种矛盾的焦点将集中到政府身上，即受损者将把自己的不满情绪向政府发泄，引起政府和人民的矛盾，这必然会引起社会、政治的不稳定。

（六）治理通货膨胀的对策

通货膨胀作为纸币流通条件下的特有现象，不仅结束了金属货币流通条件下货币流通稳定的历史，也给商品流通与货币流通带来了诸多困扰，其危害是显而易见的。因此，反通货膨胀问题已成为世界各国解决经济问题和社会问题所要认真考虑的头等大事。从世界各国看，治理通货膨胀的对策主要有：

1. 紧缩性的财政、货币政策

在财政政策方面，主要措施是增加税收，削减政府预算和转移支出，发行公债，其目的是减少需求，弥补通货膨胀的缺口。

在货币政策方面，主要措施是出售政府债券，提高存款准备金率，提高利率，规定基础货币指标，其目的是影响流通中的货币量，进而控制需求，抑制通货膨胀。

2. 收入政策

收入政策就是为了降低一般物价水平的上涨幅度而采取的强制性或非强制性的限制工资与价格的政策，其目的在于一方面降低通货膨胀率，另一方面又不致造成大规模的失业。其主要手段有：

（1）工资管制。所谓工资管制，就是强制推行对全社会职工工资增长总额和幅度进行控制的措施，在通货膨胀十分严重的时期，甚至采取冻结工资的办法。

（2）确定工资、物价指导线。这种指导线是政府确立的，在一定年份内允许的工资总收入增加的一个目标数值。但指导线仅用作指导，而不能强制执行，效果并不理想。

（3）物价管制。通过立法程序，规定物价上涨率的限度，或将物价冻结在一个既定的水平上，如果超过，即对违法者施以制裁。但是，冻结物价会导致囤积居奇以等待解冻，导致市场商品供应不足、产品质量下降，进一步扩大市场供求缺口，加剧通货膨胀。

3. 供给政策

在治理需求拉上型的通货膨胀时，紧缩政策是希望通过压缩总需求来实现总供给与总需求的平衡。但在以拉弗为代表的“供应学派”看来，这种反通货膨胀政策过分注意需求方面而忽视了供给方面，因此该学派认为要在抑制总需求的同时增加供给，运用刺激生产力的方法解决通货膨胀问题。供应学派的反通货膨胀措施主要包括减税、削减政府开支增长速度和社会福利开支、稳定币值、减少政府对企业活动的限制等。

4. 对外经济政策

一般说来，一国国内的通货膨胀与其国际收支具有相互推拉的作用。一国在出现通货膨胀时，可采取适当的对外经济政策，以减轻国际收支失衡对国内物价的不利影响，并阻止国外通货膨胀的输入。这些方面的措施有：

（1）实行浮动汇率。在浮动汇率下，汇率的升降完全由市场供求决定。例如，当国外发生通货膨胀时，将使本国国际收支出现顺差，本国货币升值。这一方面使本国出口减少、进口增加，有利于国际收支的平衡，防止国际收支顺差太多而影响本国基础货币的增加；另一方面，本币升值还将使进口商品的国内价格下降，从而可以隔绝国外通货膨胀对本国物价的影响。

（2）与各国在贸易和金融领域采取协调措施，共同采取控制各国货币供应量的增长、改善国际金融制度以及其他反通货膨胀措施，以制止世界性通货膨胀的蔓延等。

5. 结构调整政策

考虑到通货膨胀的结构性，一些经济学家建议使各产业部门之间保持一定比例，从而避免某些产品供求结构性失衡而导致物价上涨。

一般来讲，结构调整政策，主要通过微观财政政策和货币政策来实现。微观财政政策包括税收结构政策和公共支出结构政策。税收结构政策指在保持一定税收总量的前提下，调节各种税率和施行范围；公共支出结构政策则指在一定的财政支出总量的前提下，调节政府支出的项目和各种项目的数额。两者的目的都在于调整经济结构，增加短缺性商品的生产，以帮助恢复供求均衡。

微观货币政策包括利息率结构和信贷结构政策，旨在通过各种利息率的结构调整，以及通过各种信贷限额和信贷条件的变动来影响存款和贷款结构，提高资金利用效率，鼓励资金流向生产性部门，遏制消费基金的扩张。

6. 收入指数化政策

收入指数化政策就是工资、利息、各种证券收益以及其他收入一律实行指数化，同物价变动联系起来，使各种收入随物价指数的变动而调整，避免通货膨胀所带来的损失，并减弱由通货膨胀所带来的分配不均问题。很显然，收入指数化政策只能缓解通货膨胀对收入阶层的损失，并未能对通货膨胀起多大抑制作用。

7. 其他反通货膨胀措施

（1）强制性的行政干预。这种措施主要为一些经济集权而又不发达的国家采用，且通常在通货膨胀恶化阶段才使用。其主要内容有：强制性停建缓建一些工程项目；整顿市场流通；实行部分商品垄断经营；实行某些产品的配额和限额管制。如此等等。

（2）币制改革。若通货膨胀严重恶化，整个货币制度已接近崩溃的边缘，其他反通货膨胀措施已难以奏效，那么此时唯一的办法就是币制改革。币制改革的一般做法是：废除旧币，发行新币，并制定一系列保证新币币值稳定的措施。

（七）我国建国以来的通货膨胀

过去，我们从“左”的观点出发，认为通货膨胀在资本主义条件下才会存在，而在社会主义条件下，通货膨胀是不会存在的。抛弃“左”的观点，从客观公正的立场看，我国确实存在过通货膨胀，下面分别介绍不同历史时期通货膨胀的概况。

1. 建国初期的通货膨胀

建国初期，通货膨胀恶性发展，以 1948 年 12 月的物价指数为 100，1950 年 3 月的物价指数上升为 4200，相当于 1948 年 12 月的 42 倍，其中 1949 年 1 月、4 月、7 月、11 月先后出现四次大涨风，使物价上涨了 19 倍。

此时产生通货膨胀的原因在于：

（1）解放战争战线越拉越长，军费开支不断增加，迫使新政府不得不大量发行货币；

（2）国民党残敌的抢劫、掠夺，以及在美帝国主义支持下的狂轰滥炸、经济封锁，严重影响了社会再生产的正常进行，从而使社会的有效供给降到非常低的水平；

（3）国民党统治时恶性通货膨胀的影响；

（4）建国初期，人民币信誉尚低，流通范围狭小，流通速度过快、自然灾害、农业歉收等因素也对通货膨胀的形成起了一定作用。

在人民政府的管制下，我国终于在 1950 年 6 月遏制了通货膨胀，物价基本稳定，整个经济步入正常发展的轨道。

2. 1956 年的通货膨胀

1956 年在经济建设上开始盲目冒进，主要表现在：基建规模过大、职工人数增加过快、信贷突破计划，造成财政赤字 18. 3 亿元，贷款突破计划 29. 7 亿元，市场货币流通量净增加 17 亿元。中央及时地采取冻结物价、挖商品库存等措施，使供求之间的矛盾得到缓和，通货膨胀的势头及时得到了抑制。

3. 1958～1962 年的通货膨胀

以 1957 年为基期，到 1962 年零售物价指数上涨了 25.8%，其中 1960～1962 年平均每年递增 7.5%。由于物价指数的计算方法、物价管制以及没有包括“黑市”等因素，实际物价指数可能比此数字还要高。

此次通货膨胀产生的原因从主观上讲，是由于违背了社会主义基本经济规律和国民经济有计划、按比例的发展规律，搞脱离实际的“大跃进”和“人民公社化”运动；在经济建设上搞高速度、高指标，由此导致了积累率过高、财政信贷收支失衡。1958～1960 年，积累占国民收入的比例分别为 33.9%、43.8%、39.6%，积累率过高又形成了投资规模膨胀；另外，在投资使用中，过分重视重工业，而忽视农业、轻工业，使国民经济比例严重失调。总量的膨胀和结构的失调必然引起通货膨胀。

为了适应这段时期的资金需要，国家实行扩张性的财政、货币政策，1958～1960 年的财政赤字分别为 21.8 亿元、65.8 亿元和 81.8 亿元；银行信贷规模不断扩大，从 1957～1960 年，对工业的贷款由 33.4 亿元增长到 399.6 亿元，增长了 11 倍，对商业的贷款从 216 亿元增长到 506.3 亿元，增长了 1.3 倍。财政赤字与信贷扩张，造成货币的非经济发行，市场货币流通量大大增加，价格上涨，通货膨胀理所当然。

从客观上讲，是由于连续三年的自然灾害，造成农业欠收、农产品供给减少；苏联政府背信弃义、停止援助、逼我还债等。我国及时地采取了“调整、巩固、充实、提高”的八字方针，大力压缩基本建设战线，精减城镇职工，大力发展农业生产和工业生产；在货币流通方面紧急压缩社会购买力，实行高价商品供应以回笼货币等措施。经过几年的调整，到 1963 年，通货膨胀已得到抑制。

4. 改革开放以来的通货膨胀

从 1979 年中国经济体制改革以来至 1997 年，通货膨胀就时常伴随着中国的经济运行过程。以 1979 年价格为基准，全国零售物价总指数上涨率分别为：1980 年 6%，1981 年 2.4%，1982 年 1.9%，1983 年 1.5%，1984 年 2.8%，1985 年 8.8%，1986 年 6%，1987 年 7.3%，1988 年 18.5%。通货膨胀已成为我国经济生活中迫切需要解决的问题。

这段时期产生通货膨胀的原因是由于价格改革、工资、奖金增长过快，财政赤字，信贷规模太大，基建规模膨胀，国民经济结构失调等而导致的市场货币流通量增加所引起的。在此过程中，我们进行了 1981～1982 年，1985 年第四季度至 1986 年上半年，1988～1992 年底的三次调整，前两次调整取得了一定的成效，但没有彻底解决通货膨胀问题。1988 年，中央认识到通货膨胀的严峻形势，决定花两三年的时间治理经济环境，通货膨胀基本得到抑制。

由于种种原因，1992 年以来，我国经济建设中又开始出现了通货膨胀。1994 年商品零售价格上涨 21%，居民消费品价格上涨 24%。从 1993 年下半年起，中央开始进行宏观调控，实行适度从紧的财政、货币政策，成功地控制了通货膨胀，实现了“低通胀、高增长”的经济发展格局，其成功经验为世界所瞩目。

2007 年以来，由于外汇储备增加而导致的基础货币增加、国际原油价格的上涨、食品价格的上涨等多种原因的影响，我国 CPI 不断上升，出现了温和的通货膨胀。CPI 的上涨情况，如表 9－2 所示。

表 9－2　2007 年 1 月～2008 年 9 月的 CPI（同比）

月份	2007.01	2007.02	2007.03	2007.04	2007.05	2007.06	2007.07
CPI（%）	2.20	2.70	3.30	3.00	3.40	4.40	5.60
月份	2007.08	2007.09	2007.10	2007.11	2007.12	2008.01	2008.02
CPI（%）	6.50	6.20	6.50	6.90	6.50	7.10	8.70
月份	2008.03	2008.04	2008.05	2008.06	2008.07	2008.08	2008.09
CPI（%）	8.30	8.50	7.70	7.10	6.30	4.90	4.60

资料来源：根据国家统计局公布的月度统计数据整理而得。

由上表可知，从 2007 年 1 月以来，我国 CPI 不断上升，我国政府采取了货币政策、财政政策等一系列措施后，从 2008 年 4 月开始，CPI 逐步回落。

二、通货紧缩

通货膨胀和通货紧缩都属货币流通不正常，从人类社会经济发展史来看，过度的通货膨胀会影响经济发展，同样，过度的通货紧缩也会影响经济发展。

（一）通货紧缩的概念

尽管 20 世纪 30 年代以前，世界很多国家多次发生通货紧缩，但“二战”后很少发生通货紧缩，而通货膨胀的发生则相对频繁。因此，西方经济学家对它的研究很少，即使有，也只是在论述通货膨胀时顺便提及。

西方经济学界在通货紧缩的定义方面，大致分成两大派：“价格派”和“货币派”。

价格派的共同观点在于用一般物价总水平的下降来定义通货紧缩，他们之间的差异仅在于测定通货紧缩的物价水平下降的幅度有所不同。萨缪尔森和诺德豪斯在其《经济学》第 16 版中是这样定义通货紧缩的：所有商品和服务的一般价格水平的下降或者说单位货币购买力的上升。西方流行的经济学辞典中，货币主义代表人物 D. 莱德勒在《新帕尔格雷夫财政金融大辞典》中对通货膨胀的定义是：一种价格下降和货币升值的过程，它是和通货膨胀相对应的。

货币派的经济学家虽然基本同意将通货紧缩定义为物价水平的持续下降，但是并不同意仅仅用价格水平的下降来简单地给通货紧缩下定义。加拿大经济学家 G. 莱根斯的观点就认为通货紧缩不只是价格下降，还包括货币数量减少和货币流通速度下降，以及经济萧条①。

国内学者对通货紧缩的定义也基本上分成价格派和货币派。属于价格派的主要有谢平、胡鞍钢。如胡鞍钢认为，所谓通货紧缩，是指货物与服务的货币价格的普遍下降②。

主张货币派通货紧缩定义的专家和学者比较多，有王煜和高材林、戴相龙、陈东琪、

① 范从来：《通货紧缩时期货币政策研究》，南京大学出版社，2001 年版，第 19 页。

② 胡鞍钢：《我国通货紧缩的特点、成因及对策》，《管理世界》，1999 年第 3 期。

北京大学中国经济研究中心宏观组。货币派认为，通货紧缩是指商品和劳务价格的持续下跌，它通常与经济衰退相伴随，是经济衰退的货币表现。通货紧缩主要有以下三个特征：一是物价的持续下跌，货币供应量持续减少；二是有效需求不足，失业率居高不下；三是经济全面衰退，GDP 负增长或大幅下降①。

我们认为通货紧缩是否与经济衰退相伴随，属于通货紧缩的效应问题，不应在界定通货紧缩时进行讨论，因此我们将通货紧缩可以定义为：通货紧缩是一种物价水平持续下降、币值不断升值的一种货币现象。

虽然经济学家用价格水平持续下降来定义通货紧缩已达成共识，但是对“持续”的标准有不同看法。我国学者对持续标准有以下不同看法：

（1）价格水平持续下降半年以上即为通货紧缩；

（2）价格水平持续下降 2 年以上为通货紧缩；

（3）通货膨胀由正转负为轻度通货紧缩，由正变负超过 1 年为中度通货紧缩，达到 2 年则为严重通货紧缩。我们主张价格水平持续下降半年以上即为通货紧缩。

（二）通货紧缩的类型

对于通货紧缩，可以按其时间长短、与经济增长及货币政策的关系等来分类。

（1）按通货紧缩持续时间的长短划分，分为长期性通货紧缩和短期性通货紧缩。一般将 10 年以上的通货紧缩称为长期性通货紧缩，10 年以下的称为短期性通货紧缩。

（2）按通货紧缩和经济增长的关系划分，将通货紧缩分为伴随经济增长率减缓的通货紧缩和伴随经济增长率上升的通货紧缩。

（3）按通货紧缩和货币政策的关系划分，通货紧缩可分为货币政策紧缩情况下的通货紧缩、货币政策扩张情况下的通货紧缩和中性货币政策情况下的通货紧缩。

（4）按通货紧缩形成的原因划分，通货紧缩可分为不同的类型，具体见通货紧缩的成因。

（三）通货紧缩的成因

引发通货紧缩的原因很多，既有货币因素，又有非货币因素；既有生产力方面的原因，又有管理方面的原因；既有国外的原因，又有国内的原因。根据近代世界各国发生通货紧缩的情况分析，造成通货紧缩的原因大体如下：

（1）紧缩性的财政货币政策。一国货币当局采取紧缩性的财政货币政策，大量减少政府开支以减少财政赤字，大量减少货币发行，会直接导致市场货币供应量不足，或加剧商品和劳务市场的供求失衡，使太多的商品追逐太少的货币，从而引起物价下跌，出现紧缩型的通货紧缩。

（2）经济周期的变化。经济周期达到繁荣的高峰阶段，生产能力大量过剩产生供过于求，引起物价下跌，出现经济周期型通货紧缩。

（3）生产力水平的提高和生产成本的降低。技术进步提高了生产力水平，放松管制和改进管理降低了生产成本，因而会导致价格下降，出现成本压低型的通货紧缩。

（4）有效需求不足。当人们对经济的预期不佳时，消费和投资会下降，从而出现有效

---

① 王煜、高材林：《1998 年 1 ~ 8 月份宏观经济形势分析报告》，《金融研究》，1998 年第 10 期。

需求不足，导致物价下跌，形成需求拉下型通货紧缩。金融体系面临较多的不良资产或对企业没有充分信心时，会出现“慎贷”或“惜贷”，引起信用紧缩，也会减少社会总需求，导致通货紧缩。

(5) 体制和制度因素。一个国家在转轨过程中，住房、教育、养老、医疗等方面的制度变迁，都有可能改变人们的消费行为，引起有效需求不足，形成体制转轨型的通货紧缩。

(6) 本币高估。一国实行固定汇率制时，如果本币汇率高估并长期维持，会减少出口、增加进口，加剧国内企业经营的困难，促使消费需求萎缩，导致物价下跌，出现外部冲击型的通货紧缩。

(四) 通货紧缩的经济影响

一般情况下，通货紧缩对经济产生消极影响，但在特殊情况下有可能对经济产生积极影响。

1. 通货紧缩的消极影响

(1) 导致和加剧经济衰退。价格总水平的持续下降意味着货币购买力的不断提高，消费者会推迟购买以等待低价，从而使储蓄增加，消费需求减少；另外，消费需求的减少影响投资前景，实际利率的上升使投资成本提高，从而使投资需求减少。消费需求和投资需求的减少必将影响经济增长，甚至加速经济衰退。

(2) 引发银行危机。通货紧缩使实际利率上升，从而增加债务人负担，导致债务人不能还款的可能性增加，银行破产的可能性相应增加，有可能引发银行危机。

(3) 加速企业破产。通货紧缩在使货币变得昂贵的同时，使商品和资产的价格持续下跌，股市的狂泻，产生负的财富效应，从而降低资产的抵押或担保价值，加速企业破产。

2. 通货紧缩的积极影响

通货紧缩是否对经济产生积极影响，取决于通货紧缩的形成机制。一般说来，下述情况的通货紧缩是有利于经济健康发展的。

(1) 价格完全由市场决定的条件下，企业为了占领和扩大市场份额运用降低价促销策略。价格战的结果必然是使所有企业的利润空间缩小，企业为了求得生存和发展，不得不努力提高经营管理水平，不断降低成本和提高劳动生产率，进而推动经济的健康发展。因此，只要不是恶性价格竞争，由此产生的通货紧缩，显然有利于经济增长。

(2) 由技术进步、资本有机构成提高而形成的劳动生产率提高和单位产品成本下降而引起的通货紧缩，有利于经济发展。例如，随着信息技术和网络经济的发展，市场交易环节的减少和交易成本的不断下降提供了价格下降的巨大空间，由此引起的通货紧缩正是我们所追求的，有利于经济的发展。

(3) 在全球经济一体化的条件下，一个开放型经济体不可避免地受到来自国际市场的冲击，可能会形成国内市场的暂时通货紧缩。但它能使本国企业加快技术进步，降低成本、提高劳动生产率。因此，从长期看，这种通货紧缩有利于本国的经济进步，提升本国的综合竞争力，有利于本国经济的发展。

(五) 通货紧缩的治理

面对通货紧缩，政府应该如何面对呢？除少数经济学家因为相信经济有自我恢复能力而建议政府无须采取政策干预外，大多数经济学家建议政府采取相应的经济政策进行干预。我们在此介绍凯恩斯主义和货币学派的政策主张。

1. 凯恩斯主义的主张

20世纪30年代大危机过后，针对西方世界的通货紧缩，凯恩斯主义提出了一套有效需求不足理论和相应的扩张性财政货币政策。这些政策主要有：

（1）扩张性的货币政策，即增加货币供应量、降低利率，以刺激投资与消费。

（2）赤字财政政策，即政府用借债的办法弥补有效需求的不足，以扩大需求，摆脱通货紧缩。凯恩斯认为由于存在流动性陷阱，货币政策的作用有限，故应以财政政策为主、货币政策为辅的搭配治理通货紧缩。

2. 货币主义的主张

从表面上看，货币主义的政策主张以稳定通货、反对通货膨胀为前提条件，是以经济自由主义和反对政府干预为思想基础的。因此，似乎看不出货币主义在反对通货紧缩中有所作为。但如果仔细分析货币主义的政策主张，有两点值得重视：

（1）货币主义认为货币数量是经济中唯一起作用的经济变量，认为只有货币才是最重要的。

（2）货币主义认为扩张性的财政政策如果没有相应的货币政策的配合，就会产生挤出效应。从这两点来讲，货币主义实际上主张通过扩大货币供应量、扩张性货币政策和财政政策的配合对付通货紧缩。

（六）我国的通货紧缩

用物价持续下降来衡量，我国自1997年以来，由于投资、消费、出口需求的下降，出现了通货紧缩。因为自那时以来，我国的物价持续下跌。由于生产能力相对过剩、经济结构不合理、亚洲金融危机的影响以及养老、医疗、住房等改革导致的人们消费预期的变化，1997年我国商品零售价格指数上涨率为0.8%，从当年10月份以后出现负增长，1998年这一上涨率为-2.6%，居民消费价格指数为-0.8%；1999年上半年商品零售价格指数上涨率为-3.2%，居民消费价格指数为-1.8%。与此同时，我国的经济增长率下降、失业率上升，通货紧缩已成为恶性通货紧缩，对经济发展产生有害影响。

面对这一情况，我国政府采取积极的财政政策和稳健的货币政策，增加政府支出、扩大赤字规模，增加货币供应量、降低利率，与此同时进行产业结构调整，通过出口退税、贷款支持努力开拓国际市场。经过多年努力，我国已于2003年下半年成功地战胜了通货紧缩。

第十章　信　用

第一节　信用概述

一、信用的概念

信用这个词是我们在学习西方文明的过程中引进的，在中国的传统概念中，与之相当的是借贷、债等。

在西方国家的文字中，信用一词均源于拉丁文 Credo。原意是相信、信任、声誉等，这些意思与作为经济范畴的信用有联系，但并不能说明信用作为经济范畴的特征。

信用作为经济范畴，是指以偿还和付息为条件的借贷行为。

信用关系的成立必须具备以下四个要素：

（1）信用主体。信用主体即信用关系的当事人，信用的成立必有两个当事人存在，一方是借入债务的人，另一方是贷出的债权人。

（2）信用客体。信用客体是指信用交易的对象，它可以是实物形式，也可以是货币形式。

（3）信用载体。信用载体即信用工具，它是债权债务的书面证明。信用工具之所以必要，是由于：当口头约定或挂账出现毁约风险时，难以充当法律依据。另外，口头约定或挂账不利于转移债权，不能使债权工具充当购买手段或使之转化为现金。

（4）信用条件。信用条件是信用关系确立的各种制约性规定，它主要包括信用期限、利率和偿付方式等。

二、信用的产生和发展

（一）信用的产生

信用是在商品交换过程中逐步出现的。最早的商品交换是纯粹的物物交换，此后又借助货币进行“一手交钱、一手交货”钱货两清的交换，这种交换行为并不是信用行为。随着交换行为的普遍和发展，商品买卖和货币支付在时间上发生了不一致性，出现了赊销现象，商品买卖关系逐渐演变成债权债务关系，于是产生了信用。在原始社会末期，社会出现了贫富分化。贫穷家庭为生活所迫，不得不向富裕家庭告贷，这就产生了最原始的借贷行为。这种最原始的信用形式首先是以高利贷方式出现的。

（二）信用的发展

1. 高利贷信用

高利贷信用是最古老的信用形式，是一种贷放实物或货币收取高额利息的信用。高利贷信用产生于原始社会末期，在奴隶社会和封建社会得到了广泛的发展。

高利贷具有两个特点：一是利率特别高，剥削残酷。一般年利率为30%以上，有的达100%～200%，甚至达300%。二是对生产具有破坏性。高利贷一般都用于生活消费，较少用于发展生产，加上高额利息，往往使小生产者破产，使社会生产力受到破坏。

虽然高利贷者通过高额利息进行剥削，导致小生产者的生产日益萎缩，使社会生产力长期停滞。但另外，高利贷信用也是推动自然经济解体和商品货币关系发展的重要因素，对资本主义发展所需的资本原始积累，对资本主义生产方式的形成也具有促进作用。

2. 借贷资本信用

借贷资本信用是产生和发展于资本主义制度下的一种信用形式。在资本主义条件下，因高利贷资本数量不多，利息水平过高，受到了新兴资产阶级的强烈反对，迫使高利贷信用的利息水平大幅度下降。

借贷资本是货币资本家为了取得利息收入贷放给产业资本家使用的货币资本。借贷资本的特点是：

（1）借贷资本信用的主要对象是产业资本家；

（2）借贷资本是在产业资本循环和周转过程中形成的暂时闲置部分；

（3）贷款作为资本投入生产，其目的是为了获取剩余价值；

（4）利率水平有了限制，不能超过社会平均利润率。

资本主义信用促进了资本的集聚和集中，使生产规模日益扩大，社会化程度日益提高；同时，也使社会财富越来越集中到少数资本家手中，加剧了生产社会化和资本主义私人占有之间的矛盾。

3. 社会主义信用

社会主义信用是社会主义市场经济中借贷资金的运动形式。同资本主义借贷资本相比，社会主义借贷资金运动的根本特点在于它摒弃了资本剥削的性质及其所体现的剥削关系。但就信用的基本特点来说，社会主义信用仍然是一种以偿还和付息为条件的价值运动，也就是说，社会主义借贷资金的运动过程和运动形式与资本主义借贷资本的运动形式是完全相同的。

三、信用作用

当代经济生活日益货币化与信用化，信用对国民经济的正常运行，发挥重大的作用。主要表现在：

（一）对生产与投资的促进作用

现代经济的增长，生产的发展，主要依靠资本存量的增长与技术进步。投资的增长，对生产的发展具有直接的促进作用。但是投资的增长依赖于资金的积累。从工商企业的角度看，其收支分为盈余型和赤字型，如果投资的实现，均需依靠自身积累完成，则只有盈余型企业才能从事投资，但盈余型企业可能会由于经营管理能力、经验等条件的限制，不能有效地扩大投资，也可能那些盈余单位的投资达不到规模经济的要求，难以形成合理投资。而那些赤字单位，即使其投资的边际效率较高，急需资金，因自身积累有限，其投资也就无法实现。显然，没有信用关系的产生，社会闲置、呆滞的资金就无法被合理、有效地加以运用，对于盈余企业和赤字企业来说，都是极为不利的。因此，信用关系的发展，可以极大地促进资金的流动与合理分配，扩大生产与投资的规模，提高资金的使用效率。

（二）对消费的促进作用

在经济日益发达的社会，信用对消费的作用也有重要的影响，信用可增加消费者的购买力，从而有助于扩大生产与就业。

（三）信用影响国民收入水平

从国民收入循环流动的过程看，要求所有生产要素的收入购买商品与劳务，使收支相等。但在现实经济中，存在着大量的盈余单位，它们往往把本期结余收入以货币形式储蓄起来，这会使购买产品与劳务的支出流量减少，导致国民收入水平的下降与工资的回落。

为了维护国民收入水平，需要将储蓄转化为投资，以维持收支平衡。储蓄转化为投资的主要途径有两条：一是通过赤字单位发行股权凭证来实现储蓄向投资的转化；二是由赤字单位发行债务凭证（如债券、存单）将盈余单位的资金转向赤字单位，将储蓄转化为投资。在上述情况下，信用都起到了将储蓄转化为投资，维持国民收入正常循环运行的作用。因此，现代经济可以看作是一个“信用经济”。它促成了经济的大规模扩张，促进国民经济有效稳定的增长，大大提高了资源的有效利用程度。如果没有信用，实际国民收入水平与就业水平将受到极大影响。

（四）促进社会总供给与总需求的平衡

总供给是一定时期之内，国民经济向社会提供的商品可供量。总需求是一定时期内对这些商品可供量形成的购买力，这个购买力可由信用规模进行控制。

当国民经济增长速度上升，向社会提供的产品增加时，可通过扩大信用规模，使现金流通量和存款货币增加，从而为新增加的社会产品提供购买手段。

当国民经济增长速度下降时（如发生自然灾害），则要通过收缩信用规模，使总需求相应收缩。

总之，信用是控制社会购买力的重要手段，是调节货币流通量的重要渠道。所以，信用可以促进总供给与总需求的均衡。

第二节　信用体系

现代信用形式多种多样，从研究的角度不同和研究的目的不同，可以对信用进行不同的分类。

一、按借贷时间划分

按借贷时间不同，把信用划分为短期、中期和长期信用。各国区分其标准的时间不一，我国的规定如下：

短期信用——1 年以内；

中期信用——1 年以上 3 年以内；

长期信用——3 年以上。

二、按信用基础划分

按信用基础不同，把信用分为对人的信用与对物的信用。

对人的信用，就是以债务人个人或连带第三者（保证人）为基础形成的借贷关系。如果授信者（贷款人）认为债务人偿债的保证已符合要求，则信用纯粹为对债务人个人的信用。如果授信者认为，除债务人以外，尚需提供一人或数人为保证人，则信用以债务人和保证人为基础。

对物的信用，就是以债务人所提供的物品为基础发生的借贷关系。对物的信用又可进一步细分为：

（1）动产信用，即以债务人提供的动产，如股票、债券为担保取得贷款，此项贷款谓之质押贷款。

（2）不动产信用，即以债务人提供的不动产，如厂房、土地等为担保取得贷款，这种贷款称之为抵押贷款。

三、按信用工具发展状况划分

按信用工具发展状况划分，把信用分为尚不存在信用工具的信用、尚未流动化的信用、流动化的信用。

（1）尚不存在信用工具的信用。在商品货币经济不甚发达阶段，虽然已经出现信用关系，但是并不存在信用工具，只凭口头承诺为根据。

（2）尚未流动化的信用。这是指在信用发生后，同时形成了债权债务的书面凭证，但是，这种信用工具不能在市场上转让、流通。

（3）流动化的信用。此种信用发生后，不但形成了信用工具，而且，这些信用工具可以流通转让。

四、按借贷双方的经济面貌划分

按借贷双方的经济面貌划分，把信用区分为商业信用、银行信用、国家信用、消费信用、个人信用、国际信用、公司信用、租赁信用等。

（一）商业信用

1. 什么是商业信用

商业信用是指工商企业之间以商品赊销和预付货款等形式提供的信用，它是一种直接信用。由于这种信用是在商品买卖过程中发生的，故称为商业信用。

2. 商业信用的特点

（1）商业信用的主体是工商企业。

（2）商业信用的客体是商品资本。

（3）商业信用和产业资本的变动是一致的。在繁荣阶段，商业信用会随着生产和流通的发展、产业资本的扩大而扩张；在危机阶段，商业信用又会随着生产和流通的缩减、产业资本的缩小而萎缩。

3. 商业信用的优点

商业信用直接为商品流通服务，是促进商品销售的有力武器；另外，商业信用的工具简单、方式灵活，便于企业采用。

4. 商业信用的局限性

（1）商业信用的授信能力有限，工商企业可提供的信用数量是十分有限的，每笔信用最大规模仅限于交易额，且受其对客户了解的限制。

（2）商业信用的方向受到流转方向的严格限制，它往往由卖方企业为销售商品而向买方提供信用。

（3）工商企业受资金数量的限制，提供的信用期限较短，它不能成为现代信用的主要形式。

（二）银行信用

1. 什么是银行信用

银行信用是银行及其他金融机构以货币形式提供的信用。银行信用的出现，突破了商业信用在数量上和方向上的局限性，对现代信用经济的发展起到极大的推动作用，是现代经济中占主导地位的信用形式。

2. 银行信用的特点

与商业信用比较，银行信用具有如下特点：

（1）银行信用是一种间接信用，它是以银行及其他金融机构为中介，以货币形式对社会提供的信用。

（2）银行信用的客体是单一形态的货币资本。

（3）银行信用与产业资本变动是不一致的，这在经济危机时期表现得尤为明显。在危机时期，生产规模大为缩小，商品滞销。企业为了防止破产和清偿到期债务，对银行信用的需求激增；但此时由于存款人大量提取存款，银行信用的供给锐减。

3. 银行信用的优点

（1）银行作为专门经营货币的企业，它具有集中社会闲散资金提供贷款的能力，其资金来源广泛，筹资渠道多样化，成本低，具有强大的融资能力。

（2）银行作为专业的信用机构，具有较强的专业能力来识别与防止风险，因此，银行信用本身具有规模大、成本低、风险小的优势，是其他任何信用形式所无法比拟的。

（三）国家信用

国家信用是以国家为主体进行的一种信用活动，是国家按照信用原则同国内外的货币持有者发生的借贷关系。国家信用主要包括国内信用和国际信用两种。

（四）消费信用

1. 什么是消费信用

消费信用是商业企业、商业银行及其他金融机构以商品形态或货币形态向消费者个人提供的信用。目前，其主要形式是“赊销”和“消费贷款”。

2. 消费信用的形式

（1）赊销。赊销是通过"分期付款"和"信用卡"进行的。

A. 分期付款。分期付款是商业企业向消费者提供的信用。其具体做法是：先由顾客与商店签订分期付款合同，然后由商店交予顾客货物，再由顾客在一定时期内根据合同规定分期偿付货款。在分期付款的情况下，如果消费者不能按期付款，则其所购商品将被收回，而以前支付的款项也将被没收。

B. 信用卡。信用卡是银行（或信用卡公司）对具有一定信用的顾客发行的一种赋予信用的证书。需要信用卡的顾客可以向银行申请领取信用卡，然后凭信用卡向承接该银行信用卡的各个商业部门购买商品和其他劳务，再由银行定期同顾客和商店进行结算。持卡人可以向发卡银行的分支机构或代理机构透支小额现金。开展信用卡业务，对银行来说，一方面可以向顾客收取利息，另一方面也可以向承接信用卡的商业服务部门收取佣金；对商业、服务部门来说，可以扩大营业额，增加利润；对消费者来说，可以获得较多的方便。

（2）消费贷款。消费贷款是银行向消费者提供的信用，包括信用贷款和抵押贷款。信用贷款无需任何抵押品，而抵押贷款通常需要消费者以赊购的商品或其他商品作为担保品。

3. 消费信用的经济效应

消费信用的存在，对社会经济的发展有一定的积极作用。消费者可以在取得货币收入之前提前购买消费品和住房，实现消费，人为地扩大需求，从而刺激生产的发展。但是，由于消费信用使消费者提前动用了未来的收入，他们要在今后一段时间里陆续还本利息，又会使以后的购买力缩小，从而会造成生产和消费的脱节，加剧供给和需求的矛盾。

（五）个人信用

个人信用系指居民之间的借贷活动。我国的机关、企业单位，大都设立了"互助储金会"，通过参加者交纳的款项，实行无息借贷，解决生活费用暂时不足的困难。在城镇个体经济主以及农村以家庭为单位的专业户、重点户之间，实行个人借贷时，则利率较高，对这种信用活动，要适当加以引导和管理，对高利贷则要加以限制。

（六）国际信用

国际信用系指国家之间相互提供的信用。它包括其他国家的政府和银行及国际金融机构提供的信用，以及在国际金融市场发行债券筹集资金。

（七）公司信用

公司信用是以公司为主体而进行的信用活动，具体包括股份信用和公司债券信用。

股份信用是对当代股份制度的概括。股份制度是企业的一种生产组织和管理形式，具体表现为以入股方式筹集资本、创办股份公司。

公司债券信用是公司以债务人身份通过发行公司债券向社会筹措资金的一种信用。

（八）租赁信用

租赁信用是一种古老的信用形式，是租赁公司（或其他出租者）将其租赁物的使用权出租给承租人，在有限租期内收取租金并到期收回租赁物的一种信用形式。现代租赁种类多种多样，在此我们仅介绍融资性租赁和经营性租赁。

1. 融资性租赁

融资性租赁是现代租赁信用的主要形式，其特点是：

（1）出租人按承租人的要求购买租赁物，然后出租给承租人使用。

（2）租期一般是出租物使用价值的绝大部分有效寿命期。

（3）在租期内，出租人以租金的形式收回出租物的全部投资并取得利润。

（4）承租人用租来的设备创造利润并从中支付租金。

（5）租赁期满，承租人可选择续租、退租或购买。

（6）在租赁期内信用双方不得中止或取消合同。

在上述特点中，最突出的是租赁期满，出租人可以把财产的所有权转让给承租人；换句话说，承租人有购买出租物的权利。它把融资和融物结合在一起，因而称为融资性租赁。

2. 经营性租赁

经营性租赁是一种服务性租赁，其特点是：

（1）出租人将出租物出租给承租人外，还要承担租赁物的保养、维修以及提供燃料、原料、配件、培训人员等服务事项。

（2）经营性租赁的租金包括保养、维修等费用。

（3）在租赁期内，承租人如有正当理由，可以解约；租赁期满或中止合同后，租赁物退还出租人，承租人没有购买的权利，因此，它被看作是“真正的”租赁。

第三节　信用工具

一、信用工具的概念

信用工具是以书面形式发行和流通，用以证明债权债务等信用关系的书面凭证。

在早期的信用活动中，借贷双方仅凭口头协议或承诺而产生信用关系。这种口头协议或承诺因无任何凭证作依据，也无法律上的保障，极易引起纠纷与争执。后来，就出现了书面形式的信用工具。

二、信用工具的特点

（1）偿还期。偿还期是债务人还债前所剩余的时间。发行信用工具时的偿还期是发行日至到期日的期限。发行后再进入市场买卖的信用工具，其偿还期为自新买入起至到期日的期限。

信用工具的偿还期有两种极端情况：一是偿还期为零，如银行活期存款，可随时要求兑现，则其偿还期为零；二是偿还期为无限，如股票、永久性债券，它们只能在二级市场上转让，而不能向发行者要求归还本金。

（2）流动性。流动性系指信用工具在较短时间内变为现金的能力。

（3）风险性。风险性系指信用工具本金遭受损失的可能性。风险分为履约性风险和市场风险。履约风险是债务人不能履行偿债义务，不能按期还本付息；市场风险是指因市场利率上升导致信用工具价格下跌而形成的风险。

（4）收益性。人们持有信用工具，总会得到一定的收益，其收益大小可用收益率来表示。

三、信用工具的种类

信用工具的种类有多种多样，其主要分类方法如下：

（一）按发行者的地位划分

按照发行者的地位划分，可分为直接信用工具和间接信用工具。直接信用工具是指那些不需要金融机构作中介，由工商企业、政府或个人所发行或签发的实现资金转移的信用凭证，如股票、公司债券、商业票据、国家债券等。间接信用工具是指由金融机构发行的银行券、存单、人寿保险单和银行票据等。

（二）按融资的时间长短划分

按照融资的时间长短划分，可分为长期信用工具和短期信用工具。长期信用工具一般是指期限在 1 年以上的信用工具，如股票、公债券及银行中长期贷款。短期信用工具是指期限在 1 年以下的信用工具，如国库券、银行承兑票据等。

（三）按信用工具的接受程度划分

按照信用工具的接受程度划分，可分为普遍接受的信用工具和有限接受的信用工具。前者如国家发行的公债券和银行的活期存款单，后者如银行的大额可转让存单、票据等。

（四）按信用工具是否与实际信用活动直接相关划分

按照信用工具是否与实际信用活动直接相关划分，信用工具可分为基础性信用工具和衍生信用工具。基础性信用工具也称为原生性信用工具，是指在实际信用活动中出具的、能证明信用关系的合法凭证，如商业票据、股票、债券等；衍生性信用工具则是指在基础性金融工具之上派生出来的可交易凭证，如各种金融期货合约、期权合约、互换合约等。

四、主要的信用工具

目前市场上常见的信用工具有支票、商业票据、债券、股票及金融衍生工具。

（一）支票

1. 支票

支票是存款户向银行签发，要求从其银行存款账户上按一定金额付款的凭证。凡在银行开立活期往来账户的，银行均给空白支票簿，存户凭此在其存款金额内签发支票。

2. 支票的种类

（1）按是否记载收款人姓名，可分为记名支票和不记名支票。记名支票也称抬头人支票，银行只对支票上所指定的人支付现款，此种支票必须经持票人“背书”，银行方能付款。无记名支票也叫“来人支票”，银行可对任何持这种票的人付款，因为它没有载明指定人。

（2）按支付方式划分，又可分为现金支票、转账支票和保付支票三种。现金支票是可从银行领取现金的支票。转账支票是只能用于银行对存款户进行结算的支票，不能提取现款。这种支票票面上有两条平行的红线作标志，以区别于其他支票，又称为划线支票、平衡线支票。保付支票是由银行保证支付款项，不会因存款户无存款发生退票拒付，这种支票上印有“保付”字样。

（二）商业票据

1. 商业票据

商业票据是商业信用的工具，是在以商业信用买卖商品的形式下保证债权债务关系的一种书面凭证。

2. 商业票据的种类

商业票据分为商业本票和商业汇票两种。

（1）商业本票。商业本票又叫商业期票，是债务人向债权人发出的承诺在一定时期内支付一定款项的债务凭证。它有两个当事人，即出票人（债务人）和收款人（债权人）。

（2）商业汇票。商业汇票是债权人发给债务人，命令债务人支付一定金额给持票人或第三者的无条件支付命令书。它一般有三个当事人，即出票人、受票人或付款人、收款人或持票人。由于汇票人是由债权人发出的，这就必须在债务上承认兑付后方可生效。这种经债务人认可的行为，称为承兑。如果由银行做出承诺付款，则叫银行承兑汇票。

3. 背书

背书是指转让人在票据的背面做出转让签字。因转让票据予他人而进行背书者为背书人，背书人同出票人一样要对票据的支付负责。如果票据的出票人或承担人不能按期支付款项，票据持有者有权向背书人要求付款，因此，背书人又称为第二债务人。票据经过背书后，可以流通转让。

（三）债券

1. 债券

债券是依法定程序发行，用来表明债权债务关系，证明债权人有按约定条件取得利息和收回本金的凭证。

2. 债券的种类

债券的种类很多，有各种划分方法：

（1）按发行主体分类，可分为国家债券、金融债券、公司债券。

A. 国家债券。是政府为筹集资金进行公共投资或是为了弥补财政赤字而发行的信用证券。它是政府筹集资金的一种方式，反映了以国家为主体的一种特殊的债权债务关系。

B. 金融债券。是银行或其他金融机构为筹集资金而向社会发行的一种债权债务凭证，是金融机构传统的信用工具，其期限较长、利率较高、风险较小。

C. 公司债券。是公司为筹措资金而发行的债权债务凭证。公司债券的期限长、利率高。

公司债券的种类很多，现介绍以下几种：

a. 抵押公司债券，又称不动产抵押债券，是指以土地、房屋等不动产作抵押而发行的一种公司债券。

b. 保证公司债券，是指债务的偿还由第三者，通常是母公司或银行作担保而发行的债券，担保人在背面背书，或担保全部本息，或仅担保利息。

c. 参与公司债券，又称分红公司债券，是指除支付固定的债息外，还可参与公司红利的分配。这种债券一般是由于发行公司信誉不好、经营不佳，只能以此为条件以吸引投资者。

d. 通知公司债券，又称提前偿还的公司债券，是指发行公司可以在债券到期之前随时通知偿还债券的全部或部分的公司债券。

e. 可转换公司债券，是指在规定的期间内，债券持有者可按照一定价格，向发行公司请求调换为一定数量普通股票的公司债券。由于这种公司债券具有调换权，市场价格常常随普通股行情同方向变化，较受投资者欢迎。

（2）按计息方式划分，可分为定息债券、贴现债券、浮动利率债券、累进利率债券。

A. 定息债券，在券面上附有支付利息息票的债券，又称为“附息债券”。也有不附有息票但仍按照约定的利率定期支付利息的定息债券。

B. 贴现债券，又称贴水债券或贴息债券，是指在债券发行时，其发行价格低于面额，到期时发行者按面额偿还给购买者。发行价格与偿还价格即面额之间的差即为利息。

C. 浮动利率债券，是指不规定固定利率，而是根据事先确定的某一市场利率为参考指标，随参考利率的变化而变化的债券。

D. 累进利率债券，是指债券的利率不固定，按投资者投资同一债券期限延长而累进计息，期限越长，利率越高。

（3）按偿还期限划分，可把债券分为短期、中期、长期债券。

A. 短期债券，偿还期限在 1 年以下的债券。

B. 中期债券，偿还期限在 2 ~ 5 年的债券。

C. 长期债券，偿还期限在 5 年以上的债券。

（4）按是否记名划分，把债券划分为记名债券、不记名债券和注册债券。

A. 记名债券，是指在券面注明债权人姓名，同时在发行公司的账簿上作同样登记的债券。

B. 不记名债券，是指券面上不注明债权人姓名，也不在公司账簿上登记姓名的债券。

C. 注册债券，是指在注册机构登记注册的债券，注册机构发给债权人注册证书以代替发行债券本身。

（5）按市场所在地和债券面额货币分类，把债券分为国内债券、国际债券。

A. 国内债券，是指在本国境内，以本国货币为面额的债券。

B. 国际债券，是指由一国政府、地方团体、金融机构、工商企业及国际组织为筹集资金在国外发行的以外币表示的债券。

国际债券主要分为：

a. 外国债券，指发行人在外国证券市场发行的，以市场所在国货币为面值的债券。例如，外国筹资者在美国发行的美元债券，又称“扬基债券”；在日本证券市场发行的日元债券，又称“武士债券”。

b. 境外债券，是指发行人在外国证券市场发行的，以市场所在国以外的第三国货币为面值的债券，如亚洲美元债券、欧洲美元债券等。这类债券的发行须经举债人所在国政府批准外，还受发行市场所在国以及债券面值货币国有关法律的约束。

（四）股票

1. 股票

股票是股份有限公司公开发行的，用以证明投资者的股东身份和权益，并据以获得股息和红利的凭证。

2. 股票的特征

（1）期限上的永久性。股票没有期限，没有约定的到期日，股份公司不对股东偿还本金，股东也无权提出退股要求。股东想收回投资，只能将股票转卖他人。

（2）责任上的有限性。股东只负有限责任，即股东对公司债务仅以其认购的股份金额为限。

（3）决策上的参与性。普通股的股东有权参加股东大会并有投票权，有权参与公司的重大经营决策。

（4）报酬上的剩余性。公司在取得利润后，先上交所得税，然后提取公积金、公益金，余下的净利润才能作为股本的报酬分给股东。

（5）清偿上的附属性。当股份公司破产或解散时，在偿付了其他债务后才偿还股票的本金。

（6）交易上的流动性。股票是一种可以自由转让的流通工具，可以在证券交易所或柜台市场上出售。

（7）投资上的风险性。股票是一种高风险的投资工具，如果公司经营不善或因政治、经济、社会、心理等因素，都会造成股票价格的波动，从而有可能使股票的价格低于购买期的价格。

3. 股票的分类

股票的种类很多，根据不同的标准，股票可分为以下几种：

（1）按股东享有的权益划分，股票可分为普通股、优先股、后配股和混合股。

A. 普通股。普通股是股票中最普遍的一种形式，是股份有限公司最重要的股票，是构成公司资本的基础。

普通股的股东享有公司经营决策的参与权、盈余分配权、剩余资产分配权、优先认股权等权利。

B. 优先股。优先股是公司在筹集资本时，给予投资者某些优惠特权的股票。优惠特权主要包括在普通股领取股息前领取股息，在公司解散或破产时，优于普通股得到补偿。

优先股还可作如下分类：

a. 累积优先股和非累积优先股。累积优先股是根据公司章程中累积性条款而发行的优先股。按照累积性规定，公司任何一年中未支付的股息可累积下来，以后年度一并支付。非累积优先股是指其股息的发放仅限于本期，由于各种原因造成本期无息可发的，今后不再补发。

b. 参与优先股和非参与优先股。参与优先股是指除获得固定的股息外，还可参加红利的分配。非参与优先股是在优先分得事先规定的股息外，不参与剩余利润的分配。

c. 可转换优先股和不可转换优先股。可转换优先股是在公司章程规定的年限内，允许股东以一定的比例，将优先股转换成该公司的普通股。不可转换优先股是指不能调换成普通股，始终以优先股形态存在的优先股。

C. 后配股。后配股又称劣后股，是在普通股股票分配股息之后才有权分配股息的一种股票。

D. 混合股。混合股是指在股息分配上比普通股具有优先权而在剩余财产分配上处于劣后地位的股票。

（2）按股票的面额形态划分，有以下分类：

A. 记名股票和不记名股票。记名股票是在股票和公司名册上注明持有人姓名的股票，无记名股票是在票面上不记载股东姓名的股票。

B. 面额股票和无面额股票。面额股票，是指在票面上记载一定金额的股票。无面额股票，又称份额股票，是指股票票面上不记载金额，只注明它是股本总额若干份之几的股票。

C. 实体股票和记账股票。实体股票，是指股份公司给股东发放纸制的票券作为其持有股份的表现形式。记账股票，是指不发行股票实体，只作股东名册登记的股票。

（3）按股票持有主体划分，有国家股、法人股、公众股、外资股。

根据我国进行股份制改革的特殊需要，产生了具有我国特色的股票分类办法，即按股票持有主体来划分，将股票分为国家股、法人股、公众股和外资股。

A. 国家股，是指有权代表国家投资的政府部门或机构以国有资产投入公司形成的股份。

B. 法人股，是指企业法人以其依法可支配的资产投入公司形成的股份，或具有法人资格的事业单位和社会团体以国家允许用于经营的资产向公司投资形成的股份。

C. 公众股，是指社会个人或本公司内部职工以个人合法财产投入公司形成的股份。

D. 外资股。外资股是境外投资者以购买人民币特种股票等形式向我国大陆境内公司投资所形成的股份，它有 B 股、H 股等形式。

最初的 B 股是指以人民币标明股票面值，以外币认购和进行交易，专供境外投资者用外汇进行买卖的记名式股票，它是境内居民用人民币进行买卖的 A 种股票的对称。随着 B 股的停止发行和我国于 20 世纪 90 年代后期允许境内投资者用外汇买卖 B 股，A 股、B 股的区别仅限于交易时所采用的币种不同而已。我国目前的 B 股用人民币以外的两种货币进行交易，上海证券交易所的 B 股用美元进行交易，深圳证券交易所的 B 股用港币进行交易。

H 股是指中国大陆企业在香港上市流通的、专供境外投资者买卖交易的股票。

除 B 股、H 股外，我国还有在纽约上市流通的 N 股和在新加坡上市流通的 S 股。

（五）金融衍生工具

金融衍生工具在形式上均表现为一种合约，在合约上载明买卖双方同意的交易品种、价格、数量、交割时间及地点等。目前较为流行的金融衍生工具合约主要有远期、期货、期权和互换这四种。

1. 远期合约

远期合约是指买卖双方约定在未来某一时期按约定的价格买卖约定数量的相关资产。远期合约通常是在两个金融机构之间或金融机构与其客户之间签署的。远期合约交易一般不在规范的交易所内进行。目前，远期合约主要有货币远期和利率远期两类。

2. 期货合约

期货合约与远期合约十分相似，实质上是一种标准化的远期合约，它是交易双方约定在未来某一日期以约定的条件（包括价格、地点、交货方式）买进或卖出一定数量某种金融产品的合约。两者的区别是：远期合约交易一般规模小，较为灵活，交易双方易于按各自的愿望对合约条件进行磋商；而期货合约的交易是在有组织交易所内完成，合约的内容，如相关资产种类、数量、价格、交割时间、交割地点等，都有标准化的特点，这使得期货交易更规范化，也便于管理。金融期货合约主要有利率期货、外汇期货、股票指数期货。

3. 期权合约

它是指期权买方向期权卖方支付一定费用后，获得在规定的期限内享有按交易双方约定的价格买进或卖出一定数量某种金融产品的权利。按照相关资产的不同，金融期权可分为外汇期权、利率期权、股票期权、股票价格指数期权。

期权分看涨期权和看跌期权两个基本类型。看涨期权的买方有权在某一确定时间以确定价格购买相关资产；看跌期权的买方有权在某一确定时间以确定价格出售相关资产。此外，期权又分为美式期权和欧式期权。按照美式期权，买方可以在期权有效期内的任何时间行使或者放弃权利；按照欧式期权，期权买方仅可以在合约到期时行使权利。

4. 互换合约

互换合约有时也称为掉期或调期合约，是指交易双方按共同商定的条件，在约定的时间内交换一系列支付款项的金融交易。互换合约可分为利率互换和货币互换两种。

以最常见的利率互换为例，设确立的本金额为1亿元，约定条件为：一方按期根据本金额和某一固定利率计算的金额向对方支付，另一方按期根据本金额和浮动利率计算的金额向对方支付。

金融衍生工具的功能表现在：一是可以提供转移风险的手段。期货和期权市场将价格、利率和汇率风险从生产商和投资者转移给具有风险偏好的投机家。二是提供价格发现和信息传递机制。在金融衍生工具市场上，人们不断地进行套利、套汇的投机活动，有助于形成真正的市场价格；投机者不断分析和提供信息，有助于信息的传播。

第十一章　利息和利率

第一节　利息的本质

利息是一个被争论了几百年且仍在争论的既简单又复杂的概念，说它简单，是因为它的数量表现一目了然，一个人存入100元的存款，到期后取出存款时，就会得到相应的利息。说它复杂，是因为它的本质就是一个谜。利息该不该存在？利息是不是货币资本的价格？利息是不是剥削？所有对这些问题的争论根源就在于对利息本质的认识。这里简要介绍几种主要的理论。

一、西方古典经济学派的利息理论

（一）利息报酬说

威廉·配第（1633～1687）与约翰·洛克（1632～1704）先后提出“利息报酬说”，但他们两人论述的重点不同，配第认为利息是“因暂时放弃货币的使用权而获得的报酬”[①]。因为借贷货币会给贷出方带来诸多不便，所以贷出方“对自己不方便可以索取补偿……这种补偿，我们通常叫做利息”[②]。洛克也认为利息是对贷款人的回报，但他认为利息是贷款人因承担了风险而得到的报酬，并认为报酬的多少应与所承担风险的大小相适应。

（二）资本租金论

达德利·诺斯（1641～1691）提出了“资本租金论”，把贷出货币所收取的利息看成是地主收取的租金。他认为资本的余缺产生了利息，有的人拥有资本但不愿或不能从事贸易，而想从事贸易的人手中又缺乏资本，所以“资本所有者常常出借他们的资金，像出租土地一样。他们从中得到叫做利息的东西，所谓利息不过是资本的租金罢了”[③]。诺斯已经把作为资本的货币和作为货币的货币区别开来，因而成了“第一个正确理解利息的人”[④]。

（三）利息来源于利润说

约瑟夫·马西（？～1784）提出了“利息源于利润说”，他认为贷款人贷出的是货币

---

①② 威廉·配第：《货币论》，商务印书馆，1978年版，第126页。

③ 达德利·诺斯：《贸易论》，商务印书馆，1982年版，第103页。

④ 《马克思恩格斯全集》第26卷，第395页。

或资本的使用价值，即生产利润的能力，“人们为了使用他们所借的东西而作为利息支付的，是所借的东西能够生产的利润的一部分”[①]。贷款人因此得到的利息直接来源于利润，并且是利润的一部分。马克思认为这是一个伟大的发现。

（四）利息剩余价值说

亚当·斯密（1723～1790）是英国古典政治经济学的主要代表。他提出了“利息剩余价值说”。他认为利息具有双重来源：其一，当借贷的资本用于生产时，利息来源于利润；其二，当借贷的资本用于消费时，利息来源于别的收入，如地租等。斯密明确地说明利息代表剩余价值，马克思评价他“不止一次地明白指出，利息由于一般地说来代表剩余价值，始终只是从利润中派生的形式”[②]。

二、近现代西方学者的利息理论

（一）节欲论

英国经济学家纳骚·西尼尔提出了“节欲论”，按照他的逻辑体系，价值不是由生产商品所耗费的劳动创造的，而是决定于生产费用；生产费用由工资和利润两部分组成，工资是工人劳动的报酬，利润则是资本家节欲的报酬。工人放弃了安逸和休息而去劳动，这就作了牺牲，工资就是这种牺牲的报酬；资本家放弃了个人消费，利润就是对这种牺牲的报酬。借贷资本只是总资本的一部分，利息也只是总利润的一部分，所以利息也是借贷资本家节欲的结果。

（二）边际生产力说

约翰·克拉克（1847～1938）是美国著名经济学家，他提出了“边际生产力说”。他认为当劳动量不变而资本相继增加时，每增加一个资本单位所带来的产量依次递减，最后增加一单位资本所增加的产量就是决定利息高低的“资本边际生产力”。“在这一系列资本单位中，任何一个所有者所得的利息，不能超过最后一个单位的产量。假若第一个单位所有者所要求的利息超过了最后一个单位的产量，企业家就不使用这个单位的资本，而用最后一个单位来代替它”[③]。“前后一个单位的资本所增加的产量决定了利息的标准。每一个单位的资本能给它的所有者带来和最后一个单位的资本的产量相同的收益，但是不能给它的所有者带来比这更多的收益。”[④]因此，利息就取决于资本边际生产力的大小。

（三）人性不耐说

美国著名经济学家欧文·费雪（1867～1947）从纯心理因素来解释利息现象，提出了“人性不耐说”。他认为人性具有偏好现在就可提供收入的资本财富，而不耐心地等待将来提供收入的资本财富的心理。人具有目光短浅、意志薄弱、随便花钱的习惯，强调自己生命的短促和不确定、自私和不愿为后生的孤独打算、盲目追随时尚等，都倾向于增大不耐。相反，高度的远见、高度的自制、节约的习惯、强调长寿的预期、有家属并深切关怀家属在他死后的幸福、保持收支适当平衡的独立自由等，则倾向于减少不耐。在任何一个

① 《资本论》第3卷，第395页。

② 《马克思恩格斯全集》第26卷，第560页。

③④ 约翰·克拉克：《财富的再分配》，商务印书馆，1959年版，第137，141页。

人身上，这种倾向的结果将会决定他在一定时间、一定情形与特定收入条件下的不耐程度。这一结果因人而异，即使对同一人来讲，也因时而异。不耐程度低的人具有较低的时间偏好，不耐程度高的人具有较高的时间偏好，在存在借贷市场的情况下，不耐程度高的人倾向于借债，而不耐程度低的人倾向于放款，这些活动如果进行得充分的话，将降低高度的时间偏好并提高低度的时间偏好，一直到大家在共同的利率下都达到了某一中间地带为止。因此，“利息是不耐的指标”①。

（四）流动性偏好说

当代西方经济学界最有影响的约翰·梅纳德·凯恩斯（1883～1946）提出了“流动性偏好说”。他认为：“就字面讲，利率一词就直截了当告诉我们，所谓利息乃是在一特定时期以内，放弃周转流动性的报酬。”② 研究利息不能不注意个人心理上的时间偏好，而这种时间偏好成立与否必须要有两组不同的决定。第一组决定是消费倾向，即在既定的收入水平下，多少用于消费、多少用于储蓄。第二组决定是储蓄结构，即在既定的储蓄额中，多少为生息债券，多少是现金。生息债券可以给持有者带来利息，但持有者要暂时放弃货币的使用权；现金虽不能带来收入，但具有高度的流动性。人们偏好流动性主要产生于三种动机：“一是交易动机，即需要现金以备个人或业务上作当前交易之用；二是谨慎动机，即想保障一部分资源在未来之现金价值；三是投机动机，即相信自己对未来之看法，较市场上一般人高明，想由此从中取利。”③如果一个人手中有现金在手，就可以随时应付这三种动机的需求。企业和商人想取得一定的货币，就必须以支付一定的报酬来诱使公众让渡出一部分货币，而利息就成为人们在一定时期内放弃这种流动性偏好的报酬。流动性偏好的大小决定了货币需要量的多少，而货币需要量与货币供给量一起决定利率水平。

三、马克思的利息理论

虽然西方经济学家对于利息本质提出了各种学说，但他们都没有深入分析利息产生的真正原因，没有把利息和利润区别开来。只有马克思才真正地揭示了利息的本质，指出利息不是产生于货币的自行增值，而是产生于它作为资本的使用。

马克思的利息理论有以下几个要点：

（1）利息以货币转化为货币资本为前提。货币如果不是参加资本的运动，而是被贮藏或用于购买生活消费品，就不可能有货币的增值。

（2）阐明了利息的真正来源是劳动者创造的剩余价值，利息和利润一样，都是剩余价值的转化形式。

（3）指出了资本家与劳动者的对立。利息是职能资本家让渡给借贷资本家的那一部分剩余价值，体现的是资本家全体共同剥削雇用工人的关系。从表面上看，利息似乎是资本所有权的报酬，企业利润似乎是资本使用权的报酬；另外，在企业利润总额的分割中，支付的利息越多，企业的所得就越少，似乎利息仅反映职能资本家与借贷资本家之间的对立。其实，职能资本家与借贷资本家是在共同分割剩余价值。从这个意义上说，利息直接

---

① 欧文·费雪：《利息理论》，上海人民出版社，1959年版，第43页。

②③ 凯恩斯：《就业、利息和货币通论》，商务印书馆，1963年版，第142～145页。

表现为资本家对雇用工人的剥削。

因为马克思对利息本质的论述深刻地揭露了私有制下的剥削关系，大约从庞巴维克开始，西方学者大多把马克思的这种利息来源理论称为“剥削论”。

第二节　利息与利率

一、利息及利息率的概念

（一）利息的概念

如上所述，从表面上看利息是借款者为取得货币资金的使用权，向贷款者支付的代价或报酬。利息广泛存在于现代社会中，货币资金拥有者将贷出货币按期收回时，必须同时收到一笔本金数额以外的额外货币收入，这就是利息。从本质上看，利息体现某种生产关系。

（二）利息率的概念

利息率，简称利率，是一定时期内利息收入同贷出本金的比例，即：

$$利率=\frac{利息收入}{本金}$$

利率一般用年利率、月利率和日利率来表示。年利率是以年为单位计算的利息，通常人们用百分之几表示；月利率是以月为单位计算的，通常用千分之几表示；日利率就是以日为单位计算的利息，一般用万分之几表示。年利率、月利率、日利率之间存在换算关系，年利率除以 12 为月利率，月利率除以 30 为日利率。

（三）利息的计算

1. 利息的计算公式

利息的计算公式有如下两种：

（1）单利计算。这是指仅仅按本金计算利息，并且已经计算的利息不能计入本金重复计算利息。其计算公式是：

$$I=P\times n\times i$$

式中：I 为利息，P 为本金，n 为贷款期限，i 为利率水平。

借贷活动中，我们往往要一次性计算出一定时期后利息与本金的总额，这就是通常所讲的本利和。其计算公式是：

$$S=p+p\times n\times i=P\times(1+n\times i)$$

式中：S 表示本金与利息之和。

上例中，本利和 $=20000\times(1+2.25\%\times2)=20900$（元）

（2）复利计算。这是一种将得到的利息并入本金，再重复计算利息的计息方式。其公式是：

$$利息\ I=P[(1+i)^n-1]$$

$$本利和\ S=P(1+i)^n$$

由于复利将利息也并入本金继续计息，所以按复利计算，债权人或债务人要多得或多付利息。

单利计算方法简单、方便，通常适用于短期借贷。复利计算法更符合市场经济条件下资本的特性，即资本在运动中不断增值，已经增值的部分也要作为资本继续增值。因此，用复利法计算利息可以正确反映资金的时间价值。

2. 计息方法

目前，银行一般采用两种计息方法。一是对年、对月、对日计息法，即对一笔存款或贷款，先按整年、整月和整日分别计算利息，然后相加计算出整个存款期或贷款期的全部利息。二是日积数法，即以本金乘以天数算出日积数，再根据日积数乘以日利率得出全部利息。

3. 结息

结息是指利息的实际给付。银行对一笔存款或贷款，并不是每天支付或收取利息，而是集中在特定的日期，才实际收付利息。对于实际收付的利息，因取息人有了支配权，又可以存入银行或进行其他投资产生新的收益。

我国对存、贷款利率的结息规则也做出了统一规定。主要内容包括：

（1）城乡居民活期存款每年结息一次，每年的 6 月 30 日为结息日。定期存款到期一次还本付息，不计复利。

（2）企业单位活期存款按季结息，每季末月的 20 日为结息日。

（3）金融机构对企业的流动资金贷款和固定资产贷款实行按季结息，每季末月 20 日为结息日。对结息日不能支付的利息转入本金，计收复利。

二、利率的种类

经济学家在著述中论及的利率及利率理论，通常是就形形色色、种类繁多的利率综合而言的。有时用“市场平均利率”这类的概念，这是一个理论概念而不是哪一种具体的统计意义上的概念。

与之相同，有一个“基准利率”的概念。基准利率是指在多种利率并存的条件下起决定作用的利率。所谓起决定作用的意思是：这种利率变动，其他利率也相应变动。因而，了解这种关键性利率水平的变化趋势，也就可以了解全部利率的变化趋势。再贴现率和再贷款利率就是基准利率。

在利率这个大系统中，按照不同标准可以对利率进行不同的划分：

（一）名义利率和实际利率

名义利率又称货币利率，它是指没有考虑物价上涨的因素，银行挂牌执行的存、贷款利率和有价证券票面上标明的利率。在我国现行的利率政策中，名义利率有中国人民银行规定的法定存、贷款利率和符合规定的浮动利率。

实际利率是指剔除物价上涨因素后的真实利率。名义利率和实际利率之间的关系可用如下公式表示：

1. 仅考虑物价变动对本金的影响

$$实际利率 = 名义利率 - 通货膨胀率$$

2. 考虑物价变动对本金和利息的双重影响

$$本金（1+名义利率）=本金（1+实际利率）\times（1+通货膨胀率）$$

经过变换可得：

$$实际利率=（1+名义利率）/（1+通货膨胀率）-1$$

（二）市场利率、法定利率和公定利率

这是依利率是否按市场规律自由变动为标准来划分的。

市场利率是由借贷双方在资金市场上因资金供求关系而形成的利率。在市场经济条件下，由于借贷资金供应量与需求量之间的矛盾，通过激烈的竞争而使利率长期处于变动之中。借贷资金供大于求时，市场利率下降；供不应求时，市场利率上升。

法定利率又称官方利率，是指由政府金融管理机构或者中央银行确定的利率。

公定利率，是指由非政府部门的民间组织，如银行公会等所确定的利率。

（三）固定利率和浮动利率

这是根据在借贷期内利率是否可调整划分的。

固定利率，是指在借贷期内利率水平并不受借贷资金供求状况变化而调整的利率。采用固定利率，生产者借款成本易计算。但在进行中长期贷款时，借款方或贷出方往往因实际利率水平调整而蒙受损失。

浮动利率是指金融机构为规避风险，在合同期内对存、贷款利率依市场利率情况进行调整的利率。

（四）普通利率和优惠利率

这是根据利率是否带有优惠性质为标准划分的。

所谓优惠利率，是由借贷资金所有者对外提供贷款时，对特定客户收取的低于正常利率水平的利率。政策性银行大多提供的是低息优惠贷款，其利率为优惠利率。

在国际金融领域中，外汇贷款利率优惠与否，是以伦敦同行拆放市场的利率为标准，低于该利率者称为优惠利率。

在市场经济条件下，银行等金融机构竞争激烈，有的银行就为资信状况较高、产品竞争力强的生产企业提供较一般客户利率低的贷款。

所谓普通利率，是指按正常利率收取利息的利率。

（五）长期利率和短期利率

这是根据信用行为期限的长短为划分标准的。

一般地说，1 年期以下的信用行为，通常叫短期信用，相应的利率则是短期利率；1 年期以上的通常称为中长期信用，相应的利率则是长期利率。短期利率和长期利率之中又有长短不同期限之分。

总的来说，较长时期的利率一般高于短期利率。但在不同种类的信用行为之间，由于种种不同的信用条件，也不能简单对比。至于同一种类之间，较短期的利率总是低于较长时期的利率。

第三节　利率的决定

所谓利率的决定，主要研究利率水平是如何确定的，影响利率水平变动的因素有哪些，这是现代货币理论所要解决的首要问题。

一、决定利率水平的一般因素

利率的高低主要取决于社会平均利润率、借贷资本供求状况、贷款期限和贷款风险等因素。社会平均利润率是利率的最高限，在此限度内，利率高低则主要决定于借贷资金的供求状况。

（一）社会平均利润率

利息实质上是利润的一个组成部分，体现了借贷资金所有者与借贷资金使用者共同分割企业利润的关系，所以利息率要受到社会平均利润率的限制。如果利率高于社会平均利润率，则借贷资金使用者将无利可图，从而无人愿意取得贷款。

（二）借贷资金供求状况

市场上借贷资金供求状况决定着某一时刻的利率水平的高低。当借贷资金供不应求时，利率就会提高；当社会借贷资金供大于求时，利率就会下降。这一规律类似于市场经济条件下价格的形成与决定理论。其实，利息率也就是借贷资金的价格。

（三）贷款期限

利率水平的高低与贷款期限的长短有着正相关的关系。借贷期限越长，利率就越高；反之，利率就会因借贷期限缩短而下降。

（四）贷款风险

借贷资金贷出是以还本付息为条件的使用权的暂时让渡。资金从贷出到收回要有一个周期，其中可能出现各种风险。这些风险将对贷入者的资金使用效益产生不利影响，当然也会造成贷放者所贷放的资金遭受损失。贷款风险越高，则贷款利率水平也就越高。

二、利率变动的其他影响因素

（一）预期通货膨胀率

在预期通货膨胀率上升时，利率也会上升。其理由如下：

（1）通货膨胀的发生必然会引起货币贬值从而使借贷资金的本金和利息受到损失，为了弥补这种损失，债权人一定会提高利率水平。

（2）随着通货膨胀的发生，实际利率下降，为使利率避免通货膨胀的影响，名义利率必须上升。

（3）预期通货膨胀率上升，将会使本金预期的实际价值减少，资金供给者为避免损失往往会选择股票、不动产等其他能抵御通货膨胀损失的资产形式保存资金，使借贷市场资金供给减少；与此同时，预期通货膨胀率的上升使人们借款意愿增强，对资金的需求增加。供给的减少和需求的减少必然导致利率的上升。

（二）社会再生产周期

利率一般会随着社会再生产周期的变化而变化，从而表现出很强的周期性。在经济扩张时期，随着企业和消费者借款的增加，资金的需求会上升，利率升高。在经济衰退时期，随着企业和消费者缩减支出，资金的需求下降，利率降低。

（三）中央银行的货币政策

中央银行根据其政策目标和宏观经济状况，通过运用货币政策工具来影响可贷资金供给量。当中央银行想刺激经济时，会增加货币投入量，使可贷资金的供给增加，造成利率下降；当中央银行想限制经济过度膨胀时，会减少货币供给，使利率水平上升。

（四）国际市场利率水平

现代经济正走向经济全球化，国际利率水平通过资金流动对一国国内利率水平有重要影响。当国际市场利率高于国内时，国内资金外流，促使本国利率水平提高；反之，则内流，导致国内利率水平下降。

第四节　利率的作用

一、利率发挥作用的理论依据

在较成熟的市场经济条件下，货币所有者与货币使用者都关心经济效益，在这种情况下，利率将作为一个经济杠杆发挥重要的宏观和微观调控作用。根据马克思的利息本质理论，我们知道利息是剩余价值的转化形式，直接来源于利润，利率的高低，决定着利润在货币所有者和货币使用者之间的分配比例。因此，在货币所有者与货币使用者都注重自身经济效益的条件下，利率便能发挥其经济调节作用。

二、利率在宏观经济中的作用

从宏观的角度看，利率的作用主要表现在：

（一）积累资金

在商品经济条件下，资金的短缺制约着一国经济的发展。但同时，社会上也存在着一定数量的游资。只有有偿地利用这些闲置资金投入生产，才能避免双重的浪费。这种有偿的手段就是利率。通过利率来吸引闲置资金投入生产，满足经济发展的需要。

（二）调整信用规模

信用与利率是相辅相成的，没有利率的信用就不是融资性信用，没有信用的利率也无所谓利率。作为融通资金的信用一定要在有利率的条件下发挥作用，同时，利率反作用于信用规模。这种作用主要表现在：

（1）中央银行的贷款利率、再贴现率作用于中央银行对商业银行和其他金融机构的信用规模，当中央银行提高贷款利率、扩大再贴现率时，有利于缩小信用规模，相反的操作则有利于扩大信用规模。

（2）商业银行的贷款利率、贴现率作用于商业银行对顾客的信用规模，当商业银行降低贷款利率、贴现率时，有利于扩大信用规模；反之，则有利于缩小信用规模。

（三）调节国民经济结构

利率对于国民经济结构的调节，主要是通过采取差别利率和优惠利率，以此来实现资源的倾斜配置。对于国家亟须发展的产业、企业或项目，采取低利率支持；对于国家限制的产业、企业或项目，则采取高利率加以限制。

由于利率的高低直接影响企业的效益，在利益机制的驱动下，企业投资就会纷纷转向贷款利率低与收益高的产业、部门，这样就调节了产业结构、企业结构和产品结构，实现了国民经济结构的优化。

（四）抑制通货膨胀

在信用货币流通的情况下，通货膨胀的治理便成了现代经济中的一个主要问题。当通货膨胀发生或预期通货膨胀将要发生时，利率可在以下三个方面发挥作用：

（1）提高贷款利率调节货币需求量，使得货币需求下降，信贷规模收缩，促使物价趋于稳定。

（2）如果通货膨胀不是由于货币总量不平衡所致，而是由于商品供求结构失衡所致，则对于供不应求的短线产品的生产可降低对其贷款的利率，促使企业扩大再生产，增加有效供给，迫使价格回落。

（3）提高存款利率，将待实现的货币购买力以存款形式集中到银行，可实现供求平衡，以平抑物价。

（五）平衡国际收支

当国际收支严重逆差时，可将本国利率调到高于其他国家的程度，一方面可阻止本国资金流向国外；另一方面可以吸引国外的短期资金流入本国。

当国内经济衰退与国际收支逆差并存时，就不能简单地调高利率水平，而应调整利率结构。因为投资主要受长期利率的影响，而国际间的资本流动主要受短期利率的影响，因此在国内经济衰退与国际收支逆差并存时，一方面降低长期利率，鼓励投资，刺激经济复苏；另一方面提高短期利率，阻止国内资金外流并吸引外资流入，从而达到内外部同时均衡。

（六）调节货币流通

存款利率的高低直接影响银行吸纳社会存款的规模，对实现社会购买力与商品可供量的平衡有调节作用。贷款利率的高低直接影响银行的信贷规模，决定货币供应量，对币值稳定有重要作用；贷款利率的差别对贷款结构，进而对产业结构有重要影响，而产业结构的合理化是货币流通正常化的基础条件之一；利率的高低还直接影响企业的生产规模和经营状况，从而影响社会商品的供给总量和结构，对货币正常流通有重要作用。总之，利用利率杠杆就可调节货币流通。

三、利率在微观经济中的作用

从微观的角度看，利率杠杆的主要作用表现在：

（一）激励企业提高资金使用效率

在经济生活中，工商企业向商业银行借款，而商业银行和其他金融机构又向中央银行借款。对于它们来说，利息始终是利润的抵减因素。因此为了自身利益，企业（包括商业银行等）就必须加强经营管理，加速资金周转，减少借款额。通过减少借款额，通过提高资金使用效率来减少利息的支付。

（二）充当折现未来收益的媒介

企业或家庭通过投资等资金运用活动，都是为了获得未来收益，但未来收益的现在价值是多少？这就需要折现。折现是复利终值的逆运算，其计算公式是：

$$F=\frac{P}{(1+i)^{t}}$$

式中：F 为现值；P 为终值；t 为折现的次数；i 为利率。

如果利率采用年利率 i，一年计息 m 次，那么复贴现的一般公式是：

$$F=\frac{1}{\left(1+\frac{i}{m}\right)^{m\cdot n}}$$

F 便是第 n 年末的未来值 P 在现在的价值。可见，几年以后的 1 元钱，现在只值 $1/\left(1+\frac{i}{m}\right)^{m\cdot n}$ 元。这里，利率 i 便成为未来收益折现的媒介。

（三）作为租金计算的基础

资产所有者贷出资产，在到期后收回并取得相应的租金。租金的度量受多种因素的影响，如传统的观念与习惯、政府的法规、供求关系等，但通常是参照利率来确定的。

（四）引导人们选择金融资产

出于货币增值的要求，人们必须将货币收入转化为金融资产来保存。现阶段金融资产的主要形式有银行存款、国库券、金融债券、股票、企业债券等；选择什么样的资产投资，主要是考虑该资产的安全性、收益性和流动性三个方面。

在安全性和流动性一定的情况下，各种资产的收益无不与利率有着密切的联系。存款收益直接取决于存款利率，股票与企业债券的价格取决于其预期收益与利率的对比关系。在预期收益既定的情况下，调整利率就直接影响到股票与债券的价格变化，进而影响到购买者的收益。因此，调整利率，就可引导人们选择不同的金融资产。

第五节　利率管理体制

一、管理体制的概念

利率管理体制是国家对利率进行管理的一种组织制度，它规定了金融管理当局或中央银行的利率管理权限、范围和程度。

二、利率管理体制的类型

从世界各国的情况看，利率管理体制分如下两种情况：一是国家集中管理，实行利率管制。国家对所有融资活动中的利率实行统一管理，由管理机构根据宏观经济发展要求和对金融形势的判断，制定各种利率，各金融机构必须严格执行。二是由市场决定，实现利率市场化。国家采取相应措施控制基准利率，其他利率基本放开，由市场的资金供求关系决定。

三、我国利率管理体制的演变

新中国成立以来，我国的利率管理体制经历了以下三个阶段，即 1949 ~ 1981 年实行的高度集中的利率管理体制；1982 ~ 1995 年实行的利率管制下的有限浮动利率阶段；1996 年以来利率市场化改革的探索实施阶段。

（一）1949 ~ 1981 年的高度集中利率管制

新中国成立初期，由于严重的通货膨胀和高利贷活动，政府采取了一系列严格管制措施，其中包括利率管理。它在迅速制止金融物价领域的混乱局面和配合私营工商业的所有制改造方面，收到了理想的效果。随着高度集中的中央计划经济管理体制的建立，管制利率的做法得到进一步强化，成为高度集中计划管理体制的一个重要组成部分。它的特点是利率档次少、利率水平低、利差小、利率管理权高度集中。这样的利率管理体制显然不利于国家产业结构的调整和经济效益的提高。

（二）1982 ~ 1995 年利率管制下的有限浮动

1978 年以后，市场经济在我国得到逐步发展和完善，僵化的利率管理体制显然不能适应新形势的需要。我国开始对传统、低效的利率管理体制进行改革。从 1982 年起，商业银行可以对某些存、贷款业务实行利率浮动。

（三）1996 年后利率市场化改革的探索阶段

随着市场经济在我国的正式确立，生产要素的市场化已势在必行。理论界已对利率市场化达成共识，并从 1996 年起进入实施阶段。

四、我国利率市场化的改革

利率是货币政策传导机制的环节，因而是经济中的重要变量，也是货币当局或中央银行为了达到经济稳定增长和币值稳定的重要政策工具。随着我国社会主义市场经济的不断完善，利率市场化显得越来越重要，它已成为我国现阶段货币金融体制改革的重要环节。

（一）利率市场化的概念

所谓利率市场化，是指中央银行放松对利率的管制，将利率的决定交给市场，根据各种市场因素主要是市场资金供求关系，通过一定的定价机制自主地确定资金价格。

要正确地理解利率市场化，必须有以下三方面的认识：一是利率水平由市场自行决定；二是市场主体享有充分的自主权；三是利率市场化不是利率的自由放任，中央银行应该通过各种形式，如制定利率政策、确定基准利率、进行公开市场业务对利率进行间接的、宏观的调控。

（二）利率市场化改革的目标、原则与总体思路

利率市场化改革的目标是：建立由市场供求决定金融机构存、贷款水平的利率形成机制，中央银行通过运用货币政策工具调控和引导市场利率，使市场机制在金融资源配置中发挥主导作用。

改革的原则是：正确处理好利率市场化改革与金融市场稳定和金融业健康发展的关系，正确处理好本、外币利率政策的协调关系，逐步淡化利率政策承担的财政职能。

改革的总体思路：利率市场化的改革必须坚持循序渐进的原则，按照从外到内、从局部到整体的原则逐步推进。即先外币、后本币；先贷款、后存款；先长期、大额，后短期、小额；先农村、后城市。

我国利率市场化改革之所以要遵循渐进式思路，这是由我国经济条件所决定的。从世界各国实行利率市场的实践看，利率市场化有激进式和渐进式两种。按照国际货币基金组织和世界银行专家的观点，一个国家只有同时满足宏观经济稳定和金融监管充分有效这两个必要条件，该国才能迅速实行利率市场化。从我国目前情况看，我国显然不具备这两个条件。另外，我国的利率市场化进程必须与商业银行的自我约束能力和中央银行对利率的控制能力相适应，以保证市场稳定和金融安全。因此，我国利率市场化必须走渐进式的模式。

（三）我国利率市场化的进程

1993 年《关于建立社会主义市场经济体制改革若干问题的决定》和《国务院关于金融体制改革的决定》，最先明确利率市场化改革的基本设想。1995 年《中国人民银行关于“九五”时期深化利率改革的方案》初步提出利率市场化改革的基本思路。

1996 年 6 月 1 日放开银行间同业拆借市场利率，实现由拆借双方根据市场资金供求自主确定拆借利率。

1997 年 6 月银行间债券市场正式启动，同时放开了债券市场回购利率主现券交易利率。

1998 年将金融机构对中小企业的贷款利率浮动幅度由 10% 扩大到 20%，农村信用社的贷款利率最高上浮幅度由 40% 扩大到 50%；3 月改革再贴现利率及贴现利率的生成机制，放开贴现和转贴现利率；9 月放开政策性银行金融债券市场化发行利率。1999 年允许县以下金融机构贷款利率最高可上浮 30% 的规定扩大到所有中型企业；1999 年 9 月成功实现国债在银行间债券市场利率招标发行；1999 年 10 月对保险公司 3000 万元以上、5 年以上的大额定期存款实行协议利率，由保险公司与商业双方协商确定。

2000 年 9 月 21 日实行外汇利率管理体制改革，放开外币贷款利率；300 万美元以上的大额外币存款利率由金融机构与客户协商确定。

2002 年 3 月将境内外资金融机构对中国居民的小额外币存款，纳入人民银行现行小额外币存款利率管理范围，实现中外资金融在外币利率政策上的公平待遇。

2002 年扩大农村信用社利率改革试点范围，进一步扩大农村信用社利率浮动幅度。

2003 年 12 月 10 日，中国人民银行调整了银行超额存款准备金利率，下调至 1.89%。

2004 年 1 月 1 日起再次扩大金融机构贷款利率浮动区间。

2004 年 10 月 29 日，中国人民银行决定，进一步放宽金融机构贷款利率浮动区间，金融机构（不含城乡信用社）的贷款利率原则上不再设定上限，贷款利率下限仍为基准利率的 0.9 倍。对金融竞争环境尚不完善的城乡信用社贷款利率仍实行上限管理，最高上浮为贷款基准利率的 2.3 倍，贷款利率下浮幅度不变。

2004 年 12 月，中国人民银行放开小额外币存款利率，由金融机构自主决定小额外币存款利率。

2007 年 1 月金融市场盼望已久的中国基准利率雏形亮相，这个由全国银行间同业拆借中心发布的“上海银行间同业拆放利率”（简称“shibor”）正式运行对于市场经济下央行的货币政策调控而言，是一个极为重要的变量，它能在整个利率体系中起主导作用、核心作用，并能制约其他利率。央行以后可通过公开市场操作来调整基准利率，形成合理的市场预期进而传导并影响微观经济行为，使其调控更加精准和有效。可以预见，我国在全面实现 WTO 承诺之后，利率市场化的进程将进一步提速。

第十二章　金融体系

第一节　金融体系概述

金融体系是指金融机构的组织及其管理体系。在市场经济条件下，各国金融体系大多以中央银行为核心来进行组织管理的，形成了以中央银行为核心，商业银行为主体，各类银行和非银行金融机构并存的金融体系。

一、现代银行的主要类型

当前各国银行体系不尽相同，总体上可把银行分为中央银行、商业银行和其他银行三类，只是名称有所不同而已。

（一）中央银行

中央银行是代表国家进行金融管理和金融调控的特殊金融机构。中央银行是一国金融体系的核心，在一国金融体系中居于主导地位。

中央银行是一种特殊的金融机构，它并不直接向客户提供存贷款服务，而是具体负责制定和执行国家货币政策。中央银行还是政府的银行，代理国库，提供财政融资，制定利率政策。目前，多数国家都设有中央银行，如中国的中国人民银行、法国的法兰西银行、英国的英格兰银行。

（二）商业银行

商业银行是以经营存款、贷款为主要业务，实行自负盈亏、独立核算，并以盈利为其经营管理目标的银行。在一国金融体系中，商业银行以机构数量多、业务渗透面广和资产总额比重大的优势，始终居于其他金融机构不可替代的地位。

商业银行直接面对企事业单位和个人，具体经营货币、信用业务、吸收存款、发放贷款等业务。商业银行不直接承担国家宏观调控经济职能，但其主要业务必须受到中央银行的政策影响，为其实现宏观调控目标服务。

我国目前的商业银行主要由四大国有商业银行（中国农业银行、中国建设银行、中国工商银行、交通银行）、股份制商业银行、城市商业银行、农村商业银行所组成。

（三）其他银行

其他银行包括专业性银行和政策性银行等。

1. 专业性银行

专业性银行是指提供专业金融服务，有特定服务范围的银行。专业性银行不同于商业性银行，其业务具有较强的专业性，只从事一项或几项专门服务。

专业性银行是随经济发展的需要而产生的，其经营活动具有不可替代性。因此，也决定了专业性银行可以有许多种类，主要有：

（1）储蓄银行。储蓄银行是以开设长期、中期、短期储蓄存款账户吸收居民储蓄为主要资金来源并用于发放各种抵押贷款的专业银行。

储蓄银行在国外是比较常见的，如美国的互助储蓄银行、英国的信托储蓄银行等等，有些国家还有邮政储蓄机构等。

我国目前的邮政储蓄银行于2007年初正式挂牌。其前身是中国邮政储金汇业局，原由邮电部管辖，以经办储蓄和个人汇兑等负债、结算业务为主，但是不能办理发放贷款等资产业务。由于我国农村金融体系脆弱，可以依赖的银行和信用社越来越少，广大农民只得将其收入存入遍布农村的邮政储金汇业局网点，由于它不能发放贷款，进一步削弱了农业的资金基础。中国政府已经充分认识到我国农业、农村、农民问题的重要性，作为农村金融体系的构成，在中国邮政储金汇业局的基础上成立了中国邮政储蓄银行，将其业务定位于以农村金融和零售金融业务为主。

（2）投资银行。投资银行是专业从事股票投资、债券投资、证券包销代理等活动，并为企业提供中长期贷款业务的银行。

（3）抵押银行。抵押银行是专业从事土地、房屋等不动产抵押贷款的银行。抵押银行不从事一般商业银行的存款、贷款业务。其资金来源是发行债券或抵押债券、短期票据贴现等，其资金主要用于以土地、住房为抵押的中长期贷款。

法国的房地产信贷银行、德国的私人抵押银行、美国的联邦抵押贷款协会都是著名的抵押银行。

2. 政策性银行

政策性银行是指为政府特定的经济政策、产业政策服务的，不以盈利为目的的银行机构。

目前许多国家都设有政策性银行，如日本的日本开发银行、日本进出口银行，美国的农业信贷管理局、联邦中期信贷银行、美国进出口银行等，印度的地区农村银行、印度工业开发银行等。

我国的政策性银行产生的历史并不长，1994年为适应国有专业银行向商业银行转变以及政策性业务与商业性业务的分离，正式组建成立了三家政策性银行。它们是国家开发银行、中国进出口银行和中国农业发展银行。

除了上述三家主要的政策性银行外，我国其他政策性金融机构还包括中国出口信用保险公司和中小企业信用担保公司。

二、非银行金融机构

非银行金融机构是指不通过吸收存款而以其他方式吸收社会闲散资金，并通过资金运用获取盈利的金融机构。

非银行金融机构与商业银行一样，都是金融媒介，其共同功能都是融通经济中盈余单位和赤字单位的资金供求。两者的区别仅限于实际业务的区别，具体表现在：

（1）非银行金融机构业务范围较窄、专业性较强；而现代商业银行则逐渐综合化，既经营一切零售和批发银行业务，也为客户提供所需要的各种金融服务。

（2）大多数非银行金融机构营运资金主要来自向社会发行债券、股票以及通过其他形式筹集的资金；商业银行的资金来源则主要是各项存款。

（3）非银行金融机构不能吸收可以签发支票的存款，只是充当可贷资金的经纪人。商业银行则是各种金融机构中唯一能接受活期存款的机构，是可贷资金的创造者，具有强大的信用创造功能，各国政府和监管当局对商业银行的监管也较非银行金融机构更为严格。随着金融创新的发展，非银行金融机构也向它的客户提供像银行一样的服务，从而同银行展开了更为直接的竞争。

非银行金融机构主要包括保险公司、信托投资公司、证券公司、信用合作社、融资租赁公司等。

（一）保险公司

保险公司是经营保险业务的专业机构，通过经办各种保险业务筹集资金，并以此开展金融业务的金融机构。

保险是一种经济损失补偿制度，保险公司通过合同形式，从参加保险的客户那里取得一定的保险费，建立规模庞大的保险基金。当被保险人（投保人）发生意外损失时，保险人（保险公司）应根据契约给予经济赔偿。

我国保险业在过去相当长的时间内没有得到应有的重视。中国人民保险公司早在1949年7月20日就告成立，到1959年，除对外保险业务外，对内保险业务相继停止。改革开放后，为适应经济发展的需要，于1980年重新恢复了国内保险业务。从此以后，我国保险业得到了较快的发展，市场主体也不断增加。随着我国加入WTO，我国保险业已全面对外开放，外国保险公司蜂拥而至，到2006年，外资保险公司的数量已达47家①。

根据我国《保险法》的规定，同一保险人不得同时兼营财产险和人身险两类保险业务。保险公司的资金运用，除用于理赔外，其余只限于银行存款、买卖政府债券和金融债券以及国务院规定的其他资金运用形式。1999年，保险公司的资金被允许少量、间接进入证券市场，用于购买基金等收益相对稳定的投资工具。2004年始，保监会允许一定量的保险资金直接进入证券市场。

（二）信托投资公司

信托投资公司是经营信托委托代理业务的非银行金融机构，其主要业务包括信托存款、信托贷款、委托贷款、资信调查等。信托是指财产的所有者从自身利益出发，将其财产交给受托人（即信托公司），委托受托人根据特定目的对财产进行处置的经营方式。

我国的信托业创办于改革之初的1979年，到1998年，我国的信托投资公司达到历史高峰的1000多家。由于经验不足、方向不明、监管不力，我国信托业的发展较乱。中国人民银行自1999年开始对信托业进行第五次整顿。经过规范，我国的信托业逐步找到了自己的市场定位，发展趋于正常。2006年，我国共发行集合资金信托产品548只，发行规

---

① 中国产业地图编委会：《中国金融产业地图》，社会科学文献出版社，2008年版，第110页。

模596.20亿元①。

（三）融资租赁公司

融资租赁公司，简单地讲，就是办理租赁业务的非银行金融机构。

1952年，世界第一家专业从事设备租赁业务的公司——美国租赁公司成立。从此设备租赁业务、融资性租赁业务遍及欧洲、美国、日本等国，有资料表明，中国香港企业中有40%左右的设备是靠租赁得到的。

我国的金融租赁业起始于20世纪80年代初期，到1998年底，全国经过重新登记的融资租赁公司共有15家，资产总额198.2亿元。其中三家最大的租赁公司是：中国外贸金融租赁有限公司、中国电子租赁有限公司和中国租赁有限公司。

（四）信用合作社

信用合作社是由个人及单位集资组成的，实行独立核算、自负盈亏、自主经营、民主管理的合作金融机构。

在我国，信用合作社系统是由城市信用合作社、农村信用合作社组成。农村信用合作社创办于20世纪50年代，历史上曾一度并入农业银行，改革开放后，重新恢复业务。

农信社是根据经济发展要求，按照方便群众、便于管理、保证安全的原则，在县以下农村按区域（一般按乡）建立的。此外，一般的县建立县联社，以对本县的农信社进行管理。到2001年底，农村信用社各项存款余额达17263亿元，占金融机构存款总额的12%，各项贷款余额11971亿元，占金融机构贷款总额的11%。2001年11月12日，江苏省江阴市、张家港市、常熟市三家农村商业银行挂牌成立，这不仅标志着我国农村金融体制的重大改革，而且意味着我国金融体制改革的重大突破。

城市信用合作社组建于20世纪80年代中期，是为城市集体企业、个体工商户以及城市居民服务的金融企业，是实行独立核算、自主经营、自负盈亏、民主管理的经济实体。在实践中，由于绝大部分城市信用社从一开始其合作性质即不明确，加之经营中出现不少问题。进入90年代中期后，在原城市信用合作社发展的基础上，组建城市合作银行，现已更名为城市商业银行。但组建任务还没有全部完成，城市信用社依然存在。

（五）证券公司

证券公司是专门从事证券发行、转让、买卖业务的金融机构。

20世纪80年代后期，我国开始出现专业化证券公司。到2002年2月底，我国证券公司总数已达121家。

根据1999年7月1日生效的我国《证券法》规定，国家对证券公司实行分类管理，证券公司分为综合类证券公司和经纪类证券公司。综合类证券公司可以经营证券经纪业务、证券自营业务、证券承销业务和经国务院证券监督管理机构规定的其他业务；经纪类证券公司只允许专门从事证券经纪业务。

（六）财务公司

财务公司又称为“财务有限公司”，它是经营部分银行业务的非银行金融机构。

我国财务公司管理办法规定，我国的财务公司必须是企业集团内部的财务公司，它只

---

① 中国产业地图编委会：《中国金融产业地图》，社会科学文献出版社，2008年版，第140页。

能接受成员单位本外币存款业务，其存款利率按照央行的有关规定执行。其宗旨和任务是为本企业集团内部各企业筹资和融资，促进其技术改造和技术进步。我国财务公司的主要业务有：存款、贷款、结算、票据、融资性租赁、投资、委托以及代理发行有价证券。

我国成立最早的财务公司是东风汽车财务公司，规模较大的财务公司有华能集团财务公司、中国化工进出口财务公司、中国有色金属工业总公司财务公司。

（七）资产管理公司

20 世纪 80 年代以来，世界上许多国家的银行体系都受到过不良资产的困扰，这些国家都积极采取措施予以处理，成立专门的机构处理银行不良资产是最流行的方式之一。

经国务院决定，我国于 1999 年相继成立信达、华融、东方、长城四家金融资产管理公司（Assets Management Corporation，AMC），分别负责管理和处置中国建设银行、中国工商银行、中国银行、中国农业银行的不良资产，存续期 10 年。国家向每家 AMC 拨款 100 亿元作为资本金，用于收购上述四家商业银行的不良资产。国家希望通过 AMC 的运作，减少国有企业债务和上述四家商业银行的不良资产，促进国民经济结构的战略性调整和国有企业的战略性改组，化解我国金融系统存在的系统性风险。2000 年 11 月 20 日，国务院颁布了《金融资产管理公司条例》，规定了公司设立、业务范围、经营管理、终止清算等内容，并对 AMC 不良贷款的收购范围、额度和资金来源，以及如何实施债转股等核心问题做出了明确规定。

经过多年的运转，四大金融资产管理公司已基本完成其历史任务。其中，长城公司与华融公司已圆满完成政策性不良资产的处置。到 2006 年，两家公司累计处置不良债权资产 3194.85 亿元、3203.97 亿元，累计回收现金 334.15 亿元、575.69 亿元[①]。

（八）投资基金

投资基金是通过向许多中小投资者发放股份或受益凭证来聚合社会闲散资金，并以适度分散的组合方式投资于各种金融资产，为投资者谋求最高利益的金融中介。通过发行小面额股份并购买大量金融资产的资产转换过程，投资基金作为一种间接的金融投资工具，具有投资组合、分散风险、专家理财、规模经济的优势，而且，投资基金既可以用来积累个人财富，也可以作为价值储藏的工具，还可以作为一种追求高收益的手段。既然是一种投资工具，当然也包含风险。

投资基金有多种形式，按组织形态的不同，分为公司型基金和契约型基金；按所发行的基金能否赎回或追加，分为开放型基金和封闭型基金；按投资目标的不同，分为成长基金、收益基金和平衡基金；按所投资工具的不同，分为股票基金、债券基金和货币基金；按资金来源的不同，分为国际基金和国内基金等。

由于投资基金具有独特的优势，在各国特别是在市场经济发达的国家里，其发展十分迅速。在不同的国家，投资基金的称谓是不同的，有的称为互助基金、共同基金，如美国；有的称为单位投资信托，如英国。

近年来，我国基金业不断发展。根据《中国金融年鉴》（2007）的资料，到 2006 年，

① 中国产业地图编委会：《中国金融产业地图》，社会科学文献出版社，2008 年版，第 77 页。

共有基金管理公司 58 家、301 只投资基金，证券投资基金总规模达 6020.67 亿元[①]。

三、外资金融机构

外资金融机构是指外国金融机构在东道国境内开设的从事金融业务的分支机构和具有东道国法人地位的金融机构。

随着我国金融业的对外开放，我国外资金融机构的数量和其经营的业务范围也在不断扩大。

到 2006 年 6 月，共有 21 个国家和地区的 71 家外资银行在我国设立 183 家分行，法人机构 14 家，代表处 242 家。其中 103 家外资银行分行、7 家法人机构获准经营人民币业务，资产总额达到 972 亿美元，各项贷款余额 519 亿美元，占我国银行业金融机构总贷款余额的 2%，外汇贷款余额 339 亿美元，占我国银行业金融机构外币贷款余额的 20%。在我国金融体系中的重要性日显突出[②]。

四、我国金融体系的总体格局

到 2006 年，我国金融体系的现状是：1 家中央银行即中国人民银行、5 家国有商业银行、3 家政策性银行、3 家股份制商业银行、113 家城市银行、78 家城市信用合作社、19348 家农村信用社、13 家农村商业银行、70 家企业集团财务公司、54 家信托公司、6 家金融租赁公司和 1 家邮政储蓄银行[③]。

第二节　中央银行

一、中央银行的产生与发展

（一）中央银行产生的必要性

中央银行制度是商品信用经济发展到一定阶段的产物。中央银行是在商业银行的基础上发展演变而来的。从商业银行发展为中央银行，经历了一个较长的历史演变过程，是经济发展的客观要求和必然结果。

中央银行产生的必要性在于：

（1）统一发行银行券的需要。随着资本主义经济的发展，商品流通规模不断扩大，原来由众多的商业银行自行发行银行券的状况给市场交易带来了困难：一是周期性爆发的经济危机，常使一些小银行经不起冲击而倒闭，导致其发行的银行券不能兑现，并引起连锁反应，影响经济的稳定；二是众多小银行发行的银行券，限于其自身的信用能力，一般只能在有限的范围内流通。不能适应日益扩大的生产和流通需要，因此，客观上要求有一

① 中国产业地图编委会：《中国金融产业地图》，社会科学文献出版社，2008 年版，第 124 页。

② 数据来自中国银监会网站新闻稿，2006 年 8 月 21 日。

③ 中国金融年鉴编辑部：《中国金融年鉴》（2007），第 520 页。

种能在全国范围内流通的银行券，而这必须要由一家资力雄厚、信用卓著的大银行来发行。

（2）集中办理全国票据清算的需要。银行产生以后，随着其业务范围的不断扩大，经济生活中的债权债务关系日趋复杂。这种情况下，票据交换及清算若得不到及时处置，则会阻碍经济活动的顺畅进行，于是，客观上需要建立一个全国统一的权威机构，集中办理全国的票据清算。

（3）为商业银行提供最后的资金支持的需要。在经济周期性的发展过程中，商业银行时常陷于资金周转困难，甚至因支付能力不足而可能处于破产的境地。银行缺乏稳固性，不利于经济的发展，也不利于社会的稳定。因此，客观上需要有一家金融机构作为其他众多银行的靠山，在某家银行发生支付困难时，提供必要的资金支持。

（4）代表政府管理全国金融业的需要。由于银行业的竞争日趋激烈，银行经营的稳定性受到威胁，而竞争中银行的破产、倒闭，将会给经济带来巨大的震荡；同时，随着国家对经济生活干预的加深，客观上就要求有一个代表政府意志对金融业进行管理、监督和协调的机构。

正是适应上述需要，经历了漫长的过程，中央银行才得以形成并不断丰富了其职能。

（二）中央银行的历史发展阶段

中央银行的发展是一个渐进的过程。经过不断完善，中央银行终于成为今天这样一个机体健全，能够掌握和运用多种手段，对国民经济进行调节的机构。

中央银行的发展历史大体可分为三个阶段：

第一阶段是从 17 世纪中叶至 1843 年，这是中央银行的初创时期。

最早设立的中央银行是 1656 年设立的瑞典里克斯银行。它原是私人资本创办的银行，最先发行银行券，但未独占发行权。1668 年改组为国家银行。它是现代中央银行的萌芽。但公认最早全面发挥中央银行作用的是 1694 年设立的英格兰银行。英格兰银行是在政府帮助下设立的一家私人股份银行，初衷是为政府筹集和提供资金，作为交换条件，政府授权该银行发行同等数额的银行券。这个特权仅限于伦敦地区，伦敦以外地区，其他银行也有发行权。1833 年，国会通过法案，规定英格兰银行发行的货币作为全国唯一的法偿货币。英格兰银行被视为近代中央银行的先驱。

第二阶段是从 1844 年至 20 世纪 30 年代，这是中央银行发展完善的时期。

1844 年，英国国会通过《皮尔条例》（Peel's Act），规定英格兰银行作为唯一的货币发行银行；将英格兰银行分成发行部和银行部两个部分，发行纸币与银行业务分开，银行业务不干预货币发行，奠定了现代中央银行组织的模式。随着英格兰银行地位的提高，许多商业银行把自己现金准备的一部分存入英格兰银行，商业银行之间的债权债务关系，通过英格兰银行来划拨清算。1854 年起，英格兰银行成为银行业的票据交换中心。在英国几次周期性经济危机中，英格兰银行对一般银行提供贷款，充当“最后贷款人”的角色。随着发行权的集中，英格兰银行与政府及国库关系也日益密切。这样，英格兰银行就逐步确立其中央银行的地位，成为中央银行的典范，为其他国家所纷纷仿效。至 1900 年，主要西方国家都设立了中央银行。

进入 20 世纪之后，特别是第一次世界大战后，为了稳定战后币制、汇率和改变金融混乱的局面，于1920年在布鲁塞尔举行的国际金融会议决定，凡是未成立中央银行的国家，都应尽快成立中央银行。此后，几乎所有独立的国家，都先后设立了中央银行，中央银行制度得到了极大的发展和完善。1929～1933年世界性经济危机使西方各国开始强调中央银行作为“最后贷款者”的职能，强化中央银行对金融体系的集中统一管理。美国20世纪30年代的金融改革就体现了这一精神。1930年，在瑞士巴塞尔成立国际清算银行，各国中央银行作为本国金融机构的代表参加，加强了国际合作。中央银行制度又进一步得到强化和完善。

中央银行发展的第三个阶段是从第二次世界大战以后，中央银行进入新的发展阶段。

随着国家干预经济的加强，政府利用中央银行来推行财政金融政策，干预国民经济，稳定货币，各国纷纷加强对中央银行的控制。许多国家的中央银行都先后实行了国有化。1945年12月，法国公布法令，将法兰西银行收归国有，原股东的股票，换成政府债券；1946年，英国政府宣布将英格兰银行收归国有，英国财政部将股份全部收购。同时，战后各国纷纷制定新的银行法，明确中央银行的主要职责是贯彻执行货币金融政策，维持货币金融的稳定。1946年美国国会通过《充分就业法》，规定联邦储备银行的职责是促进经济增长、充分就业、稳定货币和平衡国际收支。

自此，中央银行的发展进入了一个新阶段。

（三）我国中央银行的产生与发展

中央银行在中国的萌芽是20世纪初清政府建立的户部银行。当时主要是为了解决因战争赔款所带来的财政困难，统一币制、推行纸币。户部银行于1905年8月正式成立，是清政府的官办银行，除办理一般业务外，还享有国家授予的铸造货币、代理国库、发行纸币的特权。

最早以立法形式成立的中央银行是1928年成立的国民政府中央银行。1928年10月，当时的国民政府颁布了《中央银行条例》和《中央银行章程》。1928年11月1日，国民政府的中央银行正式成立，总部设在上海。该中央银行条例规定，中央银行为国家银行，享有经理国库、发行兑换券、铸发国币、经理国债等特权。成立之初，尚未完全独占货币发行权，当时能同时充当法偿货币的还有中国银行、交通银行和中国农民银行等几家银行所发行的银行券。到1942年7月1日，根据《钞票统一发行办法》，将中国银行、交通银行和中国农民银行三家发行的钞票及准备金全部移交给中央银行，由中央银行独占货币发行权。同时由中央银行统一管理国家外汇。1945年3月，当时的财政部授权中央银行检查和管理全国的金融机构，其管理职能得到了强化。1949年，国民政府的中央银行在大陆崩溃了。

中国人民银行作为新中国的中央银行，是于1948年12月1日在原华北银行的基础上经过合并改组建立起来的。同时开始发行全国统一的人民币。1949年2月将总行设在北京。在1978年党的十一届三中全会以前，中国人民银行既是行使货币发行和金融管理职能的国家机关，又是从事信贷、储蓄、结算、外汇等业务经营活动的专业银行，可以说是“一身二任”的银行机构，这是适合于新中国初期制止通货膨胀的历史需要，也同后来高度集中的经济管理体制相适应的。1979年以后，经济体制改革展开，银行体制也进行了改革。1983 年 9 月，国务院决定中国人民银行专门行使中央银行的职能，不再对企业、个人直接办理存贷业务。中国人民银行是负责“管理全国金融事业的国家机关”，开始行使中央银行的职能，这标志着我国现代中央银行制度的确立。中国人民银行从 1984 年 1 月开始专门行使中央银行职能。

二、中央银行的组织形式

就目前各国和各地区中央银行制度而言，其组织形式可归纳为以下几种类型：

（一）单一的中央银行制度

这一类型是指国家单独建立中央银行机构，使之全面、纯粹行使中央银行职能并领导全部金融事业的制度。单一的中央银行制度中又有如下几种形式：

（1）一元式。这种体制是在一个国家内只建立一家统一的中央银行，机构设置一般采取总分行制。目前世界上绝大多数国家的中央银行都实行这一体制。

（2）二元式。这种体制是在一国内建立中央和地方两级相对独立的中央银行机构。地方级中央银行虽也要受中央级中央银行的监督管理，并执行统一的金融政策，但它们在各自所辖地区内有较大独立性。德国等实行这种体制。

（3）多元式。即在一个国家内建立较多的中央银行机构执行中央银行职能。如美国联邦储备体系就是这种格局。美国将全国划分为 12 个联邦储备区，每个区设立一家联邦储备银行为该地区的中央银行，它有权发行联邦储备券和根据本地区实际情况执行中央银行的特殊信用业务。在各联邦储备委员会之上设国家联邦储备委员会，进行领导和管理。联邦储备委员会是整个体系的最高决策机构，实际上是美国的中央银行总行，直接对国会负责。

（二）复合的中央银行制度

这一类型是指一个国家未设专司中央银行职能的银行，而是由一家大银行集中央银行职能和商业银行职能于一身的银行体制。我国 1983 年以前就属于这种中央银行类型。

（三）跨国的中央银行制度

这种类型是由参加某一货币联盟的所有成员国联合组成的中央银行制度。欧元发行后的欧洲就是这种银行体制。

（四）准中央银行

准中央银行是指有些国家或地区只设置类似中央银行的机构，或政府授权某个或某几个商业银行，行使部分中央银行职能的体制。新加坡和我国的香港就是这种体制。

我国大陆的中央银行实行单一型一元式的中央银行制度。中央银行组织机构分为四级：总行——九大跨行政区分行和两个总行营业部——省市中心支行——县支行。九个跨行政区分行是：沈阳分行（辖黑龙江、吉林、辽宁），天津分行（辖天津、河北、山西、内蒙古），济南分行（辖山东、河南），南京分行（辖江苏、安徽），上海分行（辖上海、浙江、福建），广州分行（辖广东、广西、海南），成都分行（辖四川、贵州、云南、西藏），武汉分行（辖湖北、湖南、江西），西安分行（辖陕西、甘肃、青海、宁夏、新疆）。两个总行营业部分别设在北京和重庆。

三、中央银行的职能

（一）中央银行是发行的银行

所谓发行的银行就是垄断银行券的发行权，成为全国唯一的现钞发行机构。

目前，世界上几乎所有国家的现钞都由中央银行发行。硬、辅币的铸造、发行，有的由中央银行经营，有些国家则是由财政部负责，发行收入归财政，然后由中央银行投入流通。

（二）中央银行是银行的银行

作为银行的银行，是最能体现中央银行这一特殊金融机构性质的职能之一，主要表现在以下几个方面：

1. 中央银行是商业银行的现金准备中心

商业银行从社会各阶层吸收来的存款不能全部用来发放贷款和进行投资活动，必须保留一部分以备客户提款之需。但是，这种现金准备并不需要都存在于商业银行的金库里，而是要按规定存入中央银行。商业银行在经营过程中因种种原因发生现金周转困难时，中央银行可以这部分资金进行再贷款，帮助商业银行渡过难关。

2. 中央银行是全国的清算中心

各商业银行因为业务关系，每天都发生大量资金往来，必须及时清算。通过中央银行进行转账和划拨，对于商业银行和其他金融机构之间来说是最方便的事情。

3. 中央银行充当最后贷款者

商业银行从中央银行融进资金的主要方式有：

（1）票据再贴现。

（2）票据再抵押。

（3）有价证券再抵押。

（三）中央银行是国家的银行

国家的银行是指中央银行代表国家贯彻执行金融政策，代办管理国家财政收支以及为国家提供各种金融服务。作为国家银行的职能，主要集中体现在以下几方面：

（1）代理国库。国家财政收支一般不另设机构，而交由中央银行代理。

（2）代理国家债券的发行及还本付息。

（3）对国家给予信贷支持，常见的办法有两个：一是直接给国家财政贷款或透支；二是购买公债。

（4）保管外汇和黄金储备，进行外汇和黄金的买卖和管理。

（5）代理政府参与国际间金融交往。

（6）货币政策的制定者和执行者。中央银行作为政府的银行，不以盈利为目的，不受某个经济利益集团的控制，而是一切从国家利益出发，独立地制定和执行货币政策，指导、管理、检查、监督各金融机构和金融市场的活动，为国家经济发展的长远目标服务。

随着银监会从中央银行分出后，我国于2003年底对《中国人民银行法》进行了修改，规定中央银行的新职能是：“制定和执行货币政策、维护金融稳定、提供金融服务。”

四、中央银行的资产与负债

（一）中央银行资产负债表的主要内容

中央银行资产负债表的主要内容分为资产和负债两大类。

1. 资产的内容

（1）黄金及外汇储备。中央银行担负为国家管理外汇和黄金的责任，而黄金和外汇储备要占用中央银行的资金，因此它构成中央银行资金运用项目的一部分。

（2）政府债券。它是指中央银行购买国家公债和国库券。

（3）对商业银行贷款。

2. 负债的内容

（1）流通中的通货。它是指中央银行发行的由公众持有的纸币和各种辅币。

（2）政府部门存款。它是指财政部门和其他政府部门存在中央银行的款项。

（3）商业银行存款。它包括商业银行上缴的法定准备金和商业银行的周转性资金。

（二）中央银行资产负债表在其职能与任务中的作用形式

中央银行资产负债表反映了中央银行的全部业务活动，是与其职能和任务相协调的。例如，政府债券是中央银行实施货币政策的一条重要渠道，政府债券的变动反映了信用规模的收缩。又如，商业银行存款中的准备金存款反映了中央银行法定准备金率的变动，对整个社会货币供给量有重大影响。

总之，通过中央银行资产负债表可了解其职能、任务执行情况和货币政策各工具之间的数量关系。

五、中央银行的所有制形式

当前，西方各国的中央银行，按所有制形式可划分为以下三类：

（一）属于国家所有的中央银行

资本属于国家所有是目前世界上大多数国家的中央银行所采用的所有制形式。有些设立较早的中央银行，开始是一些私人股份商业银行，国家为了加强对经济的干预，对这些银行逐渐实行国有化；第二次世界大战以后，许多新成立的中央银行，一开始就由国家直接投资创建。西方主要国家中实行国有中央银行的有英、法、德、荷等国的中央银行。中央银行国有化已成为一种发展趋势。

（二）属于半国家性质的中央银行

这些中央银行的资本，部分股份是由国家持有，部分股份由私人资本家持有。如日本银行，55%的股份由政府认购，其余45%由民间认购。私人股东唯一的权利是按规定每年领取最高为5%的股息。又如比利时的中央银行，国家资本占资本总额的50%，董事由国家任命。

（三）属于私人股份资本的中央银行

中央银行的资本全部是由私人股东投入的。如意大利和美国等国家。意大利的中央银行——意大利银行，就是由股份公司组织转变为按公法管理的中央银行，资本为30万股，每股面值1000里拉，由储蓄银行和全国性银行等金融机构认购。美国的中央银行——美国联邦储备银行的资本是由参加联邦储备体系的各个会员银行认购的股票形成的。

六、中央银行与政府的关系

中央银行与政府的关系，主要是指中央银行对政府的独立性程度。由于各国的特殊环境，中央银行的独立性程度不尽相同。按其独立性程度不同，可分为以下三类：

（一）独立性较大的模式

在这种模式中，中央银行直接对国会负责，直接向国会报告工作，获得国会立法授权后可以独立地制定货币政策及采取相应的措施，政府不得直接对它发布命令、指示，不得干涉货币政策。如果中央银行与政府发生矛盾，通过协商解决。美国和德国等属于这一模式。

以美国为例，美国联邦储备体系（以下简称为美联储）享有较大的独立性，被誉为探讨中央银行独立性的典范。其独立性表现在：联邦储备体系直接向国会报告工作，向国会负责，但会计不受国会审核，对国会也有相对独立性；美国总统征得国会参议院同意任命联邦储备委员会理事以及该委员会的主席和副主席，但由于理事任期与总统任期的不一致，总统无法在其任期内更换绝大多数理事，从形式上制约了总统完全控制联邦储备委员会的可能性；联邦储备委员会经国会授权，无须经总统批准，有权独立制定货币政策，自行决定采取的措施和运用政策工具，总统未经国会授权不能对联储发布任何指令；美联储与财政部相互制约，形式上相互独立，美联储无长期支持财政融资的义务。

（二）独立性稍次的模式

所谓独立性稍次的模式是指中央银行名义上隶属于政府，而实际上保持着一定的独立性。有些国家法律规定财政部拥有对中央银行发布指令权，事实上并不使用这种权力。政府一般不过问货币政策的制定，中央银行可以独立地制定、执行货币政策。英国的中央银行——英格兰银行、日本的中央银行——日本银行属于这一模式。

以英国为例，英格兰银行表面上隶属于财政部，根据《英格兰银行法》，财政部对英格兰银行有管辖权，可以直接向英格兰银行发布命令，但此项权力实际上财政部从未使用过。英格兰银行和政府始终保持着密切的合作，政府也一贯尊重该行的货币政策的意见，不参与理事会的评议，也不过问政策的制定。由于政府的授权，英格兰银行在货币金融政策方面实际享有相当的独立性，比法律规定的要大得多。

（三）独立性较小的模式

这种模式的中央银行，货币政策的制定及采取的措施要经政府批准，政府有权停止、推迟中央银行决议的执行。属于这种模式的典型是意大利的中央银行。

从我国情况看，我国的中央银行的独立性较小，其理由如下：

（1）在目标独立性方面，《中国人民银行法》的界定是“保持货币币值的稳定，并以此促进经济增长”，似乎币值稳定只是手段，而增长才是最终目标。尽管两者并不一定存在矛盾，但在中央银行缺乏经济和政治独立性的情况下，政府一旦存在经济增长压力，仍有可能将促进经济增长作为头号目标来进行调控。因此，很难说我国中央银行具有真正的目标独立性。

（2）我国《中国人民银行法》第五条规定，利率、汇率和货币供应量三方面的决策必须报国务院批准。由此可以看出，我国中央银行没有对货币政策工具的独立操作权和控制权，一些重要的货币政策措施都要报国务院批准后方可实施。

（3）我国货币政策委员会是货币政策决策的咨询议事机构，而不是实质性的决策机构。

第三节　商业银行

一、商业银行的起源、确立与概念

（一）商业银行的起源

从银行发展史来看，最早出现的银行是商业银行，其前身是货币经营业。随着商品经济的发展，货币经营业不仅保管货币、办理汇兑，而且还吸收存款、发放贷款，这样货币活动和信用活动就结合起来，货币经营业便从单纯支付中介，逐步转化为银行业，从而形成早期的商业银行。在商业银行的发展初期，其资金来源主要是短期存款，资金的运用主要是短期商业性贷款，因此被称为“商业银行”。

（二）现代商业银行的确立

随着资本主义生产方式的产生与发展，现代商业银行体系逐步形成。银行（bank）一词源于意大利语“banca”和古法语“banque”，被用于描述早期的货币兑换商在办理业务活动时所用的“板凳”或“桌子”。

现代商业银行基本上是通过两条途径建立起来的：

（1）由旧高利贷性质的银行业逐渐适应新的经济条件而转变为现代资本主义银行。当早期的银行诞生时，资本主义生产关系尚未确立，贷款形式主要是高利贷。在简单商品生产条件下，高利贷较能满足小生产者免于生产中断、生活来源没有保障而对于货币资金的需要，从而处于一种垄断地位。而在资本主义条件下，资本家借贷行为的目的是扩大再生产，追逐利润，从而产生与借贷资本家之间对利润的竞争。产业资本家创造的利润成为借贷资本家生存的基础和条件，货币借贷关系由原来的小生产对高利贷资本的依赖转化为借贷资本对产业资本的依附关系。这种机制变化必然降低借贷利率，使发放高利贷的金融机构顺应资本主义经济发展的需要，主要为工商企业提供流动性贷款，从而转变为商业银行。

（2）根据资本主义经济发展的需要，以股份公司形式组建的商业银行。1694 年在英国政府支持下由私人创办的英格兰银行是最早出现的股份制商业银行，它一成立就宣布以较低的利率向工商企业提供贷款，大大低于早期银行业的贷款利率。英格兰银行的成立，标志着现代银行制度的建立，也意味着高利贷在信用领域的垄断地位已经被动摇。18 世纪末到 19 世纪初，欧洲其他国家纷纷建立起规模巨大的股份制银行，现代商业银行逐渐在世界范围内得到普及。

中国现代银行业的发展比西方晚了约一个世纪。当西方国家相继建立起现代商业银行时，中国信用领域内的占据统治地位的依旧是高利贷性质的钱庄和票号。直到 1845 年英国资本家在香港、广州开设丽如银行（后称东方银行），在中国领土上才有了第一家新式的商业银行。此后，外国资本纷纷入侵中国，相继在华设立银行或分支机构。这些银行除经营中国的对外结算和进出口信贷外，还发行钞票，攫取了很多特权，它们控制和操纵中国的金融市场，其业务带有明显的侵略性质。1897 年在上海设立的中国通商银行是中国人创办的第一家正式银行，它标志着中国现代银行业的开端。

（三）现代商业银行的概念

现代商业银行是以获取利润为经营目标，以金融资产和负债为主要经营对象，业务广泛、综合性、多功能的货币经营企业。这里包括三层含义：

（1）商业银行是企业，其经营目标是利润，实行自主经营、自负盈亏、自担风险、自我发展。

（2）商业银行是经营货币的特殊企业。与一般企业经营普通商品不同，商业银行的主要经营对象是金融资产和金融负债，经营的是特殊商品——货币和货币资金。

（3）商业银行是金融体系的主体。商业银行作为金融企业，与专业银行和其他金融机构相比又有所不同。商业银行的业务更综合、功能更全面，经营一切金融“零售”与“批发”业务，为客户提供所有的金融服务。而专业银行只集中经营指定范围内的业务和提供专门性服务；其他金融机构，如信托投资公司、保险公司等，业务经营的范围相对较窄，业务方式更趋单一。

商业银行是人们长期沿袭下来的习惯用语，与当今的实际含义存在很大区别。首先，早期的商业银行主要是经营短期商业性融资的机构，这在历史上是名副其实的。但从现代商业银行的业务范围看，其业务已经完全突破了短期商业性融资，业务的触角已经深入到当代经济生活的各个领域。其次，这一名称没有反映出各种不同类型的银行机构间所存在的差异。最后，这一称谓容易使人产生误解，尤其是“商业”这个词，很容易使人误将商业银行看作是一种专业银行，从而掩盖其综合性的特征。不过，由于约定俗成的原因，商业银行的概念至今仍被大家所采用。

二、商业银行的职能

商业银行的职能，是由它的性质所决定的。商业银行作为金融企业，具有如下职能：

（一）信用中介职能

信用中介是商业银行最基本、最能反映其经营活动特征的职能。这一职能的实质，是通过银行的负债业务，把社会上的各种闲置资金集中起来，再通过资产业务，把它投向社会经济的各个部门，并从中获得利差收入，形成银行利润。

（二）支付中介职能

商业银行通过存款在账户上的转移，代理客户支付；在存款基础上，为客户兑付现款等，成为工商企业、团体和个人的货币保管者、出纳者和支付代理人，商业银行成为债权债务关系的中心与支付中心。

（三）信用创造功能

商业银行通过吸收各种存款，利用其所吸收的存款发放贷款，在支票流通和转账结算的基础上，贷款又转化为存款，在这种存款不提现金或不完全提现的条件下，就增加了商业银行的资金来源，最后在整个银行体系中，形成数倍于原始存款的派生存款，实现了存款货币的信用创造。

当然，商业银行的信用创造要受以下几个因素的制约：

（1）商业银行的信用创造，要以存款为基础。

（2）商业银行的信用创造，要受中央银行存款准备金率、自身的现金准备率及贷款付现率的制约。

（3）创造信用的条件，是要有贷款需求，如果存款贷不出去，就谈不上创造，因为只有贷款才能派生存款；相反，如果收还贷款，就会相应收缩派生存款。

（四）金融服务的职能

随着市场经济的发展，工商企业的经营环境日益复杂，银行间的业务竞争也日趋激烈。银行由于联系面广、信息比较灵活，能为企业提供“决策支持”服务。

三、商业银行业务制度模式

从经营业务的角度看，商业银行有综合化银行制度、专业化银行制度。划分标准如下：

（1）短期性银行业务与长期性银行业务的分离或结合；

（2）间接金融业务与直接金融业务的分离或结合；

（3）银行业务与非银行业务的分离或结合；

（4）商业性银行业务与政策性银行业务的分离或结合。一般地说，凡上述二者结合的属综合化银行制度，分离的属专业化银行制度。这些业务分工制度，或者是由于历史的习惯和自然的构造演变，或者是由于法律规章的诱导、约束或强制。

（一）专业化银行业务制度

一些国家的银行体系是由按不同业务性质而设立的各类金融机构所组成，这种银行制度我们称为专业化银行业务制度。业务的专门化、分工极为细致、业务交叉较少是这一银行制度的基本特征。

世界上属于专业化银行业务制度的国家相当多，如大部分西方发达国家（美国、日本、英国、加拿大、澳大利亚等）以及大部分发展中国家。

无论是在历史上，还是现在，日本都是实行专业化银行业务制度的典型国家。日本的金融机构都按不同的业务领域设置。在现代日本金融体系中，有专门从事工商企业短期存放款业务的商业银行（商业银行又分为面向大城市及全国各地的城市银行和面向本地区服务的地方银行）；有专门从事长期信贷业务的长期信用银行；有专营信托业务的信托银行；有专营外汇业务的外汇专业银行；有专营有价证券业务的证券公司；有专门负责短期、大额资金融通的短期融资公司；有专门为中小企业提供各种金融服务的相互银行、信用金库和信用组合；有专营人寿保险的人寿保险公司和专营火灾及其他意外灾害保险的财产保险公司；有专为农、林、渔业提供服务的多层次的农林渔业金融系统和为全国各行业提供服务的由政府资本组成的九大金融公库及其他政策性银行。

（二）综合化银行业务制度

这一制度也称为全能性银行制度，明显地区别于专业化银行业务制度，以德国最为典型。

德国的银行机构，不管哪一类，除极少数例外情况，可以说什么业务都做，又与各企业有着特殊密切的关系。概括地说，德国大商业银行所从事的业务计有：新企业公司的创办业务；将独资企业改组为股份公司组织形式的变更改组业务；企业的联合合并和并吞业务；证券发行和买卖业务；票据贴现业务；存贷款业务；其他各种非银行金融业务。这一制度形成于19世纪七八十年代德国那种特殊的历史背景和社会经济环境之下。德国资本原始积累过程短暂且不充分，民间资本的积蓄十分有限，难以吸收大量存款以形成短期信贷的雄厚基础。另外，与英、法、美等国相比，德国经济的起步相当晚，客观外界压力相当大。政府企图通过强有力的措施加速该国经济的飞跃发展，极力提倡和鼓励银行为大企业创办、合并与发展提供资金。

在经济全球化和金融一体化的趋势下，随着计算机技术的迅猛发展，面对竞争日益激烈的形势，金融创新层出不穷，使银行业务制度模式产生变化。从处于分业制的银行经营者来看，或采取措施绕开政府和法律的限制，或者采取收购、合并、成立附属机构等手段渗入原先不能涉及的领域；从政府和法律的角度看，或者放松管制，或者明确放弃分业制。两者的共同作用使商业银行出现全能化的趋势。

四、商业银行的外部组织形式

目前，世界各国商业外部银行的组织形式即外部机构设置类型和地理分布，总括起来有以下几种：

（一）单一银行制度

这是指不设任何分支行的制度，所有银行业务完全由其本身一个银行经营。目前，只有美国采取这种模式。

单一银行制度在一定程度上限制了银行兼并和垄断，缓和了银行间的竞争和集中，有利于协调地方政府与银行的关系，在业务上具有较大的灵活性和独立性。但它在限制竞争的同时，也限制了自身业务的创新和规模的扩大。

（二）分支行制度

这是指在大城市设立总行，在其他城市设立分支行的制度。在这种体制下，银行规模可以按业务发展的需要而扩充，实现大规模经营效益，同时由于分支行之间能够相互调度资金，可以提高资金的运用效率；又由于贷款分散，有利于分散风险。

（三）代理行制度

这是指银行间签有代理协议，委托对方银行代办指定业务的制度。一般地说，银行代理关系是相互的，即互为对方代理行。

（四）银行控股公司制度

这是指专以控制和收购两家以上银行股票所组成的公司。也就是说，由某一集团成立一个控股公司，再由该公司控制和收购两家以上的银行。这种制度主要是为了回避对开设分行的种种限制，在集团内部充分发挥分行制的作用。所以，从立法角度看，控股公司拥有银行，但实际上控股公司是由银行建立并受银行操纵的组织。大银行通过控股公司把许多小银行和企业置于自己的控制圈内。银行持股公司发端于20世纪初，第二次世界大战后获得长足发展，在美国最为流行。

银行控股公司制弥补了单一制银行的不足，但它容易形成银行业的集中和垄断，不利于银行之间开展竞争。

（五）连锁银行制度

指由同一个人或集团购买两家以上银行多数股票，从而控制银行经营决策又不以控股公司形式出现的制度。加入连锁范围的银行，可以是单一制的银行，也可以是分支行的银行。连锁银行的成员是形式上保持独立的小银行，它们通常围绕在一家主要银行的周围。

五、商业银行的主要业务

商业银行的主要业务可分为负债业务、资产业务、中间业务和表外业务。

（一）负债业务

负债业务是指与银行融通资金有关的各种活动。它决定着银行资金来源的规模与构成，是商业银行开办资产业务的前提和基础，是银行的基本业务。银行的负债业务包括存款和借款两大类。

1. 存款业务

（1）存款的种类。从不同的角度去分类，存款就有不同的种类。按支取方式划分，可把存款分为：

A. 活期存款。活期存款是指可由存户随时存取或转让的存款。由于活期存款的提取和支付多采用支票，因此也叫支票存款。

活期存款有如下特点：

a. 活期存款流动性较大，存取频繁，手续复杂，并需要银行提供许多相应的服务，如存取、转账、提现及支票服务。一般商业银行都向客户提供低费或免费服务，计付较少利息或不支付利息。

b. 活期存款具有很强的派生存款能力。银行吸收存款后，将法定准备金上缴中央银行，剩余的部分用于发放贷款，再通过银行转账方式就出现了派生存款。

c. 活期存款是商业银行信贷资金来源不可缺少的部分。

B. 定期存款。定期存款是一种由存户预先约定存款期，凭存单于到期时提取的存款。利率总是高于活期存款，并且期限越长利率越高。定期存单不能转让，只是到期提取存款的凭证。

定期存单有如下特点：

a. 手续简便、费用较低、风险小。

b. 是银行稳定的资金来源。

c. 其存款准备金率低于活期存款。

C. 储蓄存款。储蓄存款是个人为了积累货币，取得利息收入而采用的一种存款方式。在西方国家，储蓄存款分为活期储蓄存款、定期储蓄存款以及一些特殊的储蓄存款（如有奖储蓄、存贷结合储蓄等）。

（2）存款账户的创新。西方商业银行在20世纪70年代后陆续推出了一些新的账户存款形式，主要有：

A. 可转让支付命令书（NOW）。这是一种不使用支票（用支付命令书取代了支票）的支票账户。开立这种账户的客户，可随时开出支付命令书，或直接提取现金，或向第三者支付，而存款的余额可以获得利息收入。这种账户一般只限定于个人和非营利性的团体开立。

B. 自动转账服务账户（ATS）。这种账户是指在客户需要转账或支付时，可以通过电话，将存在有息储蓄账户上的存款随时转到无息的活期支票存款账户上。开立自动转账服务的客户，要向银行支付一定的服务费。

C. 超级可转让支付命令账户（super Now）。这是在 NOW 账户的基础上发展起来的一种账户，其存款利率比 NOW 账户高一些。

D. 货币市场存款账户（MMDA）。这种账户的利率不受利率上限的限制，可以浮动，可使用支票。

E. 个人退休金账户（IRAS）。该账户规定在客户每年存入 2000 元以上时可以免税和不受利率上限的限制，对广大工薪阶层有吸引力，已成为商业银行吸收稳定存款的重要来源。

F. 股金提款单账户（SDA）。这是一种支付利息的支票账户。开立此账户后，客户可随时开出提款单，代替支票提现或支付转账；不提现或未支付前，属于储蓄账户，可得到利息收入。

G. 协定账户（NA）。这是一种银行与客户达成协议，客户授权银行可以将存款在活期存款账户、可转让支付命令账户之间自动转账的账户。

H. 定活两便存款账户（TDA）。这是一种兼顾灵活性和收益性的存款账户，是存单储蓄存款的一种。

2. 借入资金

商业银行的负债业务，除了吸收各种存款外，还有借入资金，主要包括：

（1）同业拆借。同业拆借是银行之间利用资金融通过程中的时间差、空间差、行际差来调剂资金余缺的一种短期借贷行为。同业拆借主要是为了临时调剂头寸，用于支持日常性资金周转。

（2）向中央银行借款。向中央银行借款有两条途径：再贴现和再贷款。

再贴现是商业银行把自己已经向客户贴现但尚未到期的商业票据向中央银行贴现，从中央银行那里取得现款。

再贷款是商业银行向中央银行借款的主要方式。它分为抵押贷款和信用贷款两种。信用贷款是仅靠商业银行的信用，无需担保品作抵押的贷款。抵押贷款是商业银行将持有的各种证券和票据作抵押，或将企业交来的抵押品再抵押给中央银行而取得的贷款。

3. 证券回购协议

是指银行卖出证券的同时，订有协议在某一日期按原来议定的价格重新买回这些证券，这是一种短期融通资金的活动。

4. 境外借款

这是指向海外国际货币市场筹措境外货币，主要包括直接向银行借入和通过当地某金融机构在当地发行境外货币债券。这主要是解决银行的外汇资金需要。

5. 发行金融债券

金融债券是银行开出的债权债务证书，债券持有者享有到期收回本金和利息的权利。它是银行筹集中长期资金的主要方式。

（二）资产业务

资产业务是指商业银行对资金的运用，它形成了商业银行的主要收入来源。在商业银行的资产中，大部分可以带来收益，但也有一部分不能带来收益，却又是银行正常经营所必需的。所以，要对银行资产进行统筹安排，以获取最大收益。从商业银行的资产负债表来看，其资产业务主要有现金、贷款、投资和固定资产四大类。

1. 现金

现金资产是商业银行资产中最富流动性的部分，虽不带来直接收入却是银行经营所必需的。现金主要包括：

（1）库存现金。这是商业银行金库中的现钞和硬币。

（2）法定存款准备金。这是指商业银行将存款的一定比例交存中央银行的存款。从世界各国情况看，存款准备金制度分为统一存款准备金率制度和差别存款准备金率制度。中国人民银行决定从 2004 年 4 月 25 日起实行差别存款准备金率制度。其主要内容是：金融机构适用的存款准备金率与其资本充足率、资产质量状况等指标挂钩。金融机构资本充足率低、不良贷款比率高，适用的存款准备金率就高；反之，则低。

（3）存放同业的存款。这是指存放在代理行或有关系的银行的存款，为的是维系同这些银行之间业务往来关系。

2. 贷款

贷款是商业银行最重要的资产业务，是商业银行利润的主要来源，也是银行维系同客户良好关系的重要因素。

（1）贷款的种类。商业银行的贷款可以按不同的标准设置若干种类，以便于客户的选择，也有利于银行自身调查统计信贷资金的流向和分布，做出及时的分析判断，以保证贷款安全。概括起来，贷款有以下类别：

A. 按贷款的期限分，可分为活期贷款、定期贷款和透支。

活期贷款，是指没有确定放款期限，银行可以随时收回或借款人可以随时偿还的贷款。

定期贷款，是指具有确定期限的放款，按偿还期的长短分为短期贷款（1 年以内）、中期贷款（1～5 年）、长期贷款（5 年以上）。

透支，即活期存款的存户依照透支合同向银行透支的款项。

B. 按发放贷款时有无担保品等条件划分，可分为信用贷款、担保贷款和票据贴现。

信用贷款，是指直接以借款人的信用作担保的贷款，即完全以借款人的品德、财务状况、预期未来收益及以往偿债记录为凭证而发放的贷款。

担保贷款分为保证贷款、抵押贷款和质押贷款。保证贷款，是指以保证人的信用为担保的贷款。在贷款到期时，如果借款人不能偿还贷款，则由担保人承担偿还责任。抵押贷款，是指以借款人或第三人的财产作为抵押物而发放的贷款。若贷款到期，借款人不能偿还款项时，银行有权将质押物折价或在市场上拍卖、变卖，由此收回贷款资金。质押贷款，是指以借款人或第三人的动产或权利作为质押物发放的贷款，借款人不能偿还款项时，银行有权将质押物折价或在市场上拍卖、变卖，由此收回放款资金。可以质押的动产和权利有合格的商业票据、可转让的股份和商标权、专利权等。

票据贴现，是指贷款人以购买借款人未到期商业票据的方式发放的贷款。

C. 按贷款的偿还方式分，可分为一次还清贷款和分期偿还贷款。

一次还清贷款，是指借款人要在贷款的最后到期日全部归还其本金和利息的贷款。

分期偿还贷款，是指借款人按规定期限分期偿还贷款的本金和利息。

D. 按贷款的用途分，可划分为工商业贷款、不动产贷款、消费贷款。

工商业贷款，是指发放给工商企业的贷款，是我国目前商业银行的主要贷款，对工商业的贷款主要分为短期流动资金贷款、长期流动资金贷款和项目贷款。

不动产贷款，是指一种以不动产作为抵押品的中长期贷款。主要用于房屋、工商企业的设备购置、建造及维修等。

消费贷款，是银行对消费者个人发放的、用于购买耐用消费品或支付其他费用的贷款。

E. 按所放出去贷款的风险程度大小分，把贷款分为正常、关注、次级、可疑、损失五类。

1998 年 4 月，为了加强贷款风险管理，中国人民银行颁布了《贷款风险分类指导意见》，按风险大小，把贷款分为：

正常——贷款人能够履行合同，有充分把握按时足额还本付息；

关注——尽管目前借款人有能力偿还本息，但存在一些可能对偿还产生不利影响的因素；

次级——借款人的还款能力出现明显问题，依靠其正常的经营收入已无法保证足额还本付息；

可疑——借款人无法足额还本付息，即使执行抵押或担保，也肯定要造成部分损失；

损失——在采用所有可能采用的措施和一切必要的法律程序后，本息仍然无法收回，或只能收回极少部分。

后三级合称为不良贷款。

（2）贷款利率。银行贷款利息收入是银行最重要的收入来源，因此，利率的确定十分重要。

商业银行放款的利率主要有：

A. 固定利率。是指银行在贷款前确定的一个利率，还款时仍按约定利率支付利息。不管市场利率如何变化，在整个贷款期限内利率保持不变。

B. 浮动利率。即在贷款期限内，贷款利率根据市场利率随时进行调整。

C. 优惠利率。就是商业银行给那些信用较佳的客户实行的低于正常利率的利率。

D. 一般利率。是银行所公布的适用于信用状况一般的客户的贷款利率。

E. 惩罚利率。是商业银行对那些超过贷款期限、透支限额及逾期的贷款所制定的带有惩罚性的特殊利率。

商业银行在确定贷款利率时，要考虑资金成本、贷款期限、贷款风险等多方面的因素而确定。根据我国的有关规定，贷款人应当在中国人民银行规定的贷款利率的上下限范围内，确定每笔贷款的利率，并在合同中注明。贷款利率的上下限，是指中国人民银行在法定利率的基础上规定的一个浮动幅度，在此幅度内，由贷款人和借款人协商后确定贷款利率。贷款人和借款人应当按照借款合同和中国人民银行有关计息规定按期计收或交付利息。除规定计收的利息之外，金融机构不得收取其他任何费用。

（3）贷款的条件。为了保证贷款的安全，各国都对贷款对象规定了一定的条件。我国的规定是：

要求贷款的企业事业单位，必须具有《贷款通则》所规定的法人或自然人资格，必须是经工商行政管理机关（或主管机关）核准登记的法人、其他经济组织、个体工商户或具有中华人民共和国国籍的具有完全民事行为能力的自然人。借款人申请贷款，需要具备产品有市场、生产经营有效益、不挤占挪用信贷资金、恪守信用等基本条件。

此外，还应当符合以下要求：一是有按期还本付息的能力，原应付贷款利息和到期贷款已清偿；没有清偿的，已经做了贷款人认可的偿还计划。二是除自然人和不需要经工商部门核准登记的事业法人外，应当到工商部门办理年检手续。三是已开立基本账户或一般存款账户。四是除国务院规定的有关公司外，有限责任公司和股份有限公司对外股本权益性投资累计未超过其净资产总额的50%。五是借款人的资产负债率符合贷款人的要求。六是申请中期、长期贷款的，新建项目的企业法人所有者权益与项目所需总投资的比例不低于国家规定的投资项目的资本金比例。七是在已经实行贷款证的地区必须持有贷款证或其他贷款证代用证明。

（4）贷款的过程。法人或自然人要获取贷款，必须有一个办理贷款的过程。我国的贷款过程主要包括贷款的申请、贷款的审批、贷款合同的签订、贷款的发放和管理及收回五个环节。

在办理贷款的整个过程中，借款人应当如实提供金融机构要求的资料（法律规定不能提供者除外），不得向金融机构提供虚假的或者隐瞒重要事实的资产负债表、损益表等，应当向金融机构如实提供所有开户行、账号及存贷款余额情况，配合金融机构的调查、审查和检查；应当接受金融机构对其使用信贷资金情况和有关生产经营、财务活动的监督；应当按借款合同约定用途使用贷款；应当按借款合同约定及时清偿贷款本息；将债务全部或部分转让给第三人的，应当取得金融机构的同意；有危及金融机构债权安全情况的，应当及时通知金融机构，同时采取保全措施。

中国人民银行规定：借款人不得用贷款从事股本权益性投资，国家另有规定的除外；不得用贷款在有价证券、期货等方面从事投机经营，除依法取得经营房地产资格的借款人以外，不得用贷款经营房地产；依法取得经营房地产资格的借款人，不得用贷款从事房地产投机。其之所以这样规定，主要是因为贷款流入证券、房地产、期货等高风险领域，不仅扰乱了金融秩序，造成巨额损失，而且对“泡沫经济”的形成与发展起了推波助澜的作用，严重影响宏观经济的稳定。

3. 投资

投资是商业银行购买有价证券（包括债券和股票）的经营活动。它是商业银行的一项重要的资产业务和收入的主要来源之一。商业银行从事证券投资的主要目的是保持流动性和获取较多的收益，以降低风险性，提高安全性。但商业银行在证券上的投资在有些国家受到法律上的限制，如我国就不允许商业银行购买股票。

4. 固定资产

固定资产是商业银行拥有的房地产和设备。这部分开支由银行的自有资金支付。这些支出虽不产生直接收入，却是银行进行经营所必需的。

（三）中间业务和表外业务

中间业务指的是银行不需要运用自己的资金，代替客户承办支付和其他委托事项而收取手续费的业务。中间业务主要包括：

（1）汇兑业务。这是客户将一定款项交付给银行（承汇行），再由承汇行代客户将现款汇往异地指定的收款人的方式。

（2）信用证业务。这是指在贸易过程中，银行根据买方的申请，开给卖方保证支付货款的书面凭证，以解决买卖双方身处异地互不信任的矛盾。

（3）代收业务。这是银行根据各种凭证以客户名义代替客户收取款项的业务，如水电费代收业务等。

（4）信用卡业务。这是银行发放消费信贷的一种工具。发卡银行为消费者提供"先消费、后付款"的便利，并允许一定的善意透支。消费者购买物品和接受劳务后，由计算机系统提供清算，银行汇总向客户收取。

世界上最大的两个信用卡组织为美洲银行与30多个国家银行组成的维萨集团（发行维萨卡）和美国联合银行信用卡协会组成的万事达集团（发行万事达卡）。我国已加入这两个组织。

商业银行的表外业务是指银行所从事的未列入银行资产负债表以及不影响资产和负债总额的经营活动。广义的表外业务既包括传统的中间业务，如汇兑、代理等业务，又包括金融创新中产生的一些有风险的业务，如互换、期权、期货、贷款承诺等，狭义的表外业务是指金融创新中产生的有风险的业务。

六、商业银行的经营原则

在商业银行的长期经营实践中，为了追求利润最大化的目标，同时为了防止银行自身经营状况恶化，形成了一套经营管理原则，这就是盈利性、安全性、流动性原则。

（一）盈利性原则

1. 盈利性原则

银行经营的盈利性原则，是指商业银行作为一个经营单位，追求最大限度的盈利是其经营的内在源泉和动力。商业银行只有保持理想的盈利水平，才能有充实的资本，并以此来增强经营实力，增强信誉，提高竞争能力。

2. 衡量盈利水平的指标

衡量商业银行盈利水平的指标有：

（1）利差收益率 $=\dfrac{\text{利息收入}-\text{利息支出}}{\text{盈利资产}}\times 100\%$

（2）收入盈利率 $=\dfrac{\text{净收益}}{\text{总收入}}\times 100\%$

(3) 资本盈利率 $= \frac{净收益}{资本额} \times 100\%$

(4) 资金成本率 $= \frac{利息支出 + 其他负债费用}{总负债}$

3. 影响盈利的因素

影响银行盈利的因素很多，但归结起来，不外乎以下三个方面：

(1) 资产的收益和损失；

(2) 资金成本，即取得资金所付出的代价，包括利息成本和非利息成本；

(3) 其他营业收支，这是贷款、证券投资以外取得各项收入与在吸收存款、借款之外花费的各项开支。

4. 商业银行如何增加盈利

商业银行要增加盈利，必须在当前利润最大化、市场份额的扩大、金融品种的创新、资本完整的维护、银行形象等诸多方面做好工作，以取得利润的最大化。

(二) 安全性原则

1. 安全性原则

所谓安全性原则，就是要求银行尽可能地减少风险，即尽可能地减少银行资产、收入、信誉等遭受损失的可能性。总之，安全性就是尽可能地减少风险。

2. 风险的种类

银行经营中遇到的风险有：

(1) 信用风险。这主要包括两方面：一是存款者挤兑存款而银行没有足够的现金可支付，导致银行信誉扫地，不得不宣告破产的风险。二是贷款户逾期不归还贷款，使银行发生贷款坏账，资金遭受损失的风险。

(2) 市场风险。这是因市场利率变化而引起资产价格变动或银行业务协定利率跟不上市场利率变化所带来的风险。

(3) 外汇风险。这是因汇率变动而出现的风险。

(4) 购买力风险。这是因通货膨胀、物价上涨引起货币贬值带来的风险。

(5) 内部风险。这是因银行本身战略决策失误、营业差错和贪污盗窃造成的风险。

(6) 政策风险。这是因政策变化而形成的风险。

3. 风险的衡量

风险是不确定的，对不确定性风险的衡量，通常有以下四个指标：

(1) 贷款对存款的比率。这一比率越大，风险越大；反之，则相反。

(2) 资产对资本的比率。这一比率既反映盈利能力，又反映风险程度。比率越大，风险越大。

(3) 存款对流动资产的比率。这一比率越高，表示能够作为清偿准备的流动资产越显不足，风险越大。

(4) 有问题贷款对全部贷款的比率。这一比值越大，说明有问题贷款越多，因而银行收回的本息风险也越大。

4. 保持安全性的策略

商业银行要避免经营风险，保证资金安全，应做好以下几方面工作：

（1）使自有资本在全部负债中占有一定比重，并随着业务规模的扩大而不断补充，以保持银行资金的稳定，提高银行的信誉。

（2）加强对贷款客户的资信调查和市场的经营预测，避免违约风险和市场风险，减少资产的损失。

（3）建立分层次的准备金，以随时兑现，满足客户提款的需要。

（4）参加存款保险，遵守国家法令，执行中央银行的财政金融政策，取得国家的保护和中央银行的支持。

（三）流动性原则

1. 流动性原则

商业银行要随时应付客户提现或满足贷款需要，这就需要具备一种在不损失价值的情况下能变现的能力，这种能力就是流动性。

2. 保持流动性

（1）保持或增加一定比例的短期性资产；

（2）投资信誉好、转让方便的证券；

（3）按时或提前收回贷款；

（4）积极利用同业拆借市场。

银行经营的三大原则是相互矛盾、相互统一的。盈利性与安全性和流动性呈反方向运动，即盈利性越高，安全性和流动性越低，反之亦是；而安全性与流动性呈正方向变动。在实际工作中，商业银行经营的总方针，主要是谋求三性尽可能地合理搭配、协调。

七、商业银行资产负债的管理

商业银行在其漫长的发展过程中，以“三性”原则为核心的经营理论走过了资产管理理论、负债管理理论和资产负债管理理论。

（一）资产管理理论

资产管理理论是商业银行早期的管理理论。核心是将其经营管理的重点放在资产方面，通过资产结构的适当安排，实现经营方针的要求。在此理论指导下，商业银行经营时侧重于保持资产的流动性。资产管理理论又可分为以下三个阶段：

1. 真实票据论

真实票据论是英国学者的说法，美国学者称其为商业贷款理论。这个理论可以追溯到18世纪英国经济学家亚当·斯密的《国富论》一书。

这种理论认为：银行贷款的资金主要来自存款，因此，为应付存款人难以预料的提存，必须保持资金的高度流动性，所以，贷款应是短期的和商业性的，主要用于商品的生产过程和流通过程之中的，是自偿性的。自偿性是指在生产或购买商品时所借的款，可以用生产出来或出售商品的款来偿还。对于用于长期资本性融资的贷款资金，应当是来自比较持久性的来源，比如银行未分配利润、增长股票或长期资本债券等。

这一理论也存在着一定缺陷，它没有考虑国家经济发展对贷款需求扩大和贷款种类多样化的需求；没有考虑银行存款的相对稳定性；没有考虑到市场风险，即在某种情况下商品销售不出去的风险。

2. 可转换理论

这种理论是美国的英尔顿于1918年在《政治经济学杂志》上发表的《商业银行及资本形成》一文中提出的。这种理论认为：为了应付提存所需保持的流动性，银行可以将资金的一部分投入具备次级市场条件的证券，这些生利资产可随时出售转换为现金，所以放款不一定是短期的和自偿的。

可转换理论的出现，使商业银行的资产范围得以扩大，业务经营更加灵活，但存在一定的局限：第一，证券的价格受市场波动影响大，往往使银行遭受损失；第二，发生经济危机时，证券的抛售量大大超过购买量，难以达到保持流动性的预期目的。

3. 预期收入理论

这种理论是美国学者普鲁克诺于1949年在《定期放款与银行流动性理论》一书中提出的。

这种理论认为：一笔好的贷款，应当根据借款人预期收入或现金流量而制定的还款计划为基础，这样，银行即使发放一些长期的放款，因为有借款人的预期收入作担保，不会影响银行的流动性。

根据这种理论，商业银行的贷款种类增加了，中期商业贷款、消费者分期付款的贷款和房屋抵押贷款都开始经营，使银行的贷款构成有了很大变化。

该理论的最大缺点在于：预期收入的准确性十分有限，影响到银行的决策。

（二）负债管理理论

1. 负债管理理论产生的背景

20世纪五六十年代，西方国家经济迅速发展，资金需求十分强烈，迫使银行寻求更多的资金；而且由于各种非银行金融机构的出现，加剧了金融业的竞争。在这种情况下，流动性和盈利性之间的矛盾日渐尖锐，迫使银行不得不将管理重点由资产方面转移到负债方面，负债管理理论应运而生。

2. 负债管理理论的主要内容

负债管理理论是关于银行信贷资金流动性的理论，其核心是把保持信贷资金流动性的管理由资产方面转到负债方面，通过借入资金的形式来保持银行资金的流动性，增加资产收益。这一理论认为，银行的流动性不仅可以通过加强资产管理获得，而且可以由负债管理提供。简言之，银行向外借款也提供流动性。只要银行的借款市场扩大，流动性就有保证。这就表明：没有必要在资产方面保持大量的流动性，而应将它们投入高盈利的贷款和投资中去，必要时，甚至可以通过借款来支持贷款规模的扩大。

（三）资产负债管理理论

1. 资产负债管理理论产生的背景

负债经营的结果，是使各银行自有资本比重不断降低，短期资金比重越来越大，流动性和安全性受到威胁；20世纪70年代末和80年代初，西方金融市场利率大幅上升，也使负债成本上升，威胁到银行的盈利性，特别是20世纪80年代初西方国家对存款利率管制的放松，更使负债成本大幅上升。这样，商业银行必须同时安排资产和负债结构，从资产和负债两个方面进行管理以达到经营方针的需要，从而产生了资产负债管理理论。

2. 资产负债管理理论的主要思想

资产负债管理理论的主要思想是：根据经济形势的变化，综合管理资产和负债，灵活调整资产和负债结构，并谋求两者的最佳结合，力求实现风险的最小化和收益的最大化。它强调资产和负债科目之间在期限和利率上要保持对称关系，通过不断调整资产、负债结构，达到协调盈利性、流动性、安全性之间矛盾的目的。因此，它是一种比较全面的、科学的银行经营管理理论。

3. 资产负债管理理论的基本原理

（1）规模对称原理。这是指资产规模与负债规模相互对称，统一平衡。

（2）结构对称原理。这是一种动态上的资产结构与负债结构的相互对称与统一平衡。

（3）速度对称原理。这是指银行资金的分配应根据资金来源的流通速度决定，即银行资产和负债的偿还期要保持一定程度的对称关系。

（4）资产分散化原理。这是指银行资产要在种类和客户两个方面适当分散，避免信用风险，减少坏账损失。

（5）目标替代原理。这又称目标互补原理，它认为安全性、流动性、盈利性的均衡不是绝对的平衡，而是可以相互补充的。如在一定的经济条件和经营环境中，盈利性的提高可通过流动性和安全性的降低来补偿。

4. 资产负债管理的方法

根据上述资产负债管理的原理，商业银行在经营实践中采取如下的具体管理方法：

（1）资产负债比例管理法。商业银行为了保证资产的流动性、安全性和盈利性的合理协调，对资金实施比例控制，这是最基本的方法。这个方法是通过建立以比例管理为核心的自控体系来进行的。

（2）资产负债利差管理法。资产负债利差是银行资产的利息收入减去负债利息付出的差额。利差管理方法是通过分析影响银行利差的因素，强调在资产负债的组合中对偿还期、利率结构进行管理，使资产和负债受到利率变动的影响大致相同，减少由于利率波动给银行带来的经营风险，从而使银行获得稳定的收益。

（3）资产负债期限管理法。资产负债期限，是指资产偿还期和负债期的实际时间。商业银行资产负债期限管理就是将期限这一概念用于资产负债管理，用以降低利率风险的一种方法。该方法根据预测利率变化不断调整资产负债的期限，以期达到理想的经营目的，例如：当资产期限比负债期限长时，如利率上升将导致目前银行净现值（资产负债现值之差）下降，此时应缩短资产期限，扩大负债期限。

（4）资产负债利率敏感性分析法。敏感性分析是指在影响一个经济行为效果的许多因素中，测定其中一个因素的变化对其效果产生影响的大小。资产负债利率敏感性分析就是通过对资产负债利率变化的分析来调整银行利差和资产、负债结构的一种方法。根据利率的特点把资产和负债分为三类，即利率敏感性资产和负债、利率匹配的资产和负债、利率固定的资产和负债，然后确定每组利率类型资产和负债的金额和利差数；计算它们对银行利差的影响，并分析其中任何一组变量改变后银行利差的变化。

利率敏感性的资产与负债差额有三种情况：

A. 差额为零，或者说利率敏感性资产负债比率为 1。这意味着银行盈利资产和负债的利率敏感性完全相同，偿还期对称。从理论上说，此时银行经营的风险最小。

B. 差额是正数，或者说是利率敏感性资产负债比率大于1，此时为资产敏感性，表示利率敏感性资产大于利率敏感性负债。当利率上升时，资产收益的增长速度快于负债成本增长速度，银行收益增加；当利率下降时，银行收益减少，对银行不利。

C. 差额是负数，也即利率敏感性资产负债小于1，此时为负债敏感性，表示利率敏感性资产小于利率敏感性负债。当利率上升时，负债成本增长速度快于资产收益增长速度，银行成本相对增加；反之，则相反。

在实际经营中，银行应根据利率变化的趋势，结合银行现有的资产负债结构分析利率变化对其未来收益产生的影响，及时调整自己的资产、负债结构以减少利率变化所带来的风险。

（5）资产负债缺口管理法。资产负债缺口管理法也称差额管理法。其基本内容是：银行管理者根据预测利率变化情况，灵活调整可变利率和固定利率的资产和负债结构，扩大或缩小资产负债利率敏感性缺口或差额，使银行的利润最大化。其具体做法是：预测利率上升，就扩大缺口，使敏感性资产因利率上升而增加收入；利率下降，缩小缺口，通过扩大固定利率资产，多借入可变利率资金，降低成本；如果利率波动异常，难以预测，采取保守策略，努力使利率敏感性资产和负债缺口接近于零，即保持偿还期对称，谋求银行收益的稳定。

八、商业银行经营管理的发展趋势

随着世界经济的日益一体化、科学技术的不断进步及银行业竞争的白炽化，各国商业银行的经营管理在不断推陈出新，出现了一些新的特点。

（一）银行经营全能化

近年来，随着时代发展，西方各国金融机构的业务界限正在逐步被打破，商业银行除了办理传统的存款、贷款、汇兑业务外，还办理信托、信息咨询、租赁、证券买卖、代保管、外汇买卖、银行卡、代理保险、评估、工程监理等业务，逐步走上经营“全能化”的道路，日渐成为“金融百货公司”。

（二）银行经营电子化

随着商业银行竞争的日趋激烈，加上电子技术的日益普及，越来越多的商业银行广泛使用电子计算机技术来提高效率和改善经营管理，使银行经营电子化。主要表现在银行业务处理手段电子化、信息传递和处理的电子化。

（三）银行业务国际化

在世界经济一体化进程日益加快的大背景下，商业银行的业务也日益走向国际化。主要表现在：商业银行适应跨国公司全球发展战略在国外不断增设分支机构，电子计算机和现代通信技术的发展使各种金融活动可以突破国界限制而快速地进行。

（四）银行集团化

近年来，西方各国企业兼并收购再起风潮，银行业是并购活动中最为频繁的行业之一。不断并购的结果是商业银行趋向国际化，这些超大的商业银行将控制全球的金融业，改变国际金融格局，给发展中国家的金融业带来巨大压力。

第四节　政策性银行

一、政策性银行的概念及特征

（一）概念

政策性银行是指那些由政府创立、参股或保证的，不以盈利为目的，专门为贯彻、配合政府的社会经济政策或意图，在特定的业务领域内，直接或间接地从事政策性融资活动，促进经济发展和社会进步的金融机构。

（二）特征

政策性金融机构与商业银行和其他非银行金融机构相比，有共性的一面，即要对贷款进行严格审查，贷款要还本付息、周转使用等，但作为政策性金融机构，也有其独特的特征，主要表现在：

（1）政策性银行有自己特定的融资途径，财政拨款、发行政策性金融债券是其主要的资金来源，不面向公众吸收存款。

（2）政策性银行的资本金多由政府财政拨付。

（3）政策性银行经营时主要考虑国家的整体利益、社会效益，不以盈利为目标，一旦出现亏损，一般由财政弥补。但不能把政策性银行的资金当作财政资金使用，政策性银行也必须考虑盈亏，坚持银行管理的基本原则，力争保本微利。

（4）政策性银行有自己特定的服务领域，不与商业银行竞争。其名称往往与其特定服务的领域相适应，如进出口银行，一般是服务于进出口领域的。

（5）政策性银行一般不普遍设立分支机构，其业务一般由商业银行代理。

二、政策性银行的资金来源和运用方式

（一）政策性银行的资金来源方式

政策性银行的资金来源方式有：

（1）政府供给资金。政府供给资金分为政府无偿拨款和有偿借入两种形式。一般而言，政策性银行的资本金都是由政府全额拨付的。此外，政府对政策性银行的资金供给，还包括一些专项资金划拨和对政策性银行经营亏损的补贴或贴息。

（2）社会保障体系及邮政储蓄系统借款。这主要包括向社会保险系统的养老基金或退休基金、医疗基金、就业基金、住房公积金借款以及向邮政储蓄系统借款。

（3）向金融市场和国外融资。这主要包括向国内外间接融资和直接融资两个方面。具体形式有：向国内金融市场发行债券，向中央银行、商业银行等金融机构借款；向国外金融市场发行债券，向国外金融机构借款，向外国政府及国际金融机构借款。

（二）政策性银行的资金运用方式

政策性银行的资金运用业务活动大致如下：

（1）投资。投资是政策性银行业务活动的基本方式之一，其投资活动又可分为股权投

资和债券投资两方面。

（2）贷款。贷款是政策性银行资金使用的主要形式，根据贷款所从事的专业领域的不同，把贷款分为出口信贷、进口信贷、产业开发贷款、高新技术贷款和农业贷款等。

（3）担保。担保是金融机构提供给客户的一种信用保证业务，按所担保的事项，分为筹资担保、投标担保、预付款担保、租赁担保、加工装配进口担保、付款担保、承包工程担保、延期付款担保。

三、我国政策性银行

到目前为止，我国已组建了国家开发银行、中国进出口银行和中国农业发展银行。这三大政策性银行的组建，标志着我国政策性银行运营的基本框架已基本形成。

（一）我国三大政策性银行简介

1. 国家开发银行

国家开发银行于1994年3月17日正式成立，其总部设在北京。经批准可在国内外设置必要的办事机构，目前共有29家分行、6个代表处和1个营业部。国家开发银行的注册资本金为500亿元人民币，从国家财政逐年划拨的经营性建设基金和经营基金回收资金（含原“拨改贷”）中安排。

设立国家开发银行的主要考虑是：一方面为国家重点建设融通资金，保证关系国民经济全局和社会发展的重点建设的顺利进行；另一方面把当时分散管理的国家投资基金集中起来，建立投资贷款审查制度，赋予开发银行一定的投资贷款决策权，并要求其承担相应的责任与风险，有利于防止盲目投资，重复建设。

国家开发银行的主要任务是：建立长期稳定的资金来源，确保重点建设资金需要，办理政策性重点建设贷款和贴息贷款业务；对固定资产投资总量和结构进行调节；逐步建立投资约束和风险责任机制，按照市场经济的运行原则，提高投资效益。

2. 中国进出口银行

中国进出口银行于1994年7月1日成立，总行设在北京，在国内设有5家营业性分支机构、8个代表处，在国外设有两个代表处，与135家外资银行建立了代理关系。中国进出口银行的注册资本金为33.8亿元，由国家财政全额拨给。

成立中国进出口银行的主要目的是扩大出口。随着我国对外经济贸易的扩大，运用补贴以施加特殊保护，促进出口的老办法已经过时。为了按照国际惯例运用出口信贷、担保等通用做法，扩大机电产品特别是大型成套设备和高技术、高附加值产品的出口，合理促进对外贸易的发展，创造公平、透明、稳定的贸易环境，我国成立了中国进出口银行。

中国进出口银行的主要资金来源是发行政策性金融债券，也从国际金融市场筹措资金。其业务范围主要是为机电产品和成套设备等资本性货物出口提供出口信贷（包括卖方信贷和买方信贷）；办理与机电产品出口有关的各种贷款、混合贷款和转贷款，以及出口信用保险和担保业务。

3. 中国农业发展银行

中国农业发展银行于1994年11月18日正式成立，总行设在北京，在各省、自治区、直辖市均设立分行，重点农业地区设立办事处，重点农业县设立支行，注册资本金为200

亿元。

农业是国民经济的基础。我国农业基础薄弱，比较利益低，地区差异大。农业的发展，尤其是落后地区农业的发展，粮、棉、油等主要农产品的生产、收购、储备和销售与国计民生息息相关，在相当程度上需要国家的支持。长期以来，国家在农业方面投入了大量资金，但信贷资金被挤占挪用的情况也十分严重。为了集中力量解决农业和农村经济发展合理的政策性资金需要，促进主要农产品收购资金的封闭运行，国务院决定成立农业方面的政策性银行，即中国农业发展银行。

中国农业发展银行的主要资金来源是中国人民银行的再贷款，同时该行也发行少量的政策性金融债券。其业务范围主要是办理粮食、棉花、油料、猪肉、食糖等主要农副产品的国家专项储备和收购贷款，办理扶贫贷款和农业综合开发贷款，以及国家确定的小型农、林、牧、水基本建设和技术改造贷款。

（二）我国政策性银行的改革

1. 政策性银行实施改革的背景和现实意义

三家政策性银行成立十多年来对中国经济发展起到了积极的作用，在落实国家产业政策、推动经济结构调整，特别是对支持"瓶颈"行业的资金投入、出口创汇、企业出口贸易发展等起到了很大作用。但政策性银行在发展过程中的一些弊端也日益暴露出来，主要表现是负债规模增长过快，负债规模和资本金比例不合理，政策性金融机构和商业性金融机构出现部分交叉、重合；有的政策性银行缺乏约束和激励机制，分支机构很不合理，管理链条非常长，经营成本很高；有的政策性银行缺乏利益补偿机制和有效的风险防范机制，准备金的缺口非常大，潜在的风险也很大。随着我国经济体制改革和经济增长方式的转变，市场经济进展程度和中国外向型经济进展程度的不断加深，目前三家政策性银行的经营环境、所承担的任务都发生了比较重大和实质性的变化，改革已是势在必行。社会主义市场经济基本框架的建立，要求依靠经济手段调控宏观经济，而不再是行政的、计划指令的方式。政策性银行也要随着改革转轨的进程，不断探索，发掘创新各种新型业务；需要进一步考虑自己的发展方向，除了继续探索在国内发挥作用以外，还要加快融入国际经济；不仅要在进出口方面融入国际经济，同时在国际资本流动、收购兼并、资源的互相补充等方面也要发挥重要作用。所以，推进我国政策性银行改革，是全面落实科学发展观的客观要求，是当前深化金融体制改革的一项紧迫任务，对促进国民经济持续快速协调健康发展和社会全面进步将发挥十分重要的作用。

2. 政策性银行的改革思路

政策性银行的改革有三种思路：

（1）继续维持传统政策性银行的改革思路，要求政策性金融服务更加专业化，业务范围更集中，管理更透明。

（2）完全商业化的思路，适用条件是金融市场发育成熟，金融服务尤其是银行业务完全商业化运作，政策性银行开始民营化，商业资本已逐渐成为政策性银行运行的主导，政府对政策性银行的直接参与完全或大部分停止。

（3）两类业务（政策性和经营性业务）综合经营的改革思路，要求通过分账管理等方式，在两类业务之间建立严格的防火墙，防止自营业务的亏损转嫁财政，出现道德风险。

第五节　外资金融机构

一、外资金融机构

外资金融机构通常是指外国金融机构在东道国境内投资设立的从事金融业务的分支机构和具有东道国法人地位的外商独资金融机构、国际合资金融机构。

外资金融机构是金融领域中的外商投资企业，和一般外商投资企业相比，主要区别在于大多数外资金融机构采取外国金融机构在东道国设立分支机构的形式，不具有东道国法人资格。

二、引进外资金融机构的宏观政策

无论发达国家还是发展中国家，都是根据本国政治、经济、金融的不同发展阶段和水平选择、调整引进外资金融机构的宏观政策。较为广泛采取的政策有以下三种：

（一）保护主义政策

这一政策是为保护本国金融业免受外来的干扰和竞争，完全采取禁止外国金融机构进入或实行内外市场双轨制的政策。“二战”后绝大多数国家在金融业开放起步时，都不同程度地用过此种政策，现已演变成为有限度或有条件的保护政策。

（二）对等互惠政策

这一政策是根据“金融互惠”的国际通则，引进外资金融机构的双方应以完全对等的条件对待进入本国的金融机构，包括机构设置、机构级别、组织形式、经营业务范围的对等。

（三）平等开放、公平竞争的政策

这一政策是给予外资金融机构在东道国享有国民待遇，与当地银行在同样的法律和监管下平等竞争。这种政策对东道国的金融自由化、标准化的要求很高，只有具有成熟的金融法规和金融管理手段高度健全的国家才采用这一政策。

三、外资金融机构的管理和利用方式

从各国对外资金融机构的管理和利用方式看，有以下三种方式：

（一）完全开放模式

这主要是一些经济发达、金融制度有效、金融体系健全的国家采用。如美国、日本、西欧诸国都采用这种模式。

（二）完全封闭模式

对外资金融机构实行完全封闭的国家很多，如果作进一步归纳的话可分为两类：

（1）比较发达国家。这些国家的经济发展水平属于发达国家中的第三梯队，如北欧诸国。它们都限制外国人对银行、保险等金融机构的投资。如瑞典不准许外资银行在其境内经营业务，即使政府特许开业者，仍不能从事存款和贷款业务，外资保险公司也只能通过它在瑞典的总代理人来经营业务。

（2）发展中国家。发展中国家经济落后，金融状况比较复杂，都对外资银行等金融机构加以限制。如墨西哥，在 1995 年以前就不允许外国银行在墨西哥经营银行业务；印度从 1969 年起不允许外国银行在印度新设立分行。

（三）逐渐开放模式

在世界各国对外资金融机构的开放模式中，更多的是根据自身特点和实际需要，逐渐对外资金融机构开放市场。如韩国、泰国、埃及就是这种模式。

四、我国的外资金融机构

（一）开放外资金融机构的必要性

自改革开放的战略决策实施以来，我国已从一个封闭型经济逐步转向开放型经济。金融是为经济服务的，开放的经济必然要求开放的金融与之相适应，开放外资金融机构是金融开放的重要内容。

（二）我国对外资金融机构的开放历程

从 1979 ~ 1982 年，共有 31 家外国金融机构代表处在我国正式设立，拉开了我国金融业对外开放的序幕。首家获准在我国设立代表处的机构是日本输出入银行。

1982 年，我国开始在经济特区进行外国金融机构设立营业性分支机构的试点工作，首家获准在我国设立营业性网点的外资金融机构是香港南洋商业银行，它获准从事部分外汇金融业务。

1985 年，我国颁布了《中华人民共和国经济特区外资银行、中外合资银行管理条例》，允许外国金融机构在我国经济特区（即深圳、珠海、厦门、汕头、海南）设立营业性分支机构。

1990 年 9 月，为配合开发开放浦东的战略决策，国务院批准上海成为我国除经济特区以外率先获准引进营业性外资金融机构的沿海开放城市。1992 年春季，邓小平同志南方谈话和中共中央关于进一步加快改革开放步伐的决定公布后，经国务院批准，又允许大连、天津、青岛、南京、宁波、福州和广州 7 个沿海城市设立营业性外资金融机构。与此同时，我国引进了一家美国保险公司开始进行我国保险市场开放的试点工作。

1994 年 8 月，为配合关贸谈判，进一步加快我国金融业的对外开放，推动国内金融体制的改革，经国务院批准，又允许北京、沈阳、石家庄、西安、成都、重庆、武汉、合肥、杭州、苏州和昆明 11 个内陆中心城市设立营业性外资金融机构。

1996 年 12 月初，国务院正式批准外资金融机构在上海浦东经营人民币业务的试点，并批准了 8 家符合条件的外资银行可以从事人民币的存贷款、结算、担保、国债及金融债券投资业务。后来，又批准外资金融机构在深圳特区经营人民币业务。

1999 年 8 月，中国人民银行又允许在上海和深圳的外资金融机构将其人民币业务扩大到周围省市。

2001 年 12 月 11 日，我国成为 WTO 的正式成员，根据我国加入 WTO 的有关协议，我国将逐步取消外资银行经营外币业务、人民币业务的地域和业务范围限制，经过 5 年的过渡期，外资银行享有与中资银行同等的国民待遇，我国将对外资金融机构实现完全开放。

2006年12月以后，我国已经兑现了加入WTO时的承诺，取消了所有对外资金融机构地域和业务范围的限制。

外资金融机构的进入对我国经济发展起了积极作用。外资银行在我国的经济发展中的积极作用主要表现在：一是促进了外资的引进；二是强化了金融竞争机制，提高了我国金融现代化水平；三是带进了先进的经营技术、融资工具和管理手段，培养了我国国际金融人才。外资保险公司的进入，带来了新的业务品种和展业方式，培养了我国保险人才，促进了保险市场的发展，促使国内保险公司改善经营管理方式，特别是在人寿保险领域，促使国内保险公司采用先进的展业方式，积极拓展业务。

外资金融机构的进入也使我国的金融业面临挑战。外资金融机构将在规模、体制、产品结构、财务实力和国际网络等方面对我国金融业产生冲击，我国金融业最好的应对办法是加快改革步伐，掌握金融开放的主动权。

第十三章　金融市场

第一节　金融市场概述

一、什么是金融市场

国内外学者对金融市场给出了多种定义，大体上可以作如下归纳：

（1）场所说。将金融市场视为金融工具交易的场所。传统意义上市场是指买卖双方集中交易的场所，由于经济发展和科技进步，许多交易活动已经突破空间限制，借助现代联络手段瞬时即可完成，并不一定需要固定场所，所谓场所已经演变成一个习惯用语。

（2）机制说。认为金融市场是金融工具交易和定价的机制。

（3）关系说。将金融市场界定为金融工具供求关系以及金融交易形成的债权、股权关系的总和。

（4）结构说。即金融市场是货币市场、资本市场、外汇市场、黄金市场的总称。

上述观点是从不同角度对金融市场进行考察的，这说明金融市场是一个具有多层含义的复杂的综合体，我们应从多方面理解金融市场。

二、金融市场的构成要素

金融市场有以下四个构成要素：

（一）交易主体

这是指在金融市场上进行金融交易的参加者，包括个人、公司企业、金融机构、政府及其所属机构和中央银行。这些参与者分别以投资者、筹资者、中介者和管理者身份进入金融市场。

（二）交易对象

这是指金融市场参与者进行交易的标的物，是市场客体。金融市场的交易对象是货币资金，参与者在金融市场上分别以资金供求双方进行货币资金交易，相互融通、相互调剂，以满足各自的需要。

（三）交易工具

这是指以货币计量的信用工具，亦称为金融工具。常见的金融工具主要包括支票、票据、债券、股票及各种衍生金融工具。

（四）交易价格

在金融市场上，交易对象的价格就是货币资金的价格。在借贷市场上，借贷资金的价格是利率。而在证券市场上，资金的价格较为隐蔽，直接表现出来的是有价证券的价格。至于外汇市场，汇率反映了不同货币的价格。在黄金市场上，所表现的是黄金价格，如每盎司黄金多少美元，但是反过来就显示出单位货币的黄金价格，如 1 美元值若干盎司黄金。

三、金融市场的分类

金融市场是个大系统，包括许多具有不同功能和特点的市场，为了更好地认识金融市场，充分发挥其应有的作用，有必要对其进行分类。

（一）按融资期限的长短划分，可分为货币市场和资本市场

货币市场是指期限在一年以内的短期资金交易市场。由于这种交易的偿还期短、流动性强、风险小，与货币的流动性相差无几，有的金融工具如商业票据，被当作货币代用品，故称为货币市场，它又被称为短期市场。

资本市场，也称为长期资金市场，是指融资期限在一年以上的金融市场。

（二）按交易的对象划分，可分为资金市场、外汇市场、黄金市场

资金市场，是指资金借贷的市场。如借贷期限是短期，就是货币市场；如借贷期限是中期或长期，就是资本市场。

外汇市场，是买卖外汇的市场。

黄金市场，是进行黄金交易的市场。

（三）按金融交易的性质划分，可分为发行市场和流通市场

发行市场，是指从事新证券或票据等金融工具最初发行的市场。

流通市场，是指从事已上市证券或票据等金融工具买卖转让的市场。

（四）按金融交易后交割时间的长短划分，可分为现货市场和期货市场

现货市场，是指金融交易成交后，于当天或 3 天内进行交割的市场。所谓交割，即一方交付款项，另一方交付证券的行为。

期货市场，是指金融交易成交后，实际的交割放在双方约定的一个时间（如：1 个月、2 个月、3 个月或 6 个月）后进行的市场。

（五）按地域范围划分，可分为国内金融市场和国际金融市场

国内金融市场，是指融资交易活动的范围以一国为限，不涉及其他国家的金融市场。按其规模和影响，又分为全国性的金融市场和地区性的金融市场。

国际金融市场，是指融资交易活动并不限于一个国家，而是涉及很多国家的金融市场。国际金融市场又分为传统型和新型国际金融市场。传统型国际金融市场，是指历史悠久，在国内金融市场的基础上发展而成的国际金融市场，如伦敦、纽约、苏黎世等，其交易活动需受本国金融当局监管。新型国际金融市场是指 20 世纪 50 年代末形成的，专门从事境外融资活动的金融市场，在这个市场进行的交易活动有很大自由，不受所在国金融当局监管。

四、金融市场的功能

金融市场有如下功能：

（一）聚集功能

聚集功能就是聚集资金的功能。金融市场和其他各类市场相比，具有动员资金的范围广阔、信用工具灵活多样，可以更及时地满足资金供需者的不同需要的功能。

（二）分配功能

分配功能就是分配资金的功能。金融市场具有促进资金横向融通、高效运用资金，使资金在经济生活中得到有效配置的功能。

（三）调节功能

调节功能就是调节经济的功能。金融是调节经济最灵活、最有效的杠杆。但是，仅依靠中央银行用放松或紧缩银根的办法调节经济，容易产生很大震动。中央银行通过金融市场的公开市场业务实施调节，会使金融调节具有弹性和灵活性。

（四）信号系统功能

金融市场历来被认为是国民经济的“晴雨表”，是人们公认的国民经济信号系统。这主要表现在：

（1）由于证券买卖大部分集中在证券交易所进行，人们可以及时从中了解到各种证券的行情和投资机会，并通过上市企业公布的财务报表，了解到企业的经营状况和业绩。某一企业经营的好坏及社会公众对某产业前景的判断，可以很快地从证券价格的涨跌中反映出来。

（2）金融市场交易直接和间接地反映一国货币供应量的变动。

（3）由于金融交易的需要，金融市场中有大量专门人员长期从事商情研究和分析，并且他们每日与各类工商业直接接触，能了解企业发展的动向。

（4）金融市场拥有广泛而及时收集和传播信息的现代化通信网络，整个金融市场已连为一体，信息传递四通八达、迅速及时。

五、形成金融市场的条件

金融市场不是政府意志和个人主观偏好的产物，其产生有一系列的前提条件，具体地说：

（一）较高的商品经济发展水平

只有在社会化大生产的条件下，在商品经济有了一定程度的发展的基础上，金融活动才会日益频繁和扩展，金融市场的产生才有其可能和必要。

（二）要有发达的信用制度

发达的信用制度是资金流动和供求的前提和保证。发达的信用制度表现在如下几点：

（1）要有一个自由浮动、反应灵敏的利率机制。

（2）信用工具要多样化，只有种类繁多的信用工具或金融工具，才能保证各种信用形式和债权债务的实现与转移。

（3）金融机构实行企业化管理。只有如此，才能使金融机构获得积极参与金融市场活动的内在动力，保证金融市场高效能运转。

（三）要有完善的信用法律制度

完善的信用法律制度是信用活动法律化和规范化的关键，也是金融市场健康发展的关键。

（四）要有一定数量的社会闲置资金

有一定数量的社会闲置资金，是金融市场赖以存在的物质基础。

第二节 货币市场

一、货币市场的概念及特点

货币市场，又称短期资金市场，是专门融通短期资金的市场。

货币市场有如下特点：

（1）交易期限短。在货币市场上的融资工具主要有商业票据、政府短期债券、大额可转让存单等，这些工具短则一天，长则一年，一般不超过一年。交易的目的是解决短期资金周转的需要。

（2）融资工具安全性高。由于这些融资工具时间短，故风险较小，安全性较高。

（3）融资工具流动性强。由于上述两个特点，决定了这些工具有很好的交易性能，很容易转手。

二、货币市场的构成

按交易的内容和方式划分，货币市场可分为银行同业拆借市场、短期证券市场和贴现市场。

（一）银行同业拆借市场

银行同业拆借市场是指在银行及金融机构同业之间进行的短期的、临时性拆借资金的市场。这种市场一般没有固定交易场所，主要通过电话洽谈方式成交，参加者都是金融机构。在发达的金融市场上，银行同业拆借次数频繁、数量巨大，主要用于弥补临时头寸的不足和灵活调度资金。

拆借，也叫拆款，是一种以天计算的极短期的借款。拆款通常以 1 ~ 2 天为限，一般不超过 24 小时，放款人也可随时通知借款人归还。拆款按日计息，称为“拆息”。拆息率每天不同，甚至一日几变，由拆借双方议定。拆息率的高低，灵敏地反映了市场资金的供求状况。

一般来说，同业拆借是短期的借贷行为，但随着拆借业务的广泛进行，影响拆款及时归还的突发事件不断增加，所以，目前的拆款除有 1 天、2 天的外，还有 1 周、2 周、1 个月的，甚至更长时间的。

同业拆借的主要交易有以下两种：一是头寸拆借。“头寸”一词原是旧中国金融业的习惯用语，是指资金或款额的意思。头寸拆借是指金融同业之间为了轧平头寸，补足存款准备金或减少超额准备进行的短期资金融通活动，拆借时间一般为1天。二是同业借贷。金融同业之间因临时性、季节性资金余缺而产生的拆借，就是同业借贷，其期限一般较长。

我国从1984年10月起，根据中国人民银行颁布的《银行信贷资金管理试行办法》，各专业银行及其分支机构间开办了短期资金的同业拆借业务。1988年1月，我国将同业拆借列入了《中华人民共和国银行管理暂行条例》中，并规定了同业拆借的方式和期限，利率可由双方当事人协商议定。1996年1月3日，全国同业拆借交易系统正式联网运行，形成了全国银行间同业拆借市场。全国同业拆借交易系统最初包括两级交易网络，进入一级网络的交易主体是经中国人民银行批准、具有独立法人资格的商业银行总行和人民银行各省市分行组建的融资中心，以及全国性金融信托投资公司；二级网络由35家融资中心组成，交易主体为各商业银行授权的分支机构以及在各地人民银行开立账户的信托投资公司、城乡信用社、金融租赁公司、保险公司等非银行金融机构。由于融资中心存在产权及定位不清等问题，根据人民银行的要求，融资中心于1998年退出拆借市场，二级网络宣告终止。

此后，中国人民银行在增加入市主体、规范操作规则等方面积极推进中国同业拆借市场建设，先后批准符合条件的商业银行分行、证券公司、投资基金以及其他类型的非银行金融机构和外资银行进入全国银行间同业拆借市场，并于2002年将市场准入由审批制改为核准制。

2007年1月，全国银行间同业拆借中心发布“上海银行间同业拆借利率”，随着我国银行间同业拆借市场的形成，形成了我国银行间同业拆借市场利率（SHIBOR），旨在将之培养成公认的中国金融市场基准利率。

（二）短期证券市场

短期证券市场是期限在1年以内的短期证券发行、交易的市场。按交易的内容划分，可分为商业票据市场、银行承兑汇票市场、可转让大额定期存单市场、政府短期债券市场、回购协议市场。

1. 商业票据市场

商业票据市场是货币市场中历史最悠久的短期金融市场，在这个市场上买卖的商业票据通常以信誉较好的大公司或工商企业为出票人，承诺在到期日按票面金额向持票人付现而发行的一种无抵押担保期票。商业票据经市场投资者购买后，资金流入公司供其周转使用，待票据到期日，发行人即支付票款，偿还投资人。这样，商业票据与商品、劳务相分离，从而演变成为一种在货币市场上融资的金融工具，发行人与投资者成为一种单纯的债权、债务关系，凡是买入商业票据的投资者，即为持票人，他既可将商业票据持有至到期日凭票取款，也可在到期日前到市场上出售，买卖方便，自由灵活。

2. 银行承兑汇票市场

银行承兑汇票市场，是指银行承兑汇票的转让市场，即汇票的贴现、转贴现、再贴现的买卖市场。

经银行承兑的汇票可以在银行承兑汇票市场向银行或专营贴现的机构以贴现方式获取现金。如果银行或专营贴现机构自身急需资金，则也可凭贴进的汇票向其他金融机构转贴现，或向中央银行申请再贴现。

银行承兑汇票具有“双保险”的优点，即承兑银行承诺到期支付，倘若承兑银行到期拒付，还可向出票人追索；同时，又可将汇票贴现、转贴现和再贴现。正是由于这一优点，使银行承兑汇票变为安全性、流动性、收益性均佳的短期投资工具，成为投资者乐于投资的对象。

3. 可转让大额存单市场

可转让大额存单市场，简称 CD 市场。CD 是可转让大额存单的（Negotiabl e Certificate of Deposit）的英文缩写，它是商业银行和金融公司吸收存款的一种手段。其特点是面额大、期限固定、可自由流通转让。投资于 CD，既可以获得较高利率，又可以像活期存款一样具有较高的流动性，随时都可将其转让，获得现款。

CD 的产生是金融市场运行机制的产物。20 世纪 50 年代以来，美国货币市场利率提高，而银行的活期存款没有利息，定期存款的利率也远低于货币市场利率，导致许多公司将自己的资金投入到国库券或其他货币市场工具，商业银行的存款下降。针对资金来源的减少，美国花旗银行在 1960 年 8 月首先推出 CD 这一新工具，然后在世界范围内得到推广。

我国是从 1986 年开始发行大额可转让存单的。在 1989 年上半年之前，发行单位仅限于中国银行和交通银行。1989 年 5 月，中国人民银行下发了《大额可转让定期存单管理办法》，对我国 CD 市场的有关事项作出了明确规定。各类银行经中国人民银行审查批准后均可发行，发行对象为城乡个人和企业、事业单位，期限为 1 个月、3 个月、6 个月、9 个月和 12 个月。大额可转让存单的发行和转让，为我国的金融市场增加了新品种。但由于证券市场上股票占了支配地位，CD 二级市场的转让规模非常有限。1999 年后，随着银行整体转为存差，国内银行存款规模居高不下，在此背景下，大额存单市场未及兴起便归于沉寂。不过，随着利率市场化的推进和银行经营理念的转变，在一定的条件下，大额存单市场仍然有潜在的发展空间。

4. 政府短期债券市场

政府短期债券市场，是一国政府短期债券的发行与流通市场。

政府短期债券是一国政府为解决短期资金需要而发行的有价证券，期限在 1 年以内，以 3 ~6 个月居多，习惯上将其称为国库券。

5. 回购协议市场

回购协议市场是一种当场买卖与远期交易相结合的短期证券交易市场。

回购协议是美国近十几年来发展起来的一种新的货币市场信用工具，它是在货币市场上出售证券以取得资金的同时，出售证券的一方同意在约定的时间按约定价格重新购回该项证券。因此，回购协议基本上是一种以证券为担保品的短期资金融通工具。

我国的回购市场主要是国债回购市场。我国的国债回购交易始于 20 世纪 90 年代初的地方证券交易中心。自 1995 年起，上交所和深交所的国债回购交易开始迅速增长。1997 年，人民银行发布《银行间债券回购交易暂行规定》和《禁止银行资金违规流入股市》的规定，将回购市场分割成两个独立的市场：一是基于证券交易所，由券商、企业、个人投资者参与的国债回购市场；二是基于全国银行间拆借市场，主要由银行和其他金融机构参与的债券回购市场，交易对象主要是国债和政策性金融债。2000 年，全国银行间债券市场的机构参与者签署了债券回购协议，市场参与者有了共同的游戏规则，这对于规范市场操作、控制结算风险、促进交易活跃有着重要意义。

（三）贴现市场

贴现市场是指金融工具的贴现和再贴现所构成的市场。

贴现是指工商企业为取得现金，以未到期票据向商业银行或专营贴现机构融通资金。再贴现指商业银行或专营贴现的机构以贴现收下的票据，向中央银行再行贴现，以筹措资金。

在贴现时，商业银行或中央银行要按规定的贴现率或再贴现率从票据金额中扣除自贴现日起至到期日止的利息。

（再）贴现利息 = 票据金额 × 贴现率（再贴现率）× 贴现日至到期日的时间

贴现金额 = 票据金额 − 贴现利息

具体计算时，贴现率的计算与贴现日至到期日时间的计算口径要一致。

我国自 1985 年 4 月起开始在全国范围内开办商业票据承兑、贴现业务，1986 年起又正式开办人民银行对商业银行贴现票据的再贴现业务，但由于我国商业信用票据化进程不快，贴现业务在短期资金借贷中所占比重还不大。1996 年《中华人民共和国票据法》实施后，票据市场业务有了较快的发展。2000 年，我国首家票据专营机构——工商银行票据营业部在上海开业，一些商业银行也在部分城市设立票据专营窗口。2003 年，中国票据网正式启用，形成全国统一的票据市场服务平台。根据《中国金融年鉴》（2007）的资料，2006 年，我国商业汇票发生额 54262. 61 亿元，贴现发生额 84918. 16 亿元，再贴现发生额 39. 77 亿元。

第三节　资本市场

一、资本市场的概念及特点

资本市场，又称长期资金市场，是指提供长期性（1 年以上）资金的市场。

资本市场与货币市场相比，有如下几个特点：

（1）融资工具期限长。在资本市场上使用的金融工具，如股票，一般说来是长期的、永久的、不归还的；债券则从一年到十几年不等，甚至有更长的或永久的债券。

（2）投资风险大。由于债券、股票融资期限长，在此期间可能要遇到市场风险、利率风险、信用风险。企业在生产经营中一旦失败，则有可能导致股票如同一张废纸，债券本息得不到偿还的严重局面。

（3）融资工具在收益、风险、流动性及纳税方面有很大差异。资本市场工具是由信用级别不相同的经济主体发出的，时间长短不一，发行条件有别，使用目的不同等，因此它们不像货币市场工具那样在收益、风险、流动性方面较为一致，而在不同的金融工具之间有很大的差异。

二、资本市场的构成

资本市场包括长期债券市场、股票市场及银行长期信贷市场。我们在此主要探讨证券市场（包括股票市场和长期债券市场）。证券市场又分为发行市场和流通市场。

（一）证券发行市场

1. 证券发行市场的概念

证券发行市场，也称“初级市场”或者“一级市场”，是指证券发行者将新发行的证券从发行者手中售到投资者手中的市场，它包括政府、企业或公司、金融机构发行证券时，从规划、推销和承购等阶段的全部活动过程。证券发行市场主要由发行者、投资者和专营新证券发行与分销业务的中介机构所组成。

2. 证券发行市场的功能

证券发行市场的功能如下：

（1）是政府、金融机构和公司或企业筹集资金的重要场所。

（2）为资金供应者提供投资和获利的机会，是实现储蓄向投资转化的场所。

（3）是优化资源配置的重要场所。

（4）是企业实现转制的重要场所。

3. 证券发行方式

证券的发行方式是证券经销出售的方式。根据不同的标准，发行方式有不同的分类方法。

（1）按发行对象分类，可分为公募发行和私募发行

公募发行，又称公开发行，是以不特定的广大投资者为发行对象公开推销证券的方式。

私募发行，又称不公开发行或私自发行，是以特定的少数投资者为对象的发行。

（2）按照有无发行中介，可分为直接发行和间接发行

直接发行，是发行人直接向投资者推销、出售证券。

间接发行，是发行人委托证券中介机构代理证券的发行。根据受托证券中介机构对证券发行的方式不同，间接发行又具体分为包销、代销和助销三种形式。包销是指承销商以商定的价格把发行者的证券全部买进，再以稍高的价格转卖给投资者的承销方式，这中间的价格差就是承销商的收益。由于这种承销方式使承销商承担的风险大，因而费用也较高。代销是指发行者委托承销商为代理人，代为向社会按照协议的条件在一定期限内尽最大努力来销售证券，发行期满时，证券未售出的部分退还给发行者，承销商不承担任何责任和风险的承销方式。助销也称为余额包销，是指承销商按照协议规定的发行额和发行条件，在规定期限内面向社会推销证券，到销售截止日，承销商负责认购未售出部分的承销方式。

（二）证券流通市场

1. 证券流通市场的概念

证券流通市场，又称为“次级市场”或者“二级市场”，是买卖已发行证券的市场，其主要功能是实现证券的流动性和变现能力。

2. 证券流通市场的构成

证券流通市场由两个部分组成，一是证券交易所，这是高度组织化的市场，是证券市场的主体与核心；二是分散的、非组织化的场外交易市场，是证券交易所的必要补充。此外，还有第三市场、第四市场，但实际上仍属于场外交易市场。具体说明如下：

（1）场外交易市场。场外交易市场是在证券交易所以外的各证券公司柜台上进行证券买卖的市场。场外交易市场又称 OTC 市场，即 Over－The－Counter Market。在早期银行业与证券未分离前，由于证券交易所尚未建立和完善，许多有价证券的买卖都是通过银行进行的，投资者买卖证券直接在银行柜台上进行交易，称为柜台交易。实行分业制后，这种以柜台进行的证券交易转由证券公司承担，因此有人称之为柜台市场或店头市场。随着通信技术的发展，目前许多场外交易市场并不直接在证券公司柜台前进行，而是由客户与证券公司通过电话与电传进行业务接洽，故又称为电话市场。

（2）第三市场。第三市场是那些已经在证券交易所上市交易的证券却在证券交易所以外进行交易而形成的市场。

（3）第四市场。第四市场是指证券交易不通过经纪人进行，而是通过电子计算机网络直接进行大宗证券交易的场外交易市场。这是近年来在美国出现的场外交易形式。

3. 证券交易所

（1）证券交易所的概念。证券交易所是证券买卖双方公开交易的场所，是一个有组织、有固定地点的、集中进行证券交易的次级市场，是整个证券市场的核心。

证券交易所本身并不买卖证券，也不决定证券价格，而是为证券交易提供一定的场所和设施，配备必要的管理和服务人员，并对证券交易进行周密的组织和严格的管理，为保证证券交易顺利进行提供一个稳定、公开交易的高效率的市场。

（2）证券交易所的组织形式。证券交易所的组织形式大致可分为公司制和会员制两类。

A. 公司制证券交易所。

是以股份有限公司形式成立的并以盈利为目的的法人团体。一般是由银行、证券公司、投资信托公司以及各类民营公司共同出资占有股份而建立的证券交易所。

公司制证券交易有如下优点：

a. 交易所的经营者自身不直接参与证券买卖，从而保证了证券交易的公平与公正。

b. 易于取得社会信任。交易所对买卖证券双方，如有违约而使一方受损时，有负责赔偿的责任，而且交易所必须向中央银行或国库交存营业保证金。这两项规定使交易所容易获得社会公众的信任，从而促进证券交易所的发展。

公司制证券交易所的缺点是：

a. 交易所是盈利性质的公司组织，为了赚取更多的利润，可能会提高费用，从而加重证券交易成本，降低交易所对公众的吸引力；或扩大会员人数，可能助长过分的投机交易。

b. 交易所承担的风险极大，因为交易所要承担买卖双方违约而遭受损害的赔偿责任，一旦无法追回该款项时，公司将遭受损失。

c. 交易所担负的费用开支较大，除了一切营业开支外，还要担负利息上的损失。因此，公司制的证券交易所可能会因经营管理不善而破产，这将给证券市场造成巨大冲击。

B. 会员制证券交易所。

是一个由会员自愿组成的、不以盈利为目的的社会法人团体。会员制证券交易所规定，只有会员才能进入交易大厅进行证券交易，其他人员要买卖证券交易所上市的证券，必须通过会员进行。交易所的会员分为法人会员和自然人会员两种。我国沪、深两地的证券交易所均为会员制。

会员制证券交易所的优点是：

a. 不以盈利为目的，收取的交易费用较低，有利于交易的活跃。

b. 会员自律，在证券交易上所受的一切损失，均由买卖双方自行负责。因此，会员对证券市场必须有高度的责任感。

c. 只限于本所会员入场交易，便于管理，防止经纪人居奇垄断，操纵把持。

会员制证券交易所的缺点是因买卖双方自负交易上的一切责任，没有任何交易担保，因而可能会使投资者的利益得不到保障。

从世界范围看，目前美国、欧洲大多数国家以及巴西、泰国、印度尼西亚等国的证券交易所和我国台湾地区的证券交易所均实行会员制。加拿大、日本、澳大利亚、新加坡、马来西亚、印度、阿根廷等国的证券交易所和我国香港地区的证券交易所均实行公司制。

4. 证券交易的方式

从世界范围来看，证券交易的方式主要有如下几种：

（1）现货交易。即以现金或支票买卖证券，它要求买卖双方在成交后立即进行交割，即买者付出现金，卖者交出证券。一般在当天或隔天进行交割。

（2）期货交易。即在证券成交后的一定时期（如 3 个月）内才进行交割清算。但结算时，不是按照交割时的行市，而是按照买卖契约成立时的行市进行结算。由于契约成立时与交割时证券行市的不一致，这就会给购买者或出售者带来利益。

（3）信用交易。又称“垫头交易”或“差额交易”，即投资者在购买一定数额证券时，只支付部分保证金（保证金又叫垫头），其余部分由交易所经纪人垫付，经纪人则向投资者索取垫付款项利息的一种交易。经纪人为筹措垫付款项的来源，以这些证券为抵押，向银行借款。

（4）期权交易。这是一种在一定时期内有关证券买卖权的交易。这种交易的标的物不是证券本身，而是对证券进行买卖的权利。期权交易的大致内容是：购买期权的人与交易所经纪人签订一个期权买卖协议，规定协议的买方在未来一定时期内，有权按规定价格购进或卖出一定数量的证券。购买期权者可行使这一权利，也可放弃这一权利。

5. 证券交易程序

证券交易程序是证券市场买进或卖出证券的具体步骤。在证券交易所交易证券，需经过开户、委托、成交、清算交割和过户等步骤。

（1）开户。开户是指证券投资者在证券经纪商处开立证券交易的账户。开户的目的首先是让证券经纪商对客户有一个了解，其次是建立证券公司和客户之间的委托代理关系。

证券投资者在申请开立账户时，必须与证券经纪公司订立开户合同。开户合同亦称开户契约，主要应包括如下内容：

A. 委托人即证券投资者的真实姓名、住址、年龄、职业、身份证号码等。委托人是法人的，还应提供法人证明，并载明法定代表人及证券交易执行人的姓名、性别，留存法定代表人授权证券交易执行人的书面授权书。

B. 证券公司与证券投资者之间的权利义务。

C. 确定开户合同的有效期，以及延长合同期限的条件和程序。

账户的类型多种多样，从各国情况看，账户的类型主要包括：

A. 现金账户，又称特别现金账户或资金账户，是由证券投资者存入现金而开立的账户。

B. 证券账户，是证券投资者将拟卖出的证券存入证券经纪商处而开立的账户。

C. 保证金账户，又称普通账户，是指证券投资者仅提供交易所需的部分现金或证券即可进行证券交易的账户。

D. 联合账户，是由两个或两个以上财产共有人共同开立的账户，可见于夫妻或者数个亲朋好友共同进行证券交易的场合，实践中较少采用。

E. 授权账户，也称随机账户，是由证券投资者提供现金或证券，并准许证券经纪商视具体情况进行证券交易的账户。

（2）委托。投资者开户后，即可委托证券经纪商代为买卖证券。

证券交易委托可按照委托内容差异，划分成若干类型。

A. 按成交单位为标准，委托可分为整数委托和零数委托。整数委托是指委托交易的数量为一个交易单位或其整数倍数的委托，如股票交易以100股为一个交易单位。零数委托是指委托证券交易的数量不足一个交易单位的委托。

B. 按照委托目的划分，证券交易委托可分为买进委托和卖出委托。

C. 按照委托有效期为标准，证券交易委托分为当日委托、一周委托、一月委托和撤销前委托。

当日委托的有效期是委托日当天，一周委托的有效期是一周，一月委托的有效期是一周，撤销前委托是以证券投资者撤销委托为有效期限的终止时间。

D. 按照委托的价格条件为标准，证券交易委托可分为随行就市委托和限价委托。

随行就市委托是指按照证券交易委托到证券交易大厅时的最优惠价格执行交易的委托。

限价委托是指按照委托人事先规定的合适价格进行交易的委托。

E. 按照委托指令的传递方式，可分为递单委托、电话委托、电报委托、传真委托、信函委托。

买卖证券的委托一般包括以下几项内容：

a. 证券名称。

b. 是委托买入还是委托卖出，委托买卖的数量。

c. 出价方式及委托价格，即是市价委托还是限价委托。

d. 交易方式，是现金交易还是信用交易。

e. 委托有效期。

f. 交割方式。

g. 其他，投资人姓名、身份证号码、股票账号等。

（3）成交。证券交易成交，就其核心内容而言，是指证券交易双方按照规定的程序达成一致的证券交易条件的活动。换言之，成交意味着卖方同意卖出证券、买方同意买进证券。

证券成交的原则有：

A. 价格优先。这是指买进证券时，较高的买进价格申报优先于较低的买进价格申报；同时，卖出证券时，较低的卖出价格申报优先于较高的卖出价格申报。

B. 时间优先。这是指当存在若干相同的价格申报时，应当与最早提出该价格申报的一方成交。

C. 数量优先。在交易申报价格相同而且申报时间相同的情况下，申报交易数量大者优于申报交易数量小者。

（4）交割清算。交割清算是指一笔证券交易成交后，买卖双方结清价款和交收证券的过程，即买方付出价款并收取证券、卖方付出证券并收取价款的过程。

（5）过户。过户是买入股票的投资者到股票发行公司或指定的代理金融机构去办理变更股东名簿记载的手续。投资者只有办理过户手续后才是法定意义的股东，才真正拥有股份并可享受股东应有的权益。

我国目前股票交易实行无纸化，采取电脑自动过户办法，过户手续由交易所电脑自动过户系统一次完成。

6. 证券行情表的阅读

证券交易所的行情，一般都当场在交易大厅的显示屏上显示，并经过通信卫星将行情直接传送到各地有关的证券公司。行情表主要有以下内容：

（1）开盘价和收盘价。开盘价是指某种证券在每个营业日开市后的第 1 笔成交价格。收盘价是指证券交易所每个营业日某种证券的最后一笔买卖成交价格。

（2）最高价、最低价和最新价。最高价是某一特定时期内（当日、一周、数周）某种上市证券在交易所内的成交最高价。

最低价是某一特定时期内的最低成交价格。

最新价即为某种上市证券的上一笔成交价。

（3）与上日价格差。指某种证券当日收盘价与上一营业日收盘价相比后的增减数；若价格上升用“+”号，价格下跌用“-”号。

（4）成交量与成交额。成交量是指一定时期内证券成交的数量，采用单向计算法。统计单位，股票以成交股数计，债券以成交面额数计。

成交额是指在一定时期内，证券交易按成交价格计算的成交金额总和，同样采用单向计算办法。

（5）股票价格指数。这是指金融服务机构编制的，通过对股票市场上的全部股或有代表性的股票价格，进行平均计算和动态对比后得出的数值，用来反映股票价格的变动趋势。世界上比较著名的股票价格指数有道琼斯指数、标准普尔指数、香港恒生指数和伦敦金融时报指数。我国重要的股价指数是上证指数和深证指数。

7. 股价指数的计算方法

股价指数的编制方法有简单算术平均法和综合平均法。简单算术平均法是在计算出采样股票个别价格指数的基础上，加总求其算术平均数。计算公式是：

$$P^I = \frac{1}{n}\sum_{i=1}^{n}\frac{P_{1i}}{P_{0i}} \times 100\% \qquad (1)$$

式中：P^I 为股价指数，P_{0i} 为基期第 i 种股票价格，P_{1i} 为报告期第 i 种股票价格，n 为股票样本数。

综合平均法是分别把基期和报告期的股价加总，后用报告期股价总额与基期股价总额相比较，并假定基期股价为 100 或 1000，其计算公式为：

$$P^I = \frac{\sum_{i=1}^{n} P_{1i}}{\sum_{i=1}^{n} P_{0i}} \qquad (2)$$

公式（2）中的符号含义同公式（1）。

上述两种股价指数，都没有考虑成交额或发行量，难以真实全面反映股市价格变动情况，需加权综合法弥补其不足。若以基期成交额或发行量为 Q_{0i}，计算期的成交额或发行量为 Q_{1i}，则可得到下面两种加权综合指数。

$$\text{基期加权综合指数} = \frac{\sum_{i=1}^{n} P_{1i}Q_{0i}}{\sum_{i=1}^{n} P_{0i}Q_{0i}}$$

$$\text{计算期加权综合指数} = \frac{\sum_{i=1}^{n} P_{1i}Q_{1i}}{\sum_{i=1}^{n} P_{0i}Q_{1i}}$$

8. 我国证券流通市场的概况

我国证券流通市场的发展始于 1986 年。1986 年 8 月，在沈阳市信托投资公司证券交易柜台首开债券转让业务，随后在上海、武汉、西安以及全国范围内出现了一些证券交易市场。这一时期的证券交易市场是不规范的，属于尝试性的，其形式主要是柜台交易，交易的品种主要是企业债券和股票。为了规范证券市场的发展，经中国人民银行批准，1990 年 11 月 26 日，上海证券交易所正式成立，并于当年 12 月 19 日正式营业。1991 年，深圳证券交易所建立，并于 7 月 3 日正式营业。这使我国证券市场开始步入规范化、法制化的轨道。除集中交易市场外，我国先后于 1992 年和 1993 年设立了两个场外交易市场，即全国证券自动报价系统（STAQ）和金融市场报价、信息与交易系统（NETS）。这两个系统都具有集散市场信息功能、市场统计分析功能、交易功能、提供交割清算服务功能，交易对象主要是法人股。鉴于场外市场存在各种问题，1998 年国务院明令禁止股票场外交易。后经证监会批准，中国证券业协会在 2001 年选择部分证券公司代办原 NETS、STAQ 系统挂牌公司股份转让业务。其后，从交易所退市的公司也纳入代办股份转让的范围。代办股份转让系统又称为“三板市场”，作为国内目前唯一合法的场外股票市场，仅限于特定的已流通股份的转让，交易空间狭小。

近年来，我国证券市场获得较大发展。根据《中国金融年鉴》（2007）的数据，到2006年底，我国境内上市公司数1434家，境外上市143家，股票市价总值89403.89亿元，占GDP的42.69%，流通市值25003.64亿元，占GDP的11.94%，企业债券发行额3938.30亿元，投资者账户数7854万户。

第四节 外汇与黄金市场

一、外汇市场

（一）外汇市场的概念

外汇市场就是进行外汇买卖的场所。外汇市场与资金市场有许多不同点。资金市场是一种借贷市场，发生关系的是债权人与债务人，使用的是同一种货币。外汇市场买卖的则是不同国家的货币。

外汇市场有广义与狭义之分。广义的外汇市场是银行与顾客之间的交易；狭义的外汇市场仅指银行间的外汇交易。

外汇市场有有形市场和无形市场之分。有形市场，即外汇交易所，它一般设在证券交易所的建筑物内或交易大厅的一角，在规定的时间内，各国银行的代表集于此地从事外汇交易。无形市场，则没有具体的地点，买卖双方通过电话、电传、电报或其他通信手段来进行交易。

外汇市场的参与者有：经营外汇业务的指定银行、外汇经纪人、进出口商、外汇投机者和其他外汇供求者。此外，各个国家的中央银行也经常参与市场活动和采取干预措施，以保持本国汇率的稳定。

（二）外汇市场的业务

外汇市场的业务主要有以下几种：

1. 即期外汇交易

也称现汇交易，是指外汇银行与客户或银行同业之间按照当天的即期汇率做成的外汇买卖交易。它一般在交易当日或两日内进行交割，它可以在银行柜台上通过电话、电报、电传方式进行。即期外汇交易在外汇市场交易中占主要地位。

2. 远期外汇交易

又称“期汇交易”，是指买卖双方先订立买卖合同，规定外汇买卖的数量、期限、汇率等，到约定日期才按合同规定的汇率进行交割的外汇业务。预约的交割期限按日计算，一般为1个月到6个月，最长可以到1年或1年以上，但以3个月期限的居多。远期外汇交易是进出口商防止外汇汇率变动风险的一种措施，也是从事外汇业务银行平衡其外汇头寸的重要方式。

3. 掉期外汇交易

是指一种货币在被买入（卖出）的同时即被卖出（买入），所买入（卖出）和卖出（买入）的货币金额相等但期限不同，一为即期，一为远期，或两个不同期限的远期。交易的结果是交易者所持有的货币期限发生变化，这就是“掉期”的含义所在。

4. 套汇交易

是指同时在不同的外汇市场上，利用某两种货币或多种货币的汇率差异，采用贱买贵卖的原则，套取收益的外汇交易，它又可分为地点套汇、时间套汇和利息套汇几种。

（1）地点套汇。它可分为直接套汇和间接套汇两种。直接套汇是最简单的一种套汇，也称双边套汇，是指利用同一种货币在两个不同地点的外汇市场上的汇率有高低差价，同时在这两个外汇市场上一面买进一面卖出这种货币，以赚取汇率差价。间接套汇是指利用三个不同地点的外汇市场上的货币汇率差异，贯彻贱买贵卖的原则，同时在这三个外汇市场买进卖出外汇，进行套汇获利。

（2）时间套汇。是指在同一外汇市场上利用外汇交割期的不同，套取货币汇率的远期升水或贴水以获利的外汇交易。

（3）利息套汇。也称套利，是指利用两个国家或地区金融市场短期投资利率的差异，将资金从利率较低的金融市场转移到利率较高的金融市场进行投资，以赚取利差的外汇交易。

5. 期权交易

在外汇市场上进行的期权交易是指货币期权。货币期权交易实际上是一种货币合约交易，是指买方有权在期权合约期内或到期日按商定的汇率买进或卖出商定数额的外汇，但也可以不执行合约的一种交易。

二、黄金市场

（一）黄金市场的概念

黄金市场是集中进行黄金买卖的交易场所，是构成金融市场的一个重要组成部分。

按其性质划分，黄金市场可分为主导市场和区域市场。主导市场是国际性交易集中的市场，其价格的形成和交易量的变化对其他市场有很大影响。区域市场是指交易规模有限且多集中在本地区及市场影响不大的市场。此外，黄金市场可分为现货市场和期货市场、自由交易市场和限制交易市场等。

世界黄金市场的参加者是黄金的需求者、供应者和经纪人。供应者主要是：

（1）黄金生产者；

（2）各国政府、国际货币基金组织、抛售黄金的私人；

（3）出售金币的某些国家。

黄金的需求者主要是：

（1）各国中央银行，其目的是用作官方储备资产；

（2）工业生产者，其目的是用其作为原料；

（3）私人，其目的是为保值或投机。

目前世界上大约有40多个黄金市场，其中最著名的有伦敦、苏黎世、纽约、芝加哥、我国香港地区、巴黎、新加坡等。

2002年10月30日，上海黄金交易所成立，我国黄金市场正式形成。

(二) 黄金市场上的主要交易方式

黄金市场上主要有现货和期货两种交易方式：

(1) 现货交易。是指交易双方在成交后两个工作日交割的黄金交易方式。

(2) 期货交易。是指先由交易双方签订合同并交押金后，在预约的日期再进行实际交割的交易方式。

黄金期货与商品期货一样，一般不需真正交货，绝大多数合约在到期前已经对冲掉了。

第十四章　金融监管

第一节　金融监管概述

一、金融监管的概念

金融监管是金融当局依据法律、法规和社会公众利益需要，为了维护金融业的合法、稳健运行，实现公平竞争，保证国家货币政策的正确贯彻执行，运用政策手段和法律手段，对各类金融机构、金融市场的所有活动进行监督和管理的总称。在市场经济条件下，金融业是一个竞争最激烈、风险最高的领域，是整个国民经济的神经中枢。金融领域一旦出现大的危机，就会给一国国民经济造成巨大影响，故各国政府都非常重视通过金融监管机构对金融活动实行监管，以保证金融体系的运行安全。

二、金融监管的必要性

为什么要进行金融监管，监管经济学给出了部分回答，一种较为广泛认同的观念是市场失灵，主要表现在：

（一）金融体系的负外部效应

金融体系的负外部效应是指金融机构破产倒闭及其连锁反应，将通过货币信用紧缩破坏经济增长的基础。由于金融业的关联性较强，一家机构的倒闭会引起较大的连锁反应；在金融国际化的背景下，一个国家和地区的金融风险会很快传播到全世界。由于金融业的这些性质，使金融风险传导具有发生速度快、传播面广、给债权人造成的损失大、对经济危害深的特点。这种连锁反应所涉及的范围远远大于工业和贸易，而且极度易引发系统性金融危机。这就使金融监管具有必要性。

（二）金融体系的公共产品特性

一个稳定、公平、有效的金融体系所带来的利益为社会公众所共同享受，无法排斥某一部分人享受此利益，而且增加一个人享用这种利益，也并不影响生产成本，金融体系对整个社会而言具有明显的公共产品特性。这种公共性就要求政府对其采取特殊的监管，以保证金融体系的稳定。

（三）信息不对称

在不确定性研究基础上发展起来的信息经济学表明，信息的不完全和不对称是市场经济不能像古典和新古典经济学所描述的那样完美运转的重要原因之一。金融体系中存在着更加突出的信息不完备和不对称现象，导致即使主观上愿意稳健经营的金融机构也可能随时因信息不对称问题而陷入困境。然而，单个金融机构又难以承受收集和处理信息的高昂成本。因此，政府及金融监管当局就有责任采取必要措施，减少金融体系中的信息不对称。

（四）金融垄断

市场经济本身存在一个悖论：充分竞争是市场机制发挥作用的前提，但市场竞争往往导致垄断，从而抑制竞争，妨碍效率的提高。一个竞争的金融体系迟早会出现金融垄断。金融垄断的结果是金融服务质量的下降和利率的下降及金融资源配置的扭曲。因此，为了防止金融垄断、维护市场竞争秩序，对金融业的监管是十分必要的。

三、金融监管的对象

从现行各国和地区的金融法规界定来看，金融监管的对象是一个国家和地区依法设立的一切境内金融机构或本国和地区的法人设在境外的金融机构。具体包括银行业、信托业、保险业、证券业等的一切金融机构（中央银行除外）。

四、金融监管的目标

金融监管的目标通常由各国的金融法规加以规定，当然也由国家的性质、金融业发展的历史、现状和特点所决定。由于各国法律、金融业的发展和社会制度特点等有所不同，因而各国金融监管的目标也不可能完全一样。

以世界较早建立金融制度的美国、德国、法国、日本等国为例，美国虽然建立中央银行比英国晚，但却建立了世界上最早的金融监管制度，它最初确定的金融监管的目标是控制商业银行的银行券发行，防止通货膨胀的发生；以后逐渐把保护公众利益、确保银行支付、应付金融危机确定为金融监管的目标；现阶段，美国的金融监管目的是确保一个安全与稳定的金融体系，并在竞争的市场上为公众提供尽可能多样化的金融服务，促进金融法律的实施，促进金融服务市场的竞争、效率、一体和稳定。德国现行金融法律规定的金融监管目标是：确保中央银行货币政策的执行，保证金融业务的顺利进行，保护银行存款者的存款安全，保护货币和金融活动不损害国民经济。

根据我国金融法律规定和现实国情，我国金融监管目标可概括为：实现金融业经营与国家金融货币政策的统一；减少金融风险、保证经营安全；实现公平、有效的竞争，促进我国金融业的健康发展。

从总体上看，各国金融监管的目标主要包括以下三个方面：

（一）维护金融体系的稳定和安全

金融监管机构要建立和维护金融交易秩序，监督金融机构稳健经营，降低和防范金融风险，维护公众对金融体系的信心，防止系统危机和市场崩溃的发生。

（二）保护社会公众利益

银行存款人、证券市场普通投资者及其他金融机构的公众客户在信息拥有、资金规模等方面不占优势，金融监管机构可以通过提高市场信息透明度等措施，对公众的利益加以维护。

（三）促进公平、有效的竞争，提高金融市场运行效率

金融监管机构要确保金融市场主体拥有平等的机会和权利，实现公平竞争，实现金融资源的优化配置。

五、金融监管的内容

金融监管的内容可进行如下分类：

按金融监管的范畴可划分为金融行政监管和业务监管。前者是对各类金融机构的设立、撤并、升格、降格、更名、迁址、法人资格审查、业务范围界定、资本金年审等的监管；后者是对银行存贷款利率、结算、信贷规模、资产负债比例、信贷资产质量、经营风险、账户账号开立、存款准备金的管理、监督和检查。

按金融监管的性质可划分为合规性金融监管和风险性金融监管。合规性金融监管是指金融机构的审批、信贷资金管理、结算纪律监管、账户管理的监管、外汇外债监管、金融市场监管、社会信用监控、金融创新规范监管等；风险性金融监管是指监测金融机构资本充足性、资产流动性、资产风险性、经营效益性等。

按金融监管的主要内容或范围看，主要分为市场准入监管、金融风险监管、金融业务监管主市场退出监管。

市场准入监管是对金融机构筹建、设立、经营即进入市场的监管。这是一个关系到金融业能否健康发展，金融业结构和规模是否适度，金融机构是否具备设立资格，是否会给社会经济带来消极影响的重要环节。

分散风险是金融机构经营的原则，也是金融监管的重要内容。金融机构的变化，金融工具的不断创新、表外业务的逐步扩大以及企业改制，都孕育了新的金融风险，各种风险之间的联系和影响也更加紧密和复杂，这充分说明金融风险监管的重要性和艰巨性。从各国金融风险监管的内容看，金融风险监管主要包括资本充足率监管、最低实收资本金监管、资产负债比例监管和资产质量监管。

金融业务监管主要是对金融机构的经营范围、经营品种、经营合规性进行的监督与管理。

市场退出监管是指金融监管当局对金融机构退出金融业、破产倒闭或合（兼）并、变更等实施的监管管理。

第二节　金融监管模式

一、什么是金融监管模式

金融监管模式是指金融监管的职责和权力分配的方式和制度的总称。

二、金融监管模式的种类

由于各国历史发展、政治经济体制、法律与民族文化传统等方面的差异，各国金融监管模式也不同，具体见表 14－1。

表 14－1　有关国家和地区金融监管模式

机构特征	监管对象	国家和地区	备　注
在央行以外设立综合监管机构	银行、证券、保险	英国、日本、韩国、丹麦、挪威、瑞典	央行仍对金融稳定负责
央行负责综合监管	同上	新加坡、中国（1998 年保监会成立以前）	
完全分业监管		美国、中国（1998 年以后）、波兰、柬埔寨和我国香港地区	
在央行以外设立不完全综合监管机构	银行＋证券 银行＋保险	芬兰、墨西哥、瑞士、澳大利亚	芬兰金融监管机构仍挂靠在央行
央行监管银行与证券，不监管保险业	银行、证券	百慕大、塞浦路斯、多米尼加共和国、爱尔兰	
央行监管银行与保险，不监管证券业	银行、保险	哥伦比亚、厄瓜多尔、我国澳门地区、马来西亚	

三、我国金融监管模式的演变

新中国成立以来，我国金融监管模式随着生产关系的变化而不断变化，基本上与经济发展变化相适应，取得了较大的成绩，特别是有效地避免了 1997 年亚洲金融危机的巨大冲击。

我国金融监管模式的演变具体见表 14－2。

表 14－2　我国金融监管模式的演变

时　间	特　征	监管重点	缺　陷
1984 年以前	计划经济、单一银行体制、无风险、无监管		
1984～1998 年	中国人民银行行使央行职能，集银行、保险、证券监管于一身的综合监管格局	市场准入、合规性	不以风险为重点
1998 年机构重组①	央行监管银行、保监会监管保险、证监会监管证券	分业监管	同上
2003 年	成立银监会，银监会监管银行、保监会监管保险、证监会监管证券	分业监管	

① 1998 年机构重组是指央行撤销外资司、稽核监督局，成立银行监管一、二司，非银行金融机构监管局和合作监管局。目标是实现非现场监控和现场检查的统一，随后成立 9 个跨省的大区分行和 2 个营业部及 21 个监管办。

四、我国各金融监管机构的职责

根据2004年6月28日，我国三大金融监管机构签订的《三大金融监管机构分工合作备忘录》，明确了各自的职责。

（一）银监会的职责

根据国家法律和国务院的授权，银监会负责统一监督管理全国银行、金融资产管理公司、信托投资公司及其他存款类金融机构。具体职责如下：

（1）制定有关银行业金融机构监管的规章制度和办法；

（2）审批银行业金融机构及其分支机构的设立、变更、终止及其业务范围；

（3）对银行业金融机构实行现场和非现场监管，依法对违法违规行为进行查处；

（4）审查银行业金融机构高级管理人员任职资格；

（5）负责统一编制全国银行数据、报表，并按照国家有关规定予以公布；

（6）负责国有重点银行业金融机构监事会的日常管理工作；

（7）会同有关部门提出存款类金融机构紧急风险处置的意见和建议；

（8）国务院规定的其他职责。

（二）证监会的职责

根据《中华人民共和国证券法》、《股票发行与交易管理暂行条例》、《期货交易管理暂行条例》和《国务院办公厅关于印发中国证券监督管理委员会职能配置、内设机构和人员编制规定的通知》的规定，证监会依法对全国证券、期货市场实行集中统一监督管理，履行如下职责：

（1）研究和拟定证券、期货市场的方针政策、发展规划；起草证券、期货市场的有关法律、行政法规；制定有关证券、期货市场监督管理的规章、规则，并依法行使审批权或核准权。

（2）依法监管股票、可转换债券、证券投资基金的发行、交易、托管和结算；批准企业债券的上市；监管上市国债和企业债券的交易活动。

（3）依法监管境内期货合约的上市、交易和清算；监管境内机构从事境外期货业务。

（4）依法对公开发行和上市交易证券的证券发行人，上市公司，证券、期货交易所，证券、期货经营机构，证券登记结算机构，期货结算机构，证券投资基金管理机构，证券、期货投资咨询机构，资信评估机构进行监管；依法对从事证券业务的律师事务所、会计师事务所、资产评估机构的证券业务活动以及从事证券投资基金资产托管业务的金融机构的托管业务活动进行监管。

（5）依法制定证券、期货经营机构，证券、期货投资咨询机构和证券投资基金管理机构从业人员资格、资质标准和高级管理人员的任职管理办法并组织实施；依法制定证券从业人员的资格、资质标准和行为准则并监督实施；按规定管理证券、期货交易所，证券登记结算机构和期货结算机构的从业人员和高级管理人员。

（6）依法监管境内企业直接或间接到境外发行股票、上市；监管境内机构到境外设立证券机构；监管境外机构到境内设立证券机构、从事证券业务。

（7）依法监督检查证券发行、交易的信息披露情况，监管证券、期货信息传播活动，负责证券、期货市场的统计与信息资源管理。

（8）依法对证券业协会、期货业协会的活动进行指导和监督。

（9）依法对违反证券、期货市场监督管理法律、法规和行政规章的行为进行调查、处罚。

（10）管理证券、期货行业的对外交往和国际合作事务。

（11）法律、行政法规和国务院规定的其他职责，办理国务院交办的有关事宜。

（三）保监会的职责

根据国家法律和国务院的授权，保监会统一监督管理全国保险市场，维护保险业的合法、稳健运行。具体职责如下：

（1）拟订保险业发展的方针政策，制定行业发展战略和规划；起草保险业监管的法律、法规；制订业内规章。

（2）审批保险公司及其分支机构、保险集团公司、保险控股公司的设立；会同有关部门审批保险资产管理公司的设立；审批境外保险机构代表处的设立；审批保险代理公司、保险经纪公司、保险公估公司等保险中介机构及其分支机构的设立；审批境内保险机构和非保险机构在境外设立保险机构；审批保险机构的合并、分立、变更、解散，决定接管和指定接收；参与、组织保险公司的破产、清算。

（3）审查、认定各类保险机构高级管理人员的任职资格；制订保险从业人员的基本资格标准。

（4）审批关系社会公众利益的保险险种、依法实行强制保险的险种和新开发的人寿保险险种等的保险条款和保险费率实施备案管理。

（5）依法监管保险公司的偿付能力和市场行为；负责保险保障资金的运用政策，制订有关规章制度，依法对保险公司的资金运用进行监管。

（6）对政策性保险和强制保险进行业务监管；对专属自保、相互保险等组织形式和业务活动进行监管。归口管理保险行业协会、保险学会等行业社团组织。

（7）依法对保险机构和保险从业人员的不正当竞争等违法、违规行为以及对非保险机构经营或变相经营保险业务进行调查、处罚。

（8）依法对境内保险及非保险机构在境外设立的保险机构进行监管。

（9）制定保险行业信息化标准；建立保险风险评价、预警和监控体系，跟踪分析、监测、预测保险市场运行状况，负责统一编制全国保险业的数据、报表，抄送中国人民银行，并按照国家有关规定予以发布。

（10）按照中央有关规定和干部管理权限，负责本系统党的建设、纪检和干部管理工作；负责国有保险公司监事会的日常工作。

（11）承办国务院交办的其他事项。

五、国际金融监管模式的发展趋势

金融业发展水平较低的时期，各国普遍实行统一的监管模式。20 世纪 30 年代大危机以后，美国率先实行分业监管，成为众多国家效仿的对象，并引领潮流 50 多年。1986 年，挪威首先进行金融监管组织结构的变革，建立了统一的金融监管部门。1995 年，巴林银行倒闭暴露出监管方面的缺陷，促使英国成立金融监管局（FSA），对银行业、证券业和保险业实施统一监管，FSA 的成立将金融监管一体化推向了另一个高度。据世界银行专家 Luna Martinezt 和 Rose 的统计，从 1986～2003 年，全球有 46 个国家建立起一体化监管机构。因此，从纵向上看，国际金融监管体制经历了从统一监管向分业监管，又从分业监管向统一监管的回归过程。

国际金融监管模式呈现集中统一趋势的原因如下：一是金融自由化和金融创新使金融业务相互渗透，按照“监管结构必须映射市场结构”的观点，需要采取统一的金融监管模式来加强协调，提高监管效率；二是实行统一监管可以实现监管的规模经济；三是统一监管避免了监管权力与责任不对称而导致的监管重叠与监管缺位的现象。

六、对我国监管模式的争论

在国际金融监管模式呈现集中统一的趋势下，我国许多学者提出我国金融监管模式应向混业监管回归。其理由如下：

（1）适应混合经营的趋势。在政策和业务上，我国金融机构突破了分业经营的限制，例如，自 1999 年以来，相继允许国信、国通、光大等券商和证券投资基金进入银行间统一拆借市场，允许保险基金投资以证券投资基金的方式间接进入股票市场。2000 年 2 月发布《证券公司股票抵押贷款管理办法》，允许符合条件的证券公司以自营股票和证券投资基金做质押向商业银行贷款。与之相适应，在监管模式上应实行统一监管。

（2）金融创新的要求。随意金融创新的发展，迫切需要统一监管，以防止出现监管重叠和监管缺位。

（3）分业监管协调成本高。在分业监管模式下，协调各个监管机构的成本较高。2000 年 9 月，中国人民银行、证监会、保监会建立了“监管联席会议”，以期加强各部门的交流与合作，但这种联席会议制度只是论坛式的，难以真正发挥统一协调的功能，而统一监管可以轻易解决这一问题①。

第三节　金融创新与金融监管

一、金融创新和金融监管的博弈

从博弈论的观点看，金融创新与金融监管实际上是金融机构与监管当局之间的动态博弈过程，这个过程一般是“监管→创新（规避监管）→放松监管或再监管→再创新”，金融机构和监管当局好似跷跷板上做游戏的两方，它们不断地彼此适应。

二、金融创新与金融风险

金融创新及其所衍生的新品种仅将诸多金融风险以不同的组合方式再包装，金融创新

---

① 刘明：《货币金融学导论》，科学出版社，2006 年版，第 68～69 页。

只能转移风险而不能消除风险。更为严重的是，随着金融创新的发展，金融风险将集中于一些愿意承担风险的大的金融机构，一旦风险发生，可能导致整个金融体系的危机。在金融创新的情况下，各国政府如果放松金融监管，在提高效率的同时可能会带来新的问题，使金融领域面临更大的金融风险，最终影响社会稳定。因此，金融创新与放松金融监管所导致的金融风险的加大及社会不稳定性的增强说明了加强金融监管的重要性和必要性，金融监管永远具有存在的价值和生命力。

三、金融创新下的金融监管

20 世纪 80 年代，在新自由主义的影响下，各国纷纷放松金融监管，金融创新日新月异，与此同时，世界范围内的金融危机也相继出现。在这种情况下，以控制风险为主要内容的金融监管成为金融监管的重要内容，金融创新和金融监管之间的博弈进入再监管过程。这种监管主要表现在以下几方面：

（一）实施金融谨慎监管

国际金融领域在放松对金融机构直接管制的同时，加强以促进谨慎经营为主要目标的风险管理，以保证金融业的效率与稳定。各国加强金融监管的基本原则是促进公平竞争和提高安全性并举。例如，国际银行业加强风险监管的主要标志是 1988 年和 1992 年巴塞尔委员会先后颁布的以资本充足性为核心的协议和标准以及 2004 年 6 月 26 日该委员会发布的《巴塞尔新资本协议》。这些协议和标准反映了国际银行业加强监管的原则和方向，不少国家和地区已将此协议的精神融入本国的金融监管措施之中。

（二）金融监管走向国际化

金融监管的国际化主要表现在：

（1）各国改变单调内向的管理策略，采取综合性的国际性监管策略，监管政策、手段与全球发展趋势相一致。这主要体现在三个方面：一是监管政策的取向从金融业整体考虑，监管政策的覆盖面扩大，包括国内金融机构、国内金融机构的海外分支机构及本国境内的外国金融机构；二是监管内容是金融机构跨国经营带来的新问题、出现的新风险；三是监管手段比照国际标准，监管法规、会计和审计制度与国际惯例接轨。

（2）加强国际监管的协调与合作。由于各国金融结构在有关机构安排、政策原则等方面存在的差异性，不同国家的金融监管也存在一定的差异性，金融自由化使各国金融风险加大，金融国际化又使一国的金融监管力量显得不足，迫切需要加强国际合作。《巴塞尔协议》为大多数国家所接受说明各国在加强国际监管的协调与合作方面已迈出坚实的步伐。

（三）加强了对金融创新业务特别是衍生业务的监管

金融业务和金融工具的创新，尤其是金融衍生金融工具的迅猛发展，引发了一些巨额亏损案件，20 世纪 90 年代以来，这一问题更加突出。如美国长期资本管理公司濒临破产案件、英国巴林银行倒闭案、日本大和银行亏损案等无一不在国际金融界造成重大影响。为了把衍生业务的风险控制在最小限度内，各金融监管当局都着手从不同角度加强对衍生业务的监管。

（四）制定存款人、投资者保护规则

这些规则的目的是为了保证所有存款人和投资者能够获得充分的信息，并且在信贷和其他多种交易中享有公平的待遇。金融监管的一个重要目的，就是为了保护存款人和投资者的利益不受损失，特别是保护存款人和投资者免受因金融机构管理不善和诈骗活动所带来的损失。各国为此采取的措施各不相同。

英国、美国、加拿大等国由官方设立存款保险组织、存款机构强制参加保险。日本、比利时等国由政府、银行联合设立保险组织。法国、德国没有官方设置的存款保险组织，而是由银行协会负责并制定存款保险计划。

存款保险制度的存在也会引发道德风险问题。一般说来，风险越大，收益越高。在政府提供存款保险的情况下，存款者会在存款保险的限度内选择高风险、高收益的品种，其结果会对金融稳定产生影响。为避免存款保险制度的消极影响，目前美国已实施“及时纠正措施”。及时纠正措施的主要内容是：以计算自有资本比率为前提，由银行自己审定资产，并根据自我审定结果，进行适当的折旧和扣除。在实施该措施的过程中，监管当局的任务是检查金融机构是否真正确立了资产的内部监管，每项资产的评定是否适当，相对应的折旧、扣除是否合适等。美国按自有资本比率将金融机构分成五类，对于自有资本过低（小于2%）的金融机构，在90天内选出破产管理人，自动进入资产处理程序。

第十五章　国际金融

第一节　国际收支

一、国际收支的概念

国际收支是指一定时期内一国或地区的居民与非居民之间，由于经济、政治、文化等各项往来而引起的全部国际经济交易的系统货币记录。对于这一概念，应从以下几方面进行理解：

（1）国际收支是一个流量概念。

（2）国际收支反映的内容是以货币记录的交易。与国际收支这一名词的字面含义不同，它不是以收支为基础，而是以交易为基础，有些交易可能不涉及货币支付，但这些未涉及货币收支的交易须折算成货币加以记录，如海外直接投资收益的再投资。

（3）国际收支记录的是一国居民和非居民之间的交易。在国际收支统计中，居民是指在一个国家或地区的经济领土内具有一定经济利益中心的单位，而不管其国籍如何。所谓一国经济领土，一般包括一个政府所管辖的领土，还包括该国天空、水域和邻近水域的大陆架，以及该国在世界其他地方的“飞地”。依照这一标准，一国的大使馆等驻外机构是所在国的非居民，而国际组织是任何国家的非居民。所谓在一国经济领土内具有一定经济利益中心，是指该单位在某国或地区的经济领土内在1年或1年以上时间中已经大规模地从事经济活动和交易，或计划如此行事。例如，美国的通用电气公司在我国的子公司，是我国的居民，是美国的非居民，子公司与母公司之间的业务往来是我国和美国国际收支流量的内容。

一般说来，一个国家或地区的居民单位主要由两大类单位组成：一是家庭和组成家庭的个人；二是法定的实体和社会团体，如公司和准公司、非盈利机构和该经济体中的政府。

二、国际收支平衡表

（一）什么是国际收支平衡表

国际收支平衡表是系统记录一个国家或地区在一定时期内各种对外往来所引起的全部国际经济交易的一种统计报表，它是集中反映一个国家或地区国际收支状况的一种流量表。

（二）国际收支平衡表的内容

国际收支平衡表所包括的内容很广泛，各国编制方法又不尽相同。为了在世界范围内进行汇总和比较，IMF 在其《国际收支》手册中提出一套关于国际收支平衡表项目标准分类建议，并根据国际经济发展的现状和要求调整。这一《国际收支手册》已于 1995 年出第五版，我国已于 1997 年按照这一标准格式编制国际收支平衡表，其基本内容如下：

1. 经常项目（Current Account）

经常项目也译为经常账户，是用来反映商品、服务进出口及净要素支付等实际资源流动的账户，经常账户分为货物、服务、收益和经常转移四个项目，各个项目列出借方总额和贷方总额。

（1）货物。也称为“商品贸易”或“有形贸易”。货物进出口的差额称为贸易差额。IMF 建议，所有的进出口一律以商品所有权变化为原则进行调整，均采用离岸价格进行计价。

（2）服务。也称“劳务、无形贸易”，包括运输、旅游、通信、建筑、金融服务、计算机和信息服务、专有权使用费和特许费、各种商业服务、个人文化娱乐服务等。

（3）收益。也称为收入，反映生产要素流动引起的生产要素报酬的收支，主要包括职工报酬和投资收益。

（4）经常转移。也称为“无偿转移”或“单方面转移”，指商品、劳务或金融资产在居民和非居民之间的单方面的无偿转移，包括政府转移（如无偿援助、战争赔款）和私人转移（如侨汇、资助性汇款、无偿捐赠、退休金）。

2. 资本与金融账户（Capital and Financial Account）

资本与金融账户是对资本所有权在国际间流动行为进行记录的账户，包括资本账户和金融账户两部分。

（1）资本账户。资本账户反映资产在居民和非居民之间的转移，包括资本转移和非生产、非金融性资产的收买和出售。

资本转移由投资捐赠和债务注销两部分组成，前者可以现金形式来进行，也可以实物来进行；后者则是指债权人放弃债权而未取得任何回报。

非生产、非金融性资产的收买或出售，包括不是由生产创造出来的有形资产（土地、和地下资产）和无形资产的收买和出售。尤其需要指出的是，经常账户服务项下记录的是无形资产的运用所引起的收支，而资本账户的资本转移项下记录的是无形资产所有权买卖所引起的收支。

（2）金融账户。金融账户主要反映居民和非居民之间投资与借贷的增减变化。根据投资类型和功能划分，金融账户分为直接投资、证券投资、其他投资三部分。

直接投资是指一国或地区的居民在国外建立企业、购买境外企业一定比例以上股权或利润再投资的行为。其主要特征在于投资者对非居民企业拥有有效的发言权，即以投资者寻求在本国以外运行企业获取有效发言权为目的的投资。至于购买国外企业股权的比例大多为直接投资而非证券投资，各国标准不一，但最低限度一般在 10% ~15% 之间。

证券投资的对象分为股本证券和债务证券两类形式。

其他投资是一个剩余项目，除直接投资、证券投资和储备资产等项目以外的所有资本交易均在此记录，具体包括贸易信贷、贷款、货币和存款及其他资产负债等形式。

为便于讨论，我们一般把资本与金融账户称为资本项目。

3. 储备资产（Reserve Assets）

储备资产是指货币当局可随时动用并可控制在手的外部资产，具体包括货币性黄金、特别提款权、在 IMF 的储备头寸、外汇资产以及其他对非居民拥有的债权。其中特别提款权是 IMF 对会员国根据其份额分配的、可以用于归还 IMF 和会员国政府之间偿付国际收支赤字的一种账面资产。

4. 净差错和遗漏（Net Errors and Omissions）

国际收支平衡表采用复式记账法，因此所有账户的借方总额和贷方总额应相等。但由于统计资料来源和时点不同以及一些人为因素（如虚报出口、资本外逃）等原因，往往造成借贷不相等，出现净的借方余额和贷方余额。为使国际收支平衡表的借方总额和贷方总额相等，编表人员人为地在国际收支平衡表中设立“净差错和遗漏”这个单独项目，来抵消这个净的借方余额或净的贷方余额。如果借方总额大于贷方总额，其差额记入此项目的贷方；反之，则记入借方。

（三）国际收支平衡表的编制方法

1. 记账方法

国际收支平衡表是采用复式记账法的借贷原理进行编制的，也就是说一笔交易要记载两次，一次记入借方，一次记入贷方，或一次记入贷方，一次记入借方。一切收入项目或资产减少、负债增加的项目都反映在贷方，此项目常被称为正号项目，一切支出项目或资产增加、负债减少的项目都反映在借方，此项目常被称为负号项目。一般来讲，贷方表示本国居民从国外居民收取的款项；借方表示本国居民向外国居民支付的款项。

为了便于理解上述记账方法，现举例如下：

（1）易货贸易。日本一出口商出口了价值 150 美元的商品给英国一进口商，而英国的进口商以价值相同的另一种商品相抵，则日本国际收支平衡表的贷方记入 150 美元，借方也记入 150 美元。

（2）进口商以在出口商的存款支付货款。日本一出口商出口 300 美元的商品给英国一进口商，英国的进口商用在日本银行的存款支付，造成日本负债减少 300 美元。这样，在日本国际收支平衡表上，贷方记入 300 美元，借方也记入 300 美元。

（3）出口商接受外国货币支付。日本一出口商出口 250 美元的商品给英国一进口商，而英国进口商以相当于 250 美元的英镑支付，并存入日本出口商在英国银行的账户，日本的国外资产增加。这样，在日本国际收支平衡表上贷方记入 250 美元，借方也记入 250 美元。

2. 记账单位和折算方法

国际收支平衡表中的记账单位，可以采用本国货币，其好处是：以此统计资料可以直接和本国国民经济核算及其他统计资料进行比较。也可选用大多数人所熟悉的国际货币，其好处是：便于进行国际对比；但在选择国际货币时，要选择汇率相对稳定，各国普遍接受的“硬通货”。

在编制国际收支平衡表时，由于各种交易所使用的货币不同，需要将原币折算成统一的记账单位。折算时，原则上应当采用进行交易时的外汇汇率，以排除由于汇率变化所引起的计价变动的影响，但在实际工作中很难做到，一般用当月或当旬的平均汇率进行折算。

3. 统计指标

国际收支平衡表中的数字都是流量，不是存量，即国际收支平衡表中所有项目的数字都是一定时期内的累计变动额。

4. 统计对象

在统计国际收支平衡时，常常涉及应包括哪些内容即统计对象的问题，统计对象包括对人和对物两个方面。

就对人来说，判断一项交易是否应包括在一国国际收支平衡中，所依据的既不是国籍，也不是国界，而是依据交易双方是不是这个国家的居民和非居民。

就对物来说，国际收支应包括各种“交易”，所谓交易泛指国际收支平衡中应予表现的各种变化。但对交易有两点限定：

（1）所有被包括的交易都必须具有经济价值，虽然涉及双方，但不能估价其经济价值的行为，都不能认为是交易。

（2）交易必须是在本国居民和非居民（外国居民）之间进行，否则，即使双方都采用外币进行交易，也不能列入国际收支平衡表中，不能在一国国际收支平衡表中予以反映。

5. 统计申报工作

要及时、准确和完整地掌握国际收支状况，就必须加强国际收支统计，而国际收支统计申报工作是国际收支统计的基础和关键。

1996 年 1 月 1 日起实施的《国际收支统计申报办法》是我国外汇管理的一项重要制度，也是我国统计工作的一项重要内容。该制度规定：我国企业、机关、团体或个人通过境内金融机构向境外支付的所有支出款项和从境外获得的所有收入款项，不论是经常项目还是资本项目，均须在办理收付款时填写申报表，通过银行向国家外汇管理局或其分支机构进行逐笔申报，这又称为间接申报，银行应监督和协助客户进行申报。

另外，外商投资企业以及对境外有直接投资的企业，须按期申报其投资者权益、直接投资者与直接投资企业间的债权债务状况，以及分红派息情况；金融机构必须按期申报对外资产负债及损益、汇兑业务情况；证券交易机构必须按期申报我国居民个人、企业单位与外国有关部门之间证券交易及分红派息的情况。以上是直接申报，由经办国际收支业务的机构直接向国家外汇管理部门申报。

国家外汇管理局负责组织实施国际收支统计申报工作，并负责监督、检查。

（四）国际收支的失衡或均衡

1. 含义

为了了解国际收支均衡或失衡的含义，有必要对国际收支平衡表中所反映的交易进行分类，按交易的性质划分，国际收支平衡表中所反映的交易分为自发性交易和调节性交易。

所谓自发性交易是基于自身动机，为了经济上的某种目的而自动进行的交易，是以个人或企业的独立经济活动为基础，以追求利润为目的而进行的商品、劳务交易与资本输出入，包括经常项目、资本与金融项目。这些交易发生后列入各有关项目，在一定时期内，其结果必然出现收大于支、收小于支或收等于支，我们分别称它们为顺差、逆差和均衡。

调节性交易是在国际收支自发性交易产生差额时而进行的交易，又称补偿性交易，主要包括官方储备、错误与遗漏两个平衡项目。

所谓国际收支均衡是指不依靠调节性交易而以自发性交易就能实现的均衡，或者说是经常项目与资本项目交易结果的平衡，如果必须以调节性交易维持均衡，就是国际收支的失衡。

2. 国际收支失衡的种类

按引起国际收支失衡的原因分类，西方学者把国际收支失衡归结为四种类型：

（1）周期性失衡。指在资本主义国家经济周期循环中，因国民经济的消长、人们收入和社会需求等的增减变化不同而造成的国际收支失衡。

（2）收入性不均衡。指由于资本主义国家国民收入的增减变动而造成的国际收支失衡。国民收入的变动主要有两方面的原因：一是周期性波动；二是经济增长率的高低。前者导致国际收支周期性失衡，后者导致国际收支收入性不均衡。假如一国经济增长率高，国民收入相应增加，导致投资、进口、消费和旅游等的增加，往往会造成国际收支逆差；假如经济增长率低，国民收入相应减少，进口和消费跟着减少，物价下跌，在汇率不变的情况下，有利于出口，不利于进口，会使国际收支恢复均衡，甚至出现顺差，又会造成国际收支不均衡。

（3）货币性不均衡（失衡）。指由于一国通货膨胀或通货紧缩引起的国际收支不均衡。在汇率一定的情况下，如果物价上涨，出现通货膨胀，其出口商品的成本必然上升，以外国货币表示的本国商品的价格就会上涨，会削弱本国商品在国际市场上的竞争能力，影响商品的输出，进而影响本国的外汇收入，致使国际收支出现逆差；反之，如物价下跌，通货紧缩，则会出现相反的情形，致使国际收支出现顺差。

（4）结构性不均衡（失衡）。指一国的出口商品结构不能适应国际市场需求的变化而产生的国际收支失衡。在当今生产技术日新月异、不断创新、代用品不断呈现、市场竞争非常激烈的情况下，一国的商品结构如果不符合人们的需要，必然造成国际收支失衡。

3. 国际收支失衡的危害

由于种种复杂的原因，国际收支失衡是经常发生的、不可避免的。我们不能从传统的保守的理财思想出发，认为顺差就是好的，逆差就是坏的；恰恰相反，同国民经济运行相协调的逆差是可以存在的，同国民经济运行不相协调的顺差则是不能接受的。但这并不是说顺差或逆差的数额越大越好，因为持续存在的顺差或逆差都是有害的。

持续的巨额顺差造成以下危害：

（1）使国内总需求大于总供给，影响经济的正常发展，这是由于：第一，大量出口商品直接减少了国内总供给；第二，顺差产生的储备结余持有者的兑换要求会迫使中央银行增发货币，创造了新的需求；第三，国际资本的流入，增加了货币存量。

（2）随着顺差而来的货币升值提高了以外币表示的出口商品价格，降低了以本国货币表示的进口商品价格，不利于一国的出口，会影响生产的发展。

（3）对某些生产力水平不高，依靠资源的发展中国家而言，过度的顺差意味着国内资源的掠夺性开发，会给以后的经济发展留下隐患。

持续的、巨额的逆差造成的危害是：

（1）遏制了本国经济的发展。

（2）国际储备不足，影响国际偿债能力，损害了本国的国际信誉。

（3）如果用借款弥补逆差，很容易陷入债务危机的陷阱；如果由于资本输出过多引起国际收支逆差，很容易蒙受当今日益动荡不安的国际金融市场的风险损失，发生所谓的“债权危机”。

4. 国际收支的调节

既然持续的大额的国际收支不均衡带来的危害很大，那就应该采取措施进行调节，从当今世界各国情况来看，主要采取以下措施：

（1）财政政策，即运用财政杠杆达到国际收支均衡的目的。当一国国际收支出现逆差时，就增加税收、减少财政支出，执行紧缩的财政政策，以减少国内需求，限制进口，使国际收支趋于均衡，其过程如下：

国际收支逆差→紧缩的财政政策→需求减少→进口减少→逆差减少以至消失

当一国国际收支顺差时，就减税、增加财政支出，执行扩张性的财政政策，以增加国内需求，从而增加进口，减少以至消灭顺差，其过程如下：

国际收支顺差→扩张性的财政政策→增加需求→增加进口→顺差减少以至消失

（2）货币政策，即运用货币调控手段达到国际收支均衡的目的。当一国国际收支出现逆差时，一国金融当局通过提高利率、存款准备金率，压缩信贷规模等办法以吸引外资，限制国内需求，促使资本流入，以消灭或减少逆差，即通过紧缩的货币政策来调节国际收支，其过程如下：

国际收支逆差→紧缩的货币政策→吸引外资限制国内需求→资本流入进口减少→逆差减少以至消失

当一国国际收支出现顺差时，一国金融当局实施扩张性的货币政策，即降低利率、降低存款准备金率、扩大信贷规模，以扩大国内需求，减少外资流入，导致顺差减少或消失，其过程如下：

国际收支顺差→扩张性的货币政策→外资流入减少社会需求扩大→资本流出进口增加→顺差减少以至消失

（3）汇率调整政策。指一国官方当局公开宣布法定货币贬值或升值的办法，以调节进出口，影响资本的输出和输入，维持国际收支的均衡。

（4）直接管制政策。财政、货币、汇率政策产生预期的效应需通过市场机制，且政策发挥作用所需的时间较长，因此，一些国家常采取直接管制政策来调节国际收支。直接管制政策分为以下几个方面：从财政方面讲，以高关税限制进口和用国家财政补贴刺激进口；从货币政策方面讲，主要是通过制定歧视性的汇率和实行严格的外汇使用控制来扩大出口，限制进口；从贸易方面讲，实施进口许可证制和进口配额制，对进出口加以硬性规定。

用直接管制调节国际收支的优点是立竿见影、收效快，但也往往会招来其他国家的报复而酿成世界范围内的贸易“冷战”。

（5）其他措施。调节国际收支失衡的措施除以上四种措施外，还包括以下一些措施：一是对于短期的、暂时性的国际收支失衡，各国往往倾向于用储备资产加以解决。二是为了避免以上四种措施造成的国与国之间的报复行为，而扰乱正常的国际经济秩序，各国往往倾向于通过各种形式的国际经济、金融合作来调节国际收支，主要方式有：国际债务的重新安排，国际贸易互惠协议的签订，共同市场和经济一体化的形成。三是国际磋商与对话，诸如著名的西方七国首脑会议，国与国之间的谈判等。

第二节　外汇与汇率

一、外汇的概念

外汇是国际经济交往中最普遍和最常见的名词，也是国际金融学中最基本和最重要的概念。

从完整的角度看，外汇具有动态和静态两种含义。

外汇的动态含义是指将一种货币兑换成另一种货币，借以清偿国际间债权债务关系的一种专门性的经营活动。可见外汇的动态含义所强调的是外汇交易的主体，即外汇交易参与者及其行为。

外汇的静态含义有广义和狭义之分。广义的外汇是指一切以外币表示的资产；而狭义的外汇仅指以外币表示的、可用于国际间结算的支付手段和金融资产。可见，外汇的静态含义所强调的是外汇交易的客体，即用于交易的对象。人们最为广泛使用的外汇是指静态、狭义的外汇。我国目前也在这一意义上使用外汇这一概念。

我国《外汇管理条例》（1996 年 1 月 8 日国务院通过，1996 年 4 月 1 日起实施）第三条规定：“本条例所称的外汇，是指下列以外币表示的可以用作国际清偿的支付手段和资产：

（1）外国货币，包括纸币、铸币；

（2）外币支付凭证，包括票据、银行存款凭证、邮政储蓄凭证等；

（3）外币有价证券，包括政府债券、公司债券、股票等；

（4）特别提款权、欧洲货币单位；

（5）其他外汇资产。”

根据上述外汇定义，我们可得出外汇的三个基本特征即外汇是一种金融资产、外汇必须是以外币表示的金融资产、用作外汇的货币必须具有充分的可兑换性即一种货币能够不受限制地兑换成其他国家的货币。

二、外汇汇率

（一）概念

外汇汇率又叫外汇牌价或外汇行市，是将一个国家的货币折算成另一个国家的货币时的比率，也可以说是以一个国家的货币表示另一国货币的价格。

（二）标价方法

外汇汇率是两种货币（本币与外币）之间的交换比率。因此，在确定这一比率时，就必须首先确定是以本币为标准，还是以外币为标准。按照选择标准的不同，汇率有直接标价法和间接标价法两种表示法。

所谓直接标价法是用一定数额的外国货币来表示一定单位的本国货币，即以本国货币来表示外国货币的价格。由于这种标价方法是以一定单位的外国货币为基准来计算应付多少本国货币，即应支付多少本国货币方能收入一定单位的外国货币，所以也称为应付标价法。

所谓间接标价法是指用一定数额的本国货币来表示一定单位的外国货币的标价方法，也就是以外国货币来表示本国货币的价格。这种标价方法是用一定单位的本国货币为基准来计算应收多少外国货币，即收入多少外国货币方可支付一定单位的本国货币，所以也叫应收标价法。

从目前世界各国所采用的标价方法来看，除英国用间接标价法外，其他国家都采用直接标价法。

（三）汇率的种类

按照不同的标准划分，汇率分为以下几种类型：

1. 按银行买卖外汇的角度划分，可分为买入汇率和卖出汇率

所谓买入汇率是银行向同业或客户买入外汇时所使用的汇率。

所谓卖出汇率是银行向同业或客户卖出外汇时所使用的汇率。

2. 按外汇交易支付工具付款速度的快慢为标准，可分为电汇汇率、信汇汇率、即期汇票汇率和长期汇票汇率

电汇汇率是用电报方式买卖外汇时所使用的外汇汇率。

信汇汇率是用信函通知付给外汇的汇率。

即期汇票汇率是银行买卖即期汇票的汇率。

长期汇票汇率是银行买卖长期汇票时所使用的汇率。

3. 按照外汇管理的宽严程度划分，可分为官方汇率和市场汇率

官方汇率是指国家机构公布的汇率，并规定一切外汇交易都按其公布的汇率为准。

市场汇率是外汇市场上买卖外汇的实际汇率。

4. 按制定汇率的不同方法划分，可以分为基本汇率和套算汇率

所谓基本汇率是指本国货币和国际上关键货币（即广泛使用的、可自由兑换的、可用作储备的货币）的比价，目前各国大都以本国货币与美元、英镑的汇率为基本汇率。

通过基本汇率套算出来的对其他国家货币的比率，称为套算汇率。

5. 国际货币基金组织对汇率制度的分类

国际货币基金组织（IMF）将当前各国的汇率制度分为八类：

（1）放弃独立法定货币的汇率制度。一国不发行自己的货币，而是使用他国货币作为本国唯一的法定货币，或在一个货币联盟中，各成员国使用共同的法定货币。

（2）货币局制度。货币当局做出明确的、法律上的承诺，以一固定的汇率在本国（地区）货币与一指定外币间进行兑换，并且对货币发行当局确保其法定义务的履行施加限制。

（3）通常的固定钉住汇率制度。一国将其货币以一固定的汇率钉住某一外国货币或者外国货币篮子，汇率在1%的狭窄区间内波动。

（4）水平波幅内的钉住汇率制度。与第三类的区别在于，波动的幅度宽于1%的区间。比如，丹麦的波幅为2.5%，埃及为3%，匈牙利则达到15%。

（5）爬行钉住汇率制度。一国货币当局以固定的、事先宣布的值，对汇率不时进行小幅调整，或根据多指标对汇率进行小幅调整。

（6）爬行波动汇率制度。一国货币汇率保持在围绕中心汇率的波动区间内，但该中心汇率以固定的、事先宣布的值，或根据多指标，不时地进行调整。如以色列的爬行波幅为22%。

（7）不事先宣布汇率轨迹的管理。一国货币当局在外汇市场进行积极干预以影响汇率，但不事先宣布或承诺汇率的轨迹。

（8）独立浮动汇率制度。本国货币汇率由市场决定，货币当局偶尔进行干预，但这种干预旨在缓和汇率的波动，防止不适当的波动，而不是设定汇率水平。

到2001年底，IMF共有185个成员国（地区），各个国家或地区的汇率情况如表15－1所示。

表15－1　世界各国（地区）的汇率制度

类　别	汇率制度名称	国家（地区）的数量
第一类	放弃独立法定货币	40
第二类	货币局制度	8
第三类	固定钉住	40
第四类	水平波幅钉住	5
第五类	爬行钉住	4
第六类	爬行波幅	6
第七类	管理浮动	42
第八类	独立浮动	40

资料来源：《International Financial Statistics Yearbook》（2002）。

此外，汇率还有单汇率制和复汇率制的区分。单汇率制，是指无论是交易往来还是金融往来都采用同一汇率；复汇率制，是指对对外贸易外汇采用一种汇率，对金融外汇采用另一种汇率，同时使用两种不同的汇率。

三、汇率制度的演变

从汇率的发展史来看，汇率制度分为固定汇率制和浮动汇率制两种类型。

（一）固定汇率

固定汇率制是以本国货币的含金量作为制定汇率的基础，在这种汇率制度下，汇率或是由黄金的输入或输出加以调节，或是在中央银行的干预下在一定幅度内波动，故具有相对的稳定性。

固定汇率制有两种形式，即金本位制下的固定汇率制和黄金—美元本位制下的固定汇率制。

1. 金本位制下的固定汇率制

金本位制度的特点是用黄金规定货币所代表的价值，每一货币单位都有法定的黄金量，于是货币所含的黄金量便成为各国货币汇率的基础。两国货币之间的比价，就是两种货币的含金量之比，这种比价称为铸币平价或法定平价，又称外汇平价。但在现实的外汇市场上，外汇汇率并不同铸币平价一致，而是随着外汇市场的供求关系发生波动，即汇率以铸币平价为基础，围绕铸币平价上下波动。然而，不论外汇供求力量多么强大，汇率的波动是有限度的。这个波动的限度就是黄金的输入点或黄金的输出点，合称为黄金点，所谓黄金输出点是铸币平价加运金费用，所谓黄金输入点是铸币平价减运金费用。

当一国国际收支产生逆差，外汇汇率上涨超过黄金输出点时，国内客户宁可以本国货币向本国货币当局兑换黄金，以黄金的输出来清偿债务，也不愿用高价购买外汇清偿债务，导致黄金外流。当国际收支顺差时，外汇汇率下跌，低于黄金输入点时，国内出口商宁可收取黄金，而不愿收取外汇，形成黄金流入。正是通过黄金的流出和流入，促使了国际收支的均衡。

2. 黄金—美元本位制下的固定汇率制

第一次世界大战后，金本位制陷入崩溃，汇率十分混乱，影响了世界经济贸易的发展。到第二次世界大战后，美国经济地位不断增强，拥有大量的贸易顺差，登上了资本主义世界金融霸主的地位，形成了以美元为中心的固定汇率制。

1944 年 7 月 1 日，联合国 44 国代表在美国新罕布什尔州的布雷顿森林举行的联合国货币金融会议上，签订《国际货币基金组织协定》。根据这个协定，1945 年 12 月成立了“国际货币基金组织”和“世界银行”，从而建立起了以美元为中心的世界货币体系，在这个体系的基础上，产生了以美元为中心的固定汇率制度，又称为布雷顿森林体系。

以美元为中心的固定汇率制度的基本内容可概括为“双挂钩”制度，即美元与黄金挂钩、其他国家的货币与美元挂钩。

（1）美元与黄金挂钩。就是指其他国家必须承认美国政府规定的 35 美元 1 盎司的黄金官价，未经美国同意，该官价不能随意变动。而美国则准许外国中央银行或政府机构以其持有的美元按官价向美国兑换黄金，以维持美元等同黄金的地位。

（2）其他国家货币与美元挂钩。根据 1 盎司黄金等于 35 美元的官价，1 美元的含金量为 0. 888671 克，其他国家的货币以美元的含金量作为各国规定货币平价的标准，各国货币对美元的汇率，按各国货币的含金量与美元含金量的比率确定，或不规定含金量，而只规定对美元的比价，间接与美元挂钩。这就意味着其他国家的货币钉住美元，美元成为各国货币围绕的中心。各国货币对美元的汇率只能在平价上下波动1%，1971年以后，调整为平价上下的2.25%，超过这个限度，各国中央银行有义务在外汇市场上进行干预。

（二）浮动汇率制度

以美元为中心的固定汇率制度，虽然结束了自国际金本位制崩溃后到第二次世界大战前这段时期国际金融混乱的局面，但它是在资本主义国家普遍发生“美元荒”，汇率极度混乱的特殊历史条件下产生的，其根基十分脆弱。随着美国国内经济危机和财政金融危机的沉重打击，发展中国家反殖、反霸的斗争，发达国家反对美国控制的斗争，特别是西欧、日本等国经济的崛起，打破了美国在战后对世界经济的垄断地位和美元的霸主地位。终于在1973年，黄金—美元固定汇率制度崩溃了，而以浮动汇率代替。

所谓浮动汇率，是指各国货币当局不再公布本国货币的含金量，不再规定本币对外币汇率波动的幅度，也不再承担维持汇率稳定的义务，汇率按市场上外汇供给与需求的状况而自由浮动。

浮动汇率具体又可分为：

（1）自由浮动汇率（Free Floating Exchange Rate），又称清洁（Clean）浮动。这是指汇率完全根据外汇市场供求状况自行调整的汇率运行方式。

（2）管理浮动汇率（Managed Floating Exchange Rate），也叫肮脏（Dirty）浮动。它是指一国货币当局，运用多种手段对外汇市场进行干预，以期保证汇率基本稳定。

（3）钉住汇率（Peg Exchange Rate），又称爬行（Sliding）或爬行钉住。一国政府在确定某种货币的汇率水平时，基本上是参照关键货币的行情走势或者某一种“篮子货币”来进行确定。如特别提款权（SDR），就是“篮子货币”。在这种情形下，一国货币汇率的确定就要参照上述“关键货币”或“篮子货币”的变动情况。

（4）联合浮动汇率（Joint Floating Exchange Rate），又称“蛇形浮动”，这是一种介于上述两者之间的混合汇率制度。参加联合浮动的经济集团各成员国之间实行固定汇率制；而经济集团与其他国家货币之间，实行浮动汇率制。例如，1972年4月，西欧共同体6个国家（法国、联邦德国、荷兰、卢森堡、比利时、丹麦）之间就实行这种汇率，把它们之间汇率的浮动维持在上下各1.125%之间，即允许波动的幅度为2.25%。

（三）固定汇率制和浮动汇率制的比较

（1）两者内容不同。固定汇率制下的汇率具有相对的稳定性，波动范围有限，它是受黄金输出、输入点的限制或受政府规定的限制，仅允许在规定范围内波动。浮动汇率制下的汇率受外汇市场供求关系的影响，并主要由其决定，即使有政府干预，汇率也不具稳定性。

（2）两者在促进国际贸易发展方面起着不同的作用。在固定汇率制下，汇率相对稳定，使国际债权、债务的清偿以及国际贸易的成本计算均有比较可靠的基础，从而减少了进出口贸易及资本输出入所面临的汇率大幅度波动的风险，促进了国际贸易的发展。在浮动汇率制下，由于汇率不稳定，大大地增加了进出口贸易及资本输出入所面临的汇率波动的风险，从而阻碍国际贸易的发展。

（3）两者在调节国际收支平衡中的机制不同。在金本位制下，主要通过黄金输出入自动达到国际收支均衡：在黄金—美元本位制下，主要通过中央银行的直接干预，使汇率在规定范围内波动，促使国际收支均衡；在浮动汇率制下，国际收支的均衡主要通过汇率的自动上浮、下浮来达到国际收支均衡。

（4）对投机活动的影响不同。在固定汇率制下，汇率的稳定在一定程度上抑制了外汇市场的投机活动，但在浮动汇率制下，汇率的自由涨落助长了投机活动，使汇率出现一天几变，致使国际贸易风险越来越大，东南亚金融危机充分说明了在浮动汇率制下的投机的力量。

（5）采取货币政策的自主性不同。在固定汇率制下，由于各国中央银行有维持汇率稳定的义务，因而不能完全自主地实施某种货币政策，而是在制定实施货币政策时，首先考虑汇率的稳定。在浮动汇率制下，各国中央银行没有维持汇率稳定的义务，克服了货币政策的制定、实施要服从汇率固定的要求这一弊端，各国能完全根据本国情况制定并实施符合本国经济、政治情况的货币政策。

四、决定汇率变动的因素

（一）国际收支状况

如果一国国际收支状况出现持续顺差，由于收进的外国货币增多，外汇供过于求，必然引起外币贬值、本币升值；如果因国际收支出现逆差，其对外债务就会增加，为支付外债，对外币的需求就超过供给，本国货币的对外价值就会降低。

从理论上讲，在自由贸易且没有外汇管制的情况下，如果一国国际收支处于市场均衡状态，则外汇的供给等于需求，外汇汇率亦保持均衡水平。但事实上，这种情况是很少有的，在外汇市场上，或者出现供大于求，或者出现求大于供，导致汇率的上下波动。

（二）通货膨胀率的高低

在纸币流通的条件下，如果一国货币管理当局发行的货币太多，货币流通量超过了商品流通的客观需要，就会造成通货膨胀。而通货膨胀使一国货币的国内购买力下降，并发生货币对外贬值。因为汇率是两国币值的对比，发行货币过多的国家，其单位货币所代表的价值量减少，则在该国货币折算成外国货币时，就要付出比原来多的货币，即汇率下跌。

（三）利率差异

各国利率差异往往会导致资本（资金）流动，资本（资金）从利率低的地区流向利率高的地区。一国利率上升，导致资本流入，增加了外汇供给，促使本币汇率上升；反之，利率的降低会导致资本（资金）流出，导致对外币的需求增加，汇率下跌。

尤其需要指出的是，利率的高低一般是指实际利率的高低，而非指名义利率的高低。如果两国名义利率出现差异但一国通货膨胀率却比另一国高，使其名义利率减去通货膨胀率后的实际利率与另一国基本相同，甚至还低，这样就不会引起资本的内流，而且会引起资本外流，就会导致本币贬值、外币升值。

（四）外汇市场上的投机力量

外汇市场上的投机力量，对汇价的波动起着推波助澜的作用。在西方资金市场上，有成千上万亿美元的所谓“游资”，这些资本（资金）在20世纪70年代后期，由于资本主义经济的“滞胀”，固定资产投资乏力，股票和商品市场停滞，资本（资金）无出路，于是就在外汇市场上进行外汇投机。由于这些资本（资金）数量大，常在外汇市场上掀起巨浪，使外汇汇率波动的幅度增大。

此外，各国汇率政策及对市场的干预，以及人们的预期都对汇率的波动也产生影响。

五、汇率对经济的影响

在浮动汇率制度下，汇率波动对一国国内外经济有着重大影响。

（1）汇率变动对一国进出口贸易具有调节作用。一般情况下，本币贬值，有利于本国产品在国际市场上竞争能力的提高，便于增加出口；同时，由于外币价格上升，导致进口成本增加，迫使进口商品价格提高，抑制进口规模扩张；反之，亦然。

（2）汇率变动影响国内产业结构调整。本币贬值，生产产品的厂商可以获取更高的利润，生产人员可以有更多的工资，使一国经济资源流向出口产品生产部门；同时，由于进口商品价格提高，有利于民族工业的发展。

（3）汇率变动对一国通货膨胀有较大影响。本国货币贬值，致使进口产品价格上涨，同时由于出口更加有利可图，产品纷纷被安排出口，导致国内产品出现供不应求的矛盾，推动价格上升，造成通货膨胀。

（4）汇率变动对外汇储备的影响。如果一国外汇储备的主要币种发生贬值，将使一国经济蒙受严重损失。

（5）汇率变动还对一国非商品贸易收支和资本流动产生影响。本币贬值、外币升值后，外国货币购买力增强，有利于促进本国旅游业等行业的发展。对外国资本流动的影响在于，本币贬值后，短期内将吸引部分外来投资，但从长远看，将导致外国资本（特别是短期资本）为防止损失而调往国外。

可见，一国货币对外贬值后，将改善经常贸易收支项目，增加对外贸易盈余，但对资本性项目和外汇储备产生不利影响。

六、外汇管理

（一）外汇管理的概念

外汇管理亦称为外汇管制，是指对外汇的收支、买卖、借贷、转移以及国际间结算、外汇汇率和外汇市场所实施的一种限制性的政策措施。可以说，世界上所有国家都实行外汇管理，完全没有管理的国家是不存在的，差别只是管理的程度有所不同。

（二）外汇管理的类型

根据外汇管理范围的大小，现阶段世界各国外汇管理制度主要有三种类型：

（1）实行比较全面的外汇管制，即对经常项目和资本项目都实行管制，这类国家通常经济比较落后，外汇资金短缺，市场机制不发达，因而试图通过集中分配和使用外汇来达到促进经济发展的目的。

（2）实行部分外汇管制，即对经常项目的外汇交易不实行或基本不实行外汇管制，但对资本项目的外汇交易进行一定的限制。

（3）基本不实行外汇管制，即对经常项目和资本项目的外汇交易不实行普遍和经常性的限制。

目前我国外汇管理体制基本上属于部分外汇管制，对经常项目实行可兑换，对资本项目实行一定的管制；对金融机构的外汇业务实行监督管理；禁止外币境内计价结算流通；保税区实行有区别的外汇管理。这种外汇管理体制基本适应我国社会主义市场经济的发展要求，也符合国际惯例。

我国外汇体制改革的目标是在经常项目下可兑换的基础上，创造条件，逐步放开，推进资本项目下可兑换，从而实现人民币的完全可兑换。

（三）外汇管理的目的

外汇管理是为一国政治经济政策服务的。由于各国的社会制度、经济发展水平各不相同，实行外汇管理的目的也不完全一样。一般来说，实行外汇管理不外乎达到如下目的：

（1）改善国际收支状况，促进国际收支平衡。

（2）维护本币对外价值的稳定，促进对外经济贸易的发展。

（3）防止资本外逃或过度资本流入，维护本国金融市场的稳定。

（4）保护本国或本地区的幼稚产业，发展本国经济。

（5）加强本国或本地区产品的国际竞争力，争取国外销售市场。

（四）外汇管理的手段

外汇管理的手段很多，其基本特征都是政府垄断外汇的买卖，因此，外汇管理的方法主要是对外汇交易的数量和对外汇交易的价格进行限制，即外汇的数量管理和价格管理，

数量管理主要通过配给控制和外汇结汇控制来实现，其主要方法包括：

（1）由出口商凭出口许可证向指定银行事先报告出口交易情况，并由银行负责收购其所得外汇。

（2）强制居民申报外国资产，必要时强制收购。

（3）对外汇使用实行配给制，具体通过进口许可证制和申请批汇制来实现。

在外汇汇率管理方面，主要通过复汇率制度来实现。所谓复汇率制度，指的是一国货币对另一国货币存在着两个或两个以上汇率的制度，不同的汇率适用于不同类别的交易项目。其适用的一般原则是对需要鼓励的交易项目规定有利的汇率，对需要限制的交易项目规定不利的汇率。

（五）外汇管理的利弊

外汇管理对于发展中国家往往是不可缺少的，它能够在短期内缓和国际收支困难，对于维护汇率稳定、抑制物价上涨、促进产业结构改善能起到一定的积极作用。

从辩证法的观点看，外汇管理既产生有利的作用，也产生不利影响，其不利影响主要表现在：

（1）影响国际贸易的发展，增加国际间贸易冲突和纠纷。

（2）阻碍市场机制充分发挥作用，影响汇率在经济中的调节作用。

（3）管制成本大，往往得不偿失。

（4）管制导致“寻租”行为的产生，容易形成社会腐败之风。

从总体上说，外汇管理是弊大于利的，实行外汇管理仅是权宜之计，从长期看，应逐步取消外汇管理，这是当今世界外汇管理的发展趋势。

（六）外汇管理的内容

外汇管理主要包括经常项目外汇管理、资本项目外汇管理、汇率制度的确定和外汇市场管理等内容。

（七）我国外汇管理体制的演变

新中国成立后至改革开放前，由于外汇资源短缺，经济发展水平低，同时，为适应高度集中的指令性计划经济和进口替代性贸易战略，我国对外汇实行了高度集中的分配管理体制，集中所有有限的外汇资源，实行统一管理，采用指令性行政分配方式投入到经济建设最需要的地方。随着我国经济体制改革的发展，计划经济体制下实行的、高度集中的外汇管理体制已经不适应经济发展的需要，改革原有的外汇管理体制势在必行。概括起来说，我国外汇管理体制改革可以分为三个阶段：第一阶段结束了由国家垄断的外汇管理体制，实行了以外汇上缴和外汇留成制度为基础的计划与市场相结合的管理体制；第二阶段进行了进一步的市场化外汇管理体制改革，取消了外汇上缴和外汇留成制度，实行了银行结售汇制度；第三阶段进一步完善了市场化外汇管理体制改革，改进并取消了强制结汇制度，开始实行意愿结售汇制度。

1. 外汇管理体制改革的初级阶段（1978～1993 年）

十一届三中全会后，为配合整体经济改革和对外开放政策，以及外贸体制改革中的下放外贸经营权，实行经营承包责任制，实行自主经营、自负盈亏的经营方式，我国外汇管理体制进行了以“减少行政干预，增加市场调节”为主线的改革。改革主要围绕四个方面进行：

一是不断放松直至取消经常项目的汇兑限制；二是逐步培育和发展外汇市场；三是逐步使人民币汇率形成市场化；四是不断完善和开放资本项目的外汇管理。具体的改革措施包括：

（1）实行外汇留成制度。出口企业将出口外汇收入卖给国家后，国家按规定比例给出口企业和地方外汇留成额度。用汇时，企业用人民币配以额度，按国家公布的外汇牌价购买现汇，对外进行支付。值得注意的是，外汇留成制度只适用于中资企业，主要是配合对中资企业贸易及非贸易外汇收入的强制结汇制度。对外商投资企业，实行意愿结汇制度。

（2）建立和发展外汇调剂市场。外汇留成制度的实施，调动了企业和地方进出口贸易的积极性，但在具体实行过程中也出现了一些问题，如外汇额度与实体需求相分离。为了满足企业相互之间外汇余缺调剂的客观需要，1980 年我国政府推出外汇调剂业务。

（3）改革人民币汇率制度。1979 年 8 月国务院开始改革汇率制度，除继续保留公布牌价外，另外制定内部结算汇率。1981 年正式实行贸易外汇内部结算价，1 美元兑 2.8 元人民币，适用于进出口贸易外汇的结算。从 1981～1984 年，贸易外汇内部结算价格没有变动。同时继续公布牌价，1 美元兑 1.5 元人民币，主要适用于非贸易外汇的兑换和结算。1985 年 1 月 1 日取消贸易外汇内部结算价，进出口贸易外汇按官方汇率 1 美元兑 2.8 元人民币结算。1985～1990 年，我国多次大幅调整汇率，实行人民币逐渐贬值政策，由 1985 年 1 月 1 日的 1 美元兑 2.8 元人民币，逐步调整至 1990 年 11 月 17 日的 1 美元兑 5.22 元人民币。1990 年 11 月 17 日到 1993 年年底，官方汇率调至 1 美元兑 5.72 元人民币。由于外汇留成制度和调剂市场的存在，1985～1993 年，我国的国际贸易实行的仍然是双重汇率，官方汇率与调剂市场汇率并存。1993 年年底，外汇调剂市场汇率为 1 美元兑 8.72 元人民币。

2. 我国外汇管理体制改革的推进阶段（1994～2001 年）

1993 年 11 月中共中央《关于建立社会主义市场经济体制若干问题的决议》提出，“改革外汇管理体制，建立以市场供求为基础的、有管理的浮动汇率制度和统一规范的外汇市场，逐步使人民币成为可兑换货币”。我国从 1993 年下半年开始了进一步市场化的外汇管理体制改革。与建立社会主义市场经济体制相适应，借鉴国际经验，确定了人民币完全可兑换为外汇管理体制改革的长远目标，人民币经常项目可兑换为阶段性目标。

（1）取消外汇上缴和外汇留成制度，取消外汇收支指令性计划，实行银行结售汇制度。

1994 年，作为实现人民币经常项目可兑换的重要步骤，我国取消了实行了 15 年的外汇留成制度，实行了银行结售汇制度。同时，为配合银行结售汇制度，对中资企业实行外汇账户限额管理，限额以内的经常项目外汇收入实行意愿结汇，限额以外的实行强制结汇。

1997～2001 年，对中资企业的外汇账户限额按企业上年度经常项目外汇收入的 15% 核定。1994 年，对外商投资企业的经常项目外汇收入实行意愿结汇制度，但不允许外商投资企业在外汇指定银行办理结售汇，外商投资企业要卖出外汇或者购汇都必须在外汇调剂中心进行。

1996 年 7 月 1 日，我国陆续推出了外商投资企业银行结售汇制度，实行限额结汇制度。1996 年 12 月 1 日，我国不再对经常性国际交易支付和转移，包括所有无形贸易的支付和转移实行限制，实现了人民币经常项目的完全可兑换。

（2）加强对资本项目的外汇管理。在经常项目实现可兑换的同时，我国对资本项目的交易和汇兑实行了严格控制，一是除国务院另有规定外，所有资本项目外汇收入均须调回境内；二是境内机构（包括外商投资企业）的资本项目外汇收入均应在银行开立外汇专用账户，经外汇管理部门批准后才能结汇；三是资本项目下的购汇和对外支付都须经过外汇管理部门的核准，持核准件方可在外汇指定银行办理购付汇。

（3）建立全国统一的银行间外汇市场。中资银行及其授权分行、外资金融机构和少量经授权的非银行金融机构等会员能够参与外汇市场的交易。对外汇指定银行实行外汇周转余额限额管理，外汇指定银行持有的结售周转外汇余额超过其限额比例部分必须在银行间外汇市场上卖出。交易方式采取分别报价、撮合成交，由计算机系统按照价格优先和时间优先的原则对各种报价进行匹配。

（4）进一步改革汇率制度。首先，实行汇率并轨。1993 年 12 月 31 日的官方汇率是 1 美元兑 5.8 元人民币，而调剂市场汇率为 1 美元兑 8.72 元人民币。1994 年 1 月 1 日实行汇率并轨，人民币对美元汇率为 1 美元兑 8.70 元人民币。其次，利用统一的银行间外汇市场，实行以市场供求为基础的、单一的、有管理的浮动汇率制度。

3. 我国外汇管理体制改革的完善阶段（2002 年至今）

2001 年年底，我国加入了世界贸易组织，推动了我国外汇管理体制的进一步改革。这一阶段我国外汇管理体制改革做出了以下调整思路：一是转变长期以来形成的外汇流入越多越好的观念，加强对外汇流入的监测与管理；二是转变外汇流出越少越好的观念，逐步建立正常的、合理的、可控的流动机制；三是进一步树立市场机制观念，用符合市场经济运行规律的方法和手段实现外汇管理的目标。

（1）进一步改进经常项目外汇管理。一是进一步改革外汇账户限额管理。2002年，外汇账户限额从15%提高到20%。2003年，对国际承包工程、国际海运和国际招标等项下的经常项目外汇账户管理限额，从20%提高到100%。2004年，对上年度经常项目外汇支出占外汇收入的比例为80%（含80%）以上的，其限额提高到50%，对外汇支出占外汇收入的比例为80%以下的，其限额提高到30%。2005年，扩大了按实际外汇收入100%核定经常项目外汇账户限额的企业范围，同时，外汇支出占外汇收入的比例在80%以下的，其限额由30%提高到50%，外汇支出占比在80%以上的，由50%提高到80%。2006年，外汇账户限额统一调整为按上年度经常项目外汇收入的80%与经常项目外汇支出的50%之和确定。2007年8月，取消了经常项目外汇账户限额管理，境内机构可根据自身经营需要，自行保留其经常项目外汇收入，以此为标志，我国自1994年沿袭13年的强制结汇制度，淡出了历史舞台，被意愿结汇制度所取代。二是加强和改进了对外汇资金流入和结汇的管理。加强对经常项目外汇收支进行真实性审核，严格监控多收汇企业的货物贸易外汇收支行为。三是进一步简化了进出口核销管理，加大了贸易便利化程度。

（2）完善并适度放松了资本项目外汇管制。一是有选择、分步骤地开放证券投资，拓宽资金流出流入渠道，如2002年，我国推出了合格境外机构投资者（QFII）制度，允许合格境外投资机构投资于境内证券市场包括股票、债券和基金等人民币标价的金融工具。2007年6月，推出合格境内机构投资者境外证券投资制度（QDII）。二是陆续出台了一系列放松资本流出的管制措施，如简化境内机构境外直接投资的各种手续、放宽购汇限制、放宽境内金融机构境外证券投资和代客理财等限制、实施“走出去”战略，成立国家投资公司、实行境内个人对外证券投资试点等。三是对短期资本流动，尤其是“热钱”投机活动进行抑制，如加强外资对房地产业投资的审批和监管、大幅度核减中外资银行和非银行金融机构的短期外债余额指标等。目前，在国际货币基金组织划分的七大类43项资本交易项目中，严格管制的主要是针对非居民在境内自由发行或买卖金融工具、居民对外借款和放贷等几项，限制较少或实现一定程度可兑换的共计20多项。

（3）进一步完善外汇市场。在市场主体方面，银行间外汇市场会员扩大到非银行金融机构和大型非金融企业。对外汇指定银行结售汇周转头寸的涵盖范围扩展为外汇指定银行持有的因人民币与外币间交易而形成的外汇头寸，并实行结售汇头寸综合管理。交易方式由竞价方式增加到竞价方式和询价方式并用。此外，通过以下方面的改革，外汇市场效率得以提高：降低交易手续费、引入做市商制度、改变标准交割时间，与国际接轨，延长交易时间、采用远期交易/掉期交易主协议的做法、统一内外资银行远期结售汇业务准入标准和结售汇限额核定标准、远期结售汇定价由一价变为多价。

（4）进一步改进人民币汇率形成机制。2005年7月21日，中国人民银行发布公告称，为建立和完善社会主义市场经济体制，充分发挥市场在资源配置中的作用，建立健全以市场供求为基础的、有管理的浮动汇率制度，实行人民币汇率形成机制的改革。其主要内容：一是从2005年7月21日起，我国开始实行以市场供求为基础、参考“一篮子货币”进行调节、有管理的浮动汇率制度，人民币汇率不再钉住单一美元。二是中国人民银行每个工作日闭市后公布当日银行间外汇市场美元等交易货币对人民币的收盘价，作为下一个工作日该货币对人民币交易的中间价格。三是2005年7月21日19时，美元对人民币交易价格调整为1美元兑8.11元人民币，作为次日银行间外汇市场上外汇指定银行之间交易的中间价。四是现阶段，每日银行间外汇市场美元对人民币的交易价仍在人民银行公布的美元交易中间价上下3‰的幅度内浮动，非美元对人民币的交易价仍在人民银行公布的该货币交易中间价上下一定幅度内浮动。五是中国人民银行将根据市场发育状况和经济金融形势，适时调整汇率浮动区间。这次政策调整是完善人民币汇率形成机制的一项技术性举措，从长远看，有利于提高市场在汇率形成中的作用，方便企业和金融机构管理汇率风险，具有十分积极的意义。

第三节　国际货币体系

一、国际货币体系的概念及内容

国际货币体系是根据一定时期国际经济交往的水平及发展要求，在规定的范围内实行的具有法律依据或长期以来约定俗成的国际货币制度以及国际货币运行秩序的总称。

国际货币体系的内容是多方面的。一般包括国际交往中使用的货币、汇率制度、国际收支的调节方法等。

由于目前世界上有200个左右的主权国家，因此货币的种类也较多，具有法律效力的国际货币制度是在多方讨价还价的基础上，依据各国在国际经济交往中的相应地位形成的。传统的约定俗成的国际货币惯例与做法是制定国际货币体系的基础，具有法律效力的国际货币制度是传统惯例的法律反映，国际货币机构是一种协调。

二、国际货币体系的任务

组建国际货币体系的主要任务在于促进国际经济的发展和稳定，为各国经济发展创造稳定的国际环境。具体地说，有三个方面任务：

（1）确定国际结算和支付手段的形式、来源和数量，制定国际货币与各国主权货币相互关系的基本原则。如国际货币基金组织确定特别提款权为国际清算和支付的基础时，就要相应确定特别提款权与各国货币的相互关系。

（2）确定国际收支调节机制，保证国际经济稳定的各国经济的平衡发展。要协调制定国际经济运行中所涉及的汇率机制、储备货币发行管理机制和资本融通机制，防止盲目运行对世界各国经济造成不利影响。

（3）建立国际货币运行的协调与监督机构，积极发展会员，监督各会员国按有关条例、规定进行规范运行。要有一个权威性的国际货币管理机构，要制定各国必须遵守的基本行为准则，并在必要时对各成员国提供帮助。

三、现行国际货币体系

（一）现行国际货币体系的内容

国际货币体系经历了一个不断演变的过程，从银本位制到金本位制再到第二次世界大战后的布雷顿森林体系。

在 1971 年，“尼克松地震”（尼克松在 1971 年 8 月 15 日第一次宣布美元贬值，其幅度为 7.89%）导致布雷顿森林体系逐步瓦解后，形成了由浮动汇率制的“牙买加体系”为主导，以美元、欧元、日元为主要国际储备和以布雷顿森林机构——世界银行、国际货币基金组织为核心的国际货币体系。

1. 牙买加体系

1976 年 1 月，20 国代表在牙买加首都金斯顿达成一项协议，于 1976 年 4 月经国际货币基金组织理事会通过，从 1978 年 4 月 1 日生效。这个协议就是《牙买加协议》。

牙买加体系的主要内容是：

（1）汇率安排多样化。事先经基金组织同意后，成员国可自由选择汇率制度。

（2）黄金非货币化。黄金与货币彻底脱钩，基金组织将其持有的黄金总额的 1/6 按市场价出售后建立信托基金，用于对发展中国家的援助。

（3）扩大特别提款权的作用。基金组织将以特别提款权为主要储备资产，成员国可用此对他国及基金组织进行借贷。

（4）扩大基金组织份额。日本、德国及发展中国家份额增加。

（5）增加对发展中国家资金融通数额。

（6）国际收支调节机制多样化、自由化，即在牙买加体系下，国际收支调节可通过汇率机制、利率机制、IMF 的干预及贷款、国际金融市场及商业银行的活动综合进行。

牙买加体系是对原布雷顿森林体系的一次改革，但其改革局限于黄金、汇率、特别提款权三个方面，许多问题并未因这次改革而得以彻底解决。

2. 国际储备

由于各个国家或经济体在世界经济中的地位差异，形成各国或经济体货币的不同地位，目前，世界上以美元、欧元、日元为主要国际储备的格局。为了弥补各国国际储备的不足，国际货币基金组织创造了特别提款权。

特别提款权（Special Drawing Right，SDR）是为补充各国储备资产而由国际货币基金组织于 1969 创设的一种国际储备资产。特别提款权的分配是按照会员国在基金组织中所占股份的比例而确定的。

3. 国际金融机构

（1）国际货币基金组织（International Monetary Fund，IMF）是根据 1994 年 7 月 1 日，44 国代表在美国新罕布什尔州的布雷顿森林举行的“联合和联盟国家国际货币和金融会议”上签订的《国际货币基金组织协定》于 1945 年 12 月而成立的。它目前有会员国 170 多个，为联合国的一个专门机构，总部设在华盛顿。

A. 国际货币基金组织的组织机构。基金组织的最高权力机构为理事会，各成员国委派正副理事各一名，一般由一国的财政部部长或中央银行行长担任。日常事务由常务董事会负责执行，董事会由 22 名执行董事组成，美、英、法、德、日及沙特阿拉伯各产生 1 名，其余 16 名董事由其他成员国选举产生。

B. 国际货币基金组织的宗旨。按 1944 年 7 月 1 日通过的《国际货币基金组织协定》，其宗旨是：

a. 促进国际货币合作；

b. 促进国际贸易的扩大及均衡发展，以提高成员国的就业和收入水平；

c. 促进汇率稳定，维持正常的汇兑关系；

d. 消除成员国外汇管制，建立多边国际清算制度；

e. 协助成员国改善国际收支。

国际货币基金组织的建立和运行对于促进国际贸易，维持国际经济运行秩序，缓和一国国际收支困难起到重要作用。

（2）国际复兴与开发银行（International Bank of Reconstruction & Development, IBRD），即世界银行，是根据《国际货币基金组织协定》于 1945 年 12 月成立的。也是联合国的专设机构之一，总部设在华盛顿。

国际复兴与开发银行的最高权力机构为理事会，由执行董事会执行日常事务。1956 年 7 月和 1960 年 9 月，分别建立了国际金融公司和国际开发协会，从而构成了世界银行集团。

世界银行的宗旨是：

A. 对生产性投资提供便利，协助成员国经济复兴和经济开发；

B. 促进私人对外贷款和投资；

C. 鼓励投资开发成员国生产资源，促进国际贸易均衡发展，维持国际收支平衡。

（二）对现行国际货币体系的评价

进入 20 世纪 90 年代以来，相继爆发的金融危机有 1994 年的墨西哥、1997 年的东南亚、1998 年的俄罗斯、1999 年的巴西、2001 年的阿根廷以及 2007 年以来的全球金融危机。其产生的原因是多方面的，除了各国金融体系不健康外，现行国际货币体系不适应金融自由化、全球化是其重要原因。现行国际货币体系的主要弊端如下：

（1）黄金非货币化。国际储备多元化造成具有内在脆弱性的信用本位储备制度，使国际储备货币国家能几乎无约束地向世界倾销其货币，并借金融创新生产出的巨大衍生金融资产，而储备发行国家的信用却无法维持。于是在实行有管理的浮动汇率的国家，都有可能出现现行汇率严重偏离它所应有的正常水平，这为国际投机资本的活跃提供了机会，进而引起国际金融市场的动荡以及爆发危机的严重后果。

（2）现行国际货币体系缺乏平等的参与和决策权。现行国际货币体系仍是建立在少数发达国家利益之上的一种利益安排，这主要表现在现行体系容忍少数发达国家利用经济特权向非储备货币国家征收铸币税，造成大量的实物资源从发展中国家转向发达国家，而储备货币输出特别是美元的输出所形成的大量游资总会最先冲击危害一些资本市场开放早、又缺乏金融监管的国家。另外，现行国际货币体系使本币可以充当国际货币的国家在国际经济交往中抢占"先机"，掌握控制权，而世界上其他国家尤其是发展中国家由于其货币不能充当国际货币，就只能为了得到美元等国际货币受控于国际货币发行国，影响本国经济政策、货币政策的自主权。在这种情况下，国际货币发行国往往为了自身利益和本国偏好，独立或联合起来进行汇率干预和调节，使发展中国家承受汇率风险。

(3) 调节渠道的局限性。在牙买加体系下，国际收支调节可通过汇率机制、利率机制、IMF 的干预及贷款、国际金融市场及商业银行的活动综合进行。IMF 的资金不足、权威虚设使全球范围内国际收支失衡问题不能根除。另外，国际收支调节的相对自由化促成国际金融市场日益发达，进而使国际间资金的大规模移动变得频繁和便利，但现行国际货币体系缺乏行之有效的国际危机预警系统及对发达金融市场的国际监督管理制度，尤其是对全球性资本活动缺乏有效的管理工具和手段，从而使国际资本投机猖獗，危机突发性增强①。

(三) 现行国际货币体系的改革

由于金融危机频繁爆发进而表明现行国际货币体系存在不适应金融全球化趋势的弊端，使现行国际货币体系面临严峻的挑战，各方面都要求改革，改革思路有多种，但主要集中在以下两种：

(1) 借鉴欧盟创建欧元的经验，实行区域货币一体化。主张推行区域性单一货币制度，即区域内的国家将金融市场连成一体，对内汇率固定或采用单一货币，对外则是可以自由调整的浮动汇率。例如，在东盟国家内，有人建议设立东盟区域货币亚元等。在世界范围内形成若干区域性货币之上，由 IMF 作为全球性的监督、协调机构。提出此思路的学者认为它可降低经济交易的成本和汇兑风险，刺激世界经济增长，而且可以在公平的基础上促进国际货币合作，联手抑制国际金融市场的动荡，防范危机的爆发和深化。

(2) 特别提款权方案。建议改变某个或某些国家的货币充当国际货币的局面，以特别提款权为平价标准，将它与黄金挂钩，保持定值，即使特别提款权由"提款之权"变为"被提之款"，成为真正的国际货币，进而使各国货币只限于国内流通和使用。其中国际币是传统纸币，是上币；各国国内货币是现代纸币，是下币。在国际币与黄金的比值恒久不变的前提下，上下币之间的兑换比率根据各国货币对黄金的购买力即金价水平加以确定。提出此思路的学者认为此体制因上币的发行利润、发行税归发行它的国际组织所有，可根本消除货币领域内的国际剥削，而且避免汇率风险，有利于对投机性国际资本流动的管理与监督，尤其可以使各国货币完全平等，从而能根除霸权主义现象。

从目前来看，国际货币体系改革还有很长的一段路要走，各国经济仍在现行的国际货币体系下运行，因此要在参与金融全球化趋势中维护本国的经济安全、经济主权与利益，避开现行体系的缺陷，仍是各国的主要任务。

① 黎丹：《现行国际货币体系改革思路》，《国际经贸》，2007 年第 3 期，第 35 ~ 36 页。

第十六章　财政政策与货币政策

第一节　财政政策

一、财政政策的概念及分类

什么是财政政策，学术界对此论述很多，却没有形成比较一致的看法。有人认为，“一国财政政策是国家在一定时期内指导财政分配活动的准则和规范”①。也有人认为，“财政政策是国家为实现特定的政治、经济目标，而制定的指导财政分配活动，处理财政分配关系的基本方针和原则的总和”②。上面诸定义的共同点是把财政政策理解为党和国家的路线、方针、政策和财政制度，没有阐明财政政策自身的内涵。

现代西方经济学者把财政政策定义为“财政政策就是利用政府预算（包括税率和支出率），来调节国家需求水平进而促进充分就业和控制通货膨胀”③，或者定义为“利用政府的开支和产生收入的活动以达到一定的目的”④。此类财政政策的定义虽阐明了财政政策的主要内容，但作为财政政策的定义，仍缺乏一定的科学性。

比较正确的定义应为：财政政策是国家以某种财政理论为依据，为达到一定的政策目标而采取各种财政工具的总称。简言之，财政政策是国家运用财政工具实现一定的政策目标，财政政策由国家、财政工具和政策目标三要素组成。至于财政理论则是财政学研究的根本任务，自从奴隶社会以来，无论是哪个社会形态，都有其财政理论指导制定财政政策。

财政政策种类繁多，为了更好地研究、运用财政政策，充分发挥财政政策的作用，必须对财政政策进行科学的分类：

（一）根据财政政策对总需求的影响，把财政政策分为扩张性财政政策、紧缩性财政政策和均衡性财政政策

所谓扩张性财政政策，是指通过减少收入、扩大支出来增加总需求，采取的财政措施是：减少税收，减少上缴利润，扩大投资规模，增加财政补贴，实行赤字预算。

---

① 参见《城市财政理论研究》，1988 年第 2 期，第 31 页。

② 李松森：《两种属性分配理论与财政政策研究》，中国财政经济出版社，1997 年版，第 4 页。

③ W. 西奈尔：《基本经济理论》中译本，中国对外经济贸易出版社，1984 年版，第 239 页。

④ 参见《现代经济词典》中译本，商务印书馆，1981 年版，第 179 页。

所谓紧缩性财政政策，是指通过增加财政收入、减少财政支出来压缩总需求。采取的措施是：提高税率、提高国有企业上缴利润的比例、降低固定资产折旧率、缩小投资规模、减少财政补贴、实行盈余预算。

所谓均衡性财政政策，是指采取收支平衡的办法，既不扩大总需求，也不缩小总需求。

（二）根据财政政策对总供给的影响，把财政政策分为刺激性财政政策和限制性财政政策

所谓刺激性财政政策是通过倾斜性投资和财政利益诱导，如减免税等手段，重点扶持某些部门的发展，以增加社会供给的财政政策。

所谓限制性财政政策是通过各种财政工具，如提高税率等手段，限制某些部门的发展，压缩局部过剩的财政政策。

（三）根据财政政策对经济的调节是自动的还是自觉的，把财政政策分为自动调节的财政政策和相机抉择的财政政策

所谓自动调节的财政政策又称“内在稳定器”，是指利用财政工具与经济运行的内在联系来自动调节经济运行的财政政策。这种内在联系是指财政政策工具在经济周期中，能够自动调节社会总需求变化所带来的经济波动，具有这种自动调节作用的财政政策工具是累进所得税、社会保障支出和财政补贴。

所谓相机抉择的财政政策，是指国家为达到预定目标，根据客观经济形势的不同，适时调整财政收支规模和结构的财政政策。

（四）根据财政政策调节的对象是收支总量还是收支结构，把财政政策划分为宏观财政政策和微观财政政策

所谓宏观财政政策，是指通过改变收支总量以实现财政政策目标的财政政策。

所谓微观财政政策，是指在国家收支总量既定的前提下，通过税收和支出结构的改变，来影响某一部分、某一市场甚至某一企业的经济活动，以达到一定的财政政策目标的财政政策。

二、财政政策的构成要素

财政政策包括政策目标、政策主体和政策工具三大要素：

（一）财政政策的目标

财政政策目标，是在一定时期内，国家实施财政政策所要努力达到的预期目的，或要实现的期望值。由于财政政策是国家履行其职能的重要手段，因此，财政政策的目标并不是人们主观随意选择的产物，而要受到多种主客观因素的制约，具体地说有以下几点：

（1）政府的职能。财政政策是实现政府职能的手段，政府的职能决定财政的职能，政府职能的圆满实现就是财政政策所追求的目标，所以，政府的职能决定着财政政策的目标。

（2）不同时期的政治经济形势。不同时期的政治经济形势不同，所需解决的主要矛盾不同，财政政策目标的侧重点当然就有所不同。

（3）受政治、经济、文化环境以及民众偏好与政府行为的制约。

财政政策目标的选择，在不同国家有不同的选择，在同一国家的不同历史时期也有不同的选择。从资本主义国家情况看，自从20世纪30年代大危机以来，财政政策目标由单元向多元变化。20世纪40年代，英、美等资本主义国家把谋求充分就业作为财政政策的目标，但对这种目标的追求，却造成了20世纪70年代资本主义经济的“滞胀”局面。于是，资本主义国家被迫改弦更张，以多目标代替单目标。1978年，美国国会通过“充分就业和平衡增长法”，将充分就业、物价稳定、经济增长、国际收支平衡作为财政政策的四大目标，并纷纷被其他资本主义国家所效仿。

从我国情况看，由于长期以来没有形成关于财政政策的理论，财政政策几乎等同于党和国家的路线、方针、政策，财政政策的目标等同于党和国家路线、方针、政策的目标。由于我国长期以来追求经济的高速发展，故财政政策目标表现为单一的经济增长目标。从实际效果看，这种单一的目标往往造成经济波动，影响国民经济有计划按比例的发展。改革开放以来，经济理论界开始了财政政策的理论研究，财政政策的目标作为财政政策的重要构成要素被提到十分重要的地位，形成了“三元目标说”、“四元目标说”、“多元目标说”。“三元目标说”把财政政策目标限定为稳定物价、公平分配、经济增长三大目标①。“四元目标说”把财政政策的目标限定为经济稳定增长、资源有效配置、收入公平分配、保持政治统一和社会安定②。“多元目标说”认为，财政政策的目标可分为积极的和消极的目标，减少经济萧条或通货膨胀的恶果，是其消极目标，积极的目标可分为促成充分就业、稳定物价水准、促进经济成长、平衡国际收支、其他经济目标③。

根据我国社会主义市场经济体制的要求及中国的实际，我们认为我国现阶段财政政策的目标如下：

（1）经济增长目标。所谓经济增长，是指财政政策的实施要促使经济稳定、持续的发展。一国的经济要从落后或比较落后状态向现代化或比较现代化进军，促使整个社会精神文明和物质文明的提高，没有一定的经济发展是不可能的。

经济增长要用一定的指标来衡量。衡量经济增长的指标是国民生产总值或国民收入。所谓国民生产总值，是指一国以当年价格（或不变价格）计算的一年内用于销售的一切产品和劳务价值的总和。所谓国民收入，是一国以当年价格或不变价格计算的用于生产的各种生产要素报酬（即利润、工资、租金和利息）的总和。我国常用国民生产总值或国民收入增长率反映经济增长情况，并以此作为调整财政政策的依据。

（2）物价稳定目标。这是世界各国财政政策追求的重要目标。物价稳定，并非冻结物价，而是把物价总水平的波动约束在经济稳定发展和人民可接受的幅度内。可接受的幅度究竟是多少？它受到政治、经济、社会、伦理、历史等多种因素的影响。从国际惯例看，一般用物价指数来衡量。若物价指数波动的幅度为4%～5%，说明物价相对稳定；若超过这个范围，说明物价不稳定。

（3）公平分配的目标。所谓公平分配，是指通过财政参与国民收入和财富分配的调

① 黄菊波：《试论财政政策的内涵及其政策目标》，《财政研究》，1988年第12期。

② 许毅：《中国财政税收财务会计实用全书》，经济科学出版社，1992年版，第11页。

③ 周弘道：《新经济学》，五南图书出版公司发行，第603～604页。

整，使国民收入和财富分配达到社会认为的“公平”和“正义”的分配状态。尤其需要指出的是，公平不是一个单纯的经济目标，而是经济、政治、社会、伦理、历史等多种因素的统一，不同的国家以及同一国家的不同历史时期，对公平的理解不同。因此，公平是一个历史的概念。人们一般把公平分为纵向公平和横向公平。所谓纵向公平，是指不同能力的人承担不同的义务。所谓横向公平，是指具有相同能力的人承担相同的义务。

收入的合理分配是实现经济稳定与发展的关键所在。收入分配不合理，贫富差距过大，不利于社会经济的稳定；“吃大锅饭”的平均主义分配办法抑制了劳动者的生产积极性，不利于经济的增长。因此，充分发挥财政政策的作用，实现收入的公平分配无疑是十分重要的。

（二）财政政策的主体

财政政策主体是指政策的制定者和执行者。政策主体的行为是否规范，对于政策功能的发挥和效应的大小都具有重要影响。改革开放前，我国实行统收统支体制，这种体制使中央政府处于政策主体地位，地方政府处于财政政策执行者的地位。改革开放后，情况发生了很大变化。由于放权让利的改革，地方政府已具有较大的自主权，它不仅是政策的执行者，也是政策的制定者。这样，造成了政策主体多元化，多元化产生了以下问题：一是地方政府的政策抵触行为，出现了“上有政策，下有对策”；二是政策攀比行为，各地竞相攀比优惠政策。

（三）财政政策工具

财政政策工具是财政政策主体所选择的用以达到政策目标的各种财政分配手段。构成财政政策工具必须具备以下两个条件：一是为实现财政政策目标所需要的；二是国家能够直接控制的。

根据这两个条件，我国财政政策工具主要有以下五种：

（1）税收。税收是国家凭借政治权力参与国民收入的分配形式，具有强制性、无偿性、固定性等特征，这些特征使税收具有权威性，成为财政政策的主要工具。其作用形式是税种、税率和税收优惠或税收惩罚。

（2）公债。公债是国家举借的内外债的总称。公债产生的最初原因是为了弥补财政赤字，但随着信用的发展，公债已成为调节货币供求、协调财政与金融关系的重要手段，成为财政政策的重要工具。公债调节的手段主要是公债的种类（可出售公债或不可出售公债、短期公债或长期公债）、发行对象（向居民公开发行或向银行发行）、还本付息的资金来源（征税偿还或发行货币偿还）等。以上这些手段都会对经济运行产生影响，国家可根据宏观经济的需要加以运用。

（3）政府投资。政府投资是指政府直接参与物质生产领域的投资，它是实现资源有效配置的重要手段。在市场经济条件下，政府投资的项目主要是那些具有自然垄断特征、外部效应大、产业关联度高、具有示范和引导作用的基础性产业、公共设备以及新兴的高科技主导产业。私人不愿投资于这些产业，但这些产业关系着国计民生，必须由政府进行投资。政府投资作用的形式包括投资总量和结构。通过总量和结构的变化，对资源配置产生影响，促进产业结构、产品结构的合理化，使国民经济有计划按比例地发展。

（4）公共支出。公共支出是满足社会公共需要的一般性支出或称为经常性支出，它包括购买支出和转移性支出两大类。国家可以通过增减购买支和转移支出，发挥公共支出的杠杆作用，调节总供给和总需求，保证财政政策目标的实现。

（5）预算。预算是国家的基本财政收支计划，是一种计划性很强的政策工具，其作用形式包括收支总量（如顺差、逆差、均衡）和收支结构，国家可根据宏观经济的需要，分别采用不同的总量和结构政策，以达到调节总供给和总需求的目的，实现财政政策的目标。

三、财政政策的传导机制

财政政策的传导机制是在财政政策发挥作用的过程中，各政策要素通过某种媒介相互作用形成的一个有机联系的过程，简单地说，财政政策的传导机制就是指财政政策是如何发挥作用的。财政政策的传导机制是：

财政政策工具 ⟶ 收入分配货币供应 ⟶ 政策目标

我们首先分析财政政策工具如何调节收入分配：

（1）财政政策如何调节个人收入。这主要体现在：改变货币收入者实得货币收入或使货币收入者的实际购买力发生变化。对于前者，主要是通过对居民个人收入征税，使其税后收入减少或通过某种形式的补贴使居民个人的实得收入增加；对于后者，主要是通过货币的升值或贬值进行调节。

（2）财政政策如何调节企业收入。这主要体现在所得税税率和税后利润分配上，所得税税率的调整和国家在税后利润中分配比例的大小，影响企业的可支配收入。

个人收入的变化影响其消费和储蓄行为，企业收入的变化影响企业的生产行为和投资行为，这些都会对政策目标的实现产生影响。

其次，我们分析政策工具是怎样影响货币供应量的，财政政策能影响货币流通速度和货币的存量结构，影响流通中实际起作用的货币量。

第二节　货币政策

一、货币政策的概念及分类

货币政策，是指一国中央银行在一定时期内，利用某些工具作用于某个经济变量，而实现某种目标的制度规定之总和。由此定义可知，货币政策由货币政策工具、货币政策的中介指标（指货币政策作用的经济变量）、货币政策目标三要素组成，三者的关系是：

货币政策工具 ⟶ 货币政策的中介指标 ⟶ 货币政策目标

这三要素之间的关系是：货币政策的中介指标由货币政策目标所决定，货币政策工具又由货币政策的中介指标所决定，故三者存在逆向制约关系。

根据货币供应量和货币需要量之间的对比关系，把货币政策分为扩张性货币政策、紧缩性货币政策和均衡性货币政策。所谓扩张性货币政策，是指货币供应量较大地超过货币需求量，此种政策能刺激社会总需求的增长，使社会总需求较大地超过总供给。所谓紧缩性货币政策，就是指货币供应量小于货币需要量，这种政策必然抑制总需求的增长，使社会总需求的增长落后于总供给的增长。所谓均衡性货币政策，就是指货币供应量大体上等于货币需要量，两者形成一种对等关系，这种政策能促使或保持社会总需求与总供给的平衡。

二、货币政策的目标

（一）货币政策目标的类型

货币政策目标是货币政策所要达到的最终目的，货币政策目标怎样选择，各国有所不同，归纳起来，有以下四种类型：

（1）单一目标型。如德国的货币政策目标就是“保卫马克”，即稳定币值。

（2）双重目标型，如我国，至20世纪80年代末所选择的货币政策目标是“发展经济、稳定币值”。

（3）三重目标型，如日本的货币政策目标是国内物价稳定、国际收支平衡和货币需要量与供应量相适应。

（4）四重目标型，如美国的货币政策目标是国民经济的稳定和增长、就业水平的提高、美元购买力的稳定、对外贸易的均衡。

目标选择的难点不在于选择的目标数量或类型，而在于所选择的目标能否顺利实现。一般认为三重或四重目标很难实现，因为目标之间存在着内在矛盾：

（1）经济增长与物价稳定的矛盾，要使经济增长必须采取降低存款准备金率、降低利率的扩张性货币政策，而扩张性的货币政策又会引起物价上涨、通货膨胀，造成币值不稳定。

（2）充分就业和物价稳定的矛盾。按照凯恩斯理论，有效需求不足引起失业，要增加就业就必须增加有效需求。增加有效需求的办法之一是增加货币供应量，这又会引起信用膨胀、物价上涨。要物价稳定，就要收缩信用，这又会引起较高的失业率。

（3）国际收支平衡与物价稳定的矛盾。要保证物价稳定，就必须采取减少出口、增加进口的措施，以增加商品供给量、减少需求，这又会引起国际收支逆差。

（二）我国货币政策的目标

长期以来，我国究竟采取何种货币政策目标，有不同的看法。2003年12月27日，第十届全国人民代表大会常务委员会第六次会议通过的《中华人民共和国中国人民银行法》修正案中，把我国货币政策目标明确为：保持货币币值稳定，并以此促进经济增长。从中可知，稳定币值是我国货币政策的首要目标，并通过稳定币值来促进经济增长。我国为何要把稳定币值作为货币政策的首要目标呢？其理由如下：

（1）发展中国家在经济增长过程中，日益严重地受到通货膨胀的威胁，均开始把货币政策目标的重点从经济增长转到稳定物价上来。

（2）我国货币政策的实践证明：只要物价稳定，经济就能健康、快速、协调地发展；通过扩大货币供应量换取的高速度会扭曲经济结构、降低产品质量、危及社会稳定，最后被迫进行调整，使经济发展大起大落，反而降低速度。

（3）维护币值是发展生产的目的，是维护人民群众利益的需要，也是维持社会安定，顺利进行改革和建设的必要条件。

（4）由于我国地方政府、部门和企业行为扭曲，总是倾向于片面追求高速度，扩大投资规模，使经济过热。因此，中央银行尤其须把稳定币值作为货币政策的首要目标。

三、货币政策的中介指标

（一）货币政策中介指标的含义

所谓货币政策中介指标，是一国货币管理当局即中央银行为实现货币政策目标需控制的经济变量，是货币政策目标与货币政策工具之间的桥梁和中介。

（二）货币政策中介指标必须具备的条件

从技术角度看，能作为货币政策中介指标的必须具备以下三个条件：

（1）可控性。这是指所选定的货币政策中介指标能够被货币管理当局控制住，并在控制过程中不会遇到太多的麻烦和障碍。

（2）相关性。这是指所选定的货币政策中介指标与货币政策目标之间具有相关关系，相关系数越大越好。

（3）可测性。它有两层含义：其一是货币管理当局能获得所选择的中介指标的有关资料，并能迅速获得准确的信息；其二是指中介指标能够被人们所理解、分析、判断和掌握。

（三）货币政策中介指标的选择

迄今为止，中央银行实际操作的和理论界所主张的中介指标主要包括利率、货币供应量、基础货币等指标，我国目前货币政策的中介指标为货币供应量。

四、货币政策工具

（一）什么是货币政策工具

所谓货币政策工具，是指组织、调节货币流通的手段。能否控制住货币供应量以保证货币政策目标的实现，主要取决于货币政策工具的选择和应用。

从资本主义国家情况看，货币政策工具分为一般性货币政策工具和选择性货币政策工具两种。

（二）一般性货币政策工具

一般性货币政策工具是针对整个宏观经济的，主要是调控货币供应量，它包括法定存款准备金、公开市场业务和再贴现。

（1）法定存款准备金。商业银行在经营过程中，必须保持一定数量的现金资产，以应付客户的提取和联行清算等，这种现金资产主要以在中央银行的存款和库存现金的形式存在，这就是存款准备金。本来这种准备金是商业银行保留在自己手中的，但中央银行为了保证商业银行的安全，更主要是为了控制商业银行创造存款的能力，以法律形式规定商业银行要按其吸收存款的一定比例，将存款准备金缴存中央银行，商业银行不得动用。商业银行上缴的法定准备金占其吸收存款的比例叫法定存款准备金率。法定存款准备金率的提高，使商业银行可以动用的现金资产（超额存款准备金）减少，因而具有货币紧缩效应；反之，则具有货币扩张效应。同时，法定存款准备金率又是影响货币乘数的因素之一，法定存款准备率的变动通过影响货币乘数，再影响货币供给量。

（2）公开市场业务。所谓公开市场业务，是指中央银行通过在金融市场上买进或卖出有价证券（主要是国债），借以改变商业银行准备金，实现货币政策目标的一种措施。它是货币政策最有力的因而也是最重要的工具。但公开市场业务的开展需要一系列严格的条件，诸如发达的金融市场、中央银行须拥有一定数量的证券、微观经济主体法人化和利率市场化。

公开市场业务的作用点是对商业银行的准备金产生影响，若中央银行买进证券，使商业银行在中央银行的准备金增加，导致贷款规模扩大，货币供应量随之增加，市场利率下降，对经济起扩张作用；反之，则相反。

（3）再贴现。再贴现是中央银行向商业银行或其他金融机构买入未到期合格票据的行为，这种票据是商业银行或其他金融机构向社会公众贴现获得的。

再贴现的作用机理是：中央银行通过提高或降低再贴现率的办法，扩大或收缩商业银行的贷款量，促使信用扩张或收缩。

（三）选择性货币政策工具

选择性货币政策工具，是指中央银行针对某些特殊经济领域或特殊用途的信贷而采用的工具，它是一般性货币政策工具的补充。各国中央银行使用过或正在使用的选择性工具如下：

（1）证券市场信用控制。所谓证券市场信用控制，就是中央银行对于凭信用购进有价证券的交易，规定应支付的保证金，目的在于限制用借款购买证券的比重。

对保证金的控制，实际上控制证券经纪人对客户垫款的规模，从而控制了经纪人对商业银行的贷款。

（2）消费信用控制。所谓消费信用控制，是指中央银行对消费者分期购买耐用消费品的贷款管理措施，目的在于影响消费者对耐用消费品的有支付能力的需求。国家可根据不同经济情况，提高或降低信用条件，以扩大或减少需求，保持经济稳定。

（3）不动产信用控制。所谓不动产信用控制，是指中央银行对商业银行办理不动产抵押贷款的管理措施。主要是规定贷款的最高限额、贷款最长期限以及第一次付现的最低金额等。不动产信用控制的目的是为了控制对不动产的有效需求，确保经济平稳发展。

（4）优惠利率。所谓优惠利率，是中央银行对国家拟重点发展的某些经济部门、行业或产品制定较低利率，目的在于刺激这些部门的生产，调动它们的生产积极性，实现产业结构和产品结构的调整。

优惠利率有两种形式：一是中央银行对那些需要重点发展的部门、行业和产品制定较低的贷款利率，由商业银行具体执行；二是中央银行对它们的票据制定较低的再贴现率，通过这种方式引导商业银行的资金投向和投量，使这些行业获得较多的信贷支持。

除上述两类货币政策工具外，中央银行有时还动用直接信用控制（如信用配额、存贷款利率的控制）、道义劝告等，以加强对信用的管理。

（四）我国货币政策工具

（1）人民币发行和流通管理。其主要内容是组织发行和回笼人民币，使人民币的流通基本适应社会经济生活的需要，从而有利于币值稳定和经济增长。

（2）存款准备金率。这主要指人民银行不断调整存款准备金率，影响商业银行和其他金融机构在人民银行的存款准备金的多少，进而影响商业银行和其他金融机构的贷放能力，达到增加或减少社会货币供给量的中介目标，从而有利于经济增长和控制通货膨胀。

（3）基准利率。基准利率是中央银行对商业银行的存、贷款利率。若中央银行调高基准利率：一是直接影响商业银行借入中央银行的资金成本，从而迫使商业银行提高放款利率；二是向资本市场和货币市场发出收紧银根的信号，引导资金市场的价格，抑制社会资金流入货币市场和资本市场。这两者综合作用的结果是减少货币投放，抑制信用总量，预防和控制通货膨胀。中央银行调低基准利率则起到增加货币投放、促进经济增长的作用。

（4）再贷款和再贴现。再贷款是指中央银行对商业银行的贷款，再贴现是指中央银行对金融机构的票据贴现。再贷款的增减必引起商业银行资金来源的增减，进而引起商业银行系统信用总量的增减，最终导致货币供应量的增减。中央银行提高或降低再贴现率，会引起再贴现规模的减少或增加，进而对货币供应量产生影响。总之，无论是增加或是减少对商业银行的再贷款或对金融机构的再贴现，均会对社会货币供应量产生影响，从而有助于货币政策目标的实现。

（5）公开市场业务。公开市场业务是中央银行根据执行货币政策的需要，在公开市场上买卖政府债券，以期调控货币供应量。从目前来看，公开市场业务是中国人民银行比较生疏的一项业务，但随着金融体制改革的深化，必将成为一项重要的业务。

（6）经营管理国家外汇储备和黄金储备。中央银行卖出外汇和黄金储备，会引起基础货币的减少，导致货币供应量的减少；而中央银行收购外汇或黄金，则会引起基础货币的增加，起到放松银根的作用。因此，中央银行卖出或买进外汇和黄金储备，都影响货币政策目标的实现。

在我国，中央银行即中国人民银行除了采用上述经济手段外，还可采用行政手段，如贷款规模控制、贷款流向控制、冻结存款等办法，控制货币供应量，实现货币政策的目标。故我国的货币政策工具可分经济手段、行政手段两大类，但以经济手段为主。

五、货币政策的传导机制

所谓货币政策传导机制，是指中央银行确定货币政策之后，从选用一定的政策手段现实地进行操作开始，到实现其预期目标之间，所经过的各种中间环节相互之间的有机联系及其因果关系的总和。各个经济学流派对传导机制的认识各不相同，我们认为货币政策的传导机制如下：

中央银行提出政策目标、运用政策工具 → 货币供应量的变化 → 利率变化 → 企业和居民投资、消费的变化 → 货币政策目标的实现

第三节　财政政策与货币政策的协调

一、协调的可能性和必要性

国民经济的运行需要财政政策和货币政策的协调配合，这种配合既有可能，又有必要。

（一）财政政策和货币政策协调配合的可能性

财政政策和货币政策的内在联系使两者的协调配合成为可能，这种联系主要表现在：

（1）政策实施主体的一致性。从表面上看，财政政策的实施主体是财政部，货币政策的实施主体是中国人民银行，而实际上财政部和中国人民银行同属政府行政机关。因此，财政政策和货币政策的实施主体是一致的，都是国家。既然实施主体是一致的，两者的协调配合就是可能的，国家完全有能力使两者协调配合。

（2）两者在宏观调控中的作用是一致的。首先，两者的制定和实施都是为了实现社会总供给和总需求的平衡。国家财政收支规模的安排，对社会总供需的平衡具有直接的调节作用，这是因为财政收支是否平衡直接关系到社会总供需的平衡；银行信贷规模的大小，货币发行量的多少，也同样对社会总供需的平衡产生影响。其次，两者的制定和实施都是为了保证国民经济有正确的比例关系。财政主要通过其财政收支结构发挥宏观调节和控制的作用，保证合理的经济结构，促进国民经济比例关系的合理；货币政策也能担负同样的任务，信贷资金的投向和数量，对国民经济各部门之间的比例关系有重大影响，比如，对农业、能源、交通、基础工业等部门多发放贷款，就会促进这些部门较快地发展，改变国民经济的比例关系。

（3）两者的作用机制都是通过调节企业、居民的投资活动和消费活动而达到政策的目标。中央银行的货币政策一般是通过商业银行传导到企业和居民，影响企业和居民的经济行为，进而达到宏观调控的目标：

中央银行
提出货币政策目标⟶商业银行金融业务操作⟶企业、居民的投资活动消费活动⟶货币政策目标的实现
运用政策工具

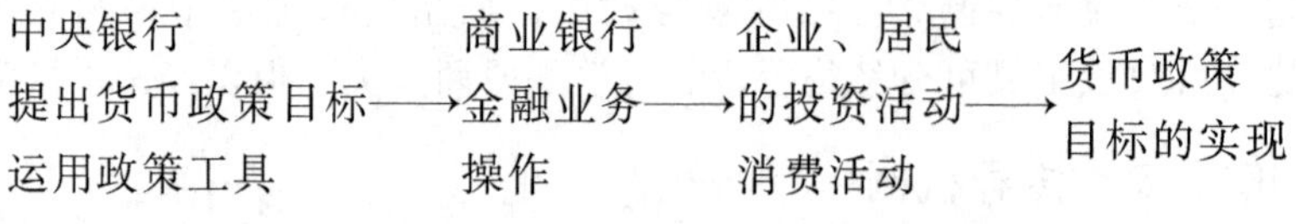

财政政策主要通过其政策工具直接影响企业和居民的经济行为，进而达到宏观调控的目标：

财政部提出政策目标运用政策工具⟶企业、居民投资活动和消费活动⟶财政政策目标实现

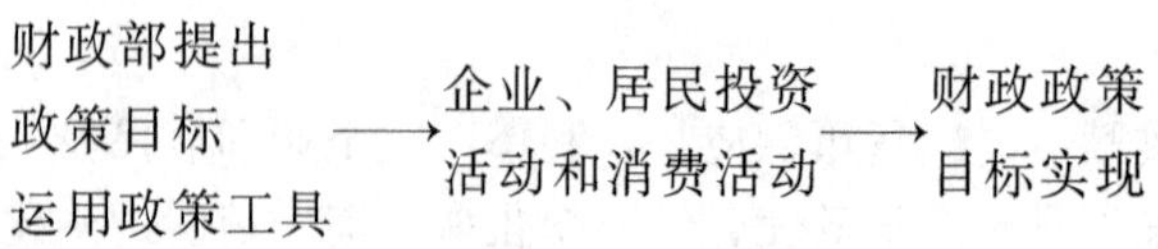

从财政政策、货币政策的传导过程看，两者都是通过调节企业、居民的投资、消费行为达到政策目标，即调节的对象是一致的。

（二）财政政策和货币政策协调配合的必要性

财政政策和货币政策的相互协调不仅有可能，而且有必要。这是因为这两者有许多不同点，为了充分发挥财政政策和货币政策的作用，就有必要相互配合。财政政策和货币政策有以下几点不同：

（1）两者作用的领域不同，财政政策主要对社会产品和国民收入进行分配和再分配，对整个国民经济的调节主要在分配领域；而货币政策则是通过货币供给调节国民经济的运行，对整个国民经济的调节主要在交换领域。根据社会再生产理论，生产、交换、分配、消费之间是相互影响的，故两者必须协调配合，否则，就是“负负得负”、“正负得负”。

（2）两者调节的重点不同。财政政策调节的重点在结构，货币政策调节的重点在总量。以紧缩性财政政策为例，要执行紧缩性财政政策，就需采取增税、发公债、减少支出等措施。在我国目前个人所得税没有成为主体税的情况下，增税只能采取区别对待的政策，只能对某些部门、地区、行业、个人征税，所起的作用只能是结构性的；我国目前发行的公债主要用于弥补财政支出，所起的作用仅是把某些部门、地区、行业、个人的资金用于另外一些部门、地区、行业、个人，所起的作用也是结构性的。

货币政策调节重点在于总量，这可以从两方面理解：一是从世界各国所追求的货币政策的目标来看，都是总量概念；二是货币政策的主要工具如存款准备金、公开市场业务、利率等都比较适合于总量调节。

在国民经济运行当中，虽可能单独出现总量或结构问题，但更多的是总量、结构双失调；另外，总量问题会引起结构问题，结构问题也会引起总量问题。故财政政策和货币政策必须协调配合。

（3）两者的透明度不同。从财政政策来看，政府可以及时地从预算收支表中了解预算收支情况，根据国民经济运行状况采取紧缩或扩张性的财政政策。从货币政策来看，银行信贷作为重要的货币供应量指标只能从人民银行的资产负债表中反映出来，而人民银行的资产负债表永远是平衡的，因此，信贷收支透明度低，很难把握。当信贷失衡时，往往误认为“存贷两旺”，掩盖了经济领域中的矛盾。正是由于两者的透明度不同，我们就需要从财政和货币运行的两方面去判断经济形势，以及透过“财政看银行”，及时发现国民经济运行中的问题和矛盾，进而做出正确的决策，这就要求两者的协调配合。

（4）两者的“时滞”不同。时滞又称为政策时差，是指从政策制定到政策终结对经济运行及其他活动产生影响、实现调节目的的时间。时滞分为内部时滞和外部时滞，内部时滞又分为认识时滞和决策时滞，外部时滞又分为执行时滞和作用时滞。认识时滞是指从政治、经济形势提出需采取政策措施的要求始，到决策主体认识到采取措施必要性的时间；决策时滞是指从政策主体认识到需采取调节措施到进一步明确具体的调节目标、选定调节工具到政策出台的时间；执行时滞是指从政策开始实施到微观经济主体发生反应的时间；作用时滞是从微观经济主体发生反应至实现政策目标的时间。

从货币政策的时滞来看，其内部时滞较短，外部时滞较长，因为货币政策一般由中央银行根据经济形势自行决策，故内部时滞较短；中央银行掌握的货币政策工具要经过金融市场或商业银行这些中介环节，再影响到经济单位和个人，故发生作用所需的时间较长即外部时滞较长。

从财政政策的时滞来看，其内部时滞较长，外部时滞较短。财政政策诸工具都是具有法律效力的调节手段。在我国现行制度下，要改变税收、投资、公债、公共支出等，需由财政部门提出建议草案，报国务院审批，再经全国人民代表大会通过后方可执行，故内部时滞较长；但财政政策实施后，由于财政政策直接影响到各单位、个人的购买力及投资、消费行为，它没有货币政策发生作用时需要的中介环节，故外部时滞较短。为了充分发挥这两者的效力，两者必须协调配合，使两者发生作用的时间一致，共同发挥调节作用，避免“单枪匹马”。

二、财政政策和货币政策配合的形式及具体运用

（一）财政政策和货币政策配合的形式及效应

如上所述，我们把财政政策和货币政策分别分为紧、松和均衡的政策，由于均衡的政策对总需求没有影响，故不予考虑。紧松的搭配如下：

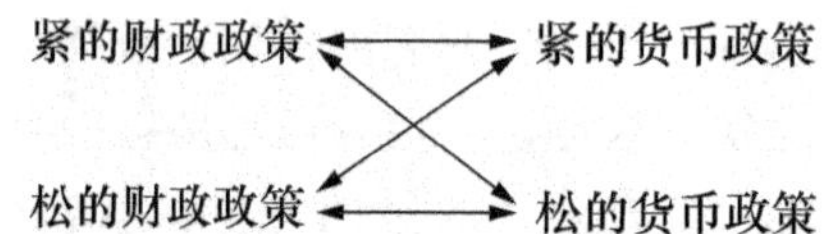

财政政策和货币政策有以下四种搭配方式：

（1）松的财政政策和松的货币政策的搭配，即“双松”政策搭配。松的财政政策是通过减税和扩大政府支出等手段来增加总需求；松的货币政策则是通过降低法定准备金率、贴现率、扩大再贷款等松动银根的措施，促使利率下降，进而增加货币供给量、刺激投资、增加总需求。“双松”政策搭配，对经济增长有较强的刺激效应，但易引发通货膨胀。

（2）紧的财政政策和紧的货币政策的搭配，即“双紧”政策搭配。紧的财政政策是通过增税、削减政府支出等手段，限制消费和投资，从而抑制总需求；紧的货币政策通过提高法定存款准备金率、贴现率、收回再贷款等措施，使利率上升，以减少货币供给量，抑制总需求的过速增长。“双紧”政策可以抑制通货膨胀，遏止经济过热。但由于“双紧”政策对社会经济运行的调节是一种“急刹车”式的调节，从而容易带来较大的经济震荡，容易引起经济较大幅度的衰退，产生所谓的“后仰”现象，经济体系和组织结构也会遭到一定程度的破坏。

（3）松的财政政策与紧的货币政策的搭配。松的财政政策在投资乘数和政府支出乘数的作用下，可以有效地扩张总需求，从而起到防止经济衰退和萧条的作用；紧的货币政策通过控制信用规模来控制货币供给量的增长，从而防止通货膨胀。这种政策搭配效应是：在防止通货膨胀的同时保持适度的经济增长率，但如果长期运用这种政策搭配，则会使政府财政赤字不断扩大。

（4）紧的财政政策与松的货币政策的搭配。紧的财政政策可以在一定程度上防止总需

求膨胀和经济过热；松的货币政策则可以使经济保持一定的增长率。因此，这种政策搭配的经济效应是：在保持一定经济增长率的同时尽可能地避免总需求膨胀和通货膨胀。但由于执行的是松的货币政策，货币供给量的总闸门处在相对松动的状态，所以难以防止通货膨胀。

应当指出，宏观经济政策中的松与紧，是相对于进入现实的经济运行的货币量或资金量的多少而言的。凡是使现实经济运行中的货币量或资金量增加的措施，都属于“松”的政策措施；反之，则属于“紧”的政策措施。至于在宏观经济管理中应当采取哪一种政策搭配，则应就当时的宏观经济运行状态以及所要实现的政策目标而定。

（二）不同经济运行状况和政策目标下政策搭配方式的选择

（1）当经济处于过热状态，通货膨胀严重并有进一步加剧的趋势时，宏观经济政策目标的取向是：控制通货膨胀的进一步加剧，降低经济增长率，对过热的经济进行干预使之降温。在这种形势和政策目标下，理所当然地应实现偏紧的或紧缩性的宏观经济政策，实行“双紧”的财政政策和货币政策。在大多数情况下，为了达到预期的调控目标而又不至于引起经济的大幅度衰退，在“双紧”搭配中，应以紧货币政策为主，而把紧财政政策放在相对次要的位置。准确地说，货币政策的紧缩力度应大于财政政策的紧缩力度。这主要是因为，货币政策对总需求具有强有力的收缩功能，并且货币政策工具较多，实施起来比财政政策灵活，富有弹性，容易实现预期的政策目标。正因为如此，一般认为，在“双紧”政策搭配中，应特别重视货币政策的运用。

（2）当经济处在严重衰退或萧条状态中，企业普遍开工不足，公开失业或隐蔽失业急剧增加，大量生产资源处在闲置状态。在这种经济形势下，政府往往选择“双松”的政策搭配，以扩大总需求。在扩张总需求方面，财政政策比货币政策的作用更大、更直接、更明显。例如，在财政政策中，降低税率可直接鼓励投资；扩大政府支出，可直接扩大投资与消费需求，由于投资乘数和政府支出乘数的作用可迅速成倍扩张有效需求。但就货币政策而言，要在萧条的环境下通过调低利率来刺激投资，从而实现扩张总需求的目标，是比较困难的。因为投资的积极性在这种经济环境下往往并非降低利率就能调动起来的。基于这样的考虑，在这种“双松”政策搭配中，应以“松财政”为主，更多地发挥财政政策在实现经济扩张时的重要作用。

（3）经济出现滞胀现象，一方面是通货膨胀和价格的持续上涨，另一方面又是企业大量开工不足，存在大量闲置资源，经济处在很不景气的状态中。在这双重的经济环境中，政府的财政目标经常是双重的：既要治理通货膨胀，防止价格继续上涨，又要想办法启动闲置资源，使经济逐步进入景气状态。这种双重的政策目标，无论从理论上看，还是从实际操作看，都存在矛盾的一面：要抑制通货膨胀，就必须控制总需求；而要启动闲置资源，使经济真正进入景气状态，又必须增加总需求。这种双重政策目标的不可兼顾性，通常需要政府在它们之间做出主次之分：要么以抑制通货膨胀为主目标，要么以启动闲置资源、促使经济增长为主目标。在滞胀条件下，如果政府选择的是以抑制通货膨胀为主要政策目标，那么，选择“松财政、紧货币”的政策搭配，更有利于实现在抑制通货膨胀的前提下促进经济适度增长的政策目标。如果政府选择的是以启动闲置资源、促进经济增长为主目标，那么，则应选择“紧财政、松货币”的政策搭配，它有利于实现在保持经济适度增长的前提下尽可能控制通货膨胀的政策目标。尤其要指出的是，无论是“松财政、紧货币”的政策组合，还是“紧财政、松货币”的政策搭配，在经济出现滞胀的情况下，都应重视收入政策在政策目标实现过程中的重要作用。

从财政政策和货币政策的搭配形式及运用来看，财政政策和货币政策搭配的功能在于保持总供给、总需求的总量平衡和结构平衡，熨平经济周期的波动，使国民经济持续、稳定、协调地发展。